U0581655

改革论集

魏礼群 著

人民出版社

前　言

开创和发展中国特色社会主义，是近40年来贯穿中国社会变迁历程的主线，改革开放则是这条主线最鲜明的标志。实行改革开放，是实现中国社会主义现代化和中华民族伟大复兴的关键抉择。正是在波澜壮阔的改革开放推动下，中国经济社会发展取得了举世瞩目的巨大成就，创造了人类社会发展史上的罕见奇迹。

我在这个伟大变革的时代里，有机缘亲身经历和见证了许多重要决策以及理论和实践创新的过程。暮年回首，颇为欣慰。

1978年实行改革开放伊始，我就从祖国偏远的北疆内蒙古牙克石林区调入原国家计划委员会，这是中国国务院的最大综合部门，在这里参与国家改革开放和经济社会发展的理论与政策研究，以及重要计划和方案的制定。在国家计委工作16年之后，调至中央财经领导小组办公室和国务院研究室任职，在这两个党中央、国务院重要机构工作长达15年，直接服务于中央高层决策，包括决策咨询研究和重要文稿起草。此后，又到国家行政学院工作，并在中国行政体制改革研究会、中国国际经济交流中心等重要智库继续研究重大问题，为国家兴利除弊建言献策。在这段长达近40年的人生历程中，我尽心尽力履行岗位职责，认真做好各项工作；同时，深入研究和思考一些重大问题，为国家和人民述学立言，撰写了一批文稿，包括文章、讲话、研究报告等。这些思考和论述，从某些方面记述了改革开放进程中的时代足迹。

这部《改革论集》集结的是我对改革问题的部分论述。鉴于这些文稿涉及多个改革领域，加之形成的时间较长，为了比较清晰地反映自己多年对多个改革领域理论和政策研究的实际情况，本书在编排上按照文稿论述不同改革领域的内容，分为四个部分：（一）改革理论研究；（二）经济体制改革；（三）行政体制改革；（四）社会体制改革。每一部分编排又以文稿形成的时间为序。此次汇辑出版，除了对个别文章作某些文字校正外，各篇主要观点和内容都保持了原貌。这样，既是尊重历史，也可以如实反映自己的经历和认识的过程。

本书收录的文稿，多数已经公开发表，也有一些尚属首次面世。如有不妥之处，欢迎读者指正。

魏礼群

2016 年 7 月 1 日

目　　录

二、经济体制改革

三、行政体制改革

四、社会体制改革

改革开放使中国发展道路越走越宽[*]

（代　序）

魏 礼 群

刚刚闭幕的党的十八届五中全会，站在新的历史起点上，作出了夺取全面建成小康社会决胜阶段伟大胜利的战略决策和战略部署。这就必须通过继续全面深化改革激发发展的强大动力。历史和现实充分证明：立足中国国情、顺应时代潮流的中国发展道路是一条成功之路，是中国实现现代化的必由之路；正是改革开放使我们走上了这条成功之路，也是改革开放使这条道路越走越宽广。

一、改革开放是中国发展道路最鲜明的特点

道路问题是个根本问题。道路关乎国家前途、民族命运、人民幸福。正是我们党坚持从基本国情出发，选择了一条正确的发展道路，才创造了人类经济社会发展史上的“奇迹”。我国经济总量连续跃上几个大台阶，综合国力大幅提升，全国人民总体上过上小康生活，城乡面貌焕然一新。

---

* 本文发表于《求是》杂志 2015 年第 21 期。

同时，我国政治建设、文化建设、社会建设取得举世瞩目的成就，中国国际地位越来越高、影响力越来越大。实践充分证明，只有社会主义才能救中国，只有中国特色社会主义才能发展中国。

中国发展道路，就是中国特色社会主义道路。党的十八大对这条发展道路作出了科学概括。这条道路的基本内涵，就是坚定不移全面贯彻党在社会主义初级阶段的基本路线，既坚持以经济建设为中心，又全面推进经济建设、政治建设、文化建设、社会建设、生态文明建设以及其他各方面建设；既坚持四项基本原则，又坚持改革开放；既不断解放和发展生产力，又逐步实现全体人民共同富裕，促进人的全面发展。这条道路是实现我国社会主义现代化的康庄大道，是创造人民美好生活的必由之路。

这条发展道路，承载着几代中国共产党人的理想和探索，凝聚着全国各族人民的奋斗和实践，是近代以来中国社会发展的必然选择。新中国成立之后，以毛泽东同志为核心的党的第一代中央领导集体，带领全国各族人民艰苦奋斗、艰辛探索，取得了新民主主义革命的胜利，建立了社会主义基本制度，为当代中国一切发展进步奠定了根本政治前提和制度基础，也为新的时期开创中国特色社会主义提供了宝贵经验、理论准备和物质基础。改革开放以来，我们党历届中央领导集体一以贯之地接力探索，在新的历史条件下坚持改革开放，奋力开创、始终坚持和不断发展中国特色社会主义，从根本上改变了中国人民和中华民族的前途命运。

从根本上说，改革开放是中国特色社会主义道路最鲜明的特点。1978年底，我们党召开了具有重大历史意义的十一届三中全会，开启了改革开放的新时期。改革开放是党在新的时代条件下带领人民进行的新的伟大革命，目的就是要解放和发展生产力，实现国家现代化，让中国人民富裕起来；就是要推动我国社会主义制度自我完善和发展，赋予社会主义新的生机活力。回顾改革开放的历史进程，我们锐意推进改革，从农村到城市、从经济领域到其他各个领域,成功实现了从高度集中的计划经济体制到充满活力的社会主义市场经济体制的伟大历史性转变;我们不断扩大对外开放,从建立经济特区到开放沿海、沿江、沿边、内陆地区,再到加入世界贸易组织,从大规模“引进来”到大踏步“走出去”,成功实现了从封闭半封闭到全方位开放的伟大历史性转变;我们在深化经济体制改革的同时,不断深化政治体制、文化体制、社会体制、生态文明体制改革,在推进国家治理体系和治理能力现代化方面迈出了新的步伐。

改革开放极大地调动了亿万人民群众的积极性、创造性,极大地解放和发展了社会生产力。中国特色社会主义道路之所以成功,之所以能够不断为经济社会发展提供强大动力,使之始终具有蓬勃生机和活力,就在于实行和坚持了改革开放。没有改革开放,就没有中国的今天。改革开放是当代中国发展进步的动力之源,是党和人民事业大步赶上时代前进步伐的重要法宝,是实现国家现代化和中华民族伟大复兴的关键抉择。我们必须坚定不移地坚持改革开放,为中国发展道路开拓更为广阔的前景。

二、“十二五”特别是十八大以来改革开放的新进展新经验

“十二五”时期是我国发展很不平凡的五年。特别是党的十八大以来,以习近平同志为总书记的党中央毫不动摇坚持和发展中国特色社会主义,勇于实践、善于创新,深化对共产党执政规律、社会主义建设规律、人类社会发展规律的认识,形成一系列治国理政新理念新思想新战略,为在新的历史条件下深化改革开放、加快推进社会主义现代化提供了科学理论指导和行动指南。面对错综复杂的国际环境和艰巨繁重的国内改革发展稳定任务,党中央保持战略定力,紧紧抓住发展这个党执政兴国的第

一要务，全面深化改革开放，深入推动科学发展，协同推进经济建设、政治建设、文化建设、社会建设、生态文明建设和党的建设，开创了中国特色社会主义事业的新境界、新局面。经济总量显著增加，发展质量稳步提升，人民生活明显改善，社会各项事业全面进步，从严治党成效显著，整个现代化事业蓬勃发展。这些成绩来之不易，积累的经验弥足珍贵。

更加注重改革开放顶层设计、整体谋划。深化改革开放是一项极为复杂的系统工程，既涉及生产力和生产关系，又涉及经济基础和上层建筑，特别是在攻坚克难阶段，任务复杂艰巨。这就需要搞好顶层设计、整体谋划和统筹协调，加强各项改革的关联性、系统性和协调性。为了搞好改革开放的总体设计和整体谋划，党的十八届三中全会通过了《中共中央关于全面深化改革若干重大问题的决定》，提出了全面深化改革开放的战略目标、重大原则、主要任务、重要举措以及路线图、时间表。为了更好发挥党总揽全局的领导核心作用，保证改革顺利推进和各项改革任务落实，中央成立了以习近平总书记为组长的全面深化改革领导小组，这在我国改革史上尚属首次。领导小组统一部署全国性重大改革，统筹推进各领域改革，协调各方力量形成推进合力，加强督促检查，从而确保我们党更加有力地领导和推进全面深化改革的伟大事业。

更加注重改革开放的全面性、协调性。全面深化改革的工程极为宏大，是各领域、各层次、各环节改革的系统推进，不仅要注重思想方法、设计方法、操作方法，还要注重推进方法。在这两年的改革中，一方面在领导方法和思想方法上，注重处理好解放思想与实事求是的关系、整体推进与重点突破的关系、顶层设计与摸着石头过河的关系、胆子大与步子稳的关系、改革发展稳定的关系；另一方面在推进方法上，注重把握好整体政策安排与某一具体政策的关系、系统政策链条与某一政策的关系、政策顶层设计与政策分层对接的关系、政策统一性与政策差异性的关系、长期性政策与阶段性政策的关系。正确处理这些关系，体现了全面深化改革的方向指引、力度掌控、顺序理清、重点把握、能动性发挥有机统一,从而确保全面深化改革有力、有序、有效地推进,并促进社会主义现代化建设全面、协调、扎实向前发展。

更加注重问题导向、攻坚克难。改革是由问题倒逼而产生,又在不断解决问题中深化。全面深化改革的显著特点是,坚持问题导向,正视问题、找准问题进而解决问题,尤其是注重解决我国发展面临的突出矛盾和问题。正如习近平总书记要求的:改革面临的矛盾越多、难度越大,越要坚定与时俱进、攻坚克难的信心,越要有"明知山有虎,偏向虎山行"的勇气,敢于啃硬骨头、敢于涉险滩。行政体制改革是整个改革的关键环节,也是难啃的硬骨头。两年多来,在党的统一领导下,各级政府围绕转变政府职能、简政放权,以壮士断腕的决心和勇气来推进改革,国务院部门分8批共取消和下放了586项行政审批事项,提前两年完成本届政府预定的目标,表明了敢于改革攻坚的坚强决心。这方面改革不断向纵深推进,对激发人民群众的创业创新热情、释放企业改革发展活力、促进经济转型升级,发挥着重要作用。

更加注重以开放促改革、促发展。随着经济全球化深入发展,中国经济与世界经济的联系越来越紧密,相互依存日益加深。这就要求我国在广度和深度上提高对外开放水平,并以全方位、高水平的对外开放促进国内改革和发展。近两年,全面深化改革的一个重要战略方针,是通过加大开放力度来推动体制机制改革,提升国家治理现代化水平,促进稳增长、转方式、调结构、增效益。这方面极具创新意义的是,通过建立自由贸易试验区,推动政府职能转变,推进外资管理体制改革,实行负面清单制度,扩大服务业领域对外开放,促进国内外生产要素自由流动、市场深度融合、资源高效配置。特别是提出"一带一路"战略,设立亚洲基础设施投资银行等举措,既是在新的历史条件下推进全方位开放,又是全面深化改革,从而推动我国经济转型升级的战略部署,已经并将继续产生积极成效。与此同时,我国更加积极有为、主动参与全球经济分工体系,参与国际组织的治理机制改革,参与 WTO 多边化进程,有效扩大了在区域经济合作中的影响力。

三、在新形势下坚定不移地全面推进改革开放

“十三五”时期,在我国发展史上具有特殊重要的意义。这是我国实现第一个百年奋斗目标,即全面建成小康社会的决胜阶段,也是为实现第二个百年奋斗目标,即建成富强民主文明和谐的社会主义现代化国家奠定基础的关键时期。我们必须按照习近平总书记关于“四个全面”战略布局的要求,在已经取得历史性成就的基础上,坚定不移地推进改革开放的伟大事业,为中国发展道路开辟更为广阔的前景。

紧紧围绕全面建成小康社会目标,革除发展中的体制机制障碍。党的十八大提出,到 2020 年实现全面建成小康社会的奋斗目标,并提出了相应的新要求,包括经济持续健康发展、人民民主不断扩大、文化软实力显著增强、人民生活水平全面提高、资源节约型环境友好型社会建设取得重大进展。这是我们党对全国人民作出的庄严承诺和肩负的重大使命。实现既定的目标,时间紧迫,任务艰巨。要紧紧抓住全面深化改革这个关键,坚决革除阻碍科学发展的体制机制弊端。以改革开放为动力,着力创新体制机制,积极适应和引领经济发展新常态,促进经济中高速增长,迈向中高端水平。更加注重加快转变经济发展方式,推动结构优化升级,实现创新驱动发展和持续健康发展,全面推动新型工业化、信息化、城镇化、农业现代化,着力补发展短板,加强薄弱环节,使各方面互联互动、协调推进,确保如期完成全面建成小康社会的目标任务。

紧紧围绕推进国家治理现代化,突出重点改革任务。要按照完善和发展中国特色社会主义制度、推进国家治理体系和治理能力现代化的总目标,坚定方向、抓住重点、全面推进,不失时机地在重要领域和关键环节

取得决定性成果。在经济体制改革方面,要紧紧围绕使市场在资源配置中起决定性作用和更好发挥政府作用来推进,坚持和完善公有制为主体、多种所有制经济共同发展的基本经济制度,加快完善现代市场体系、宏观调控体系、开放型经济体系,加快转变经济发展方式,加快建设创新型国家,推动经济更有效率、更加公平、更可持续发展。在政治体制改革方面,要紧紧围绕坚持党的领导、人民当家作主、依法治国有机统一来推进,加快推进社会主义民主政治制度化、规范化、程序化,建设社会主义法治国家,发展更加广泛、更加充分、更加健全的人民民主。在文化体制改革方面,要紧紧围绕建设社会主义核心价值体系、社会主义文化强国来推进,加快完善文化管理体制和文化生产经营机制,建立健全公共文化体系、现代文化市场体系,推动社会主义文化大发展、大繁荣。在社会体制改革方面,要紧紧围绕更好保障和改善民生、促进社会公平正义来推进,改革收入分配制度,推进社会领域制度创新,推进基本公共服务均等化,加快形成科学有效的社会治理体制。在生态文明体制改革方面,要紧紧围绕建设美丽中国来推进,加快建立生态文明制度,健全国土空间开发、资源节约利用、生态环境保护的体制机制,推动形成人与自然和谐发展的现代化建设新格局。在党的建设制度改革方面,要紧紧围绕提高科学执政、民主执政、依法执政水平来推进,加强民主集中制建设,完善党的领导体制和执政方式,保持党的先进性和纯洁性,为改革开放和社会主义现代化建设提供坚强的政治保证。

紧紧围绕构建开放型经济新体制,进一步提高对外开放水平。中共中央、国务院《关于构建开放型经济新体制的若干意见》提出了新时期扩大对外开放的新要求。当前,要适应经济全球化新形势,加快培育国际合作和竞争新优势,更加积极地促进内需和外需平衡、进口和出口平衡、引进外资和对外投资平衡,逐步实现国际收支基本平衡,形成全方位开放新格局,实现开放型经济治理体系和治理能力现代化,在扩大开放中树立正确义利观,切实维护国家利益,保障国家安全,推动我国与世界各国共同发展，构建互利共赢、多元平衡、安全高效的开放型经济新体制，努力为我国开拓更为广阔的发展空间。统筹好国内国际两个大局，进一步扩大开放的范围和深度，实现“引进来”和“走出去”双向互动，放宽投资准入，推进金融、教育、文化、医疗、旅游等服务业领域有序开放。扩大企业和个人对外投资，着力推动标准、技术、服务走出去。加快实施自贸区战略，构建以周边为基础、面向全球的高标准自由贸易区网络。扩大内陆沿边开放，认真实施“一带一路”战略，积极参与全球经济规则和贸易投资治理机制改革。同时，要高度重视提高抵御国际经济风险能力，维护国家经济安全。

紧紧围绕构建完备成熟的制度体系和法治体系，坚持深化改革开放。推进改革开放，既要解决具体实际问题，更要注重制度化建设和法治化建设。这是因为，制度问题更带有根本性、全局性、稳定性和长期性，法治体系是国家治理体系和治理能力现代化的重要依托和重要标志。当前摆在我们面前的一项重大历史任务，就是完善和发展中国特色社会主义制度，建设社会主义法治国家，为党和国家事业发展、为人民幸福安康、为社会和谐稳定、为国家长治久安提供一整套系统完备、科学规范、运行有效的制度体系，使中国特色社会主义各方面制度更加成熟、更加定型。“十三五”时期，我们要紧紧围绕这一历史任务，着力健全中国特色社会主义法治体系，强化在法治的轨道上推进改革、发展、稳定，发挥法治在中国特色社会主义事业中的引领和保障作用。只有在构建更加完备、更加稳定、更加管用的制度体系和法治体系上下大功夫、用大力气，才能使中国特色社会主义制度越来越完善，也才能使中国特色社会主义道路越走越宽广，为顺利实现“两个一百年”奋斗目标和中华民族伟大复兴的中国梦提供强有力的制度保障和法治保障。

一、改革理论研究

全面掌握邓小平经济理论*

（1998 年 12 月 4 日）

本文拟就学习邓小平经济理论的意义、邓小平经济理论的重大创新内容和若干基本关系，作一简要论述。

一、充分认识学习邓小平经济理论的重要意义

邓小平理论是建设有中国特色社会主义的伟大旗帜。这一理论内容十分丰富，是完备的科学体系。它贯通在马克思主义哲学、政治经济学和科学社会主义等领域，涵盖经济、政治、科技、教育、文化、民族、军事、外交、统一战线、党的建设等各个方面。其中，邓小平经济理论则是极为重要的组成部分。我们要高举邓小平理论伟大旗帜，就必须深入学习和真正掌握邓小平经济理论。

（一）邓小平格外重视发展中国经济的问题，这方面的论述也最多。马克思主义认为，不论任何社会里，经济关系在整个社会关系中都是最重要、最基本的关系，一切经济关系以外的其他社会关系，归根到底都是由经济关系决定的。根据马克思主义这一基本原理，社会主义经济

* 本文系作者 1998 年 11 月为纪念党的十一届三中全会 20 周年理论研讨会撰写的论文；全文发表于 1998 年 12 月 4 日《光明日报》。

基础的状况，直接决定着整个社会生活、政治生活和精神生活的变化，决定着社会主义制度的前途和国家命运。中华人民共和国的成立和社会主义基本制度的建立，是我国几千年来最深刻、最伟大的社会变革，开辟了中国历史的新纪元。但是，我国是在社会生产力不发达的情况下进入社会主义社会的，如果社会生产力不发展或发展得太慢，经济落后的面貌老是得不到改变，人民生活不能得到应有提高，就谈不上发挥社会主义优越性。新中国成立以后，我国在三年经济恢复的基础上，进行了全面的大规模的社会主义经济建设，取得了很大的成绩。然而，由于一段时间内党的工作在指导方针上出现过严重失误，使国民经济没有取得本来应该得到的更大成就。

邓小平是马克思主义的历史唯物主义者，始终坚持生产力决定生产关系、经济基础决定上层建筑的马克思主义基本原理。他在“文化大革命”结束重新出来工作后，毅然决然地领导我们党和国家将工作重点由“阶级斗争为纲”转到经济建设上来。这是我们党在指导思想上的最大拨乱反正，开辟了我国改革开放和集中精力进行经济建设的新的历史时期。党和国家中心任务的转移，以及改革开放和现代化建设的伟大实践，决定了邓小平在开辟社会主义现代化建设新道路和创立有中国特色社会主义理论的过程中，特别重视和以极大精力研究解决社会主义经济建设所遇到的基本理论和基本实践问题。事实上，邓小平经济理论都是紧紧围绕如何从中国实际出发，进一步解放和发展生产力，尽快把经济建设搞上去，使国家强盛起来，使人民富裕起来。1996 年，我们在组织编写《邓小平经济理论（摘编）》和《邓小平经济理论学习纲要》这两本辅助读物时，经过比较细心的查阅，发现在邓小平的全部著作中，论述有关经济问题的部分最多。同时，邓小平作为伟大的无产阶级政治家，不是就经济问题论述经济问题，而总是从政治角度和战略高度观察、分析和解决问题，从坚持和发展社会主义，从中华民族的根本利益和历史命运的高度来论述经济问题。邓小平在 70 年代末拨乱反正时尖锐地指出：“经济工作是当前最大的政治，经济问题是压倒一切的政治问题。不只是当前，恐怕今后长期的工作重点都要放在经济工作上面。”①“能否实现四个现代化，决定着我们国家的命运、民族的命运。在中国的现实条件下，搞好社会主义的四个现代化，就是坚持马克思主义，就是高举毛泽东思想伟大红旗。你不抓住四个现代化，不从这个实际出发，就是脱离马克思主义，就是空谈马克思主义。”②这些论述，说明邓小平把搞好经济工作和经济建设，实现中国社会主义现代化作为根本性的政治任务，这是完全符合马克思主义基本原理的，是极为深刻和正确的。

（二）邓小平经济理论深刻地揭示了中国社会主义经济建设和发展的规律，是当代中国的马克思主义政治经济学。邓小平理论在马克思列宁主义、毛泽东思想的多方面发展中，对社会主义经济理论的创新和发展尤为丰富与集中，成为马克思主义在当代中国新的历史条件下发展到新阶段的最为鲜明的重要标志。邓小平在新的历史时期中，坚持解放思想，实事求是，科学地总结国内外社会主义发展成功和失误的历史经验，深刻分析当今时代特点和洞察世界经济、科技发展大趋势，始终着眼于解放和发展社会生产力，实现中国社会主义现代化这个根本任务，进行深入思考和艰辛探索。邓小平同志以马克思主义者的巨大政治胆略和巨大理论勇气，既继承前人又突破陈规，创造性地、科学地解决了中国社会主义建设中最重要、最基本的理论问题和实践问题。他围绕“什么是社会主义、怎样建设社会主义”这个根本问题，正确分析国情，作出我国还处于社会主义初级阶段的科学论断，为建设和发展有中国特色社会主义事业奠定了最宝贵的理论基石；深刻地揭示社会主义的本质，把对社会主义的认识提高到新的科学水平；反复阐述社会主义可以搞市场经济，在马克思主义发展史上第一次把社会主义同市场经济联系起来；强调指出改革开放是发展社会主义的强大动力和必由之路，为坚持在改革开放中实

---

① 《邓小平文选》第 2 卷，人民出版社 1994 年版，第 194 页。

② 《邓小平文选》第 2 卷，人民出版社 1994 年版，第 162—163 页。

现我国社会主义现代化提供了科学理论依据,等等。这些都是划时代的经济思想,是在新的历史时期对马克思列宁主义、毛泽东思想的重大发展。十一届三中全会以来的历史新时期,是以党和国家工作中心转到经济建设上来为起点的,一系列基本理论的重大创新和发展,都是围绕以经济建设为中心,围绕解放和发展生产力的根本要求的。全党全国工作中心的转移,历史发展的伟大转折,社会主义改革开放和现代化建设的崭新实践,是形成邓小平经济理论的历史背景、深厚基础和强大推动力。邓小平在经济领域提出的一系列重大论断、基本观点、战略思想,用崭新的思想和观点极大地丰富了马克思主义政治经济学,把社会主义经济理论发展到了崭新的阶段。

(三)邓小平经济理论具有强大的生命力,是建设有中国特色社会主义经济的伟大指针。20 年来,在邓小平理论包括邓小平经济理论指导下,我们党在经济工作中作出了一系列重大决策,相应制定了一整套方针政策,推动我国经济领域发生着重大的历史性变革。主要是:经济体制由计划经济向社会主义市场经济转变,对外经济关系由封闭、半封闭型经济向面对世界的开放型经济转变;经济发展方式由粗放型经济向集约型经济转变。这些根本性的重大转变,使我国经济建设走上持续、快速、健康发展的新路子,整个社会经济焕发出生机勃勃的旺盛活力,社会生产力获得前所未有的巨大发展;综合国力大为增强,人民生活显著改善,社会主义制度的优越性越来越得到充分发挥。同时,正因为我国改革开放和经济建设取得举世瞩目的巨大成就,才使我们国家在当今世界风云急剧变幻的情况下经受住严峻考验,国际地位和威望越来越高,发挥的作用越来越大。回顾 20 年来我国改革开放和现代化建设的历程和取得的辉煌成就,我们深深感到,邓小平经济理论是具有强大生命力的理论,是建设和发展有中国特色社会主义经济唯一正确的理论,对于改革开放和社会主义现代化建设具有全局性、长远性的指导意义。

邓小平经济理论反映了我国亿万人民摆脱贫穷落后状态,实现经济振兴和国家现代化的迫切愿望和要求，也指明了像我国这样经济文化比较落后的社会主义大国建设和发展社会主义、实现现代化的正确道路。我国改革开放和经济建设虽然已取得了伟大成就，但要实现现代化的宏伟目标，仍然任重而道远。在我们前进的道路上既充满无限希望，也面临严峻挑战。现在，改革进入攻关阶段，发展处于关键时期。社会经济生活中存在许多矛盾和问题亟待解决，随着改革开放和现代化建设向广度和深度推进，必然还会出现大量新事物，还会遇到这样或那样的新情况和新问题。只有认真学习和掌握邓小平经济理论，才能在困难和矛盾面前保持清醒头脑，排除各种错误思想的干扰，增强信心和力量；也才能自觉按照客观经济规律办事，勇于创新，开拓进取，不断研究新情况，创造新办法，解决新问题，从而把改革开放和现代化建设的伟大事业更好地推向前进。

二、在学懂弄通重大创新的理论方面下功夫

邓小平经济理论博大精深，贯穿着解放思想、实事求是的思想路线，以建设有中国特色社会主义经济和实现中国现代化为根本出发点和总目标，形成了一系列相互联系的基本观点，构成了完整的科学理论体系。我们应当从总体上、科学体系上学习、领会和把握这一理论的基本内容和基本精神，尤其要下大功夫学懂弄通邓小平经济理论中那些重大独创性理论，这样才能把邓小平经济理论真正学到手，正确地理解和运用邓小平经济理论。这里，着重论述邓小平经济理论中几个最重大的创新性理论。

第一，关于从社会主义初级阶段基本国情出发进行经济建设的理论。正确认识国情，无论是革命还是建设都是首要的问题，是制定和执行正确路线、方针和政策的基本依据。邓小平在1979年3月指出："过去搞民主革命，要适合中国情况，走毛泽东同志开辟的农村包围城市的道

路。现在搞建设,也要适合中国情况,走出一条中国式的现代化道路。”①从中国实际出发进行社会主义经济建设,是我们党的解放思想、实事求是思想路线的根本要求,也是邓小平经济理论的思想基础。

像中国这样一个脱胎于半殖民地半封建社会,在生产力相当落后的基础上建立起来的社会主义国家,对它的基本国情应该怎样认识,经济建设的路子怎样走?从1956年生产资料所有制的社会主义改造基本完成到1978年党的十一届三中全会之前这段历史时期,我们党在理论上和实践上都进行过有益的探索。但总的说来,一直处在不完全清醒的状态。十一届三中全会以后,邓小平同志和我们党在全面分析我国社会经济的现状及其客观要求的基础上,多次强调和阐述我国还处在社会主义初级阶段。邓小平指出:我国底子薄,人口多、耕地少,特别是农民多,这种情况不是很容易改变的,要从中国的特点出发搞经济建设。1980年,他在谈到我国社会主义建设的经验时指出:“不要离开现实和超越阶段采取一些‘左’的办法,这样是搞不成社会主义的。我们过去就是吃‘左’的亏。”②1987年8月党的十三大前夕,他进一步指出:“我们党的十三大要阐述中国社会主义是处在一个什么阶段,就是处在初级阶段,是初级阶段的社会主义。社会主义本身是共产主义的初级阶段,而我们中国又处在社会主义的初级阶段,就是不发达的阶段。一切都要从这个实际出发,根据这个实际来制订规划。”③我们讲一切从实际出发,最大的实际就是中国现在处于并将长期处于社会主义初级阶段。社会主义初级阶段,是指我国在生产力落后、商品经济和市场经济不发达条件下建设社会主义必然要经历的特定阶段,即从我国进入社会主义社会到基本实现现代化的整个历史阶段。这个历史阶段,至少需要上百年时间。邓小平关于我国还处在社会主义初级阶段的科学论断,是对我们基本国情再认识的重大新成果。

---

① 《邓小平文选》第2卷,人民出版社1994年版,第163页。
② 《邓小平文选》第2卷,人民出版社1994年版,第312页。
③ 《邓小平文选》第3卷,人民出版社1993年版,第252页。

社会主义初级阶段理论的提出，具有全局性和根本性重大指导意义。这一光辉理论，使我们对我国现阶段社会经济形态的主要特征、历史任务、运行规律和必须实行的路线、方针、政策，有了更加明确和深刻的认识。这一光辉理论，使我们对社会主义现代化建设的长期性、紧迫性、复杂性和艰巨性，有了更加清醒的认识和思想准备。正如邓小平 1992 年初视察南方谈话中指出："我们搞社会主义才几十年，还处在初级阶段。巩固和发展社会主义制度，还需要一个很长的历史阶段，需要我们几代、十几代人，甚至几十代人坚持不懈地努力奋斗，决不能掉以轻心。"①因此，我们必须坚定长期奋斗的决心。党的十五大，再一次全面、系统、科学地阐述了我国社会主义初级阶段的含义、特征和发展进程，并完整地提出了社会主义初级阶段的基本纲领，包括明确什么是社会主义初级阶段有中国特色社会主义的经济、有中国特色社会主义的政治、有中国特色社会主义的文化，以及怎样建设这样的经济、政治和文化，从而把建设有中国特色社会主义的理论和实践的认识提高到新的水平。深入学习和领会社会主义初级阶段的理论，可以使我们始终保持清醒的头脑，全面正确和坚定不移地贯彻以经济建设为中心、坚持四项基本原则、坚持改革开放的党的基本路线，坚决执行党的十一届三中全会以来形成的一整套符合我国国情的方针政策，毫不动摇地推进有中国特色的社会主义事业，避免犯"左"的或者右的错误。

第二，关于社会主义及其本质的理论。过去我们搞了多年的社会主义，但是对于什么是社会主义、怎样建设社会主义，并不是十分清楚的。我国在改革开放以前遭受过的挫折，改革开放以来在前进中出现的一些犹疑与困惑，归根到底都是与没有完全搞清楚这个根本问题有关。邓小平根据马克思主义的基本原理，深刻总结几十年来国内外社会主义实践正反两方面的经验，对这个根本问题进行了不懈探索和反复思考。1980

① 《邓小平文选》第 3 卷，人民出版社 1993 年版，第 379—380 页。

年，邓小平就指出："社会主义是一个很好的名词，但是如果搞不好，不能正确理解，不能采取正确的政策，那就体现不出社会主义的本质。"[①]"经济长期处于停滞状态总不能叫社会主义。人民生活长期停止在很低的水平总不能叫社会主义。"[②]1985 年，他又指出："在改革中，我们始终坚持两条根本原则，一是以社会主义公有制经济为主体，一是共同富裕。"[③]随着实践进一步发展和认识的深化，邓小平在 1992 年初"南方谈话"中更加明确地指出："社会主义的本质，是解放生产力，发展生产力，消灭剥削，消除两极分化，最终达到共同富裕。"[④]这是邓小平同志对社会主义本质作出的精辟、科学和创造性的概括，使人们对社会主义经济和整个社会主义的认识提高到了新的境界。

邓小平关于社会主义的本质的理论概括，是探索有中国特色社会主义道路的最重大理论成果之一，是对马克思主义的创造性发展。这一理论概括，有着极为鲜明的特点和十分重大的意义。一是突出地强调"解放生产力，发展生产力。"这就纠正了过去忽视生产力发展的错误倾向，反映了中国社会主义尤其是社会主义初级阶段特别需要注重生产力发展的迫切要求。把"解放生产力，发展生产力"作为社会主义本质的首要标志和要求，为我们把发展生产力作为首要的和根本的任务，毫不动摇地、一心一意地坚持以经济建设为中心，提供了强大的思想理论武器。二是明确地指出社会主义经济的基本属性和目标，是"消灭剥削，消除两极分化，最终达到共同富裕。"这就指出了我们社会主义国家发展生产力与剥削阶级统治的社会发展生产力的目的根本不同，反映了社会主义坚持公有制经济为主体和共同富裕的两个根本原则的要求。从而为我们始终坚持我国经济发展的社会主义道路，以及完善和发展所有制结构指出了明

---

① 《邓小平文选》第 2 卷，人民出版社 1994 年版，第 313 页。

② 《邓小平文选》第 2 卷，人民出版社 1994 年版，第 312 页。

③ 《邓小平文选》第 3 卷，人民出版社 1993 年版，第 142 页。

④ 《邓小平文选》第 3 卷，人民出版社 1993 年版，第 373 页。

确的方向。三是科学地从生产力和生产关系两个方面结合起来认识社会主义和建设社会主义,体现了社会主义社会生产力和生产关系的统一、社会主义根本任务和根本目的的统一、社会主义物质基础和社会关系的统一、社会主义发展过程和最终目标的统一。这就纠正了单独强调一个方面而忽视另一方面的片面认识和形而上学的错误。同时,邓小平关于社会主义本质的理论,也为确定衡量一切工作的根本是非标准奠定了坚实的理论基础。邓小平在深刻揭示社会主义本质的同时,又进一步明确提出了著名的以发展社会生产力为基础的“三个有利于”的标准,即判断改革和各方面工作的是非得失,归根到底,要以是否有利于发展社会主义社会的生产力,是否有利于增强社会主义国家的综合国力,是否有利于提高人民的生活水平为标准。按照这个根本标准来衡量,我们既不能把那些合乎“三个有利于”、本来姓“社”的,错误地判定为姓“资”而加以排斥;也不能把那些合乎“三个有利于”、既可以为“资”所用又可以为“社”所用的,错误地加以排斥。

总之,邓小平关于社会主义本质的概括和揭示,坚持了马克思主义的基本原理,反映了人民的根本利益和时代的要求,廓清了不合乎时代进步和社会发展规律的模糊观念,摆脱了长期以来拘泥于具体模式而忽略社会主义本质的错误倾向,使社会主义在中国的发展任务、方向和道路更加明确。这一概括和揭示,对于我们进一步解放思想,实事求是,全面正确和一以贯之地贯彻党的基本路线,坚持走有中国特色社会主义的道路,推进社会主义改革开放和现代化建设,具有极为重大的政治意义、理论意义和实践意义。

第三,关于我国实行社会主义市场经济的理论。长期以来,传统的观念认为,市场经济是资本主义特有的东西,计划经济是社会主义经济的基本特征;建设和发展社会主义经济,只能实行计划经济,而不能实行市场经济。邓小平深刻地总结国内外社会主义建设的经验教训,科学地概括我国改革开放实践中创造的新鲜经验和理论探索成果,以非凡的求实精神和政治胆略，突破传统观念的束缚，指出计划和市场没有姓“社”、姓“资”的问题，它们两者都是经济手段与方法，主张把社会主义同市场经济统一起来，创立了社会主义市场经济理论。早在1979年，他就明确指出：“说市场经济只存在于资本主义社会，只有资本主义的市场经济，这肯定是不正确的。社会主义为什么不可以搞市场经济，这个不能说是资本主义。……社会主义也可以搞市场经济。”①尽管当时还是讲计划经济为主，但由于肯定了市场经济在社会主义制度下存在的必要性和重要性，因而对理论探索和改革进程起了极为重要的推动作用。1985年，邓小平又鲜明地指出：“社会主义和市场经济之间不存在根本矛盾。”②1991年初，他进一步指出：“不要以为，一说计划经济就是社会主义，一说市场经济就是资本主义，不是那么回事，两者都是手段，市场也可以为社会主义服务。”③1992年初，邓小平在“南方谈话”中更加明确地指出：“计划多一点还是市场多一点，不是社会主义与资本主义的本质区别。计划经济不等于社会主义，资本主义也有计划；市场经济不等于资本主义，社会主义也有市场。”④这就对社会主义可不可以实行市场经济这个长期争论不休、阻碍我们前进的问题，作了一个清楚、透彻、精辟的总回答。

邓小平关于实行社会主义市场经济的理论内涵是十分丰富的。(1)它深刻地指明计划经济和市场经济不是区分社会主义和资本主义的标志，计划和市场资本主义可以用，社会主义也可以用。(2)社会主义实行市场经济是为了更好地发展社会生产力。多年的实践证明，在某种意义上说，只搞计划经济会束缚生产力的发展。(3)计划和市场都得要。“社会主义同资本主义比较，它的优越性就在于能够做到全国一盘棋，集中力量，保证重点。”⑤同时，要运用市场经济的长处更好地发展社会主义经

① 《邓小平文选》第2卷，人民出版社1994年版，第236页。
② 《邓小平文选》第3卷，人民出版社1993年版，第148页。
③ 《邓小平文选》第3卷，人民出版社1993年版，第367页。
④ 《邓小平文选》第3卷，人民出版社1993年版，第373页。
⑤ 《邓小平文选》第3卷，人民出版社1993年版，第16页。

济。(4)社会主义市场经济和资本主义市场经济在运行方法上基本上相似,它们的根本区别在于所有制基础不同,社会主义市场经济以公有制为主体,资本主义市场经济以私有制为基础。我国实行的社会主义市场经济既不同于传统的社会主义计划经济,也不同于资本主义市场经济。它既要遵循市场经济的一般规律,又要体现社会主义基本制度的要求。实行社会主义市场经济的理论,具有划时代的极为重要的创新意义,丰富和发展了马克思主义基本原理,科学地解决了关系我国现代化建设事业的一个带有全局意义的重大问题。这一理论的提出,解放了人们的思想,扫除了改革过程中的理论障碍,为建立社会主义市场经济体制,建设有中国特色社会主义的经济,提供了宝贵的理论基石。实践已经并将进一步证明,我国实行社会主义市场经济是完全正确的,是实现我国经济振兴和社会进步的根本大计。

第四,关于社会主义经济改革开放的理论。这实质上是社会主义经济发展动力和根本途径的问题。过去,由于对社会主义基本矛盾的具体表现形式和基本国情的判断出现失误等原因,曾经一味追求提高生产资料公有化的程度和期图"以阶级斗争为纲"来推动生产力发展,结果遭到了严重挫折,蒙受了巨大损失。邓小平根据马克思主义的基本原理,提出了关于在社会主义条件下推进改革的一整套理论、观点和主张。他反复强调:为了更快更好地发展生产力,必须对我国经济体制进行根本性改革,不改革就没有出路;改革是中国的第二次革命。邓小平在 1992 年初视察南方谈话中概括地指出:"革命是解放生产力,改革也是解放生产力。推翻帝国主义、封建主义、官僚资本主义的反动统治,使中国人民的生产力获得解放,这是革命,所以革命是解放生产力。社会主义基本制度确立以后,还要从根本上改变束缚生产力发展的经济体制,建立起充满生机和活力的社会主义经济体制,促进生产力的发展,这是改革,所以改革也是解放生产力。过去,只讲在社会主义条件下发展生产力,没有讲还要通过改革解放生产力,不完全。应该把解放生产力和发展生产力两个讲全了。”[①]这里，邓小平深刻揭示了社会主义经济体制改革的必然性和性质，把扫除发展生产力障碍的改革作为一场新的革命，同时又是社会主义制度的自我完善，从而极大地丰富和发展了马克思主义的基本原理。邓小平不仅为改革提出了一整套科学的思想理论依据，热情地支持和鼓励群众的创造，同时在他的指导下，我们党制定了一系列推进改革的战略、策略和方针、政策。对这场前无古人、情况复杂的崭新事业，他强调改革要在中央统一领导下有步骤、有秩序地进行；强调改革必须坚持解放思想、实事求是，胆子要大，步子要稳。他要求进行全面地、系统地改革，包括首先进行农村改革，采取多种形式搞好国有企业改革，深入推进价格体系改革和计划、财政、金融、分配、流通体制改革，培育和完善市场体系，理顺中央与地方的关系，改善和加强国家宏观调控，也包括改革科技、教育、文化体制等，并都作出了重要论述和决策。在邓小平改革理论指导下，我们党逐步明确地把建立社会主义市场经济体制作为改革的总目标，从而使改革取得了重大的进展。我国进入新的历史时期后，经济建设和社会发展中所取得的一切成就，都是同坚决地、系统地推进经济体制改革分不开的。只有坚决实行改革，才能为社会主义经济注入旺盛的活力，才能进一步解放和发展生产力。实践充分证明，邓小平提出的经济改革理论和依据这一理论制定的改革目标和方针政策是完全正确的，必须坚定不移地全面贯彻下去。

邓小平把对外开放同对内改革一样，都作为是决定中国社会主义命运和国家前途的根本大计。他反复强调，现在的世界是开放的世界，中国的发展离不开世界，必须在坚持独立自主的基础上实行对外开放。邓小平指出：“对外开放具有重要意义，任何一个国家要发展，孤立起来，闭关自守是不可能的，不加强国际交往，不引进发达国家的先进经验、先进科学技术和资金，是不可能的。”[②]只有实行对外开放，才能充分利用国际国

① 《邓小平文选》第3卷，人民出版社1993年版，第370页。

② 《邓小平文选》第3卷，人民出版社1993年版，第117页。

内两个市场、两种资源，优化资源配置，推动科技进步，提高经济效益，加快我国经济发展；才能发挥我国经济的比较优势，积极参与国际经济合作与竞争，不断提高市场竞争能力。邓小平主张全面开放，对所有国家开放，主张全方位开放，积极发展对外贸易，吸收外国资金、先进技术和管理经验，扩大对外经济合作；并且强调指出，我国的对外开放是一项长期持久的政策。他还作出设立经济特区，开放十几个沿海城市，进而开辟沿海对外经济开放地带和开发开放上海浦东等一系列重大决策。这些都是世界社会主义发展史上的伟大创举。现在，我国全方位、多层次、多渠道和各具特点的对外开放格局已经基本形成，取得了举世瞩目的成效。实行对外开放，不仅有效地促进了我国社会生产力的迅速发展，增强了综合国力和国际竞争力，而且有力地推动了我国建立社会主义市场经济体制的改革过程。对外开放是加速实现我国社会主义现代化的一项基本国策，必须坚定不移、长期坚持。

第五，关于我国社会主义经济发展战略的理论。以发展社会生产力为根本任务和以经济建设为中心，至关重要的是制定一个科学的可行的经济发展战略。邓小平高瞻远瞩，把我国实现现代化的远大目标与社会主义初级阶段的实际相结合，提出了分三步走基本实现现代化的发展战略：第一步，从 1981 年到 1990 年国民生产总值翻一番，解决人民的温饱问题；第二步，从 1991 年到本世纪末，使国民生产总值再翻一番，人民生活达到小康水平；第三步，到下个世纪中叶，人均国民生产总值达到中等发达国家水平，人民生活比较富裕，基本实现现代化。这三步走的发展战略，既不是一个过急的目标，又表明中国人民决心用一百年左右时间艰苦奋斗，走完发达国家几百年走过的路程，体现了中国人民的雄心壮志。

为了更好地实现三步走的发展战略，邓小平还提出了一系列科学的发展战略思想和战略决策。概括地说，主要有以下几个方面：一是突出重点，带动整个经济全面、协调发展。80 年代初，邓小平就明确提出把农业、能源和交通、科学和教育作为经济发展的战略重点。强调农业是国民经济的基础和根本，要十分重视发展农业、加强农业；强调要加强能源、交通等基础工业和基础设施建设，使经济发展能够持续、有后劲；强调科学技术是第一生产力，四个现代化的关键是科学技术现代化；强调教育是一个民族最根本的事业，要使教育事业有一个大的发展、大的提高；强调经济发展必须依靠科技和教育，要尊重知识，尊重人才。在邓小平经济理论指引下，我们党确立了"科教兴国"战略，这是适应世界经济科技发展大趋势，加快现代化建设的重大决策。抓住抓好影响经济全局的战略重点，就可以带动整个经济持续、健康发展。二是承认和利用经济发展的平衡与不平衡的规律，实行允许和鼓励一部分人、一部分地区先富起来，先富带动后富，逐步达到共同富裕的大政策。他强调沿海地区要充分利用有利条件先发展起来，这是一个事关大局的问题，内地要顾全大局；反过来，沿海发展到一定程度，要拿出更多的力量帮助内地发展，这也是个大局，那时沿海地区也要服从这个大局。事实已经并将继续证明，这个着眼大局、激发各方面人们生产积极性的政策，是一个能够影响和推动整个国民经济发展的大政策，是加速发展社会主义经济的新办法。三是抓住有利时机，加快经济发展，隔几年上一个台阶。邓小平认为，各国经济的发展不是直线上升的，而是波浪式前进的，隔几年上一个台阶，这是一种合乎规律性的现象。"在今后的现代化建设长过程中，出现若干个发展速度比较快、效益比较好的阶段，是必要的，也是能够办到的。我们就是要有这个雄心壮志。"①四是注重质量，讲求效益，实现速度和效益相统一。一定要争取能够达到的发展速度，使经济得到较快发展；然而这个"快"是有条件的，就是要讲效益、讲质量，"快"必须是没有水分的、扎扎实实的速度。一定要坚持以提高经济效益为中心，把质量放在第一位。要更新发展思路，坚决走既有较高速度又有较好效益的国民经济发展路子。这是经济发展战略的核心问题。五是处理好经济建设与人口、资源、环境的

① 《邓小平文选》第 3 卷，人民出版社 1993 年版，第 377 页。

关系。严格控制人口增长,合理开发利用资源,保护自然环境。六是在发展经济的基础上,不断改善人民生活。邓小平设计的现代化建设三步走战略,每一步都把发展经济同改善人民生活紧密地联系在一起,使人民得到看得见的实际利益。同时,要教育人民树立长期艰苦奋斗的思想。这一战略思想是邓小平经济理论的一个重要特点。我们学习和掌握邓小平关于社会主义经济发展战略的理论,既要深刻领会分"三步走"、基本实现现代化的总体战略部署,又要全面把握一系列重要的发展战略思想、战略原则和战略方针。这样,才能提高贯彻执行邓小平经济发展战略理论的系统性、原则性和自觉性。

以上可见,如果把邓小平经济理论体系比作一座大厦,那么关于从社会主义初级阶段基本国情出发进行经济建设的理论、社会主义及其本质的理论、实行社会主义市场经济的理论、社会主义经济改革开放的理论和社会主义经济发展战略的理论,就是这座大厦五根最主要的支柱。这些也是马克思主义关于社会主义经济理论发展到历史新阶段的最为鲜明的重要标志。我们学习、掌握和运用邓小平经济理论,必须真正学懂弄通这些极具创新性和根本性的基本理论。当然,邓小平经济理论体系的其他一些方面,也都是在新的历史条件下对马克思列宁主义、毛泽东思想的丰富和发展。同时,各方面理论都不是孤立的,而是有着内在联系的。我们在学习中,既要抓住重点,又要注意从总体上、相互联系上和精神实质上去全面地、正确地加以理解和把握。

三、准确把握邓小平经济理论中贯穿着的几个基本关系

我国是一个发展中的社会主义大国。在改革开放和社会主义现代化建设过程中,存在着许多复杂的经济社会关系和矛盾需要妥善处理。旧的矛盾解决了,又会出现新的矛盾。必须以马克思主义基本原理为指导,

辩证地认识、全面地把握、正确地处理影响全局的基本关系。邓小平经济理论的重大意义和重大贡献在于，它从历史的、战略的、全局的高度，紧紧抓住这些基本关系，并加以科学地阐述，提出了正确的理论原则和指导方针。这对于我们始终保持清醒的头脑，牢牢把握大局，坚持正确方向，卓有成效地推进改革开放和社会主义现代化建设的伟大事业，是十分重要的。这里，扼要阐述以下三个基本关系。

（一）关于生产力与生产关系的关系。生产力决定生产关系，生产关系又反作用于生产力，二者是辩证统一的。这是马克思主义的基本原理。邓小平紧密结合我国生产力与生产关系的实际，加以创造性地运用和发展了这一原理。我国是在生产力比较落后的情况下建立起社会主义制度的，面对这一基本实际，我国现阶段在生产力与生产关系这一基本矛盾中，矛盾的主要方面是什么？是生产力。邓小平深刻地指出："社会主义时期的主要任务是发展生产力，使社会物质财富不断增长，人民生活一天天好起来，为进入共产主义创造物质条件。"①他反复强调：发展生产力是社会主义的"首要任务""第一个任务""中心任务"。坚持社会主义方向，就要坚持把发展社会生产力放在首位。只有发展生产力，国家才能富强，人民才能富裕。邓小平还从两个方面阐述了大力发展生产力的思想。一方面，他要求集中力量发展生产力，明确认识和牢固树立发展才是硬道理的思想，要紧紧扭住经济建设这个中心不放，"其他一切任务都要服从这个中心，围绕这个中心，决不能干扰它，冲击它。"②另一方面，他提出要从根本上改变束缚生产力发展的经济体制，调整和完善生产关系，使之适合现阶段生产力水平和发展的要求。强调把发展生产力放在首位，通过改革来解放和发展生产力，是邓小平关于社会主义生产关系和生产力相互关系理论的基点。这是邓小平在新的历史条件下对马克思主义的重大贡献。

---

① 《邓小平文选》第3卷，人民出版社1993年版，第171页。

② 《邓小平文选》第2卷，人民出版社1994年版，第250页。

邓小平是马克思主义的生产力论者，也是马克思主义的生产关系反作用于生产力论者。社会主义社会生产力的发展，不能离开社会主义社会生产关系和社会主义基本制度。社会主义生产关系的合理调整、完善和社会主义制度的不断巩固与发展，是社会主义社会生产力发展的根本保证，这是邓小平关于生产力与生产关系相互关系理论的另一个重要方面。邓小平在突出强调注重发展社会生产力的同时，反复强调必须坚持以公有制为主体，走共同富裕道路。邓小平在 1985 年明确指出："现在我们搞四个现代化，是搞社会主义的四个现代化，不是搞别的现代化。我们采取的所有开放、搞活、改革等方面的政策，目的都是为了发展社会主义经济。我们允许个体经济发展，还允许中外合资经营和外资独营的企业发展，但是始终以社会主义公有制为主体。社会主义的目的就是要全国人民共同富裕，不是两极分化。如果我们的政策导致两极分化，我们就失败了；如果产生了什么新的资产阶级，那我们就真是走了邪路了。"①只有不断壮大和发展公有制经济，确保其在国民经济中的主体地位，才能有效地逐步实现共同富裕，防止两极分化；也才能保证劳动人民当家作主，不断巩固和发展人民政权。当然，鉴于我国目前整体生产力水平比较低，生产社会化程度不高，公有制占主体的所有制结构和公有制的实现形式，应该根据生产力解放和发展的实际要求，根据逐步实现共同富裕的实际进程来确定。在坚持公有制为主体的前提下，必须允许和鼓励个体、私营、外资经济等非公有制经济发展。这对于更好地发展社会生产力、扩大就业、满足人们多样化的需求，都有着重要作用。与之相应地，要坚持按劳分配为主体、多种分配方式并存的制度，把按劳分配和按生产要素分配结合起来。同时，必须通过深化改革，继续探索社会主义按劳分配的有效实现形式，以利于更好地发展社会主义市场经济和实现社会主义本质的要求。

---

① 《邓小平文选》第 3 卷，人民出版社 1993 年版，第 110—111 页。

（二）关于经济基础与上层建筑的关系。邓小平经济理论在阐明社会主义生产力与生产关系之间辩证关系的同时，也科学地阐明了社会主义上层建筑与经济基础的关系，强调物质文明建设是社会主义现代化建设的基础，社会主义精神文明建设和上层建筑又对巩固和发展社会主义物质基础起巨大的反作用，强调社会主义物质文明建设和精神文明建设必须同时并进。

不是人们的意识决定人们的社会存在，而是人们的社会存在决定人们的意识。一切社会变迁和政治变迁的终极原因，不应从人们的头脑中去寻找，而应从生产方式和交换方式的变更中去寻找。这是一个著名的马克思主义历史唯物主义原理。邓小平经济理论充分地体现了这一原理。邓小平说："在无产阶级专政的条件下，不搞现代化，科学技术水平不提高，社会生产力不发达，国家的实力得不到加强，人民的物质文化生活得不到改善，那么，我们的社会主义政治制度和经济制度就不能充分巩固，我们国家的安全就没有可靠的保障。"①他把社会主义物质基础的建设摆到了切实必需的应有的高度。不这样做，其他一切建设和主张只能流于空谈。

与此同时，邓小平从我国进入改革开放和现代化建设新的历史时期之日起，就不断强调只有坚持社会主义的上层建筑与经济基础的统一，坚持社会主义的基本政治制度和意识形态，才能保证社会主义经济建设的健康发展。他反复告诫我们：坚持社会主义道路，坚持人民民主专政，坚持中国共产党的领导，坚持马克思列宁主义毛泽东思想，这"四个坚持"是我们不可动摇的立国之本，是改革开放和现代化建设健康发展的根本保证。邓小平指出：离开四项基本原则，就没有根，没有方向。"如果动摇了这四项基本原则中的任何一项，那就动摇了整个社会主义事业，整个现代化建设事业。"②坚持四项基本原则同坚持改革开放一样，都是为了

① 《邓小平文选》第 2 卷，人民出版社 1994 年版，第 86 页。

② 《邓小平文选》第 2 卷，人民出版社 1994 年版，第 173 页。

更好地解放和发展生产力。随着改革开放和社会主义市场经济的发展，赋予了四项基本原则许多新的内容，同时也对在新的形势下坚持四项基本原则提出了更高的要求。我们必须把坚持改革开放同坚持四项基本原则辩证地、很好地统一于整个建设有中国特色社会主义的伟大事业之中。

邓小平十分重视加强社会主义精神文明建设。他明确指出：我们建设的社会主义国家，不仅要有高度的物质文明，而且要有高度的精神文明，两个文明都搞好，才是有中国特色的社会主义。他反复强调要两手抓，一手抓物质文明，一手抓精神文明。不加强精神文明建设，物质文明的建设也要受破坏，走弯路。光靠物质条件，我们的革命和建设都不可能胜利。社会主义社会是全面发展、全面进步的社会。没有不断发展的社会主义精神文明，不提高全民族的政治思想水平、科学文化水平，物质文明建设就没有持续发展的动力和智力来源，就不能得到健康持续的发展。发展社会主义市场经济和实行对外开放，对精神文明建设提出了新的任务和要求。越是集中精力发展经济，加快改革开放，越是需要加强精神文明建设，绝不能以削弱甚至牺牲精神文明为代价，换取经济的一时发展。我们要在牢牢把握经济建设这个中心，把物质文明建设搞得更好的同时，切实把社会主义精神文明建设放到更加突出的地位，不断开创两个文明协调发展的新局面。

（三）关于改革、发展、稳定的关系。改革、发展、稳定，是我国社会主义现代化建设总体格局中三个关键环节。必须正确认识和处理这三者的关系，使它们相互协调、相互促进。邓小平反复强调：经济建设是一切工作的中心，发展是改革的目的，改革是发展的动力，而稳定是发展和改革的前提。中国解决所有问题的关键是要靠自己的发展。我们必须始终把发展作为根本着眼点和首要任务，抓住机遇，加快发展。而要实现国民经济长期持续快速健康的发展，就必须坚决改革经济体制和其他方面体制。

改革和发展都要求有稳定的政治和社会环境。邓小平十分重视保持政治和社会的稳定。他深刻地指出:没有安定团结的政治局面,不可能搞建设,更不可能实行改革开放政策,这些都搞不成。他特别强调:中国的问题,压倒一切的是需要稳定。没有稳定的环境,什么都搞不成,已经取得的成果也会丧失掉。治理国家这是一个大道理,要管许多小道理。这些论述,涵义很深,分量很重。我们必须深刻领会,牢牢记住。在当今中国,不仅发展经济、深化改革、扩大开放需要稳定,而且完善和发展社会主义民主与法制、加强社会主义精神文明建设也需要稳定。中国不允许乱,这是我们付出了沉重代价才取得的共识。我们要始终保持清醒的头脑,提高政治鉴别力和政治敏锐性,见微知著,防微杜渐,坚决排除一切可能影响稳定的因素。当然,从根本上说,社会稳定离不开发展和改革,发展和改革是稳定的物质基础和必要条件,根据邓小平的一贯思想和科学理论,以江泽民同志为核心的党中央在全面分析国际国内形势和我们党肩负的重大历史使命的基础上,把"抓住机遇,深化改革,扩大开放,促进发展,保持稳定"作为全党全国工作的大局,作为必须长期执行的基本方针,这是非常正确的。它充分体现了党的基本理论和基本路线的要求。认真贯彻这条基本方针,我们就能在当前世界范围的历史性大变动中,紧紧抓住有利时机,加快发展壮大自己;就能在国内改革开放和现代化建设的伟大变革中,既抓住机遇积极进取,又妥善处理改革、发展、稳定之间的关系,使整个工作始终处于主动地位。为此,必须把改革的力度、发展的速度和社会可以承受的程度统一起来,做到在保持政治和社会稳定中推进改革和发展,在改革和发展中实现政治和社会的长期稳定。

邓小平经济理论如同邓小平全部建设有中国特色社会主义理论一样,是一个伴随着实践的发展而不断丰富和发展的科学体系。党的十三届四中全会特别是十四大以来,以江泽民同志为核心的党中央,高举马克思列宁主义毛泽东思想和邓小平理论的伟大旗帜,运用邓小平经济理论指导改革开放和经济建设的伟大实践,作出了一系列新的重大决策和部署,在丰富、发展邓小平理论方面作出了重要的贡献。党的十五大报告在理论和实践问题上有一系列新的突破，这些都是对邓小平理论包括邓小平经济理论的创造性运用和发展。因此，我们对邓小平经济理论的学习和把握，应当与学习、研究以江泽民同志为核心的第三代中央领导集体的重要决策和思想理论成果结合起来，特别要同研究和学习党的十五大精神很好地结合起来，完整、准确地掌握邓小平经济理论的科学内涵和精神实质。尤其要学习邓小平运用马克思主义的立场、观点和方法，去观察和解决问题的科学态度和创新精神，坚持理论联系实际的优良学风，做到理论与实际、学习与运用、言论与行动相统一。全党全国人民高举邓小平理论伟大旗帜奋勇前进，就一定能够夺取改革开放和社会主义现代化建设的更大胜利。

树立和落实科学发展观*

（2004 年 4 月 12 日）

明确提出科学发展观，是我们党对经济社会发展规律认识的重要升华，是对我国社会主义现代化建设指导思想的新发展，具有十分重大的现实意义和深远的历史意义。我们要深刻认识提出科学发展观的背景和意义，全面把握科学发展观的内涵和精神实质，明确贯彻科学发展观的途径和要求，牢固树立和认真落实科学发展观，更好地把全面建设小康社会和整个现代化事业推向前进。

一、为什么提出树立和落实科学发展观

发展观是关于经济社会发展的世界观和方法论，包括对发展的目的、内涵、途径的根本观点，实质是对为什么发展和怎样发展的理论、道路和模式的总概括。一个国家在一定时期选择什么样的发展观，就会有什么样的发展道路、发展模式和发展战略，就会对发展的实践产生根本性、全局性的重大影响。

我们党提出的科学发展观，有一个明确、完整的表述，就是“坚持以

* 本文系作者 2004 年 4 月 12 日在空军系统师以上干部培训班上所作的报告；全文刊载于作者著《科学发展观和现代化建设》一书，人民出版社，2005 年 5 月出版。

人为本、全面协调可持续的发展观,促进经济社会和人的全面发展”,要求“统筹城乡发展、统筹区域发展、统筹经济社会发展、统筹人与自然和谐发展、统筹国内发展和对外开放”。这一科学发展观,精辟地指出了我国在新世纪新阶段要发展、为什么发展和怎样发展的重大问题,进一步指明了中国社会主义现代化建设的发展道路、发展模式和发展战略,是从国家事业发展全局出发提出的重大战略思想。

为什么明确地提出树立和落实科学发展观,它的主要依据是什么?

第一,这是贯彻落实“三个代表”重要思想的具体体现,是对我国社会主义现代化建设规律认识的进一步深化。“三个代表”重要思想在邓小平理论的基础上,进一步回答了什么是社会主义、怎样建设社会主义的问题,创造性地回答了建设什么样的党、怎样建设党的问题;同时,也开创性地回答了为什么我们党执政兴国的第一要务是发展,在社会主义初级阶段我们党应当如何认识和怎样领导发展的问题。

按照“三个代表”重要思想的要求,要把建设党的先进性和发挥社会主义制度的优越性落实到发展先进生产力、发展先进文化、实现最广大人民的根本利益上来,促进社会主义物质文明、政治文明和精神文明协调发展。科学发展观强调以人为本,强调经济社会全面、协调、可持续发展,体现了“三个代表”重要思想关于发展的要求,体现了我们党立党为公、执政为民的本质。树立和落实科学发展观,就是要把“三个代表”重要思想落实到现代化建设的各个领域,更好地推进发展这个我们党执政兴国第一要务的伟大实践。

我们党对社会主义现代化建设规律的认识,是随着实践的发展而不断深化的。早在新中国成立初期,党就提出要探索社会主义建设规律问题。1956 年,毛泽东同志发表了著名的《论十大关系》,提出一系列关于社会主义建设的重要理论观点,初步探索了符合我国国情的发展道路。党的第八次全国代表大会在全面分析国内外形势的基础上,指出我国社会的主要矛盾是人民对于经济文化迅速发展的需要同当前经济文化不能满足人民需要的状况之间的矛盾，强调要集中力量发展社会生产力，实现国家工业化。这些重大判断和指导思想是正确的，对实践的发展起到了积极作用。但是，后来由于种种复杂的原因，我国的发展走了弯路。1978年，党的十一届三中全会深刻总结了过去20多年的经验教训，果断地把党和国家的工作重点由“以阶级斗争为纲”转移到社会主义现代化建设上来，作出了实行改革开放的重大决策。邓小平同志和我们党提出建设中国特色的社会主义，提出并实施现代化建设三步走发展战略，强调社会主义的根本任务是发展生产力，“发展才是硬道理”，并制定社会主义初级阶段“一个中心、两个基本点”的基本路线和一系列重大方针政策。这是对我国现代化建设规律认识的一次飞跃，有力地推动了我国改革开放和现代化建设事业的迅速发展。以江泽民同志为核心的党的第三代中央领导集体提出“三个代表”重要思想，强调发展是党执政兴国的第一要务，坚持用发展的办法解决前进中的问题，明确提出正确处理现代化建设中的一系列重大关系，提出科教兴国战略、可持续发展战略、西部大开发战略等重大战略，进一步丰富了社会主义现代化建设的理论和实践。以胡锦涛同志为总书记的党中央在邓小平理论和“三个代表”重要思想指导下，根据新的形势和任务，特别是抗击非典型肺炎斗争的重要启示，明确提出了科学发展观，把坚持以人为本和经济社会全面、协调、可持续发展统一起来，并强调按照“五个统筹”的要求推进改革和发展。这标志着我们党对社会主义现代化建设规律的认识更加深入。科学发展观同毛泽东、邓小平、江泽民同志关于发展的重要思想是一脉相承的，是与时俱进的马克思主义发展观。

第二，这是我国进入新的发展阶段客观进程和顺利实现宏伟目标的必然要求。当人类社会进入21世纪的时候，我国进入全面建设小康社会、加快推进社会主义现代化的新的发展阶段。改革开放以来，我国成功地实现了由贫困到温饱、又到总体小康的两个历史性跨越，实现了现代化建设的前两步战略目标。但我们现在达到的小康还是低水平的、不全面的、发展很不平衡的小康。新世纪头20年是我们必须紧紧抓住的重要战略机遇期，是我国迈向第三步战略目标的关键时期。在这个时期，我们要全面建设惠及十几亿人口的更高水平的小康社会，使经济更加发展、民主更加健全、科教更加进步、文化更加繁荣、社会更加和谐、人民生活更加殷实。这是一个经济、政治、社会、文化、生态和人全面发展的系统集成的目标体系。我们的发展目标更加全面，发展任务更加艰巨。到2020年实现国内生产总值比2000年翻两番，需要在经济总量已经很大的基础上，继续保持快速协调健康发展。随着经济社会持续发展，居民收入水平不断提高，社会需求更趋多样化，消费结构加快升级，人们将更加追求生活内容的丰富、生活质量的提高、生活环境的改善。我国正处于经济结构加快转换的时期。服务业比重增加，制造业重组加快，农业发展水平提高；农村富余劳动力将大规模转移，城镇化水平上升，城乡联系更为密切；人口、资金在地区之间的流动加快；收入分配结构将发生新的变化。这些都要求我们必须更加重视以人为本，重视统筹协调和全面发展。目前，改革已经进入完善社会主义市场经济体制的新阶段。这既是通过改革促进发展的关键时期，也是深化改革的攻坚时期。需要更大程度地发挥市场在资源配置中的基础性作用，更好地协调各种利益关系，妥善处理各方面改革之间的关系，妥善处理改革发展稳定的关系。我国加入世贸组织标志着对外开放进入新的阶段，与世界经济的联系日益紧密，给我国经济发展既带来了机遇，又带来了新的挑战。这也要求正确处理好国内发展与对外开放的关系。

2003年我国人均国内生产总值已超过1000美元。按照既定的目标，国内生产总值到2020年翻两番，人均国内生产总值将达到3000美元。从国际上看，人均国内生产总值从1000美元到3000美元之间，是现代化进程中一个非常关键的阶段，也是经济社会结构发生深刻变化、各种社会矛盾凸显的重要阶段。许多国家的发展进程表明，在这一阶段有可能出现两种发展结果：一种是搞得好，经济社会继续向前发展，顺利实现工业化、现代化;另一种是搞得不好,往往出现贫富悬殊、失业增加、城乡和地区差距拉大、社会矛盾加剧、生态环境恶化等问题,导致经济社会发展长期徘徊不前,甚至出现社会动荡和倒退。正反两方面的经验告诉我们,在这个关键阶段,一定要在高平台上处理好经济社会发展各方面的重大关系,促进经济社会全面、协调和可持续发展。

第三,这是对我国以往经济社会发展经验和教训的深刻总结。新中国成立以来特别是改革开放 20 多年来,我国发展取得了历史上无与伦比、国际上为之称道的巨大成就,深刻改变了中国的社会经济面貌。在前进道路上,我们积累了许多成功经验,同时也有过值得总结的教训。我国进一步发展面临着许多矛盾和问题:经济高速增长而社会发展相对滞后;城乡差距、地区差距、居民收入差距持续扩大;就业和社会保障压力增加;资源消耗高和生态破坏严重;等等。这些矛盾和问题,有些是在中国发展现阶段难以完全避免的,有些则是由于发展观的偏差所导致或者加剧的。强调树立和落实科学发展观,就是认真总结和汲取以往经济建设经验和教训得出的重要结论。今后,必须重视促进经济社会协调发展,重视处理好城乡之间、地区之间、社会不同利益群体之间的关系,重视解决好各方面的矛盾和问题。这样,才能顺利实现全面建设小康社会和现代化的奋斗目标。

第四,这是基于我国国情的必然选择和解决现实突出矛盾的迫切需要。我国正处于并将长期处于社会主义初级阶段。人口多,底子薄,社会生产力水平低,发展不平衡,资源相对不足,生态环境承载能力弱,这些是我国的基本国情。我国有近 13 亿人口,今后一个时期每年还要增加 1000 万左右,2020 年将达到 14. 83 亿人,高峰期还将达到 16. 5 亿人。我国人均耕地仅有 1. 43 亩,不到世界人均水平的 40%。我国资源总量约占世界的 12%,居世界第三位,但人均资源量仅为世界平均水平的 58%,居世界第 53 位;其中石油、天然气、铜和铝等重要矿产资源的人均占有量仅分别相当于世界人均水平的 8. 3%、4. 1%、25. 5%和 9. 7%;人均水资源拥有量仅为世界平均水平的1/4。随着经济增长和人口不断增加,能源、水、土地、矿产等资源不足的矛盾越来越尖锐,生态环境的形势十分严峻。我国经济建设存在的突出问题是结构不合理,经营方式粗放,经济增长主要靠增加投入、扩大投资规模。资本形成占国内生产总值的比重2003年高达42.7%,大大高于美国、德国、法国、印度等一般20%左右的水平。资源环境的代价太大。我国能源利用效率约为31.2%,与先进国家相差约10个百分点,主要工业产品单位能耗比先进国家高出30%以上。工业万元产值用水量为100立方米,是国外先进水平的10倍。2003年,我国消费钢材2.6亿吨、煤炭15亿吨、水泥8.2亿吨,分别相当于世界总产量的36%、30%和55%;消费原油约2.6亿吨,超过日本,仅次于美国,居世界第二。消费棉花占世界棉花产量的1/3。我国消费了这样巨额的资源,而创造的国内生产总值只约占世界的4%。我国单位资源的产出水平仅相当于美国的1/10,日本的1/20。每吨标准煤的产出效率,我国只有785美元,相当于美国的28.6%、欧盟的16.8%、日本的10.3%。这样消耗资源终究难以为继,环境也无法承受。我国废弃物排放水平大大高于发达国家,单位产值的废水排放量比发达国家高4倍,固体废弃物排放量高十多倍。据测算,到2020年,如果我国主要资源的人均消费量达到美国现在的水平,届时我国年消费的能源将达到175亿吨标准煤、石油47亿吨、钢6.2亿吨、铜1650万吨、铝3000万吨。这样,全球能源和石油储量也仅够我国消费66年和30年。这是不可想象的!按照现在的路子走下去绝对是行不通的!当然,我们不能像美国那样奢侈地消费地球上的资源,也不能因为面临资源问题而影响我国实现现代化的目标。根本的出路在于转变经济增长方式,走全面、协调和可持续发展之路。

同时,随着经济社会发展,社会矛盾也在增多。贫富差距呈现不断扩大的趋势,社会公平问题显现。国际上通常使用基尼系数来衡量贫富差距的大小,基尼系数在0.3—0.4之间时,为中等不平等程度,是较为合理的收入差距警戒线。据测算,近十多年来我国的基尼系数持续上升,1988

年为 0.341,2000 年为 0.417,2003 年达到 0.45 左右,超过了国际公认的收入差距警戒线。就业压力大,现在城市下岗失业人员有 1400 多万,每年新增劳动力还有 1000 多万,农村还有 2 亿多富余劳动力。如何在发展中解决这些矛盾和问题,是对我们党领导水平和执政能力的重大考验。科学发展观提供了解决我国经济社会生活中诸多矛盾和问题的强大思想武器。

第五,这是系统研究和借鉴国际上现代化发展理论的科学成果。发展是一个历史范畴。人类的发展观念也经历了漫长的历史演进。从工业革命开始到上个世纪前半期,人们对发展的认识,是走向工业化社会的过程,主要是经济增长的过程。上世纪后半期,发展观的进步是人类文明的重要成果。随着工业化推进,人们越来越将发展看作是经济增长和社会全面进步、生态环境建设相统一的过程。在 1972 年联合国斯德哥尔摩会议通过《人类环境宣言》以后,人们将发展看作是人类追求和社会要素和谐平衡的过程,注重人与自然环境相协调发展。20 世纪 80 年代以来,人们将发展看作是人的基本需求逐步得到满足、人的能力发展的过程,1992 年联合国环发大会通过《环境与发展宣言》,可持续发展的观念在全球取得共识。随着实践的推进和认识的提高,发展观不断加以丰富,最重要的结论是,经济增长不等于发展,经济发展不等于社会进步,发展不能以牺牲生态环境为代价。中国发展是世界发展的一部分,而且是富有特色的重要一部分。我国作为世界人口最多、经济落后的发展中国家,在探索经济和社会发展道路方面,应当顺应世界发展潮流,并不断有所创新。过去我们已经这样做,今后也能够做得更好。

总之,科学发展观是在坚持毛泽东、邓小平和江泽民同志关于发展的重要思想,充分肯定我国取得世界瞩目的发展成就的基础上,适应我国现代化建设发展趋势和汲取人类关于发展理论的有益成果,着眼于丰富发展内涵、创新发展观念、开拓发展思路、破解发展难题提出来的。牢固树立和认真落实科学发展观,是全面贯彻"三个代表"重要思想和党的十六大提出的奋斗目标的要求，是妥善应对我国现代化建设进入新阶段可能遇到的各种风险和挑战的正确选择，是提高党的执政能力和执政水平的迫切需要，关系党和国家工作的大局，关系全面建设小康社会和整个现代化事业的长远发展。我们必须站在这样的高度，充分认识树立和落实科学发展观的重大现实意义和深远历史意义。

中央提出树立和落实科学发展观以后，受到国内广大干部群众的热烈拥护，国外也给予高度评价。同时，也有些人提出一些疑虑或存在某种误解。

有一种认识，担心现在提出科学发展观，会否定过去的成绩。这种担心是不必要的。改革开放以来的 25 年，我们党的基本理论、基本路线、基本方针已被实践证明是完全正确的，经济社会发展的成绩巨大，这是不可否认、也否认不了的。在这个过程中，我们党经济建设的指导思想和方针政策也随着实践的发展而不断丰富和完善。包括早在 20 世纪 80 年代初就提出重视社会事业发展，制定和实施经济发展和社会发展相结合的计划；在 90 年代中期就明确提出推进经济增长方式和经济体制两个根本性转变。这些计划改革和重大方针在实践中发挥了重要作用，也取得了明显成效。问题是，由于多种原因，包括经济体制和运行机制的缺陷，有些方面、有些地方落实得不好。同时，有些问题的解决也需要相应的条件和过程。实践是认识的基础，认识来源于实践，又指导实践，也接受实践的检验。现在提出科学发展观，是多年来实践经验的总结，是认识的深化，同时我们国家物质基础和体制环境也有了很大变化，不仅需要提出而且有条件实施科学发展观。用现有的思想认识和理论观点去否定以前的工作成绩，是违反马克思主义的历史唯物论的，是错误的。

还有一种认识，担心贯彻落实科学发展观，会放慢经济发展速度。这也是不正确的。科学发展观不是不要发展，也不是要放慢发展速度。恰恰相反，科学发展观的第一要义是发展，而且是为了实现更好的发展。发展是硬道理，这是我们党长期坚持的一个重要战略思想。中国解决一切问题的关键在发展,我们党执政兴国的第一要务是发展。同时,发展必须有新思路,必须把握和运用现代化建设的客观规律。我们能否真正抓住本世纪头20年的重要战略机遇期加快发展,关键看我们是否有一个科学的发展观。只有以科学发展观为指导,实现全面、协调和可持续的发展,才能更好地发展,少走或不走弯路。历史经验反复表明,如果无视和违背客观规律和科学规律,盲目和片面追求经济增长速度,往往事与愿违,欲速则不达。重视经济社会全面、协调和可持续发展,可能看上去经济增长速度不会多么高,但这样的增长符合发展规律,有实效、有后劲、能持久。因此,我们要站在能否抓住和用好战略机遇,实现既快又好发展的高度,来深刻认识和理解科学发展观的精神实质。

二、全面把握科学发展观的主要内涵

科学发展观的内涵极为丰富,涉及经济、政治、文化、社会发展各个领域,既有生产力和经济基础问题,又有生产关系和上层建筑问题;既管当前,又管长远;既是重大的理论问题,又是重大的实践问题。我们要全面理解和正确把握科学发展观的主要内涵和基本要求。总起来说可以概括为三句话:一是,以人为本是科学发展观的本质和核心。二是,全面、协调、可持续发展是科学发展观的基本内容。全面发展,就是要以经济建设为中心,全面推进经济、政治、文化建设,实现经济发展和社会全面进步。协调发展,就是要统筹城乡发展、统筹区域发展、统筹经济社会发展、统筹人与自然和谐发展、统筹国内发展和对外开放,推进经济、政治、文化建设的各个环节、各个方面相协调。可持续发展,就是要促进人与自然的和谐,坚持走生产发展、生活富裕、生态良好的文明发展道路。三是,统筹兼顾是科学发展观的根本要求。这里结合经济社会发展的实际情况,主要从以下五个方面谈一些看法。

第一，坚持以人为本，不断满足人的多方面需求和实现全面发展。

这是我们党第一次明确提出的思想观点，是发展理论上的创新发展。这一论断的提出有个过程。江泽民同志在2001年“七一”讲话中，鲜明地论述了人的全面发展问题。2002年党的十六大报告把人的全面发展列入全面建设小康社会的目标之中。2003年10月党的十六届三中全会通过的《中共中央关于完善社会主义市场经济体制若干问题的决定》中，更加明确地提出了“坚持以人为本”。以人为本，就是要把人民的利益作为一切工作的出发点和落脚点，不断满足人们的多方面需求和促进人的全面发展。具体地说，就是在经济发展的基础上，不断提高人民群众物质文化生活水平和健康水平；就是要尊重和保障人权，依法维护公民的经济、政治、文化权益；就是要不断提高人们的思想道德素质、科学文化素质和健康素质；就是要创造人们平等发展、充分发挥聪明才智的社会环境。

提出以人为本，坚持了马克思主义的基本观点，体现了我们党的一贯宗旨。马克思说过，未来的新社会是“以每个人的全面而自由的发展为基本原则的社会形式”。马克思主义十分强调人的全面而自由的发展。社会主义建设的目的，就是要实现人的全面而自由的发展。我们从事的是建设中国特色社会主义的伟大事业，理所当然地必须坚持以人为本，一切为了人民，一切依靠人民。我们党80多年的一切奋斗，归根到底都是为了实现好、维护好、发展好最广大人民的根本利益。坚持以人为本是贯彻“三个代表”重要思想，坚持立党为公、执政为民的本质要求，也是实现党的基本纲领和最高纲领的必然要求。鲜明地提出以人为本的思想，是总结社会主义发展经验得出的一个重要启示，是社会主义现代化建设中一个重大课题。

坚持以人为本，就要把人民群众的利益放在至高无上的地位，关心人、尊重人、理解人，事事处处为人民的利益和需要着想，重视人的价值和尊严。恩格斯把人的需要依次分为生存需要、发展需要和享受需要。我们建设中国特色社会主义，首先要解决人们的温饱问题，满足人们的基本生存需要。在这个基础上，解决人的发展问题，包括提高人们的生活水平和生活质量，提高人们的整体素质，使人们在各方面获得更广泛的发展。进一步还要让人们更好地享受生活，实现人们在经济、政治、文化、社会方面广泛参与的权利等等。从大的方面来说，国家建设、经济增长、社会发展，归根到底都要使人们生活得更好、发展得更好。从小的方面来说，政府的各方面社会管理、公共服务，乃至一切设施建设、任何事情的处理，都把着眼点放在为人们提供周到而满意的服务上，时时处处体现出人文关怀。

坚持以人为本，既是经济社会发展的长远指导方针，也是实际工作中必须坚持的重要原则。从全社会范围来看，要比较充分地满足人们多方面需求和实现人的全面发展，必须有相应的物质基础和社会条件，这只能是一个不断发展和进步的过程，不能要求过急。现在我国还处于社会主义初级阶段，无论是生产力发展和物质财富的积累，还是生产关系和上层建筑的完善，满足人们的多方面需求和实现人的全面发展还不能完全做到。要从我们现有的条件和能力出发，通过各方面的发展努力去实现。同时也要看到，以人为本是我们的执政理念和要求，应当从现在的具体事情做起，贯穿到经济社会发展的各个方面，贯穿到我们的各项工作中去。要注意处理好人民群众根本利益和具体利益、长远利益和眼前利益的关系。

坚持以人为本，就要着力解决关系人民群众切身利益的突出问题。当前人民群众特别关心、反映比较强烈的问题涉及几个方面：一是要进一步做好增加就业、加强社会保障工作，积极帮助城乡特殊困难群众解决生产生活问题。二是要坚决纠正土地征用中侵害农民利益的问题，纠正城镇房屋拆迁中侵害居民利益的问题。三是要坚决纠正企业重组改制和破产中侵害职工合法权益的问题，纠正拖欠和克扣农民工工资的问题。四是要坚决纠正教育领域乱收费和卫生领域药品购销、医疗服务中的不正之风。要采取切实有力的措施，解决好人民群众关心的问题，要对城乡特殊困难群众给予更多的关爱。

第二，坚持以经济建设为中心，保持经济平稳较快发展。

生产力的发展是一切社会发展的基础，没有生产力的发展，其他一切都无从谈起。我国社会主义初级阶段就是不发达的阶段，生产力水平低是基本的国情。社会的主要矛盾始终是人民日益增长的物质文化需要同落后的社会生产之间的矛盾，根本任务是发展社会生产力。我们党执政兴国的第一要务是发展，首先是发展经济。因此，必须集中精力把生产力搞上去，紧紧抓住经济建设这个中心不动摇，任何时候和任何情况下都不放松。

坚持以经济建设为中心，必须保持较快的经济增长速度。我们讲的经济较快发展，是建立在优化结构、提高质量和效益的基础上的发展，努力实现速度、结构、质量、效益相统一。经济发展需要一定的速度，特别是作为一个发展中的大国更需要长期保持较快的发展速度，经济增长速度低了，会带来一系列问题，包括人民生活难以改善，就业岗位难以增加，国防实力也难以增强。但是，不能片面追求经济发展速度。要坚持以提高经济效益为中心，坚持改变传统的粗放型经济增长方式，坚持走新型工业化道路，走一条科技含量高、经济效益好、资源消耗低、环境污染少、人力资源优势得到充分发挥的新型工业化路子。

总结历史经验，保持经济平稳较快发展是个至关重要的问题。如果经济大起大落，不仅会打乱正常的社会经济秩序，而且会造成社会资源的严重浪费和损失。最近，中央领导同志多次指出，我国当前经济发展正处于重要关口，要防止经济大起大落，这是有很强的现实针对性的。2003年，我国经济保持了良好的发展态势，同时经济运行中也出现了一些新的矛盾和问题。突出的是投资规模过大，部分行业和地区盲目投资、低水平重复建设的现象严重。全社会固定资产投资比上年增长 26.7%，资本形成率达42.7%，接近1993年的最高水平。2004年一季度，投资需求进一步膨胀。全社会固定资产投资同比增长43%，增幅比去年同期提高12.4个百分点。特别是钢铁、水泥、电解铝、汽车、化工、纺织、房地产、城市建设等投资过分扩张。2003年钢铁、电解铝、水泥投资分别增长96.6%、92.9%、121.9%；2004年一季度钢铁、水泥又分别增长了106.4%和117.5%。房地产开发投资在连续多年快速增长的基础上又增长41.1%。新开工项目过多，一季度全国新开工项目19122个，比去年同期多4521个，计划总投资增长67.4%。投资规模过大，导致煤、电、油、运和部分原材料供求矛盾尖锐。尽管煤炭、电力生产超常增长，一季度分别增长14.4%和15.7%，但煤炭库存持续下降，直供电厂存煤可用天数由年初的10天左右下降到3月末的不足8天，远低于正常库存水平。全国有17个省区市出现不同程度的拉闸限电现象。铁路货运只能满足1/3左右的需求。通货膨胀压力加大，生产资料价格总水平在去年上涨8.1%的基础上，一季度又上涨14.8%，从而加大了居民消费价格总水平上涨的压力。2003年钢材价格上涨了21.1%，2004年以来还在上涨，超过了1994年的历史高位。这些问题如果任其发展下去，就会使资源、环境问题更加突出，经济发展难以为继，就会由局部性问题演变成为全局性的问题。正是从这个意义上讲，我国经济发展处在一个重要关口。工作搞得好，就能够把来之不易的好形势巩固和发展下去；如果搞得不好，经济发展也可能出现波折。温家宝总理在记者招待会上说，这对我们政府是一次新的重大考验。

2004年经济工作的基本着眼点，是把各方面加快发展的积极性保护好、引导好、发挥好，实现经济平稳较快发展，防止大起大落。因此，必须更加注重搞好宏观调控。今年宏观调控的重点：一是坚持科学发展观，按照“五个统筹”的要求，促进经济社会全面、协调、可持续发展。二是坚决控制投资过快增长，调整和优化产业结构，坚决遏制部分行业和地区盲目投资、低水平重复建设。同时，支持有市场有效益的产业和企业发展。三是加强经济运行调节，努力缓解煤、电、油、运和部分重要原材料的供求矛盾。四是重视防止通货膨胀，抑制物价总水平过快上涨。在宏观调控中，要适应市场经济发展规律的要求，从当前实际情况出发，注重用新思路、新机制、新办法，主要运用经济、法律手段和必要的行政手段、组织纪律等综合措施，做到调控有力有效，并注意把握时机和力度，做到适时适度，区别不同情况，松紧得当，不急刹车，不一刀切。

第三，坚持统筹兼顾，促进城乡、区域、经济社会协调发展。

统筹城乡发展，逐步改变城乡二元经济结构，是我们党从全面建设小康社会全局出发作出的重大决策。全面建设小康社会，重点在农村，难点也在农村。我们党历来重视“三农”问题，但是由于种种原因，城乡差距仍呈不断扩大的趋势。1978 年，城镇居民人均可支配收入相当于农民人均纯收入的 2. 56 倍，到 1985 年这一差距缩小为 1. 86 倍；之后又逐渐扩大。1992 年扩大到 2. 58 倍，超过 1978 年的水平，2003 年进一步扩大到 3. 23 倍。我们经常说，我国以不到世界 10%的耕地养活了占世界 22%的人口，但同时也不要忘记，我们也是以占世界 50%左右的农民养活了占世界 22%的人口。农村人口多、发展滞后，农民收入增长缓慢，农业基础薄弱，已成为我国经济社会发展中亟待解决的突出问题。我们必须统筹城乡发展，站在经济社会发展全局的高度研究和解决“三农”问题，实行以城带乡、以工促农、城乡互动、协调发展。

统筹城乡发展，必须更加注重加快农村发展。主要是要抓好四个方面。一是合理调整国民收入分配结构和政策，更多地向农业、农村和农民倾斜。农业是基础产业，又是弱势产业，要承担自然风险和市场风险。加快农业农村发展，增加农民收入，光靠市场调节不行，国家必须加强扶持和保护。这是世界各国普遍的做法。国民收入分配要向农业倾斜，通过税收政策、财政转移支付等，加大对农业、农村的支持力度。进一步落实对农业“多予、少取、放活”的方针。二是推动农村劳动力向非农产业和城镇转移,加快农村工业化、城镇化进程。我国城市化滞后于工业化,城市化水平低。2003 年我国城市化水平达到 40.5%,比世界平均城市化水平 50%低大约 10 个百分点,只相当于英国 1850 年、美国 1910 年和日本 1950 年的水平。因此,必须加快城镇化发展步伐,坚持大中小城市和小城镇协调发展,走中国特色的城镇化道路。三是进一步深化农村改革。当前主要是继续推进农村税费改革和深化粮食流通体制改革。农村税费改革主要是取消对农民的各种不合理收费,把必须保留的收费合并为税,大大减轻农民负担,同时配套进行农村乡镇机构、农村教育和县乡财政体制等项改革。中央决定,除烟草外,取消农业特产税,每年可使农民减轻负担 48 亿元。从 2004 年起,逐步降低农业税税率,平均每年降低 1 个百分点以上,五年内取消农业税。现在根据形势发展,需要加快这项改革。2004 年先在黑龙江、吉林两省进行免征农业税改革试点;河北、内蒙古、辽宁、江苏、安徽、江西、山东、河南、湖北、湖南、四川 11 个粮食主产省区的农业税税率降低 3 个百分点,其他地区降低 1 个百分点。由此减少的税收,主要由中央财政通过转移支付加以解决。深化粮食流通体制改革,主要是全面放开粮食流通市场,加强粮食市场管理和调控,对种粮农民实行直接补贴。今年国家从粮食风险基金中拿出 100 亿元,直接补贴种粮农民。四是统筹推进城乡改革,消除体制性障碍。逐步建立城乡统一的劳动就业制度、户籍管理制度、义务教育制度和税收制度等,逐步形成有利于城乡相互促进、共同发展的体制和机制。

统筹区域发展,就是要继续发挥各个地区的优势和积极性,逐步扭转地区差距扩大的趋势,实现共同发展。我国幅员辽阔,地区发展很不平衡。改革开放以来,各地区都有很大发展,但地区发展的差距也在不断扩大。逐步扭转地区差距扩大的趋势,促进地区协调发展,不仅是重大的经济问题,也是重大的政治问题,不仅关系现代化建设的全局,也关系社会稳定和国家的长治久安。

中央明确提出了促进地区协调发展的战略布局:坚持推进西部大开

发，振兴东北地区等老工业基地，促进中部地区崛起，鼓励东部地区加快发展，形成东中西互动、优势互补、相互促进、共同发展的新格局。这是一个把握规律、统揽全局的重大决策。今后一个时期，要按照这个战略布局，努力促进地区协调发展。国家要从财力和政策上加大支持欠发达地区的力度，以推动这些地区加快发展。要继续实施西部大开发战略，积极有序地推进西部地区的开发。继续加强生态环境建设和基础设施建设，重点抓好关系全局的重大项目，不断增强经济发展后劲。要认真实施东北地区等老工业基地振兴战略，突出体制创新和机制创新，扩大对外开放，着力抓好重点行业、重点企业的调整改造，加快经济结构调整和技术进步。中部地区要充分发挥区域优势和经济优势，加快改革开放和发展步伐，加强现代农业和重要商品粮基地建设，提高工业化和城镇化水平。东部地区要继续发挥优势更好地发展，在全国发挥带动和示范作用，更多地支持中西部地区发展，有条件的地区要率先基本实现现代化。东、中、西部地区要积极发展多种形式的经济交流与合作，在区域协调发展中逐步实现共同富裕。

统筹经济社会发展，就是要在保持经济平稳较快发展的同时，促进社会全面进步，使经济发展与社会发展相互协调、互相促进。没有社会的发展和进步，经济不可能实现持续快速发展。改革开放以来，我国各项社会事业取得明显进步，但总体上看，经济发展和社会发展存在着“一条腿长、一条腿短”的问题。2003 年非典疫情的蔓延，集中暴露出这方面的问题。我国 85%的医疗卫生资源和经费投在城市，农村缺医少药状况严重，艾滋病、血吸虫病等传染病问题突出。世界卫生组织对 191 个国家和地区医疗卫生状况排名，中国被排在第 188 名。我国这几年大学连续扩招，普通高校在校大学生达到 903 万人，毛入学率达到 13%，但仍低于世界平均 17%的水平。我们必须更加注重加快社会发展。

社会发展包括广泛的内容，既包括科技、教育、文化、卫生、体育等社会事业的发展，也包括社会就业、社会保障、社会公正、社会秩序、社会管理、社会和谐等,还包括社会结构、社会领域体制和机制完善等。要切实把教育放在优先发展的地位,用更大的精力、更多的财力加快教育事业发展,重点是加强义务教育特别是农村教育。2004 年要启动西部地区"两基"攻坚计划,力争到 2007 年使西部地区基本普及九年义务教育,基本扫除青壮年文盲,中央财政将为此投入 100 亿元。完善农村义务教育"以县为主"的管理体制,中央财政和省、市财政要增加对贫困县义务教育的转移支付。建设现代国民教育体系,优化教育结构和教育资源配置。推进科学技术事业发展,特别是加强基础研究和发展高新技术。大力发展卫生事业,加快公共卫生体系建设,尽快建成覆盖城乡、功能完善的疾病预防控制和医疗救治体系。切实把医疗卫生工作的重点放在农村,加强农村医疗卫生设施和卫生队伍建设,积极稳妥地推进新型农村合作医疗制度试点。积极发展文化事业,加强精神文明建设。积极做好就业和社会保障工作,逐步理顺收入分配关系,维护社会秩序,保持社会稳定。加快社会发展,还要发展社会主义民主,健全社会主义法制,建设社会主义法治国家,促进物质文明、政治文明、精神文明协调发展。同时,要坚持国防建设与经济建设协调发展的方针,在经济发展的基础上推进国防和军队现代化。加快社会发展,必须增加投入,深化改革,完善政策,从投入、体制和机制上保证社会全面发展。

第四,坚持走可持续发展之路,实现人与自然和谐发展。

在全面建设小康社会和整个现代化进程中,必须更加重视处理好经济建设、人口增长与资源利用、生态环境保护的关系,使经济发展与人口、资源、环境相协调。资源短缺,将是长期困扰我国发展的突出问题。例如,2003 年我国原油产量 1.7 亿吨,进口原油 9112 万吨、成品油 2824 万吨,进口量占到消费量的 40%左右。随着我国经济快速发展,对石油的需求量还将大幅增加,预测到 2020 年对石油的进口需求将占到我国消费总量的 60%以上,也就是说大部分石油将依赖进口,这对我国的发展战略和经济安全将产生重要影响。现在已经有 400 多座城市缺水，其中 108 座城市严重缺水，2003 年全国七大水系监测，劣质水占 30%，丧失使用价值。全国 75%的湖泊出现了不同程度的富营养化。我国城市 50%以上的饮用水来自湖泊水库，水污染使饮用水安全受到威胁。全国有 3.6 亿农村人口喝不上符合标准的饮用水。高度重视资源和生态环境问题，增强可持续发展的能力，已经成为关系中华民族生存与长远发展的根本大计。

统筹人与自然的和谐发展，必须坚持计划生育、保护环境和保护资源的基本国策。一是坚持经济社会发展与环境保护、生态建设相统一，既要讲求经济效益，也要重视社会效益和生态效益；二是坚持资源开发与节约并举，把节约放在首位；三是坚持依法严格保护环境与生态，有步骤地进行环境治理和建设；四是坚持深化改革，创新机制，实行政府调控与市场机制相结合，从体制和机制上促进可持续发展；五是要大力发展循环经济，在经济建设中充分利用资源，提高资源利用效率，减少环境污染；六是在全社会进一步树立节约资源、保护环境的意识，形成有利于节约资源、减少污染的生产模式和消费方式，建设资源节约型和生态保护型社会。

第五，坚持正确处理国内发展与对外开放的关系。

随着我国经济发展和对外开放的不断扩大，国内与国外的联系越来越密切。2003 年，我国进出口总额达到 8512 亿美元，比上年增长 37.1%，跃居世界第四位，其中进口跃居世界第三位；我国经济的外贸依存度达到 60%以上，其中出口额占 GDP 的比重达到 32%。这远远高于世界上许多国家，例如美国的外贸依存度是 18.2%，日本是 18.3%，印度是 20%。2003 年我国利用外资 535 亿美元，继续超过美国居世界第一位。我国经济增长占全球经济增量的 17.5%，对世界贸易增长的贡献率达 29%，仅次于美国。国外有人评价，中国经济与美国经济一起，成为拉动全球经济增长的两个车轮。中国经济的快速增长，正在改变着世界经济版图。同时，我们也要看到，我国经济发展中对国外贸易的依赖越来越大，特别是一些重要的战略性资源对国际市场依存度很高。如 2003 年我国原油 40%、铁矿石 30%、铜资源 60%、氧化铝 50%都需要进口解决。国际市场价格由于我国的大量采购而大幅攀升。这些重要资源对进口依赖度这么高，一旦国际上有什么风吹草动，将直接影响到我国的经济安全。我国加入世贸组织以后，经济发展既有更多机遇，也有新的压力和挑战。所有这些，都要求我们必须统筹好国内发展与对外开放。

统筹国内发展与对外开放，是落实科学发展观的重要内容。在新的发展阶段，必须适应经济全球化深入发展的新形势，在更大范围、更广领域和更高层次上参与国际经济技术合作和竞争，提高对外开放水平。要坚持“引进来”和“走出去”相结合，充分利用国际国内两个市场、两种资源，更好地促进我国现代化建设。“引进来”要扩大规模，提高技术水平；“走出去”要开拓市场，增强竞争力。要把利用外部有利条件和发挥自身优势结合起来，充分发挥我国市场广阔、劳动力资源丰富的优势。我国作为发展中大国，必须始终把扩大内需作为经济发展的基本立足点和长期战略方针。要处理好内需与外需、利用外资与利用内资的关系。要注重引进先进技术、管理经验和高素质人才，提高自主创新能力。要扬长避短，趋利避害，既要敢于扩大开放，又要善于保护自己，在扩大开放中注意维护我国企业利益和国家经济安全。

这里，还要特别讲一下科学发展观与 GDP 的关系问题。这是目前人们讨论较多的一个问题。讲科学发展观，如何看待 GDP 指标？如何看待我们现有的经济指标体系？有没有能够与贯彻落实科学发展观相适应的衡量标准和监测指标？这就涉及如何正确看待和评价 GDP 的问题。根据 GDP 建立起来的国民经济核算体系，被称为“20 世纪最伟大的发明之一”。毫无疑问，GDP 反映着一个国家和地区的经济增长和经济发展水平，是国家制定宏观调控政策的最重要依据。我们高度重视 GDP 的作用和价值。但与此同时，我们又必须看到，GDP 本身又有明显的缺陷，主要是它不能反映经济增长中的物质消耗、社会成本、资源和环境代价,不能反映财富的分配结构和社会公平,不能反映经济增长的效率、效益和质量。GDP 本身还包含一些消极的因素,如交通事故、传染病的发生、自然灾害的出现等,都会带来 GDP 的增加,但这种增加却是负面的效果。单纯地用 GDP 来评价一个国家和地区的经济发展,容易导致不计代价地片面追求经济增长速度,忽视经济增长的结构、质量和效益,忽视生态建设和环境保护,会带来"有增长、无发展"的后果。

现在,国际上提出了一个"绿色 GDP"的概念,正在形成绿色 GDP 核算体系。绿色 GDP 的理论基础就是可持续的发展观,其基本思路就是在传统 GDP 的基础上,加减一些资源消耗、环境影响、人文发展等因素,以更好地反映经济增长中的"发展状况"。我国有关部门正在研究,探索提出适合我国国情的绿色 GDP 核算体系。这是贯彻落实科学发展观的一个重要措施。

三、怎样贯彻落实好科学发展观

提出科学发展观,是我们党关于现代化建设指导思想的新发展。贯彻落实科学发展观,必须提高各级党委、政府和领导干部的领导水平和能力。这就要求,必须切实把思想统一到科学发展观上来,在领导和管理经济社会工作中,做到把握全局,搞好统筹兼顾。统筹兼顾,协调好各方面利益关系,调动一切积极因素,是科学发展观的根本要求,也是我们党的一个重要历史经验,是我们党在新的历史条件下要长期坚持的战略方针。贯彻和落实好科学发展观,必须更新发展观念、改变发展方式、创新体制机制、转变政府职能、完善政策措施。这里着重强调切实推进"五大转变"。

第一,切实转变发展观念。树立和落实科学发展观,必须改变传统的发展观念。现在，一些发展观念与科学发展观还有较大差距。有的把“发展是硬道理”等同于“增长是硬道理”，把“以经济建设为中心”当作“以速度为中心”；有的不惜以牺牲资源环境为代价片面追求产值产量，甚至为此弄虚作假。这说明，转变发展观念仍然十分重要。必须辩证地认识物质财富的增长和人的全面发展的关系，转变重物轻人的发展观念；全面地认识经济增长和经济发展的关系，转变把增长简单地等同于发展的观念；深刻地认识人与自然的关系，转变单纯利用和征服自然的观念。要全面系统地把握科学发展观的精神实质、主要内涵和基本要求，正确处理好涉及全局的重大关系，包括当前与长远的关系、局部和全局的关系、物质文明、政治文明和精神文明的关系等，扎扎实实地做好推进经济社会全面、协调和可持续发展的各项工作。

贯彻落实科学发展观，既要有紧迫感和责任感，又要看到解决发展不平衡问题的艰巨性、复杂性和长期性。实现经济社会全面、协调、可持续发展，是一个长期的历史进程，既要努力奋斗，又不能急于求成。必须把积极进取精神同科学求实态度很好结合起来，从我国现阶段国情和各地的实际情况出发，分类指导，因地制宜，提出分阶段的目标和任务，积极而又扎扎实实地推进。

第二，切实转变经济增长方式。大力推进经济增长方式由粗放型向集约型转变，走新型工业化道路。一是推进经济结构战略性调整，加快产业结构优化升级步伐；二是加快推进科技进步，加强现代管理，实施人才强国战略，提高生产技术和科学管理水平；三是高度重视节约资源和保护环境，发展循环经济，建设节约型社会；四是合理引导消费，倡导健康文明和可持续的消费方式。

第三，切实转变经济体制。“五个统筹”和科学发展观，是在党的十六届三中全会《关于完善社会主义市场经济体制的决定》中完整提出来的，是深化经济体制改革的指导思想和重要原则。按照“五个统筹”推进改革开放，才能为贯彻落实科学发展观提供体制和机制保障，才能促进社会资源的优化配置，才能为发展提供强大动力。我国改革仍处在攻坚阶段。必须坚持社会主义市场经济的改革方向，注重制度建设和体制创新；坚持尊重群众的首创精神，充分发挥中央和地方两个积极性；坚持正确处理改革、发展、稳定的关系，有重点、有步骤地推进改革。要实现经济社会全面、协调和可持续发展，必须建立起相应的体制和机制。要统筹推进各方面的改革，努力实现宏观经济改革与微观经济改革相协调、经济领域改革和社会领域改革相协调、城市改革和农村改革相协调、经济体制改革和政治体制改革相协调，使各方面改革相互促进。

第四，切实转变政府职能。正确处理政府与市场的关系，加快转变政府职能。我国政府机构改革取得了重要进展，但还不适应市场经济体制的要求，政府管理特别是地方政府管理中不同程度地存在着“越位”和“缺位”的问题，仍然管了许多不该管、管不了、也管不好的事情。在社会主义市场经济条件下，政府的主要职能是四个方面：经济调节、市场监管、社会管理和公共服务。我们在经济调节方面积累了不少经验，市场监管也在逐步加强，但社会管理和公共服务滞后。要进一步加强和改进经济调节和市场监管，减少政府对市场和企业经营活动的直接干预，为经济发展创造良好的市场环境。同时，更加注重履行政府的社会管理和公共服务职能，把更多的力量放在发展社会事业和为人民群众提供更多更好的服务上来。

要加强和改善宏观调控。中央政府的宏观调控有四个主要目标：促进经济增长、增加就业、稳定物价、保持国际收支平衡。要在保持经济持续稳定较快增长的同时，高度重视解决就业问题，实施积极的就业政策，努力把失业率控制在社会可承受的限度内；要保持物价基本稳定，既要防止通货膨胀，又要防止通货紧缩，当前主要是防止通货膨胀；要坚持国际收支基本平衡、略有结余的方针，保持人民币汇率在合理、均衡水平上的基本稳定，同时完善以市场供求为基础的人民币汇率形成机制。

第五，切实转变政绩观。树立和落实科学发展观，必须树立和坚持正确的政绩观。现在,一些地方和领导干部为了追求所谓的“政绩”,热衷于做表面文章,盲目招商引资上项目,只管当前,不计长远,甚至不惜牺牲群众切身利益,搞一些劳民伤财的“形象工程”和“政绩工程”。必须坚决改变这种图虚名、招实祸的“政绩观”,真正树立与科学发展观相适应的政绩观。用全面的、实践的、群众的观点看待政绩。所谓用全面的观点看政绩,就是既要看经济指标,又要看社会指标、人文指标和环境指标;既要看城市变化,又要看农村发展;既要看当前的发展,又要看发展的可持续性;既要看经济总量增长,又要看人民群众得到的实惠;既要看主观努力,也要看客观条件。所谓用实践的观点看政绩,就是重实干、办实事、求实效,各项政绩应该经得起实践检验和历史检验。所谓用群众的观点看政绩,就是倾听群众呼声,努力解决关系老百姓切身利益的突出问题,把实现人民群众的利益作为追求政绩的根本目的。

树立科学发展观和正确政绩观,必须大兴求真务实之风。我们想问题、办事情、作决策,都要符合中国现阶段国情。必须坚持一切从实际出发,既要积极进取,又要量力而行,不追求脱离实际的高指标,不急功近利,不虚报浮夸,致力于促进经济社会全面、协调和可持续发展。要抓紧建立和完善政绩评价标准、考核制度和奖惩制度,形成正确的政绩导向。

贯彻落实科学发展观,还必须合理调整和完善相关政策措施,包括从财政、税收、信贷、投资、分配、进出口等方面,采取有利于促进经济社会全面、协调、可持续发展的政策措施。同时,要加强同落实科学发展观相适应的法律法规和具体制度、机制建设。还要加强宣传舆论引导,在全国形成树立和落实科学发展观的良好氛围与环境。

构筑落实科学发展观的体制保障*

（2005 年 10 月）

党的十六届五中全会通过的《中共中央关于制定国民经济和社会发展第十一个五年规划纲要的建议》指出，要通过深化改革，“完善落实科学发展观的体制保障”。认真学习领会和全面贯彻落实这一重要精神，对于全面深化体制改革和顺利实现改革的总体目标，对于全面建设小康社会和推进中国特色社会主义的伟大事业，具有十分重要的意义。

打好深化经济体制改革的攻坚战

我国经济体制改革从党的十一届三中全会拉开序幕以来，走过了波澜壮阔的历程，有力地推进了社会主义现代化事业。当前，在我国进入全面建设小康社会的关键时期，党中央把深化改革作为突出的重点任务，这是顺应时代潮流、充分考虑我国改革和发展面临的任务作出的重大决策。我们要从全局和战略的高度，充分认识打好改革攻坚战的极端重要性，增强深化和推进改革的自觉性。

深化和推进改革，是进一步解放和发展生产力的必然要求。社会主

---

* 本文发表于《求是》杂志 2005 年第 20 期。

义的根本任务是发展社会生产力。改革是解放和发展生产力的必由之路。党的十一届三中全会以来,我们国家发生了翻天覆地的变化,经济实力、综合国力大幅跃升,人民生活显著改善,经受住了国际经济金融动荡和国内严重自然灾害、重大疫情等严峻考验,国际地位也不断提高。我们取得的一切成就,都是同坚决地、系统地推进体制改革分不开的。开放也是改革。事实雄辩地证明,改革开放是决定中国命运的重大决策。正是由于改革开放,中国才有今天这样繁荣发展的局面。我国现在仍处于并将长期处于社会主义初级阶段,我国社会的主要矛盾依然是人民日益增长的物质文化需要同落后的社会生产之间的矛盾。确保实现全面建设小康社会进而实现现代化的宏伟目标,首先要发展经济,使社会生产力有更大的发展,而发展必须坚持和依靠改革。只有深化改革,进一步改变生产关系和上层建筑中不适应经济社会发展的方面和环节,才能更加充分地调动广大人民和各个方面的积极性和创造性,更加有效地配置和利用资源,不断地为经济社会发展注入活力和动力。目前,我国经济形势总体上是好的,但妨碍经济平稳较快发展的体制机制性矛盾还很多。原有计划经济体制中的一些严重弊端还没有完全消除,在新旧体制转换中又出现了不少新的矛盾。只有深化体制改革,才能巩固和扩大宏观调控的成果,从根本上消除经济运行中的不稳定不健康因素,实现经济持续较快发展和良性循环。本世纪头 20 年,对我国来说是一个必须紧紧抓住并且可以大有作为的重要战略机遇期,要抓住和用好这个战略机遇期,使未来经济和社会发展迈上更大的台阶,也必须坚持以改革为动力推动各项事业发展,通过继续进行深入系统的体制改革,从根本上解决影响经济长远发展的深层次矛盾和问题。总之,我国过去 26 年经济社会发展取得历史性伟大成就靠改革,要实现更大的发展,根本出路还是要靠改革。

深化和推进改革,是完善社会主义市场经济体制的迫切需要。20 多年来,我们走出了一条成功的改革之路,初步建立了社会主义市场经济体制。公有制为主体、多种所有制经济共同发展的基本经济制度已经确立,市场在资源配置中的基础性作用明显发挥，国家宏观调控体系逐步健全，以城镇职工基本养老、医疗、失业保险为主要内容的社会保障制度初步建立，与发展社会主义市场经济相适应的法律体系不断完善，全方位、宽领域、多层次的对外开放格局基本形成。但是，必须清醒地看到，改革已经取得的进展与建成完善的社会主义市场经济体制的改革目标还有很大差距。例如，在完善基本经济制度方面，坚持公有制主体地位和探索公有制多种有效实现形式，增强公有制特别是国有经济的活力与效率，还迫切需要深入研究解决一些深层次的问题，国有经济结构调整和国有企业建立现代企业制度的任务还很繁重，个体、私营等非公有制经济发展还面临不少体制性障碍，现代产权制度还不健全。在市场体系方面，土地和资本等要素市场发育滞后，重要商品和要素价格形成机制还不合理，全国统一开放的市场还没有真正建立，市场秩序比较混乱。在宏观调控体系方面，计划、财政、金融、投资等宏观管理制度和方式还不健全，难以有效发挥各自应有的功能和相互配合协调的作用，特别是政府职能转变还不到位，行政管理体制改革步履维艰。在收入分配方面，合理调节分配的制度不健全，社会保障体系不完善，城乡之间、地区之间、部分社会成员之间收入差距继续拉大，矛盾突出。在社会事业领域，科技、教育、文化、卫生、医疗等体制改革和事业单位改革任务还相当艰巨，等等。这些都说明，深化体制改革还有大量工作要做，特别是一些深层次矛盾的解决难度相当大。还要看到，体制转换中难以完全避免出现的种种新问题和矛盾复杂纷呈的局面，也迫切需要通过深化改革加以解决和改变。改革如逆水行舟，不进则退。我们必须坚决地推进改革，加快建立和完善新体制的进程。党中央已经提出，到 2020 年要建成完善的社会主义市场经济体制。本世纪头 5 年即将过去，只剩下 15 年时间。机不可失，时不我待。我们必须充分利用当前经济形势比较好的有利时机，切实加大改革力度，务求在“十一五”期间使改革取得重大突破性进展，为如期建成完善的社会主义市场经济体制打下良好的基础。

深化和推进改革，是落实科学发展观的根本保障。以人为本，全面协调可持续的科学发展观，是我们党深刻总结国内外经济建设中的经验教训，从新世纪新阶段党和国家事业发展的全局出发，着眼于丰富发展内涵、创新发展观念、开拓发展思路、破解发展难题提出来的，进一步明确了我国要发展、为什么要发展、怎样发展的问题。这是我们党对人类社会发展规律、社会主义建设规律和共产党执政规律认识的升华。科学发展观的实质，是注重以人为本、注重“五个统筹”、注重发展质量，实现全面协调可持续发展。全面落实科学发展观，才能顺利实现全面建设小康社会和现代化建设的宏伟目标。而要落实科学发展观，实现科学的发展，需要从多方面作出努力，至关重要的是，必须通过深化改革，建立和完善相应的体制机制保障。只有进一步深化改革，建立统筹城乡发展、统筹区域发展、统筹经济社会发展、统筹人与自然和谐发展、统筹国内发展和对外开放的有效机制，才能解决发展不平衡问题，实现多方面协调发展，也才能实现经济社会较快发展和可持续发展；只有进一步深化改革，才能形成有利于优化经济结构和转变经济增长方式的体制机制，真正走新型工业化道路，促进经济增长质量和效益的提高，建设资源节约型、环境友好型社会；只有进一步深化改革，完善收入分配制度和社会保障体系，才能使广大人民群众共享改革和发展成果，不断满足人们多方面需求和促进人的全面发展，促进社会公平和正义；只有进一步深化改革，构建合理有效的体制机制，才能形成社会主义物质文明、政治文明、精神文明建设与和谐社会建设共同发展的格局。同时，也只有进一步深化改革，建立体现科学发展观要求的经济社会发展综合评价体系、政绩评价标准、考核制度和奖惩制度，才能真正树立正确的政绩观，使各方面想问题、办事情、作决策符合以人为本的要求，坚持从实际情况出发，自觉按客观规律办事，既积极进取，又量力而行，注重实效，避免主观主义和急功近利的做法，不搞劳民伤财的“形象工程”“政绩工程”。总之，我们要站在更高的起点，走出新的发展路子，开创现代化事业的新局面，必须大力推进改革，构筑和完善落实科学发展观的体制保障。

深化体制改革需要着力解决的重点问题

按照加快完善社会主义市场经济体制和构筑落实科学发展观体制保障的要求,《建议》明确了今后一个时期经济体制改革的主要任务,提出要“以转变政府职能和深化企业、财税、金融等改革为重点”,并对这些重点任务作出了全面部署。这些重点方面的改革任务,关系改革和发展的全局,涉及经济社会发展中深层问题的解决,必须奋力攻关。要坚持社会主义市场经济的改革方向,鼓励大胆探索、勇于实践,务求在重点领域和关键环节的体制问题取得突破性进展,特别要着力解决以下几方面的重点问题。

继续推进涉及经济结构调整和增长方式转变的改革。长期以来,我国经济建设和社会发展在取得长足进步的同时,也累积形成了两个方面的突出问题:一是经济结构不合理,包括产业结构层次低,一、二、三产业发展不协调;企业组织结构和技术结构落后,大企业不强,小企业不专,企业创新能力不强;经济发展与社会发展不协调,社会事业发展滞后;投资和消费关系失衡,投资率长期偏高,消费率偏低;还有城乡之间、地区之间发展不协调。这些是我国目前经济整体素质和效益不高、经济和社会发展中存在诸多矛盾的重要原因。二是经营方式粗放,投入多、消耗高、污染重、效益低,付出的资源和环境代价过大,也影响了产品的国际竞争力。这种粗放型经济增长方式,与资源环境的矛盾越来越大,长此以往,难以为继。中央早就提出并采取了一系列措施解决这些问题,虽然取得了一些进展,但成效不明显。这里的原因是多方面的,最根本的是经济体制和机制的弊端没有革除。因此,必须全面深化和推进改革,以形成促进经济结构调整优化和增长方式转变的体制机制。要继续完善基本经济制度，进一步形成适合现阶段生产力发展的所有制结构；坚持公有制为主体，并继续努力寻找能够极大促进生产力发展的公有制实现形式；继续鼓励、支持和引导个体、私营等非公有制经济健康发展，并使各种所有制经济在市场竞争中充分发挥自己的优势，做到相互促进、共同发展。企业是市场的主体，是优化结构、节约资源、提高效益的基础，要继续深化以建立现代企业制度为重点的企业改革，促进企业转换经营机制，促进企业产品创新、技术创新和管理创新，促进企业改组和重组，发展规模经营，实现规模效益。要更大程度发挥市场配置资源的作用，通过价格杠杆和竞争机制的功能，把资源配置到市场需要和效益较好的环节。为此，必须继续推进国民经济市场化；加强现代市场体系建设，彻底打破行业垄断和地区封锁，完善商品和要素价格形成机制和竞争机制；加快推进价格改革，形成土地、水、能源等资源价格的市场决定机制，促进生产要素的节约利用，提高资源利用效益。要进一步健全宏观调控体系和制度，建立有利于经济集约增长的宏观经济环境、市场环境和调控方式方法，包括推进财政税收体制改革，实行有利于促进结构调整、增长方式转变、科技进步和能源资源节约的财税制度，调整和完善资源税；加快金融体制改革，发挥金融杠杆对经济结构调整、提高资源和资金利用效率的重要作用；继续深化投资体制改革，特别是要加强投资信息引导、健全和实施市场准入制度、严格投资执法检查，以有效地遏制盲目投资、过度扩张和低水平重复建设行为，减少无效投资，提高投资效益。要推进科技体制改革，以科技进步和创新，推动产业结构优化升级，转变经济增长方式，加速科技成果向现实生产力转化，充分发挥科技作为第一生产力的作用。为了实现城乡、区域协调发展和经济与社会协调发展，必须深化农村改革，逐步改变城乡二元经济结构的体制，积极稳妥地推进城镇化，健全区域互动机制，完善公共财政体制，等等。总之，只有坚决地、系统地推进改革，才能切实加快经济结构调整和增长方式转变。

继续推进涉及政府职能转变的改革。这是全面深化改革的重点和关键,也是行政管理体制改革的中心任务。我国政府行政管理体制改革已经取得了重要进展,但改革任务仍相当重,特别是转变政府职能的任务还很艰巨。主要问题是,目前政府及其部门仍然管了不少不该管也管不好的事,行政审批事项仍然过多;有些地方政府仍然包办投资决策,代替企业招商引资,直接干预企业生产经营活动;政府的社会管理和公共服务职能仍然比较薄弱;一些部门之间机构设置不合理,职能交叉重复,职责不清,权责脱节,管理方式落后,办事效率不高;各级政府事权、职权范围界定不够清晰,政绩考核体系不科学;等等。所以,目前政府职能错位、越位和不到位的状况依然严重。为什么说加快政府职能转变是深化其他方面改革的关键环节?这是因为:政企、政资不分的问题不解决,企业难以成为真正的市场主体,市场也难以真正发挥对资源配置的基础性作用;政府职能和管理经济的方式不进一步转变,难以建立有效的宏观调控体系和完善的社会保障制度。我国已加入世界贸易组织并进入后过渡期,经济管理必须按世贸组织规则和国际通行规则办事,这对政府管理方式、管理制度和管理能力也提出了新挑战、新要求。因此,必须把政府行政管理体制改革摆在更加突出的位置。要按照发展社会主义市场经济和建设现代政府的要求,着力抓好四个方面:一是政府不应该管的事一定不要管。要继续推进政企分开、政资分开、政事分开、政府与市场中介组织分开、减少和规范行政审批,政府不得直接干预企业经营活动,坚决把不应该由政府履行的职能交给市场、企业和市场中介组织,充分发挥社会团体、行业协会、商会和中介机构的作用。二是政府应该管的事一定要管好。任何市场经济国家,没有政府不对经济加以宏观管理的,特别是我国这样一个有 13 亿多人口、发展不平衡的大国,又处在经济社会结构变革之中,各种矛盾和问题错综复杂,尤其不能忽视宏观管理。既要加强宏观调控,又要改善宏观调控,适应改革开放和发展社会主义市场经济新形势的要求,更多地运用经济和法律手段。在投资领域,既要使企业成为投资主体,又要加强对全社会投资活动的指导、调控和监管,防止盲目建设和投资失控。

要全面履行政府职能，正确行使经济调节职能，主要为经济发展和企业经营创造良好的市场环境。在继续抓好经济调节的同时，强化公共服务和社会管理职能。把财力物力等公共资源更多地向公共服务和社会管理倾斜，把领导精力更多地放在促进社会事业发展和建设和谐社会上，进一步健全公共应急体系，提高保障公共安全和处置突发事件的能力。三是深化政府机构改革，核心是建立"决策科学、分工合理、执行顺畅、运转高效、监督有力"的行政管理体制。按照精简、统一、效能的原则和决策、执行、监督相协调的要求，优化政府组织结构，减少行政层级，理顺职责分工，提高行政效率，降低行政成本。加快推进乡镇机构改革，重点是合理界定乡镇机构职能，精简机构和减少财政供养人员。积极稳妥地分类推进事业单位改革，依法规范对事业单位的授权行为。依法规范中央和地方经济社会管理的职能和权限。四是加快建设法治政府和服务型政府。提高依法行政能力，全面推行依法行政，大力推进政务公开，加强电子政务建设，建立公正、透明的工作制度，健全科学民主决策机制和行政监督机制。要提高政府的公信力和执行力。强化行政问责制。

继续推进涉及对外开放的改革。统筹国内发展和对外开放，全面提高对外开放水平，以开放促改革、促发展，是落实科学发展观、完善社会主义市场经济体制的重要方面，也是应对经济全球化深入发展、适应我国加入世界贸易组织新形势的客观需要。要着眼于建成更具活力、更加开放的经济体系，在更大范围、更广领域、更高层次上参与国际经济技术合作和竞争，更好利用国际国内两个市场、两种资源，深化涉外经济体制改革。要完善促进生产要素跨境流动和优化配置的体制与政策，健全对外开放的制度保障，依法管理涉外经济活动，形成稳定、透明、公平和可预见的法制环境。要坚持"引进来"和"走出去"相结合，"引进来"要提高水平，"走出去"要提高竞争力。通过深化改革，加快转变对外贸易增长方式，扩大对外贸易规模，优化进出口结构。实施互利共赢的开放战略。继续积极有效利用外资，切实提高利用外资的质量。继续开放服务业市场，有序承接国际现代服务业转移。支持有条件的企业“走出去”，按照国际通行规则到境外投资，扩大互利合作和共同发展。要完善对外投资政策和服务体系，赋予企业更大的境外经营管理自主权，同时要加强对“走出去”的引导和协调，加强对海外国有资产的监管。目前是我国扩大对外开放的一个有利时期，也是一个困难增多的时期，既有机遇，又有挑战。最近一个时期，国际贸易保护主义强化，针对我国的贸易摩擦增多，在纺织品出口、知识产权、能源资源等方面的外部压力加大，新的矛盾和问题还会继续出现。要密切关注国际经济形势的发展变化，善于利用可以为我所用的各种条件和机遇，积极应对可能给我国发展带来的各种风险和挑战，努力做到趋利避害。要加快熟悉和掌握世界贸易规则和其他国际经济法规、惯例，善于运用法律手段有效保障我国的经济权益和安全。

继续推进涉及维护人民群众利益的改革。以人为本，是科学发展观和建设社会主义和谐社会的本质内涵，也是建立和完善社会主义市场经济体制的根本要求。坚持以人为本，就要维护和发展最广大人民的根本利益，在发展经济的基础上，努力增加城乡居民收入，提高人民生活水平；就要着力解决涉及人民群众切身利益的突出问题。从现实情况看，特别要扩大就业、完善社会保障体系、扶助贫困人口、发展教育和卫生事业、加强环境保护和治理、保障人民群众生命财产安全和维护社会和谐安定。解决这些问题，从根本上说，要靠发展，通过发展国民经济、发展社会生产力，提供强有力的物质基础，同时还要靠改革，通过推进体制机制创新，理顺经济社会关系，建立健全制度保障。要在深化改革中，促进社会生产力发展，并使全体人民共享改革和发展的成果。应当说，近些年来涉及人民群众利益的改革和社会事业改革取得了重要进展，但不少体制机制性问题没有解决，还应加大这方面的改革力度。对此，《建议》提出了明确要求，包括坚持实施积极的就业政策，建立促进和扩大就业的有效机制；进一步建立健全与经济发展水平相适应的社会保障体系，合理确定保障标准和方式；合理调节收入分配，着力提高低收入者收入水平，逐步扩大中等收入者比重,有效调节过高收入,规范个人收入分配秩序,努力缓解地区之间和部分社会成员收入分配差距扩大的趋势;深化教育体制改革,推动教育事业的更大发展;推进医疗卫生体制改革,认真研究和逐步解决群众“看病难、看病贵”的问题;健全环境监管体制,提高环境监管能力,运用经济、法律手段推进污染治理;落实安全生产责任制,健全安全生产监管体制;正确处理各种利益关系,注重维护公民合法权益,注重促进社会公平和正义;等等。中央高度重视推进涉及人民群众利益的改革,各有关部门和地方要进一步制定和完善改革方案,并认真付诸实施,抓紧解决人民群众十分关心、反映强烈的一些突出问题,大力推进和谐社会建设。

进一步加强对体制改革的领导和协调

我们要完成改革攻坚阶段的重大任务,不仅要加大改革力度,把改革摆在更加突出的位置,还要加强对改革的组织领导和协调,进行精心谋划和组织。

加强改革的总体指导和统筹规划。完善社会主义市场经济体制,涉及改革和发展的各个方面,是一个系统性工程。要统筹推进宏观经济改革和微观经济改革、农村改革和城市改革、经济领域改革和社会领域改革、国内经济体制改革和涉外经济管理体制改革。这就要求深化改革必须有总体设计和全面部署,以加强综合配套,协调推进。处在攻坚阶段的改革任务十分复杂和艰巨,一些重点领域和关键环节的改革,不仅难度很大,而且涉及全局,有些改革既涉及生产关系,又涉及上层建筑,既涉及国内体制、制度和政策,又涉及国际经济、政治关系。为确保改革的正确方向和顺利推进,减少和避免不必要的改革风险,这些都需要加强改革的总体指导和统筹规划。同时,还要看到深化改革面临许多深层社会矛盾和更加复杂的利益关系,为了协调好各方面社会矛盾和利益关系,减少改革阻力，增强改革动力，降低改革成本，也需要加强改革的总体指导和统筹协调。为此，需要把握好以下三个方面。一是有关地方、部门和单位一定要从大局出发，按照中央的整体部署推进改革，齐心协力地把有关改革任务落到实处，务求取得预期成效，保证改革措施相互衔接、规范操作，保证改革的综合配套、协调推进。二是加强对重点改革、配套改革等重大问题的研究，提出切实可行的改革实施方案。同时，要加强对地方、部门和企业改革工作的协调指导，及时研究解决出现的新矛盾、新问题。三是在总体改革规划和重点改革方案指导下，鼓励和支持地方、部门和基层单位解放思想，大胆实践，勇于创新，创造好的经验和做法，并及时总结和推广。

注重把改革措施规范化、制度化和法制化。深化改革要着眼于解决现实问题和深层次问题。制度创新更带有根本性、全局性、稳定性和长期性。把行之有效的改革措施规范化、制度化和法制化，对于巩固和发展改革成果，建立一整套新的体制制度具有十分重要的意义。在深化改革过程中，各项改革都要着眼于制度创新、机制创新、管理创新，并要及时地把被实践证明符合社会主义市场经济规律和中国国情、有利于促进社会生产力发展的改革措施上升为法律、法规，把各种成熟的改革成果及时用各种制度形式确定下来，使社会经济活动纳入制度化、规范化的轨道。比如，随着企业改革的深化，要修改公司法、破产法，进一步确立企业的市场主体地位，规范市场主体行为；随着产权制度改革的进一步推进，要制定物权法、国有资产法等法律，切实尊重和保护财产权；随着市场在资源配置中基础性作用的增强和政府行政管理体制改革的不断深化，要制定和完善一系列法律法规，进一步界定政府职能及活动规范，把行之有效的宏观调控方式和办法规范化、制度化等等。这些是完善社会主义经济制度、政治制度、文化制度、社会管理制度等各个领域制度建设的根本要求，具有长远的意义。

注重处理好改革发展稳定的关系。始终高度重视妥善处理改革发展稳定关系，是 20 多年来我国现代化建设的一条重要经验，一定要继续坚持。我国面临的改革发展稳定的任务都很繁重,正确处理这三者关系十分重要。只有保持经济较快发展,才能不断增强综合国力和国际竞争力。改革是经济和社会发展的强大动力,要不失时机地推进改革。稳定是改革发展的前提。没有稳定环境,什么事情也做不成,已经取得的改革和发展成果也会失掉。随着改革的不断深化,一些深层次矛盾会继续暴露出来,影响社会稳定的因素也会增多。改革和发展都要坚持积极稳步前进的方针,把改革的力度、发展的速度与社会可承受程度统一起来。要注意把握改革的节奏和改革措施的出台时机,妥善处理改革中的各种矛盾,始终保持经济平稳较快发展,保持社会的和谐稳定,在稳定中推进改革发展,通过改革发展促进社会稳定。对一些重大的改革问题要进行反复论证,充分听取各方面的意见,以保证改革方案和措施切实可行,得到广大人民群众和各方面的理解与支持。

我国体制改革正站在新的历史起点上,我们党在领导改革的实践中已经积累了丰富的经验,经济实力、综合国力的显著增强提供了雄厚的物质基础,深化和推进体制改革具有不少有利条件。我们坚信,在以胡锦涛同志为总书记的党中央领导下,只要全党同志统一思想,同心协力,坚持解放思想,实事求是,与时俱进,紧紧依靠全国人民共同奋斗,我国的各项改革一定能够不断取得新的突破和进展。坚持以改革为各项工作提供动力,一定能够推动我国社会主义现代化伟大事业从胜利走向更大的胜利。

构建中国特色社会主义行政体制的理论与实践*

（2011 年 5 月 1 日）

行政体制是国家体制的重要组成部分。我们党历来高度重视行政体制的理论创新和实践创新。在隆重纪念中国共产党成立 90 周年之际，深入学习我们党关于行政体制的理论体系，回顾新中国行政体制创立和变革的伟大历程，研究行政体制改革未来走势，对于发展中国特色社会主义伟大事业具有重要意义。

一、我们党关于中国特色社会主义行政体制理论体系的创立与发展

马克思主义认为："行政是国家的组织活动。"①一个国家的社会制度及其发展阶段，决定着一定的行政体制。行政体制包括行政权力结构、行政管理制度、行政手段方式等，这些方面又是由行政理念、思想决定的。建党 90 年来，我们党历代中央领导集体，继承和发展了马克思主义国家学说和行政理论，一脉相承、与时俱进，创立与发展了富有中国特色的社

* 本文系作者为纪念中国共产党成立 90 周年撰写的论文；全文刊载于《中国共产党 90 年研究文集》一书，中央文献出版社，2011 年 5 月出版。

① 《马克思恩格斯全集》第 1 卷，人民出版社 1956 年版，第 479 页。

会主义行政体制理论体系。

以毛泽东同志为核心的党的第一代中央领导集体，在中国新民主主义革命、社会主义革命和社会主义建设事业中，坚持把马克思主义基本原理同中国具体实际相结合，创立了新中国行政体制理论。主要内容包括：一是建设人民政府，强调“全心全意为人民服务”。毛泽东历来认为，革命和建设都是人民的事业，人民政府“就是要全心全意为人民服务”①。二是要让人民监督政府。早在1945年7月，毛泽东在延安回答民主人士黄炎培有关中国共产党能否跳出“其兴也勃焉，其亡也忽焉”这个历史兴亡周期律时，就指出：“我们已经找到了新路，我们能跳出这周期率。这条新路，就是民主。只有让人民来监督政府，政府才不敢松懈。只有人人起来负责，才不会人亡政息。”②三是坚持中国共产党的领导。早在井冈山时期毛泽东就指出：“以后党要执行领导政府的任务”③，明确提出了党领导政府的思想。新中国成立后，中国共产党成了执政党，毛泽东说：“工、农、商、学、兵、政、党这七个方面，党是领导一切的。”④四是实行民主集中制。1937年10月，毛泽东就指出，我们“政府的组织形式是民主集中制。它是民主的，又是集中的，将民主和集中两个似乎相冲突的东西，在一定形式上统一起来。”⑤他强调说，“只有采取民主集中制，政府的力量才特别强大。”⑥毛泽东阐明的民主集中制原则，对我国行政体制的构建奠定了重要理论基石，也是在政权建设方面具有独创性的思想。五是正确处理集权与分权的关系。毛泽东认为，把权力统统集中在中央，不给地方和企业相应的权力，是不利于调动积极性的。他在著名的《论十大关系》中指出：“要发展社会主义建设，就必须发挥地方的积极性。中央

---

① 《毛泽东文集》第7卷，人民出版社1999年版，第285页。

② 黄炎培：《八十年来》，文汇出版社2000年版，第205页。

③ 《毛泽东选集》第1卷，人民出版社1991年版，第73页。

④ 《毛泽东文集》第8卷，人民出版社1999年版，第305页。

⑤ 《毛泽东选集》第2卷，人民出版社1991年版，第383页。

⑥ 《毛泽东选集》第2卷，人民出版社1991年版，第383页。

要巩固,就要注意地方利益。"①他要求在行政权力的处理上,"可以和应当统一的,必须统一。不可以和不应当统一的,不能强求统一。正当的独立性,正当的权利,省、市、地、县、区、乡都应当有,都应当争。"②这种充分发挥中央和地方两个积极性的重要思想对我国行政体制的建设和改革具有重要指导意义。六是机构设置"精兵简政"。1942 年 9 月,毛泽东提出:"党中央提出的精兵简政的政策,是一个极其重要的政策。"③精兵简政"必须达到精简、统一、效能、节约和反对官僚主义五项目的。"④新中国成立后,毛泽东依然坚持精简机构的主张。七是反对政出多门。1953 年,毛泽东就察觉到政出多门会导致党政领导机关官僚主义、命令主义、分散主义,从而使党政工作脱离群众,脱离实际。他认为,机构庞大、部门重叠、人浮于事,势必滋生官僚主义。八是加强干部队伍建设。毛泽东要求国家干部不仅要廉洁奉公,努力工作,还要严格遵守国家法律。1954 年 6 月,他在作《关于中华人民共和国宪法草案》讲话时说,宪法"通过以后,全国人民每一个人都要实行,特别是国家机关工作人员要带头实行,首先在座的各位要实行。不实行就是违反宪法。"⑤从总体上看,毛泽东同志的行政体制理论富有鲜明的中国特色,是我们党和国家的巨大的精神财富。

党的十一届三中全会以后,以邓小平为核心的党的第二代中央领导集体,在领导改革开放和推进中国特色社会主义伟大事业的进程中,深刻总结新中国成立以后行政体制建设正反两方面的经验,在新的实践基础上进一步发展了我们党的行政体制理论。主要内容包括:一是转变政府职能和经济管理方式,实现政府职能配置科学化。在党的十一届三

① 《毛泽东文集》第 7 卷,人民出版社 1999 年版,第 31 页。
② 《毛泽东文集》第 7 卷,人民出版社 1999 年版,第 33 页。
③ 《毛泽东选集》第 3 卷,人民出版社 1991 年版,第 882 页。
④ 《毛泽东选集》第 3 卷,人民出版社 1991 年版,第 895 页。
⑤ 《毛泽东文集》第 6 卷,人民出版社 1999 年版,第 328 页。

中全会前后，邓小平反复强调，现阶段政府的根本职责“就是一心一意地搞四个现代化”[①]，“最主要的是搞经济建设，发展国民经济，发展社会生产力”[②]。同时，他指出：政府以经济社会管理职能为中心，不等于政府直接指挥生产和管理生活，必须改变“国家对工农业企业的管理方式，使之适应于现代化经济的需要”[③]。正是根据邓小平的改革思路，我国逐步展开了以“政企分开”“政事分开”为主要内容的政府管理职能的深刻变革。二是行政体制改革主要是增强活力、效率、积极性。邓小平特别强调：“党和行政机构以及整个国家体制要增强活力，就是说不要僵化，要用新脑筋来对待新事物”[④]；“要真正提高效率”[⑤]；“要充分调动人民和各行各业基层的积极性”[⑥]。为此，他认为必须下决心进行行政体制改革。三是调整权力结构，实现权力结构横向和纵向的合理配置。邓小平指出，解决权力过分集中的基本思路是横向合理分权和纵向合理放权。他认为：“什么东西该更加集中，什么东西必须下放”[⑦]，应具体研究。邓小平反复强调：“不能否定权威，该集中的要集中。”[⑧]如果把权力下放与中央拥有必要的权威对立起来，或者破坏了集中统一领导，那也不会有什么行政的高效率，相反，会导致“乱哄哄”[⑨]，“各顾各，相互打架，相互拆台”[⑩]。邓小平认为，“宏观管理要体现在中央说话能够算数”，“中央要有权威”，不过，“中央行使权力，是在大的问题上，在方向问题上”。[⑪] 邓小平强调要处理好中央与地方、地方各级之间，以及集中与分散的关系，以实现行政

① 《邓小平文选》第2卷，人民出版社1994年版，第276页。
② 《邓小平文选》第2卷，人民出版社1994年版，第276页。
③ 《邓小平文选》第2卷，人民出版社1994年版，第135—136页。
④ 《邓小平文选》第3卷，人民出版社1993年版，第241页。
⑤ 《邓小平文选》第3卷，人民出版社1993年版，第241页。
⑥ 《邓小平文选》第3卷，人民出版社1993年版，第241页。
⑦ 《邓小平文选》第2卷，人民出版社1994年版，第200页。
⑧ 《邓小平文选》第3卷，人民出版社1993年版，第319页。
⑨ 《邓小平文选》第3卷，人民出版社1993年版，第277页。
⑩ 《邓小平文选》第3卷，人民出版社1993年版，第278页。
⑪ 《邓小平文选》第3卷，人民出版社1993年版，第277—278页。

组织结构合理化。四是改革人事管理制度。邓小平指出,我们的“机构臃肿重叠、职责不清……确实到了不能容忍的地步,人民不能容忍,我们党也不能容忍。”①如果不进行精简机构这场革命,“不只是四个现代化没有希望,甚至于要涉及到亡党亡国的问题,可能要亡党亡国”②。他认为,精简机构不是单纯的撤并机构和减少人员,必须与改革干部人事制度结合起来。他提出,要根据变化了的新形势与新任务,按照“革命化、年轻化、知识化、专业化”的标准来选拔干部。五是行政管理必须实行严格的责任制。邓小平认为,党政机关必须减少层次,明确职责,建立严格的责任制和严明赏罚。坚决杜绝无人负责、互相推托的官僚主义。这为政府机关建立行政首长负责制、岗位责任制、目标管理责任制提供了理论指导。六是加强法制建设。加强行政法制建设,是实现行政管理科学化、法制化、现代化的一个重要标志。邓小平指出:“为了保障人民民主,必须加强法制。必须使民主制度化、法律化,使这种制度和法律不因领导人的改变而改变,不因领导人的看法和注意力的改变而改变。”③七是加强行政监督。邓小平认为,要清除政府工作中的腐败现象,必须进一步加强行政监督。他指出:“有一些干部,不把自己看作是人民的公仆,而把自己看作是人民的主人,搞特权,特殊化,引起群众的强烈不满。”④因此,既要建立“群众监督制度,让群众和党员监督干部,特别是领导干部”⑤,还要“有专门的机构进行铁面无私的监督检查”⑥。改革开放后,根据邓小平的倡议,重新恢复了中央和地方党的各级纪律检查委员会,恢复了国家监察部和地方各级行政监察机关,人民检察机关的力量也得到了加强。

党的十三届四中全会以后,以江泽民为核心的党的第三代中央

---

① 《邓小平文选》第2卷,人民出版社1994年版,第396页。
② 《邓小平文选》第2卷,人民出版社1994年版,第397页。
③ 《邓小平文选》第2卷,人民出版社1994年版,第146页。
④ 《邓小平文选》第2卷,人民出版社1994年版,第332页。
⑤ 《邓小平文选》第2卷,人民出版社1994年版,第332页。
⑥ 《邓小平文选》第2卷,人民出版社1994年版,第332页。

领导集体，在推进改革开放和建设社会主义市场经济体制的伟大实践中，为发展中国特色社会主义行政体制理论作出了新贡献。主要内容包括：一是明确提出行政体制改革是政治体制改革的重要组成部分。江泽民同志说："机构改革，是党和国家领导制度改革的重要任务，也是政治体制改革的重要内容。"①他指出："现在，进行机构改革不但势在必行，而且条件已经具备，时机已经完全成熟，必须坚定不移地搞好。"②二是进一步提出行政体制改革主要目标。1993 年，江泽民同志在全国机构改革工作会议上的讲话中指出："转变职能、理顺关系、精兵简政、提高效率是这次机构改革的目标"③。1998 年在谈到政府机构改革时，他又强调："政府机构改革总的目标是，适应经济发展和社会全面进步的要求，建立办事高效、运转协调、行为规范的行政管理体系，完善国家公务员制度，建设高素质、专业化的国家行政干部队伍，提高为人民服务水平。"④三是阐述行政体制改革基本原则。江泽民同志在党的十六大报告中强调：按照精简、统一、效能的原则和决策、执行、监督相协调的要求，继续推进政府机构改革，科学规范部门职能，合理设置机构，优化人员结构，实现机构和编制的法定化，切实解决层次过多、职能交叉、人员臃肿、权责脱节和多重多头执法等问题；按照政事分开原则，改革事业单位管理体制。四是要"深化人事制度改革，引入竞争激励机制，完善公务员制度，建设一支高素质的专业化国家行政管理干部队伍"⑤。五是坚持依法治国与以德治国相结合。江泽民同志多次强调，加强社会主义法制建设，依法治国，是中国特色社会主义理论的重要组成部分，是我们党和政府管理国家和社会事务的重要方针。江泽民同志还创造性地提出了以德治国的思想，深刻阐述了坚持依法治国与以德治国相结合的重大意义。他指出："我们在发展社会

① 《江泽民文选》第 2 卷，人民出版社 2006 年版，第 107 页。
② 《江泽民文选》第 2 卷，人民出版社 2006 年版，第 108 页。
③ 《江泽民论有中国特色社会主义（专题摘编）》，中央文献出版社 2002 年版，第 317 页。
④ 《江泽民文选》第 2 卷，人民出版社 2006 年版，第 108 页。
⑤ 《江泽民文选》第 2 卷，人民出版社 2006 年版，第 31 页。

主义市场经济的过程中，要坚持不懈地加强社会主义法制建设，依法治国，同时也要坚持不懈地加强社会主义道德建设，以德治国。”①江泽民同志对中国特色社会主义行政体制理论的新贡献，丰富了中国特色社会主义行政体制理论。

党的十六大以来，以胡锦涛为总书记的党中央，在全面推进中国特色社会主义伟大事业进程中，提出科学发展观和构建社会主义和谐社会等一系列重大战略思想，全方位推进行政体制改革的理论创新。主要内容包括：一是把提高执政能力作为党的建设的重点。胡锦涛同志指出：“加强党的执政能力建设，是我们党充分利用所面临的难得机遇、正确应对所面临的严重挑战，从而完成所担负的历史使命的现实需要，也是关系到全面建设小康社会进程、关系到社会主义事业兴衰成败、关系到党和国家长治久安的重大课题。”②执政能力建设是执政党的一项根本建设，也是行政体制建设的根本任务。在提高党的执政能力问题上，提出了科学执政、民主执政、依法执政的执政理念，并作出了深入、系统地论述。二是提出了以人为本的执政理念。胡锦涛同志多次阐述，坚持以人为本，就要“为民、务实、清廉”。他强调指出：“为民，就是要坚持立党为公、执政为民，就是要实现好、维护好、发展好人民群众的根本利益作为自己思考问题和开展工作的根本出发点和落脚点，忠实地贯彻执行党的群众路线，当好人民的公仆，做到权为民所用，情为民所系，利为民所谋”③。这就将以人为本这一人类文明的积极成果赋予了崭新的时代内容，并且与我们党的立党为公、执政为民的宗旨融合在一起。三是要求树立求真务实的政绩观。胡锦涛同志指出：“树立正确的政绩观，说到底就是要忠实实践党的宗旨，真正做到权为民所用、情为民所系、利为民所谋。要实事求是，按客观规律办事，坚持讲真话、办实事、求实效，不盲目攀比；要深入实际，深

① 《江泽民论有中国特色社会主义（专题摘编）》，中央文献出版社 2002 年版，第 337 页。

② 《胡锦涛同志重要论述学习辑要》，山东人民出版社 2005 年版，第 13 页。

③ 《胡锦涛同志重要论述学习辑要》，山东人民出版社 2005 年版，第 3—4 页。

入群众,脚踏实地,艰苦奋斗,不搞花架子;要顾全大局、统筹兼顾,立足当前、着眼长远,不急功近利。一切工作都要经得起实践、群众和历史的检验。"[①]四是提出并深刻阐述科学发展观,为行政体制改革的理念、思路、目标和任务提供了根本依据。胡锦涛同志一再要求,要切实把思想和行动统一到科学发展观的要求上来,并体现到具体工作中。行政体制建设和改革贯彻科学发展观,就必须深入分析行政体制存在的不适应科学发展观的突出问题,并且把是否为贯彻落实科学发展观提供了体制保障作为检验改革成效的标准。从总体上看,党的十六大以来,我国行政体制改革的理论体系突出表现在"四个转向"方面,即:一是从注重"适应经济体制改革的需要"转向到更加注重"贯彻落实科学发展观,为经济社会协调发展提供体制保障";二是从注重"转变职能"转向到更加注重"全面履行职能,强化社会管理和公共服务";三是从注重"明确职能"转向到更加注重"有权必有责,权责相统一";四是从注重"政府自身改革"转向到更加注重"改革对社会各方面需求的回应"。行政体制改革理论的这些新发展,既是全面贯彻落实科学发展观和构建社会主义和谐社会等一系列重大战略思想的需要,也是行政体制改革自身规律发展演变的必然结果;既是以往改革的进一步深化,同时也指明了今后行政体制改革的基本走向。

我们党关于中国特色社会主义行政体制的理论体系,丰富和发展了马克思主义关于国家学说和行政理论,是马克思主义中国化的毛泽东思想、邓小平理论、"三个代表"重要思想和科学发展观等一系列重大思想的重要组成部分,是我们党科学理论宝库中光辉灿烂的篇章。

二、新中国成立以来行政体制变革的历史进程

新中国成立以来行政体制构建和变革,大体上以党的十一届三中全

① 《胡锦涛同志重要论述学习辑要》,山东人民出版社 2005 年版,第 18—19 页。

会为标志，经历了两大历史时期。

第一个历史时期：从1949年新中国成立到1978年实行改革开放，中国特色社会主义行政体制奠定基础。

中华人民共和国成立后，首要的任务是建立各级政权，制定各项行政管理制度。1949年，根据中国人民政治协商会议通过的《共同纲领》，我国确立了议行合一的行政体制。1951年政务院作出《关于调整机构紧缩编制的决定（草案）》，进行了建国后第一次精兵简政工作。这次机构改革在精兵简政的同时，加强了中央集权。1954年，第一届全国人民代表大会颁布了我国第一部宪法，选举了国家主席，成立了国务院，形成了新中国基本的行政框架。

随着中国政权组织形式的确定和各级政权机关的建立，从1954年底，用了一年多的时间，对中央和地方各级机关进行了一次较大规模的精简。中央一级机关的精简包括：在划清业务范围的基础上，调整精简了机构，减少了层次；各级机关根据业务需要，紧缩了编制，明确了新的编制方案。地方各级机关也进行了精简，专员公署和区公所分别是省、县政府的派出机关，精简比例较大。

1956年开始重新调整中央与地方的权限关系。为适应社会主义改造取得了决定性的胜利的新形势，必须适当地扩大地方的行政管理职权，以充分发挥地方的积极性。国务院于1956年召开全国体制会议，对于当时存在着的中央集权过多的现象作了检查，对于改进国家行政体制问题进行了讨论。会议确立：改进国家行政体制的首要步骤，是先划分中央和各省、自治区、直辖市的行政管理职权，并且对地方的行政管理权予以适当扩大，然后再逐步划分省和县、县和乡的行政管理职权。这次改革一直持续到1960年。

60年代初期，为适应国民经济调整的需要，进行了“精简加集中”行政体制改革：一是在中央和地方各级机关进行了两次比较集中的干部精简运动。第一次精简是1960年至1961年,主要集中在中央一级机关,对行政部门和事业单位同时进行精简;第二次精简从1962年至1964年,范围包括中央和地方各级机关,精简下来的干部大多数充实到基层和生产第一线。二是中央收回50年代后期下放给地方的部分权力并恢复已被撤销的机构。到1965年底,国务院的机构数达到79个。此后,由于"文革"和国际形势复杂,新中国行政体制被严重破坏,直到1978年党的十一届三中全会召开,才逐步恢复正常。

这一历史时期我国行政体制建设取得了重要进展:一是初步构建了与社会主义国家性质要求相适应的行政管理模式;二是创建了与计划经济体制相适应的行政体制;三是积累了中国行政体制建设的正反两方面经验。可以说,这一时期的行政体制发展历程尽管有不少曲折,但探索了中央与地方的权限关系,实施了精兵简政,调整了政府机构设置,建立了社会主义行政体制基本框架,促进了经济社会发展。这一时期的变革为改革开放以后的行政体制改革提供了基本前提和重要借鉴,其中,最根本的教训就是不能超越经济社会发展水平及相应的客观条件,而一定要从本国国情和实际情况出发,着眼于适应生产力发展需要,稳步加以调整和变革。

第二个历史时期:从1979年到现在,中国特色社会主义行政体制不断改革与完善。

党的十一届三中全会以后,我国改革开放和社会主义现代化建设进入了一个新的历史时期。这一时期行政体制变革大体经历了三个阶段。

从党的十一届三中全会召开到党的十四大之前,主要是冲破高度集中的计划经济体制和行政管理模式,对完善中国特色社会主义行政体制进行积极探索。改革开放之前,我国实行高度集中的行政管理模式,国家统得过多、管得过死,严重压抑了广大企业和干部群众的积极性与创造性,制约了社会生产力发展。实行改革开放决策后,为适应经济体制改革的需要,展开了以简政放权为重点的行政体制改革。这一阶段于 1982 年和 1988 年实施了两次集中的行政体制改革。

1982 年进行的国务院机构改革,重点是适应工作重点转移,提高政府工作效率:一是减少副总理人数,设置了国务委员职位。二是精简调整机构,撤销了大量临时性机构。三是精干领导班子,紧缩编制。四是废除实际存在的领导干部职务终身制,实行干部离退休制度。国务院部门机构改革完成后,进行了地方机构改革,重点是精简庞大臃肿的机构,选拔大批优秀中青年干部,轮训在职干部,克服官僚主义,提高工作效能。同时,积极试行地、市合并,实行市管县体制;改变农村人民公社“政社合一”体制,设立乡政府等。

1988 年实施了新一轮行政体制改革,改革的任务是进一步转变职能,理顺关系,精简机构和人员,提高行政效率。这次改革首次提出必须抓住转变职能这个关键,紧密地与经济体制改革相结合;按照经济体制改革和政企分开的要求,合并裁减专业管理部门和综合部门内设专业机构;从机构设置的科学性和整体性出发,适当加强决策咨询和调节、监督、审计、信息部门,转变综合部门的工作方式,提高政府对宏观经济活动的调控能力;贯彻精简、统一、效能原则,清理整顿行政性公司,撤销因人设事的机构,裁减人浮于事的部门和人员;为了巩固机构改革的成果,并使行政管理走上法制化道路,提出用法律手段控制机构设置和人员编制;改革中第一次实行定职能、定机构、定编制的“三定”工作。

总体上看,通过这一阶段的改革,初步摆脱了与高度集中的计划经济体制相适应的行政管理模式的羁绊,激发了经济社会活力,促进了生产力的解放和发展。

从党的十四大召开到党的十六大之前,主要是按照发展社会主义市场经济的要求全面推进改革,中国特色社会主义行政体制改革取得重大进展。这一阶段于 1993 年和 1998 年实施了两次集中的行政体制改革。

1993 年国务院机构改革方案的主要内容:一是转变职能,坚持政企分开。要求把属于企业的权力下放给企业，把应该由企业解决的问题交由企业自己去解决，减少具体审批事务和对企业的直接管理。二是理顺关系。理顺国务院部门之间，尤其是综合经济部门之间以及综合经济部门与专业经济部门之间的关系，合理划分职责权限，避免交叉重复。理顺中央与地方关系，合理划分管理权限，使地方在中央方针政策的指导下因地制宜地发展本地区经济和各项社会事业。三是精简机构编制。对专业经济部门，一类改为经济实体，不再承担政府行政管理职能；一类改为行业总会，作为国务院的直属事业单位，保留行业管理职能；还有一类是保留或新设的行政部门。对国务院直属机构、办事机构，除保留的外，一部分改为部委管理的国家局，一部分并入部委，成为部委内设的职能司局。四是规范机构类别。明确原由部委归口管理的 15 个国家局不再作为国务院直属机构，而是部委管理的国家局，作为一个机构类别，并进一步规范了国家局与主管部委的关系。从 1993 年开始，地方政府机构改革在全国展开，以转变政府职能为关键，较大幅度地精简了机构和人员，特别是大幅度精简专业经济管理部门。

1998 年进行了力度更大的一次行政体制改革。改革的主要内容：一是调整部门职能。明确划分政府综合调控部门与专业管理部门的主要职能。按照权责一致的原则，在部门之间划转了 100 多项职能，相同或相近的职能尽可能交由一个部门承担，过去长期存在而没有解决的职能交叉、多头管理、政出多门、权责不清等问题有了很大改进。二是精简机构编制。主要是大力精简工业经济部门，将煤炭、冶金、机械等 9 个工业部先改成国家经贸委管理的国家局，2000 年底全部撤销。同时，将电子部与邮电部合并组成信息产业部，将广播电影电视部改组为广播电影电视总局、国家体委改组为国家体育总局，列为国务院直属机构。省、市、县、乡级机构也进行了相应改革。

总体上看，这一阶段的行政体制改革，努力与建立社会主义市场经济体制相适应，在一些重点领域和关键环节取得了重大突破和实质性进展。

党的十六大以来，主要是推进服务型政府和法治政府建设，中国特色社会主义行政体制改革全方位深化。这一阶段于2003年和2008年实施了两次集中的行政体制改革。

2003年改革的主要内容：一是深化国有资产管理体制改革，设立了国务院国有资产监督管理委员会，作为国务院直属特设机构，由国务院授权代表国家履行出资人职责。二是完善宏观调控体系。将国家发展计划委员会改组为国家发展和改革委员会，将国务院体改办的职能和国家经贸委的部分职能并入国家发展和改革委员会。三是健全金融监管体制，设立中国银行业监督管理委员会，负责拟定有关银行业监管的政策法规，负责市场准入和运行监督，依法查处违法违规行为等。四是继续推进流通管理体制改革，组建商务部，主管国内外贸易和国际经济合作等。五是加强食品安全和安全生产监管体制建设，在国家药品监督管理局的基础上，组建国家食品药品监督管理局，作为国务院直属机构，将原国家经贸委管理的国家安全生产监督管理局改为国务院直属机构。这次改革继续强调要进一步转变政府职能，要求按照政企分开原则，结合国有资产管理体制改革，政府部门不再承担直接管理国有企业的职能；继续推进行政审批制度改革，明确审批范围，减少审批事项，规范审批行为；规范中央和地方的职能权限，正确处理中央垂直管理部门和地方政府的关系；探索完善综合行政执法工作，加强行政执法队伍组织建设；规范和发展行业协会、咨询组织、鉴定机构等社会中介组织和专业服务组织；改进政府管理方式，规范行政行为，推进电子政务，提高行政效率。国务院机构改革完成后，进行了地方政府机构改革。地方政府机构改革的特点，一是对口设置省级国有资产管理机构。二是有关机构调整和职能整合不强调上下对口。三是严格控制机构和编制。

2008年改革的主要任务是，围绕转变政府职能和理顺部门职责关系，探索实行职能有机统一的大部门体制，合理配置宏观调控部门职能，加强能源环境管理机构，整合完善工业和信息化、交通运输行业管理体制，以改善民生为重点加强与整合社会管理和公共服务部门。这次国务院机构改革是在以往改革基础上的继续和深化，突出了三个重点：一是加强和改善宏观调控，促进科学发展；二是着眼于保障和改善民生，加强社会管理和公共服务；三是对一些职能相同或相近的部门进行整合，实行综合设置，理顺部门职责关系。地方各级政府机构改革主要是着力转变政府职能，理顺职责关系，调整优化组织结构，规范机构设置，完善管理体制。

新中国成立后第二个历史时期的行政体制改革，是在推进经济体制改革、社会体制改革、文化体制改革和政治体制改革的情况下，对行政体制的性质、特点、规律、关系、目标和任务不断深化认识和逐步推进的探索过程，也是对建设中国特色社会主义规律的重大探索过程。实践证明，这个时期的改革和探索取得了很大成功，从根本上摒弃了高度集中的计划经济体制和行政管理模式，基本建立了与发展社会主义市场经济相适应的行政体制。一是转变政府职能取得实质性进展。政府对微观经济运行的干预明显减少，企业作为市场竞争主体地位得到确立，市场配置资源的基础性作用明显增强，新型宏观调控体系逐步健全，社会管理和公共服务职能不断加强。二是政府组织结构不断优化。建立了以宏观调控部门、市场监管部门、社会管理和公共服务部门为主体的政府机构框架，机构设置和职责体系趋于合理。三是依法行政全面推进。明确了依法行政、建设法治政府的指导思想、基本原则和总体要求，依法行政成为各级政府的基本准则。四是管理方式创新取得重要进展。科学民主决策水平不断提高，普遍建立重大问题集体决策制度、专家咨询制度、社会公示制度和听证制度，政务公开制度逐步完善。五是政府自身建设不断加强。服务政府、责任政府、法治政府、廉洁政府建设迈出重要步伐；公务员管理法律法规体系逐步健全，中国特色的国家公务员制度基本建立；政风建设和廉政建设不断推进，公务员队伍整体素质和能力明显提高。所有这些，都为进一步建成完善的中国特色社会主义行政体制奠定了坚实基础。

三、我国行政体制变革的重要经验和启示

几十年来，构建中国特色社会主义行政体制历程，积累了正反两方面经验，给我们以深刻的启示，其中最为重要的有以下几点。

一是，必须坚持以科学思想理论体系为指导。在推进行政体制改革的整个过程中，必须坚持以马克思列宁主义、毛泽东思想、邓小平理论、“三个代表”重要思想以及科学发展观等重大战略思想在内的科学理论体系为指导，以此统一思想认识，思考行政体制改革思路和制定改革措施。要始终遵循生产关系变化必须与生产力发展相适应、上层建筑改革必须与经济基础变革相适应的基本原理，始终把坚持社会主义基本制度同发展市场经济结合起来，保证行政体制改革的方向、思路、措施有利于巩固和完善社会主义制度，有利于解放和发展社会生产力，有利于发挥社会主义制度的优越性。

二是，必须坚持中国共产党的领导。我国是人民当家作主的社会主义国家，国家的性质决定了必须坚持党对国家行政和行政改革的领导。中国共产党是社会主义事业的领导核心。离开了中国共产党的领导，稳定、发展、欣欣向荣的中国就会变成动乱和四分五裂的中国。没有稳定的政治和社会，不仅改革开放搞不下去，既有的改革和发展成果也会丧失。历史事实已经充分证明了这一点。只有坚持党的领导，才能始终保持行政体制改革的社会主义方向，才能为行政体制改革创造稳定的政治环境，才能调动各方面的积极因素共同推进行政体制改革深入发展。因此，深化行政体制改革，必须有利于加强和改善党的领导、有利于巩固和完善党的执政地位、有利于保证党领导人民有效治理国家。

三是，必须坚持从中国国情和实际出发。这是改革和完善行政体制的客观要求。我们国家历史悠久、幅员广阔、人口众多，各地经济、文

化、社会发展很不平衡，这些基本国情规定了和规定着行政体制改革过程中必须高度重视和正确处理一系列重大关系，包括集中与分散的关系、统一性和灵活性的关系、中央与地方的关系、条条与块块（部门垂直领导与地方领导）的关系，以充分发挥中央和地方的积极性，充分发挥国家和企业、单位、个人的积极性，同时又确保必要的集中和国家的统一性、权威性。从我国几十年来的实践看，什么时候注重处理好这些重大关系，什么时候建设和改革事业就顺利推进，否则，就出现困难甚至挫折。同时，要重视研究借鉴世界上一些国家行政体制的成功做法与经验，以拓宽行政体制改革思路，吸取现代公共行政新理念、新知识，但必须充分考虑我国的基本国情和现实情况，绝不能照抄照搬。

四是，必须坚持以人为本、执政为民。人民是国家的主人，也是国家行政管理的主体，人民的意志始终决定着国家行政管理的内容和形式。行政体制变革必须着眼于推进经济和社会发展，不断提高人民群众物质文化生活水平，促进人的全面和自由发展；坚持充分尊重人民群众的主体地位，充分体现广大人民群众的利益和诉求，充分尊重人民首创精神，高度重视发挥人民群众的积极性、主动性和创造性，增强社会经济活力和创造力；着力解决广大群众最关心最直接最现实的利益问题；正确处理权力与权利、权力与责任的关系，既赋予行政机关、行政人员必要的权力，又加强对权力的行使加以规范、制约和监督，切实维护公民、法人和其他组织的合法权益。

五是，必须坚持统筹规划、协调推进。行政体制改革是整个改革的重要内容，与经济、政治、文化、社会等方面的体制改革都有密切关系，不可能单独深入，而必须与其他方面的改革一起统筹规划部署，协调推进。必须把行政体制改革作为全面深化改革的关键环节，深入研究行政体制改革与经济体制改革、政治体制改革、文化体制改革、社会体制改革的相互关系，把握好各方面改革相互适应、相互促进的规律性。必须按照建立完善的中国特色社会主义行政体制的总体目标，明确改革的方向和路径，防止改革左右摇摆或急于求成,避免走弯路。必须有长远目标下的近期目标,在总体规划下体现一个时期的重点安排,做到长远目标和近期目标相结合、全面推进和重点突破相结合。

六是,必须坚持积极稳步推进、增强科学性。行政体制改革涉及方方面面利益格局的调整,是一项政治性和政策性都很强的工作,必须综合考虑社会各方面的需求和各种因素,把改革的力度、发展的速度与各方面的承受程度统一起来,处理好改革、发展、稳定的关系,审时度势,循序渐进,不能企求毕其功于一役。要提倡探索试验,鼓励和支持地方和部门进行改革创新,为全国性的改革积累经验。要重视总结经验,注意推广经过实践检验的成功经验,努力提高推进行政体制改革的科学化水平。

四、继续深入推进行政体制改革的若干思考

我国行政体制改革虽然取得了重大进展,但与建立完善的中国特色社会主义行政体制的目标要求,还任重道远,必须继续推进。特别要着力解决以下几个重要问题。

更加注重转变政府职能,推进政企分开。转变政府职能是行政体制改革的核心。尽管多年来政府职能转变取得了很大进展,但这个问题还没有得到根本解决,政府职能缺位、越位、错位现象依然存在,有些地方还相当突出。主要表现为:政府仍然管了不少不该管也管不好的事,行政审批事项仍然过多;一些地方政府仍然没有把属于企业的权力交给企业、没有把该由市场管的事交给市场,直接干预微观经济运行和市场行为;政府的市场监管、社会管理和公共服务等职能还比较薄弱。因此,要加快推进政企分开,让企业真正成为市场主体,充分行使投资决策和生产经营自主权。要继续深化行政审批制度改革,下放和规范审批权力,减少政府对微观经济活动的干预。要进一步完善宏观调控体系和制度,包括发挥国

家规划、计划、政策、信息服务的导向作用和市场准入制度、标准规范的规制作用。要进一步完善市场体系,加强市场监管,维护公平竞争的市场秩序。要着力强化政府社会管理和公共服务职能,完善体制、政策,全面加强社会建设,注重保障和改善民生,特别是在促进就业、卫生、教育、社保、住房等方面将加大工作力度,提高公共服务水平。

更加注重优化政府组织结构,理顺行政关系。首先,要继续优化政府结构。合理界定政府部门职能,明确部门责任,确保权责一致。坚定推进大部门制改革,对职能相近、管理分散的机构进行合并。对职责交叉重复、相互扯皮,长期难以协调解决的机构进行合并、调整,以利于权责统一、提高整体效能。对职能范围过宽、权力过分集中的机构进行适当分设,以改变部门结构失衡和运行中顾此失彼的现象。其次,要逐步减少行政层级。在有条件的地方探索省直接管理县(市)体制的基础上,及时总结经验,加以正确引导;认真研究和正确处理中央和省级政府一些部门实行垂直管理体制的关系,完善垂直管理机制。再次,要妥善处理中央政府和地方政府的权限、职能与责任;科学合理界定省以下地方不同层级政府职能与权责关系,努力发挥地方各级政府的积极性、创造性。同时,还要加快建立决策、执行、监督相互协调又相互制约的运行机制,这也是深化行政体制改革的要求。

更加注重健全政府决策机制,提高决策水平。坚持科学决策、民主决策、依法决策,合理定决策权限,规范决策行为。推进政务公开,增强公共政策制定透明度和公众参与度;凡是涉及经济社会发展的重大决策,都应当坚持调查研究和集体决策制度,并充分听取社会各界的意见;凡是与人民群众利益密切相关的重大事项,都应当实行社会公示或者听证。着力做好重大问题前瞻性、对策性研究,发挥咨询研究机构、专家学者、社会听证在决策过程中的作用。完善决策信息系统和决策智力支持系统,建立健全专家咨询制度。完善和落实社会听证制度和公示制度,为公众参与行政决策提供制度保障。制定严格的决策规则和科学的决策程序,形成决策前有调研、决策中有论证、执行中有监督、执行后有评价、决策失误有追究的全程制约机制。

更加注重推进依法行政，建设法治政府。完善的行政法制体系是行政体制的重要保障。多年来，为推进依法行政，建设法治政府，我国先后制定和实施了一系列法律制度，包括行政复议和行政诉讼制度。同时，由于多种原因，我国行政法制还不完备，各种矛盾特别是行政争议增加，人民群众对行政复议和行政诉讼工作期待也不断增强，现行行政复议和行政诉讼制度的一些内容与新形势不相适应。要加快建设法治政府，用法律法规调整政府、市场、企业的关系，依法管理经济和社会事务，推进政府工作制度化、规范化、程序化。要改进行政复议和行政诉讼体制机制，处理好行政复议与行政诉讼之间的衔接；更加全面准确地定位行政复议的功能，依法纠正违法或不当的行政行为；创新行政复议体制机制，使之更加便民、高效；强化行政诉讼解决争议的功能，避免“案了事未了”；降低诉讼门槛、拓展受案范围，有效解决“告状难”的问题；完善证据制度，科学分配举证责任；完善诉讼程序，避免司法不公；加大生效判决和裁定的执行力度，有效解决“执行难”的问题。

更加注重提高行政效率，降低行政成本。这是中国特色社会主义行政体制的重要特征，也是建设人民满意政府的必然要求。从根本上说，就是在切实优化政府组织结构、减少行政层级、理顺权责关系的同时，加强电子政务建设，改进政府管理方式，优化政府工作流程，创新公共服务提供模式。认真实行公共建设项目的公开招投标制度，严格规范招标程序，调整完善并切实执行政府采购制度。按照节俭、高效、廉洁的原则，通过核定标准、加强监督、改革制度等措施严格控制各种职务消费。改革财政预算制度，特别是要推行财务公开，把政府财政资金的来源、分配、管理、使用、审计等情况置于群众和社会监督之下，以有效地减少浪费，遏制腐败现象的发生。

更加注重加强行政问责制，完善政府绩效评估制度。随着改革开放不断深入和社会法治意识的不断提高,迫切需要健全以行政首长为重点的行政问责制度,明确责任范围,规范问责程序,加大责任追究力度,提高政府执行力和公信力。近些年来,不少地方政府在这方面做了许多有益的探索,应认真总结经验,逐步全面推行。政府绩效评估制度,是引导政府及其公务员树立正确导向、尽职尽责做好各项工作的一项重要制度,也是实行行政问责制的前提和基础。要更加积极推进政府绩效评估制度建设和统计制度改革,建立科学合理的政府绩效评估指标体系和评估机制,促进树立与科学发展观相适应的政绩观。

牢牢把握社会主义初级阶段这个最大国情[*]

（2013 年 10 月 1 日）

在任何情况下都要牢牢把握社会主义初级阶段这个最大国情，推进任何方面的改革与发展都要立足这个最大实际，这既是我们党总结长期历史经验得出的基本结论，也是在新的历史条件下开创中国特色社会主义新局面的根本遵循。

一、把握社会主义初级阶段这个最大国情的重大意义

正确认识国情是建设中国特色社会主义的首要问题，这既是党的思想路线的根本要求，也是制定和执行正确路线、方针和政策的基本依据。当今中国最大的国情是什么？那就是仍处于并将长期处于社会主义初级阶段。

社会主义初级阶段，这是我们党上世纪 80 年代从社会性质和发展阶段上对中国国情所做的全局性、总体性判断，这一判断涵盖的时间范围根据社会主义生产力发展而变化，仍然是当前把握我国发展历史方位的出发点。社会主义初级阶段的基本内涵有两个方面：第一，我国已是社会主义国家，我们必须坚持而不能离开社会主义；第二，我国的社会主义还处

* 本文发表于《求是》杂志 2013 年第 19 期。

在初级阶段,我们必须从这个实际出发,而不能超越这个阶段。社会主义初级阶段是社会主义的初级阶段与初级阶段的社会主义的辩证统一,是从社会的制度性质及其发展程度两个方面,对我国社会所处历史方位、时代坐标的准确界定,构成当代中国的最大国情即最大实际,是建设中国特色社会主义的总依据。

深刻认识和正确把握社会主义初级阶段这个最大国情至关重要。这是在新的历史条件下正确制定和贯彻党的路线、方针、政策的前提和基础,是科学谋划和推进改革发展各项事业的关键和根本。回顾历史,党的十一届三中全会之前,我国社会主义建设出现严重失误的根本原因之一,就是因为提出的一些目标、任务和方针政策脱离、超越了社会主义初级阶段。由于没有很好地把握社会主义初级阶段这个最大国情,结果在社会主义建设中吃了苦头,遭受损失甚至严重挫折。改革开放以来,我国社会主义各项事业蓬勃发展,取得了巨大成功,根本原因之一是纠正了那些超越发展阶段的思想观念、方针政策,对那些不符合社会主义初级阶段要求的体制、制度逐步进行根本性的改革;同时,坚决抵制了抛弃社会主义基本制度的错误主张,坚持和发展了中国特色社会主义。

坚持和发展中国特色社会主义是一项长期而艰巨的历史任务。在具有许多新的历史特点的伟大征程中,始终牢牢把握社会主义初级阶段这个最大国情和最大实际,是我们有效应对复杂多变的发展环境并保持正确发展方向的根本保证。只有把握住了这一最大国情,我们才能不断丰富中国特色社会主义的道路特色、理论特色、制度特色、实践特色和时代特色,如期全面建成小康社会和顺利推进中国社会主义现代化伟大事业。

二、正确认识社会主义初级阶段的基本特征和矛盾

我国社会主义初级阶段,是指我国生产力落后、市场经济不发达条件

下建设社会主义必然要经历的特定阶段。社会主义初级阶段是一个长期动态的发展过程。这个阶段,既不同于社会主义经济基础尚未奠定的阶段,又不同于实现社会主义现代化的阶段。从 20 世纪中叶社会主义改造基本完成到 21 世纪中叶基本实现现代化,至少需要上百年时间,都属于社会主义初级阶段。

在社会主义初级阶段,我国经济、政治、文化和社会生活各方面存在着种种矛盾,但社会的主要矛盾是人民日益增长的物质文化需要同落后的社会生产之间的矛盾,这个主要矛盾贯穿我国社会主义初级阶段的整个过程和社会生活的各个方面。因此,现阶段我国面临的中心任务是,必须大力发展社会生产力,逐步实现现代化;同时,必须不断改革生产关系和上层建筑中不适应生产力发展的部分。总体来看,我国社会主义初级阶段,是逐步摆脱贫穷、摆脱落后的历史阶段;是由农业人口占多数的手工劳动为基础的农业国逐步转变为现代化工业国的阶段;是由自然经济半自然经济占很大比重转变为市场经济发达的历史阶段;是通过探索和改革,建立、发展和完善中国特色社会主义市场经济体制、政治体制、文化体制、社会体制和其他各方面体制的历史阶段;是全民奋起,艰苦奋斗,在社会主义基础上实现中华民族伟大复兴的历史阶段。我们必须全面、准确地认识和把握社会主义初级阶段的基本特点、主要矛盾和历史任务。

社会主义初级阶段需要经历若干具体的发展时期,不同时期会出现不同的阶段性特征。改革开放以来,我国经济持续快速增长,生产力有了突飞猛进的发展,国家面貌发生了历史性的变化,取得了举世瞩目的成就。然而总的说来,我国还没有从根本上摆脱不发达的状态,仍然带有社会主义初级阶段的明显特征。从生产力发展方面看:一是工业化的历史任务没有完成,总体上仍处于工业化的中期阶段,产业结构层次低,发展方式粗放。二是城乡之间、区域之间发展很不平衡,差距较大。三是城乡二元结构的状况没有根本改变,城市化水平较低,城镇化质量不高。四是人均国内生产总值仍居世界后列,属于中等收入国家。五是自主创新能力不强，总体科学技术水平、国民教育水平和文化素质还不高。生产力还比较落后的状况，从根本上反映了社会主义制度还很不完善，生产力发展还面临着诸多体制性障碍，生产关系还不能适应生产力发展的变化。我们虽然建立了社会主义市场经济体制，但计划经济体制的弊端尚未根本革除，市场经济体制机制的许多方面还没有完全建立起来，深化经济体制改革的任务还很繁重。上层建筑中还存在一些不适应、不符合经济基础变化的地方，社会主义民主政治还不健全，建设高度的社会主义民主政治所必需的一系列经济文化条件还不充分，封建主义残余、资本主义腐朽思想和小生产习惯势力在社会上还有一定影响，并且经常侵袭党的干部和国家公务员队伍。以上这些说明，要改变我国生产力发展落后的状况，巩固和发展社会主义，实现社会主义现代化，还需要很长的时间。

改革开放以来，随着我国经济社会持续快速发展，人民物质文化生活得到显著改善，但人民群众日益增长的物质文化需要同社会生产不能满足这种需要之间的矛盾仍然是主要矛盾，并不断表现出新的问题和矛盾形式。当前主要表现在：我国发展过程中的和历史积累的各种矛盾日益突出，发展中不平衡不协调不可持续问题依然存在，工业化、农业现代化和城镇化进程中社会矛盾和问题不断出现，经济发展面临一系列重大结构性问题，经济转型压力增大；人民群众的利益矛盾凸显，群体性事件易发多发；城乡居民利益诉求明显增强，人民群众的物质文化需求日渐升级，社会需求向全面化、高级化、个性化和多样化方向发展，对政治、文化、环境的需求不断增强。正如习近平同志最近指出："现在，我们遇到的问题中，有些是老问题，或者是我们长期努力解决但还没有解决好的问题，或者是有新的表现形式的老问题，但大量是新出现的问题。"社会经济转型的错综复杂性，是中国现阶段社会矛盾的重要特征。

马克思主义的历史辩证法告诉我们，矛盾是客观的，人类社会总是在矛盾的产生和解决中不断进步的。而且，经济发展越快，社会变化越剧烈，矛盾越是凸显，这是客观事实，也是一个规律。要看到，当前发展中的社会矛盾和问题大量出现，是客观的，也是难以回避的。尤其是当前，我国正处于社会利益深刻调整期、经济社会急剧转型期、改革攻坚期和社会矛盾凸显期，这个时期人口、资源、环境、效率和公平等社会矛盾和问题往往最为突出，既要在新型工业化、信息化、城镇化和农业现代化的半道上“爬坡过坎”，又要跨越中等收入“陷阱”。这些矛盾的存在，究其主要原因，既有发展不足和发展不够好的问题，也有改革不到位和改革不够配套的问题。我们必须牢牢扭住社会主义初级阶段这个最大国情，注重标本兼治、统筹施策，坚持用发展和改革的办法，不断解决前进中的种种矛盾与问题。

三、推动经济社会持续健康发展需要把握好的几个方面

在整个社会主义现代化建设伟大进程中，我们必须紧紧扭住社会主义初级阶段这个最大国情，坚持从实际出发，推动经济社会长期持续健康发展。

第一，坚定不移集中力量发展生产力。社会主义的根本任务是发展社会生产力。在社会主义初级阶段，尤其要把集中力量发展社会主义生产力摆在首要地位。这是由社会主义初级阶段的主要矛盾决定的。只有大力发展生产力，才能为实现社会主义现代化，提高全体人民生活水平提供雄厚物质基础。因此，要始终坚持以经济建设为中心，以科学发展为主题，以加快转变经济发展方式为主线，全面推进经济建设、政治建设、文化建设、社会建设、生态文明建设，实现以人为本、全面协调可持续的科学发展。要坚持走中国特色社会主义新型工业化、信息化、城镇化、农业现代化道路，推动信息化和工业化深度融合、工业化和城镇化良性互动、城镇化和农业现代化相互协调，促进工业化、信息化、城镇化、农业现代化同步发展。在推进各项现代化事业建设中，既要防止无所作为的消极情绪，

又要防止急于求成的盲目冒进。只有牢牢抓住社会主义初级阶段的主要矛盾和全党工作的中心，并坚定不移走科学发展之路，才能清醒地观察和把握社会矛盾的全局，有效促进各种社会矛盾的解决。

第二，坚定不移推进改革开放。改革开放是当代中国发展进步的强大动力，是坚持和发展中国特色社会主义的必由之路。全面深化改革，包括推进经济体制、政治体制、文化体制、社会体制、生态体制的改革，是加快我国社会主义制度自我完善和发展的根本出路。当前，我国改革已进入攻坚期和深水区，需要解决的问题十分繁重。要坚持社会主义市场经济的改革方向，坚持对外开放的基本国策，以更大的政治勇气和智慧，不失时机深化重要领域改革，攻克体制机制上的顽症痼疾，突破利益固化的藩篱，构建系统完备、科学规范、运行有效的制度体系，使各方面制度更加成熟更加定型。要坚持从实际情况出发，提高全面深化改革开放决策的科学性。着力提升开放型经济水平，完善互利共赢、多元平衡、安全高效的开放型经济体系，以更高标准、更高水平、更高质量参与国际经济合作与竞争。

第三，坚定不移发展社会主义民主政治。按照马克思主义关于经济基础决定上层建筑、上层建筑反作用于经济基础的基本原理，在社会主义初级阶段，通过调整政治关系、结构和活动，推动政治观念更新、政治制度完善、政治行为进步，实现政治文明和现代化，不仅是生产力发展的必然要求，也是发展中国特色社会主义事业的重要组成部分。因此，必须按照社会主义生产力发展和实现现代化对民主政治建设的要求，扩大社会主义民主，加快建设社会主义法治国家，发展社会主义政治文明。要坚持人民主体地位，支持和保证人民通过人民代表大会行使国家权力，健全社会主义民主协商制度，完善基层民主制度，全面推进依法治国、依法行政、依法治理社会，健全权力运行的制约和监督体系，推进体制机制改革创新，加强惩治和预防腐败体系建设，全面提高党的建设科学化水平，使中国社会主义民主政治展现出更加旺盛的生命力。

第四，坚定不移促进社会主义文化大发展大繁荣。文化建设是中国特色社会主义事业“五位一体”总体布局的重要组成部分，也是完善社会主义上层建筑的重要内容。要坚持社会主义先进文化方向，扎实推进社会主义文化强国建设。要贯彻物质文明建设和精神文明建设两手抓、两手都要硬的方针，坚持以马克思主义为指导，大力加强社会主义核心价值体系建设，全面提高公民道德素质，不断丰富人民精神文化生活，增强我国文化整体实力和竞争力。要加快完善文化管理体制和文化生产经营机制，建立现代文化市场体系，健全国有文化资产管理体制，形成有利于创新创造的文化发展环境，促进文化大发展大繁荣，发挥文化引领风尚、教育人民、服务社会、推动发展的积极作用，为实现中华民族伟大复兴的中国梦提供强大动力和有力支撑。

第五，坚定不移在改善民生和创新管理中加强社会建设。保障和改善民生，提高人民生活水平和质量，是有效化解社会矛盾的治本之策，维护公平正义是中国特色社会主义的内在要求。必须把保障和改善民生放在更加突出的位置，千方百计增加居民收入，加快健全基本公共服务体系，解决好人民群众最关心最直接最现实的利益问题，在学有所教、劳有所得、病有所医、老有所养、住有所居上持续取得新进展，尤其是要在努力办好人民满意的教育、推动实现更高质量的就业、统筹推进城乡社会保障体系建设、提高人民健康水平等方面有新的进步，努力让人民过上更好生活。要坚持走共同富裕道路，着力解决收入差距较大的问题，使发展成果更多更公平地惠及全体人民，朝着共同富裕方向稳步前进。要加紧健全对保障社会公平正义具有重大作用的制度，逐步建立以权利公平、机会公平、规则公平为主要内容的社会公平保障体系，努力营造公平的社会环境，保证人民平等参与、平等发展的权利。要加快社会主义和谐社会建设，加强和创新社会管理，正确处理改革发展稳定的关系，团结一切可以团结的力量，最大限度增加和谐因素，确保社会安定有序，国家长治久安。

社会主义初级阶段是建设和发展中国特色社会主义的必经历史阶

段，是一个不断发展和进步的动态历史过程，是由量变积累引起部分质变，在新的基础上再由新的量变积累引起新的部分质变的过程。这个过程就是一个社会主义生产力由不发达走向发达、生产关系由不完善走向完善、上层建筑由不成熟走向成熟的过程。党的十八大报告关于社会主义初级阶段的科学论述，丰富了我们党对社会主义社会发展阶段的认识，在这一基础上对中国特色社会主义事业作出的全面部署，必将把中国改革开放和社会主义现代化事业推向新的阶段，不断谱写实现中华民族伟大复兴中国梦的光辉篇章。

邓小平社会主义市场经济理论的丰富内涵及重大贡献*

（2014 年 8 月）

邓小平作为伟大的马克思主义者、中国社会主义改革开放和现代化建设的总设计师，以巨大的政治智慧和理论勇气，创立了中国特色社会主义理论，在这一科学理论体系的宝库中，社会主义市场经济理论是极具创新意义、极具重大作用的重要部分。在纪念邓小平诞辰 110 周年之际，重温他创立的社会主义市场经济理论的丰富内涵，回顾我国实行社会主义市场经济改革取得的巨大成就，对于在新的历史条件下更好推进全面深化改革、发展中国特色社会主义事业，有着极为重要的现实意义和深远意义。

一、邓小平社会主义市场经济理论的丰富内涵

邓小平关于社会主义市场经济的理论，是对马克思主义基本原理的丰富和发展，为马克思主义理论宝库增添了崭新内容。这一重大理论围绕着市场作用、计划与市场、社会主义与市场经济的关系等社会主义现代

* 本文系作者为纪念邓小平诞辰 110 周年撰写的论文；全文收入《全国纪念邓小平同志诞辰 110 周年学术研讨会论文集》，中央文献研究出版社，2014 年 8 月出版。

化建设中一系列重要问题，形成了诸多相互联系的重大思想和观点，构成了系统完备、内涵丰富的理论体系，其基本内容包括以下方面：

（一）社会主义可以实行市场经济。长期以来，传统观念认为，市场经济是资本主义特有的经济形式，计划经济是社会主义的基本特征。邓小平突破传统的观念和模式，早在 1979 年 11 月 26 日，他在会见美国不列颠百科全书出版公司编委会副主席吉布尔和加拿大麦吉尔大学东亚研究所主席林达光等人时说："说市场经济只存在于资本主义社会，只有资本主义的市场经济，这肯定是不正确的。社会主义为什么不可以搞市场经济，这个不能说是资本主义。"①这是邓小平对社会主义也可以搞市场经济的最早论述。尽管当时还是讲计划经济为主，但毕竟把市场经济同社会主义联系了起来，肯定了市场经济在社会主义制度下存在的必要性，这对于理论探索和改革进程起到了极为重要的推动作用。

1992 年初，邓小平在"南方谈话"中，明确而系统地表达了他长期以来形成的对计划经济和市场经济的看法，指出："计划多一点还是市场多一点，不是社会主义与资本主义的本质区别。计划经济不等于社会主义，资本全义也有计划，市场经济不等于资本主义，社会主义也有市场。计划和市场都是经济手段。""不要以为，一说计划经济就是社会主义，一说市场经济就是资本主义。"②这个精辟论断，从根本上解除了把计划经济和市场经济看作属于社会基本制度范畴的思想束缚，从而为我们党决定实行社会主义市场经济，奠定了思想和理论基础。

（二）计划和市场都得要，并做到有机结合。1982 年，邓小平指出："社会主义同资本主义比较，它的优越性就在于能做到全国一盘棋，集中力量，保证重点。缺点在于市场运用得不好，经济搞得不活。计划和市场的关系问题如何解决？解决得好，对经济的发展就很有利，解决不好，就

---

① 《邓小平文选》第 2 卷，人民出版社 1994 年版，第 236 页。

② 《邓小平文选》第 3 卷，人民出版社 1993 年版，第 373 页。

会糟。"[①]他后来又说:"实际工作中,在调整时期,我们可以加强或者多一点计划性,而在另一个时期多一点市场调节,搞得更灵活一些。"[②]在实行社会主义市场经济中,计划与市场两种手段相结合的范围、程度和形式,在不同时期、不同领域和不同地区可以有所不同。1985 年 10 月,邓小平在会见美国高级企业家代表团、回答美国时代公司总编辑格隆瓦尔德的提问时指出:"多年的实践证明,只搞计划经济会束缚生产力的发展,把计划经济和市场经济结合起来,就能解放生产力,加速经济发展。"[③]在邓小平看来,计划和市场对经济活动的调节各具优势,又各有不足。两种手段的有机结合,可以做到优势互补,扬长避短。1990 年 12 月,邓小平在一次谈话中又强调:"社会主义也有市场经济,资本主义也有计划控制。……不要以为搞点市场经济就是资本主义道路,没有那么回事。计划和市场都得要。"[④]社会主义市场经济,既可以发挥市场配置资源有效的重要作用,又可以发挥计划宏观调控导向的重要作用,应当把计划和市场有机地结合起来。

(三)实行社会主义市场经济体制。传统的社会主义经济体制是以高度集中的计划经济为特征的,党的十二届三中全会通过的《中共中央关于经济体制改革的决定》,突破了把社会主义和商品经济对立起来的传统观念,第一次肯定了社会主义经济是商品经济。这个决定受到了邓小平的高度评价,认为是写出一部马克思主义基本原理和中国社会主义实践相结合的政治经济学。1992 年初,邓小平在"南方谈话"中进一步阐述社会主义也可以实行市场经济的思想。党的十四大召开前夕,在研究确立一个什么样的经济体制改革目标时,邓小平明确表示赞成使用"社

① 《邓小平思想年谱》,中央文献出版社 1998 年版,第 223 页。
② 《邓小平文选》第 3 卷,人民出版社 1993 年版,第 306 页。
③ 《邓小平文选》第 3 卷,人民出版社 1993 年版,第 77—78 页。
④ 《邓小平文选》第 3 卷,人民出版社 1993 年版,第 364 页。

会主义市场经济体制”这个提法。[1] 根据这一意见,党的十四大明确提出,我国经济体制改革的目标是建立社会主义市场经济体制。十四届三中全会又通过了《中共中央关于建立社会主义市场经济体制若干问题的决定》,这个《决定》成为我国实行社会主义市场经济体制改革的重要行动纲领。

(四)正确处理市场作用和宏观调控的关系。实行社会主义市场经济,要发挥市场作用的长处,也要防止市场作用的弱点和消极方面,同时要发挥宏观调控的作用。邓小平认为:“不搞市场,连世界上的信息都不知道,是自甘落后。”要使我国经济富有活力和效率,必须充分发挥市场机制的作用。邓小平强调,实行社会主义市场经济也要有计划控制,加强宏观管理。“中央要有权威”。“宏观管理要体现在中央说话能够算数”。不能搞“你有政策我有对策”,“中央定了措施,各地方、各部门就要坚决执行,不但要迅速,而且要很有力”。邓小平还多次指出,要适应新的形势,采用新的办法加强宏观管理。他说:“我们讲中央权威,宏观控制,深化综合改革,都是在这样的新的条件下提出来的。过去我们是穷管,现在不同了,是走向小康社会的宏观管理。不能再搬用过去困难时期那些办法了。现在中央说话,中央行使权力,是在大的问题上,在方向问题上”[2]。这些都清楚表明,邓小平把充分发挥市场机制作用和加强宏观调控都作为社会主义市场经济的基本要求,二者缺一不可,决不能把它们割裂开来,甚至对立起来。

以上看出,邓小平关于社会主义市场经济的理论是一个完整的科学体系,这些深刻论述为建立和完善社会主义市场经济体制、建设和发展中国特色社会主义事业奠定了重大理论基础。近 20 年来,随着改革开放和现代化事业的不断发展,邓小平社会主义市场经济理论也在伟大的实践

---

① 《邓小平年谱》(1975—1997 年)(下),中央文献出版社 2004 年版,第 1347 页。

② 《邓小平文选》第 2 卷,人民出版社 1994 年版,第 278 页。

中不断得到丰富和发展。

二、邓小平社会主义市场经济理论的主要依据

邓小平关于社会主义市场经济的理论，是马克思列宁主义、毛泽东思想的继承和发展，是着眼于建设中国特色社会主义、立足于当代中国实际、总结国内外经验教训的重大成果。

（一）邓小平社会主义市场经济理论是深刻认识中国基本国情的重大成果。邓小平早在 1979 年就指出：要使中国实现现代化，至少有两个重要特点是必须看到的：一个是底子薄，一个是人口多，耕地少。1980 年 4 月，他又强调："中国是一个大国，又是一个穷国"，"不要离开现实和超越阶段采取一些'左'的办法。"①我国正处在社会主义初级阶段，人口多，底子薄，人均资源少，社会生产力水平低，进行社会主义现代化建设，"一切要从这个基本国情出发"。中国要在这样特殊的国情中去实现工业化和经济的社会化、市场化、现代化，必须充分利用市场这个手段和市场经济这种形式来大力发展经济。这是中国历史发展进程的一个必然选择。

（二）邓小平社会主义市场经济理论是科学认识社会主义本质和根本任务的重大成果。长期以来，传统观点脱离开生产力抽象地谈社会主义。邓小平反对对科学社会主义作教条式的理解，他明确提出："社会主义和市场经济之间不存在根本矛盾。问题是用什么方法才能有效地发展生产力。""社会主义的本质，是解放生产力，发展生产力，消灭剥削，消除两极分化，最终达到共同富裕。"②关于社会主义的任务，邓小平认为，

① 《邓小平文选》第 2 卷，人民出版社 1994 年版，第 312 页。

② 《邓小平文选》第 3 卷，人民出版社 1993 年版，第 373 页。

“社会主义的任务很多,但根本一条就是发展生产力”①,社会主义阶段的最根本任务就是发展生产力。只要按照“三个有利于”标准,即有利于发展社会主义社会的生产力,有利于增强社会主义国家的综合国力,有利于提高人民群众的生活水平,各种方法和手段都可以利用。计划和市场两者“都是方法”“都是手段”,当然都可以用来发展社会主义经济。

(三)邓小平社会主义市场经济理论是全面总结中国社会主义建设正反经验教训的重大成果。新中国成立以后的一个较长时期,我国在完成社会主义改造、建立社会主义制度、开展经济建设等方面取得很大成就,但是,社会主义制度优越性没有得到应有的发挥,一个重要原因就是形成了一种同社会生产力发展要求不相适应的计划经济体制,严重束缚和影响了广大企业和人民群众的积极性、主动性和创造性。邓小平说:“不改革就没有出路,旧的那一套经过几十年的实践证明是不成功的。”实行改革开放以后,市场作用范围逐步扩大,市场作用发挥比较充分的地方,经济活力就比较强,发展态势也比较好。正是多年经济体制改革的进展和成效,为中国实行社会主义市场经济提供了实践基础。

(四)邓小平社会主义市场经济理论是充分吸收和借鉴国际上有益做法的重大成果。世界上发展市场经济已有几百年历史,一些发达国家实行市场经济实现了现代化,创造和积累了大量物质财富。实践证明,市场经济是进行资源配置的有效方式。邓小平提出:“必须大胆吸收和借鉴人类社会创造的一切文明成果,吸收和借鉴当今世界各国包括资本主义发达国家的一切反映现代社会化生产规律的先进经营方式和管理方法”②。这其中就是大胆吸收和借鉴利用市场经济加快我国发展。

---

① 《邓小平文选》第3卷,人民出版社1993年版,第373页。

② 《邓小平文选》第3卷,人民出版社1993年版,第373页。

三、实行社会主义市场经济取得历史性的巨大成功

邓小平社会主义市场经济理论有力地指导着我国改革开放和社会主义现代化建设的历史进程，作出了特殊的重大贡献。30 多年来，我们始终坚持实行社会主义市场经济的理论和实践，坚定不移地推进改革开放伟大事业，充分地调动了亿万人民的积极性、创造性，使我国成功地实现了从高度集中的计划经济体制到充满生机活力的社会主义市场经济体制、从封闭半封闭到全方位开放的伟大历史转折，极大地解放和发展了社会生产力，一个面向现代化、面向世界、面向未来的社会主义中国巍然屹立在世界东方。

（一）社会主义市场经济体制基本确立。主要表现在：一是社会主义初级阶段基本经济制度已经确立。所有制结构从全民所有制和集体所有制经济占绝对优势，到逐步形成以公有制为主体、多种所有制经济共同发展的格局。毫不动摇地巩固和发展了公有制经济，积极推行公有制多种实现形式，通过深化改革增强了国有经济的活力、控制力、影响力；毫不动摇地鼓励、支持和引导个体、私营等非公有制经济发展，非公有制经济的比重大为提高。2013 年，非公有制经济对国民生产总值的贡献率已超过 60%。在收入分配领域，打破了平均主义“大锅饭”，建立起以按劳分配为主体、多种分配方式并存，实行劳动、资本、技术、管理等生产要素按贡献参与分配的制度。二是企业微观经济主体活力显著增强。大多数国有企业实行了股份制改造，现代企业制度逐步建立，转换经营机制，成为自主经营、自负盈亏、自担风险的市场竞争主体。扩大市场准入，创造公平竞争的市场环境，使非公有制企业快速发展。三是现代市场体系逐步建立。市场在资源配置中作用越来越大。持续推进价格体系改革，基本建立起以市场决定价格为主的机制。全国统一的消费品和生产资料市场

已经建立,劳动力、土地、资本、技术等生产要素市场得到迅速发展。四是全方位对外开放格局已经形成。坚持实施互利共赢的开放战略,打开国门搞建设,充分发挥两种资源、两个市场的作用,积极扩大进出口贸易,不断吸收外商投资,努力发展对外投资,形成了全方位、宽领域、多层次的对外开放格局,开放型经济水平不断提升,中国市场成为世界市场的重要组成部分。五是宏观调控体系不断完善。通过持续深化计划、财政、金融、投资等方面的改革,实现了宏观调控由直接调控向间接调控为主的转变,主要运用经济、法律手段并辅之以必要的行政手段,促进经济总量平衡和结构调整,推动经济与社会协调发展,基本形成了市场经济和开放条件下较为健全的宏观调控体系。随着社会主义市场经济体制的逐步建立,也有力地推动了政治体制、文化体制、社会体制、生态文明建设体制等各方面体制改革,中国特色社会主义制度不断完善和发展。

(二)社会主义现代化建设成就斐然。建立和完善社会主义市场经济体制,极大激发了经济社会发展蕴藏的巨大潜力,我国在经济、政治、文化、社会、生态文明建设各个领域、各个方面都取得了巨大进步,综合国力大幅跃升,人民生活大为改善,国际地位和影响力显著提高。改革开放36年来,国民经济保持了高速增长,经济总量跃居到世界第二位,创造了世界经济史上无与伦比的奇迹。2013年,全国国民生产总值达56.9万亿元,人均国民生产总值超过6000美元,进入中等收入国家。我国已成为全球第一大贸易国、第二大吸引外资国和重要的资本输出国,外汇储备世界第一,进出口总额突破4万亿美元。财政收入从1978年的1100亿元增加到2013年的12.9万亿元,国家经济调控能力显著增强。交通能源电信水利等基础设施长足发展,门类齐全的现代工业体系基本建立,钢铁、煤炭、水泥、棉布等200多种重要工业品产量稳居世界第一位。高科技产业蓬勃兴起,创新型国家建设方兴未艾,取得一大批具有自主知识产权的科技成果。服务业比重明显提高,国民经济和社会信息化水平不断提升。城乡面貌大为改观,城镇化率接近52%。人民生活大幅度改善,用占世界7%的耕地解决了世界1/5人口的吃饭问题,使近5亿人口摆脱了贫困。全国人均寿命由1978年的68岁提高到2013年的76岁。实行社会主义市场经济体制也大大推动了其他领域发展,民主法治、文化教育、社会建设、生态文明等各项事业蓬勃发展。这些成就,充分展现了实行社会主义市场经济的强大力量,也充分证明建立社会主义市场经济体制的改革是完全正确的。

四、继续推进社会主义市场经济方向的改革

伟大的实践产生伟大的理论,实践发展永无止境,理论创新永无止境,改革开放永无止境。面对新形势新任务,以习近平同志为总书记的党中央继承发展邓小平社会主义市场经济理论,在党的十八届三中全会上作出了全面深化改革的决定,特别强调坚持社会主义市场经济改革方向,按照"使市场在资源配置中起决定性作用和更好发挥政府作用"的要求,全面深化改革特别是经济体制的改革。我们要全面、准确、完整地学习领会和贯彻落实邓小平社会主义市场经济理论,全面、准确、完整地学习领会和贯彻落实党的十八大和十八届三中全会决定精神,坚定不移地推进各方面改革,特别是要全面深化经济体制改革和行政体制改革。

(一)正确发挥市场作用和政府作用。正确认识和处理市场和政府关系,一直是贯穿我国改革开放进程的重大课题。党的十八届三中全会提出:"经济体制改革是全面深化改革的重点,核心问题是处理好政府和市场的关系,使市场在资源配置中起决定性作用和更好发挥政府作用。"这既是对我国过去改革发展历史经验的高度概括,也是对邓小平社会主义市场经济理论的继承和发展,为今后进一步处理好市场和政府关系、深化以经济体制改革为重点的全面改革确定了方向。

坚持社会主义市场经济的改革,需要正确认识市场与政府二者的功

能与长处,以及二者的缺陷与不足。事实证明,市场是配置资源最有效率的机制,是发展社会生产力和实现现代化的必然途径。市场决定资源配置是市场经济的一般规律,市场经济本质上就是市场决定资源配置的经济。“使市场在资源配置中起决定性作用”,其实质就是让价值规律、竞争规律和供求规律等市场经济规律在资源配置中起决定性作用,这有利于推动我国经济发展更有活力、更有效率和更有效益。同时也要看到,市场调节有着某些自发性、盲目性、局限性和事后性等特点,不能把所有资源配置统统交给市场,不能使全部社会经济活动市场化。

政府作为公共权力的行使者、社会经济活动的管理者,最重要的职能是从宏观上引导方向,促进整个经济社会持续健康发展。它的主要长处是,政府能够从社会整体利益和长远利益来引导市场和社会经济发展的方向,从宏观层次和全局发展上配置重要资源,促进经济总量平衡,协调重大结构关系和生产力布局,提供非竞争性公共产品和公共服务,促进社会公平正义,逐步实现共同富裕,以及弥补市场的缺陷和失灵的方面。但政府也有信息掌握和认知能力的局限性,也会有主观偏颇、迟滞甚至决策失误的毛病,不利于增进社会经济的活力、效率和效益。

理论和实践都告诉我们,在处理市场和政府关系中,需要注意三个方面:一是明确市场和政府各自的功能与长处,使它们在不同社会经济层次、不同领域发挥应有作用,都不越位、错位和不到位。二是充分行使两者的功能作用,市场是一只“看不见的手”,政府是一只“看得见的手”,“两只手”都要用好,并有效配合。三是市场和政府应当有机结合、相互统一而不是板块连接,政府应尊重市场经济规律,自觉按经济规律办事,市场要在政府引导、监管和制度规范下运行。这样,才能实现市场和政府各自长处的充分发挥,并使二者作用相互补充、相互协调、相互促进,从而推动经济社会持续健康发展。

(二)继续推进市场化改革,加快完善现代市场体系。这是使市场在资源配置中起决定性作用的必然要求。要从广度和深度上推进市场化改革,推动资源配置依据市场规则、市场竞争实现效益最大化和效率最优化。加快形成企业自主经营、公平竞争,消费者自由选择、自由消费和要素自由流动、平等交换的现代市场体系,提高资源配置效率和公平性。一是建立公平开放透明的市场规则。要实行统一的市场准入制度,探索实行负面清单准入管理方式,健全优胜劣汰的市场化退出机制。二是完善主要由市场决定价格的机制。坚持把主要由市场决定价格作为价格形成的常态机制,凡是能够通过市场形成价格的,包括生产要素价格都要放手由市场形成价格;必须由政府定价的产品和服务,也要改革政府定价机制,改进政府定价方法,规范政府定价行为,提高政府定价的科学性、公正性和透明度。三是改革市场监管体系,废除妨碍全国统一市场和公平竞争的各种规定和做法,反对地方保护,反对垄断和不正当竞争。同时,要建立城乡统一的建设用地市场,完善金融市场体系,加快推进科技体制改革。这些是推进市场化改革的重要方面。

（三）坚持和完善基本经济制度,着力深化企业改革。公有制为主体、多种所有制经济共同发展,是中国特色社会主义制度的重要支柱,也是社会主义市场经济的根基。我们搞的是社会主义市场经济,必须始终坚持"两个毫不动摇":即毫不动摇巩固和发展公有制经济,发挥国有经济主导作用,不断增强国有经济活力、控制力、影响力;毫不动摇鼓励、支持、引导非公有制经济发展,激发非公有制经济活力和创造力。坚持推进和深化企业改革,其中关键是要完善产权保护制度,保证各种所有制经济依法平等使用生产要素、公开公平公正参与市场竞争、同等受到法律保护。必须推动国有企业完善现代企业制度,提高企业效率,增强企业活力。废除对非公有制经济各种形式的不合理规定,消除各种隐性壁垒。鼓励非公有制企业参与国有企业改革,积极发展混合所有制经济。

（四）深化行政体制改革,健全宏观调控体系。科学的宏观调控,有效的政府治理,是社会主义市场经济运行的重要特征,也是发挥社会主义市场经济体制优势的内在要求。一要切实转变政府职能。创新行政管理方式，增强政府公信力和执行力，建设法治政府和服务型政府。深化行政审批制度改革，进一步简政放权，切实减少审批事项，向企业放权，向市场放权，向社会放权，特别是要深化投资体制改革，确立企业投资主体地位。最大限度地激发市场和各类社会主体的创造活力，增强社会经济发展的内生动力。二要健全宏观调控体系。宏观调控的主要任务是保持经济总量平衡，促进重大经济结构协调和生产力布局优化，减缓经济周期波动影响，防范区域性、系统性风险，稳定市场预期，保障经济安全。要合理界定中央和地方政府的职能，充分发挥"两个积极性"。中央政府要进一步改善和加强宏观管理，强化发展规划制定、经济发展趋势研判、制度机制设计、全局性事项统筹管理、体制改革统筹协调等方面职能，促进全国范围内的法制统一、政令畅通和经济社会的平稳健康发展。三要加强地方政府在公共服务、市场监管、社会管理、环境保护等方面的职责，以更好地服务于广大人民群众。按照公开、公平、公正原则，将适合市场化方式提供的公共服务事项，交由具备条件、信誉良好的社会组织、机构和企业等承担，推动公共服务提供主体的多元化，建设现代化服务型政府。

坚持社会主义市场经济的改革，不仅是经济体制改革的方向，也必然涉及到其他方面体制机制，各方面改革也要与之相适应、相协调。要把坚持社会主义市场经济改革方向贯穿到政治体制、文化体制、社会体制、生态文明体制以及各方面体制机制改革之中，推动各方面改革围绕完善社会主义市场经济体制的目标来展开、来推进。因此，必须统筹设计、整体谋划经济、政治、文化、社会、生态文明等各个领域、各个方面的调整和改革。这样才能产生综合效应，才能更好推动生产关系与生产力、上层建筑与经济基础相适应。

实行社会主义市场经济，把社会主义与市场经济体制结合起来，是人类社会的空前壮举，也是需要不懈探索的重大课题。这方面，我们已经进行了 30 多年的理论探索和实践创新，也积累了不少经验，但是仍有许多未被认识的"必然王国"，还有一系列棘手的矛盾和问题需要深入研究解决。我们一定要坚持从国情出发，解放思想、实事求是、与时俱进，勇于改革创新，敢于攻坚克难，更好地把握改革规律，以顺利推动社会主义市场经济的改革进程并取得更大的成功！

正确认识与处理政府和市场关系*

（2014 年 8 月）

党的十八届三中全会提出:“经济体制改革是全面深化改革的重点，核心问题是处理好政府和市场的关系，使市场在资源配置中起决定性作用和更好发挥政府作用。”这既是对我国过去几十年改革发展历史经验的高度概括，也为今后深化经济体制改革和行政体制改革、进一步处理好政府和市场关系确定了方向。

回顾改革开放以来我们党关于政府和市场关系的论述和决策过程，正确认识政府和市场二者各自的功能与长处，研究在全面深化改革中进一步处理好政府和市场的关系，具有重要的现实意义和深远的历史意义。

一、改革开放以来我们党关于政府和市场关系论述的深化过程

改革开放 35 年来，我们党在推进社会主义改革开放的伟大事业中，不断加深对政府和市场关系的认识，相应作出了许多历史性的重大决策。

1978 年 12 月，作为我国新时期起点的党的十一届三中全会提出:

---

* 本文发表于《全球化》杂志 2014 年第 4 期，《新华文摘》2014 年第 17 期全文转载。

“应该坚决实行按经济规律办事,重视价值规律的作用。”并指出,“现在我国经济管理体制的一个严重缺点是权力过于集中,应该有领导地大胆下放,让地方和工农企业在国家统一计划的指导下有更多的经营管理自主权”。接着,我国改革开放总设计师邓小平同志在 1979 年 11 月会见英国不列颠百科全书出版公司编委会副主席吉布尼和加拿大麦吉尔大学东亚研究所主任林达光等谈话时明确提出:“社会主义也可以搞市场经济”、“把这当作方法,不会影响整个社会主义。”这里,邓小平同志第一次把市场经济同社会主义直接联系起来,把市场经济当作发展生产力的方法,从而开启了我国波澜壮阔的改革开放伟大征程。

1982 年 9 月,党的十二大明确提出了有系统地进行经济体制改革的任务,指出:“正确贯彻计划经济为主、市场调节为辅的原则,是经济体制改革中的一个根本性问题。我们要正确划分指令性计划、指导性计划和市场调节各自的范围和界限,在保持物价基本稳定的前提下有步骤地改革价格体系和价格管理办法,改革劳动制度和工资制度,建立起符合我国情况的经济管理体制,以保证国民经济的健康发展。”这里,明确地提出了计划经济与市场调节的主辅关系,即政府与市场的关系。1984 年 10 月,党的十二届三中全会通过的关于经济体制改革的决定,深入地剖析了原有经济体制中存在的“政企职责不分,条块分割,国家对企业统得过多过死,忽视商品生产、价值规律和市场的作用”等弊端,明确提出:“社会主义计划经济必须自觉依据和运用价值规律,是在公有制基础上的有计划的商品经济。”“实行计划经济同运用价值规律、发展商品经济,不是互相排斥的,而是统一的,把它们对立起来是错误的”。这是我们党作出的全面推进经济体制改革第一个纲领性文献中的重大论断。

1987 年 9 月,党的十三大进一步提出:“社会主义有计划商品经济的体制,应该是计划与市场内在统一的体制。”并指出:“新的经济运行机制,总体上来说应当是‘国家调节市场,市场引导企业’的机制”模式。为实现这一目标模式，十三大报告还提出必须把计划工作建立在商品交换和价值规律基础上，逐步缩小指令性计划范围，扩大指导性计划范围，最终实现以间接控制为主、计划与市场内在统一的模式。这里，强调计划和市场的作用都是覆盖全社会的，不再提计划经济为主。

1992年初，邓小平在“南方谈话”中更加深刻地指出：“计划经济不等于社会主义，资本主义也有计划；市场经济不等于资本主义，社会主义也有市场”，把计划和市场都作为发展生产力的手段。在此基础上，1992年10月，党的十四大明确提出建立社会主义市场经济体制，“就是要使市场在社会主义国家宏观调控下对资源配置起基础性作用”，这为长期纠结于“计划”和“市场”的改革开启了一个新的里程碑。至此，我们党对社会主义市场经济的认识、对政府和市场关系的认识达到了一个新高度：市场经济不仅仅是市场竞争机制、供求机制和价格机制，更是一种资源配置机制。1993年11月，党的十四届三中全会通过的《决定》，进一步构筑了社会主义市场经济体制的基本框架。

1997年9月，党的十五大明确提出了形成比较完善的社会主义市场经济体制的目标，提出“坚持和完善社会主义市场经济体制，使市场在国家宏观调控下对资源配置起基础性作用”，并要求“充分发挥市场机制作用，健全宏观调控体系”。这里，要求“充分发挥”市场作用、“健全”政府宏观调控体系，深化了对政府与市场关系的认识。

2002年11月，在新世纪新阶段召开的党的十六大进一步提出：“健全现代市场体系，加强和完善宏观调控。在更大程度上发挥市场在资源配置中的基础性作用，健全统一、开放、竞争、有序的现代市场体系。”并明确要求：“完善政府的经济调节、市场监管、社会管理和公共服务的职能，减少和规范行政审批”。2003年10月，党的十六届三中全会通过的《关于完善社会主义市场经济体制若干重大问题的决定》中提出：要按照五个统筹的要求，更大程度地发挥市场在资源配置中的基础性作用，并提出要转变政府经济管理职能，“切实把政府经济管理职能转到为市场主体服务和创造良好发展环境上来”。这里,强化了市场的作用,同时明确了政府的功能作用。

2007 年 10 月,党的十七大提出:“要深化对社会主义市场经济规律的认识,从制度上更好发挥市场在资源配置中的基础性作用,形成有利于科学发展的宏观调控体系。”并要求“加快推进政企分开、政资分开、政事分开、政府与市场中介组织分开,规范行政行为,加强行政执法部门建设,减少和规范行政审批,减少政府对微观经济运行的干预”。这里,强调从制度上更好发挥市场的基础性作用,也是对市场作用的重视和强化。

2012 年 11 月,党的十八大指出:“经济体制改革的核心问题是处理好政府和市场的关系,必须更加尊重市场规律,更好发挥政府作用”;并明确要求:“完善宏观调控体系,更大程度更广范围发挥市场在资源配置中的基础性作用,完善开放型经济体系,推动经济更有效率、更加公平、更可持续发展”。这里,更加突出了市场作用,也强调了更好发挥政府作用。

2013 年 11 月,党的十八届三中全会进一步提出:“经济体制改革是全面深化改革的重点,核心问题是处理好政府和市场的关系,使市场在资源配置中起决定性作用和更好发挥政府作用。”这是我们党关于发展社会主义市场经济思想的新发展,对政府和市场关系的认识达到了新境界。

以上可以看出,正确认识和处理政府和市场关系,一直是贯穿我国改革开放进程的重大课题,是我们党对实行社会主义市场经济的实践发展在认识上不断丰富、不断深化的过程,由把市场经济作为经济管理方法到经济调节手段再到一种经济制度,由市场在资源配置中起“基础性”作用到在资源配置中起“决定性”作用,这都反映了党的思想理论随着实践的不断发展而不断创新,完全符合马克思主义关于历史唯物主义和辩证唯物主义的科学认识论和世界观,每后一个时期的论断和决策,都是对前一个时期论断的继承、创新和发展。

二、正确认识政府和市场各自的功能与长处

建立和完善社会主义市场经济体制，需要正确认识政府与市场二者的功能、长处及它们的缺陷、弊端。

先说市场。市场有多种涵义，一种是商品交易的场所，一种是指以商品等价交换为准则的市场机制对资源的配置方式，还有一种是人们之间的生产关系和交换关系。使市场在资源配置中起决定性作用，主要是指市场机制决定的资源配置方式。所有经济活动最根本的问题，就是如何最有效地配置资源。市场之所以能够使资源配置以最低成本取得最大效益，是因为在市场经济体制下，有关资源配置和生产的决策是以价格为基础的，而由价值决定的价格，是生产者、消费者、劳动者和生产要素所有者在市场自愿交换中发现和形成的。市场机制作用的发挥是价值规律的表现形式。由市场决定资源配置的长处在于：作为市场经济基本规律的价值规律，能够通过市场价格自动调节生产（供给）和需求，在全社会形成分工和协作的机制；能够通过市场主体之间的竞争，形成激励先进、鞭策落后和优胜劣汰的机制；能够引导资源配置以最小投入（费用）取得最大产出（效益）。因此，使市场在资源配置中起决定性作用，其实质就是让价值规律、竞争规律和供求规律等市场经济规律在资源配置中起决定性作用。这有利于使经济更有活力、更有效率和更有效益地发展。但同时也要注意到，市场调节有某些自发性、盲目性、局限性和事后性等特点，市场作用不是万能的，不能把资源配置统统交给市场，不能使全部社会经济活动市场化。比如，社会供求总量的平衡、公共产品和公共服务的提供、城乡区域差距的缩小、稀缺资源的配置，单纯由市场调节是做不好的。只靠市场调节经济运行，难以经常保持经济总量平衡和重大结构协调，难以实现基本公共服务均等化，难以避免社会收入的两极分化，也难以及时、

有力有效应对宏观经济的周期波动和国际金融危机的冲击。也就是说，市场配置资源的“决定性作用”不是适用于所有社会经济领域和活动。

政府作为公共权力的行使者、社会经济活动的管理者，最重要的职能是从宏观上引导方向，保持整个经济社会持续健康稳步发展。在我们国家，有共产党的领导、有社会主义制度的优势，政府可以自觉地依据对客观事物的认识，能动地观察和反映国内外的发展变化，按照包括市场经济规律在内的客观经济规律，对重大社会经济活动作出战略规划、宏观决策与预先安排，进行有目的、有计划的引导和调节。发挥政府作用的主要长处在于：有可能从社会整体利益和长远利益来引导市场和社会经济发展的方向，从宏观层次和全局发展上配置重要资源，促进经济总量平衡，协调重大结构关系和生产力布局，提供非竞争性的公共产品和公共服务，保障公共安全，加强社会建设和环境保护，维护市场和社会秩序，促进社会公平正义，逐步实现共同富裕，弥补市场缺陷和失灵的方面。但政府也有信息掌握和认知能力的局限性，也会有偏颇、僵滞甚至决策失误的毛病，以至于束缚经济社会的活力，不利于微观上优化资源配置和提高效率。

以上可以看出，政府（计划）与市场是现代市场经济体系中两个重要手段，各有长处但功能不同。政府是一只“看得见的手”，市场是一只“看不见的手”，它们都能对资源配置产生作用，但资源配置和利益调节的机理、手段、方式不同。市场方式主要通过供求、价格、竞争等机制功能配置资源，调节利益关系，由市场主体自主决策，自主经营和自担风险。政府则主要根据全局和公益性需求，依靠行政权力和体制，进行重要资源配置，调节重要利益关系。市场决定资源配置是市场经济的一般规律，市场经济本质上就是市场决定资源配置的经济。我们必须高度重视、充分发挥市场在微观配置资源、调节经济利益关系中的积极有效作用。

理论和实践告诉我们，在处理政府和市场关系中，需要注意三个方面：一是要明确认识两者各自的功能和长处，使它们在不同经济层次、不同领域发挥应有的作用，都不能越位、错位和不到位。二是要充分发挥两者功能作用，并有效配合，“两只手”配合得好，可以起到1+1>2的效果。反之，市场作用的正效能就会下降，负作用就会扩大；同样，政府的正效能也会下降，政府的形象和公信力也会受到伤害，甚至造成重大经济损失。因此，两者不可偏废。三是政府和市场应当有机结合而不是板块连接，政府应尊重市场经济规律，自觉按经济规律办事；市场要在政府引导、监管和制度规范下运行。只有这样，才能实现政府与市场各自长处的充分发挥以及两者之间的良性互动。

三、进一步处理好政府和市场关系必须全面深化改革

经过35年的改革开放，我国社会主义市场经济体制已基本建立，政府和市场关系经过不断调整也发生了重大变化。总的看来，国民经济市场化程度显著提高，市场作用大为增强，但市场和政府都有错位、不到位和越位的方面。当前，我国社会主义改革开放和现代化建设进入了新阶段，新形势、新任务对经济发展和经济运行机制提出了新要求，其中一个很重要的方面，就是要进一步处理好政府和市场的关系。为此，必须遵循党的十八届三中全会的精神，按照“使市场在资源配置中起决定性作用和更好发挥政府作用”的要求，全面深化改革特别是经济体制、行政体制改革。至关重要的，是抓好以下几个方面的改革。

（一）推进市场化改革，加快完善现代市场体系

这是使市场在资源配置中起决定性作用的基础。要积极稳妥地从广度和深度上推进市场化改革，推动资源配置依据市场规则、市场竞争实现效益最大化和效率最优化。加快形成企业自主经营、公平竞争，消费者自由选择、自由消费和要素自由流动、平等交换的现代市场体系，提高资源配置效率和公平性。一是建立公平、开放、透明的市场规则。我国市场体

系还不完善,市场的开放性、竞争的公平性和运行的透明度都有待提高,尤其是部分基础产业和服务业价格关系尚未理顺,要素市场发展相对滞后,必须加快市场化改革。十八届三中全会《中共中央关于全面深化改革若干重大问题的决定》提出了一系列重大改革举措,包括实行统一的市场准入制度,探索实行负面清单准入管理方式,改革市场监管体系,实行统一的市场监管,健全优胜劣汰的市场化退出机制。这是使市场在资源配置中发挥决定性作用的基础。二是完善主要由市场决定价格的机制。坚持把主要由市场决定价格作为价格形成的常态机制,凡是能够通过市场形成价格的,包括生产要素价格都要放开价格管制,主要由市场形成价格;对那些暂不具备放开条件的,要积极探索建立符合市场导向的价格动态调整机制,并创造条件加快形成主要由市场决定价格的机制。改革政府定价机制,要把政府定价严格限定在必要范围内,主要限定在重要公用事业、公益性服务、网络型自然垄断环节。进一步减少政府定价的范围和具体品种。要按照简政放权要求,进一步下放给地方政府定价权。改进政府定价方法,规范政府定价行为,提高政府定价的科学性、公正性和透明度。三是改革市场监管体系,清理和废除妨碍全国统一市场和公平竞争的各种规定和做法,反对地方保护,反对垄断和不正当竞争。同时,要建立城乡统一的建设用地市场,完善金融市场体系,加快推进科技体制改革。这是完善现代市场体系的必然要求和重要方面。

(二)坚持和完善基本经济制度,着力深化企业改革

公有制为主体、多种所有制经济共同发展的基本经济制度,是中国特色社会主义制度的重要支柱,也是社会主义市场经济体制的根基。我们搞的是社会主义市场经济,必须始终坚持“两个毫不动摇”:必须毫不动摇巩固和发展公有制经济,发挥国有经济主导作用,不断增强国有经济活力、控制力、影响力;必须毫不动摇鼓励、支持、引导非公有制经济发展,激发非公有制经济活力和创造力。这两者都不可偏废,否则,就不成为社会

主义市场经济。关键是要完善产权保护制度,保证各种所有制经济依法平等使用生产要素、公开公平公正参与市场竞争、同等受到法律保护。企业是市场活动的主体,也是社会主义市场经济体制的微观基础。必须深化国有企业改革,推动国有企业完善现代企业制度,健全协调运转、有效制衡的公司法人治理结构,规范经营决策,实现资产保值增值,公平参与竞争,提高企业效率,增强企业活力。要准确界定不同国有企业功能。废除对非公有制经济各种形式的不合理规定,消除各种隐性壁垒。鼓励非公有制企业参与国有企业改革。特别要积极发展混合所有制经济,国有资本、集体资本、非公有资本等交叉持股、相互融合的混合所有制经济,有利于国有资本放大功能、保值增值、提高竞争力,有利于各种所有制资本取长补短、相互促进、共同发展。要鼓励非公有制企业参与国有企业改革,鼓励发展非公有资本控股的混合所有制企业,鼓励有条件的私营企业建立现代企业制度。

(三)加快政府自身改革,全面准确履行政府职能

科学的宏观调控,有效的政府治理,是发挥社会主义市场经济体制优势的内在要求。要切实转变政府职能,深化行政体制改革,创新行政管理方式,增强政府公信力和执行力,建设法治政府和服务型政府。要按照党的十八大报告确定的"推动政府职能向创造良好发展环境、提供优质公共服务、维护社会公平正义转变"的基本要求,深化行政审批制度改革,进一步简政放权,切实减少审批事项,向企业放权,向市场放权,向社会放权,特别是要深化投资体制改革,确立企业投资主体地位。要最大限度地避免用行政手段配置各类资源,用政府权力的减法换取市场和社会活力的加法,激发市场和社会主体的创造活力,增强经济发展的内生动力。要健全宏观调控体系,宏观调控的主要任务是保持经济总量平衡,促进重大经济结构协调和生产力布局优化,减缓经济周期波动影响,防范区域性、系统性风险,稳定市场预期,保障经济安全,实现经济持续健康发展。要

合理界定中央和地方政府的职能，充分发挥中央和地方两个积极性。中央政府要进一步改善和加强宏观管理，强化发展规划制定、经济发展趋势研判、制度机制设计、全局性事项统筹管理、体制改革统筹协调等方面职能，促进全国范围内的法规统一、政令畅通和经济社会的平稳健康发展。要发挥地方政府贴近基层、就近管理的优势，进一步加强地方政府在公共服务、市场监管、社会管理、环境保护等方面的职责，以更好地服务于广大人民群众和各类企业。要大力推广政府购买服务，创新政府服务方式。按照公开、公平、公正原则，将适合市场化方式提供的公共服务事项，交由具备条件、信誉良好的社会组织、机构和企业等承担，推动公共服务提供主体的多元化，以此推动政府职能转变，建设现代化服务型政府。

四、正确处理政府和市场关系需要把握好的几个方面

政府和市场关系，是人类社会任何国家发展现代市场经济都绕不开的根本性问题，也是各国长期以来都在致力有效破解的世界性难题。特别是在中国这样一个有着 13 亿多人口的大国，又是在社会主义基本制度下实行市场经济的历史条件，处理好政府和市场的关系意义更重大，难度也更大，更需要研究解决一系列特殊的复杂问题，更需要推进理论创新和实践创新，更需要努力把握和运用改革规律，以更好推动地国家和人民事业发展。

（一）坚持从国情出发，解放思想，实事求是，与时俱进

古往今来，关于政府与市场的关系有多种理论学说和多种实践模式，我们要注意学习研究人类社会和当今世界各国在处理政府与市场关系方面一切有益的思想理论和实践做法。但是，不能照抄照搬别国经验、别国

模式。世界上没有一种经验模式可以照抄照搬。我们必须全面、真切地认识中国现阶段基本国情及其内在要求,坚持和运用马克思主义的历史唯物主义,准确把握党和国家发展大势,做到解放思想、实事求是、与时俱进、求真务实,积极探索符合当今时代中国国情的政府和市场关系的科学理论、具体做法和实践模式,既决不简单搞拿来主义,也决不搞固步自封,要不断有新的发现、有新的创造、有新的发展。

(二)坚持正确改革方向,积极稳妥、扎实推进、注重实效

实行社会主义市场经济体制,是我们党吸收人类社会文明进步智慧作出的正确历史抉择,也是中国社会发展客观进程的必然要求,必须坚定社会主义市场经济的改革方向和如期实现完善社会主义市场经济体制的目标。把社会主义和市场经济体制结合起来,是人类社会空前的壮举,也是需要不懈探索的重大课题。这方面,我们已经进行了30多年的理论探索和实践创新,也积累了不少经验,但是还有许多未被认识的"必然王国"。其中,在处理政府和市场关系方面还有一系列棘手的矛盾和问题有待研究解决。这需要以积极进取的精神大胆探索,勇于改革创新,敢于攻坚克难,但对涉及全局的重大改革事项,决心要大,步子要稳,包括对下放权力的改革方向要坚持,行动要坚决,但下放权力的范围、步骤、方法,应与政府宏观调控、监管能力和法治水平相适应、相协调,特别要健全法制,使市场经济有法可依、有法必依、执法必严、违法必究,以避免重蹈历史上多次出现的"一放就乱,一乱就收"的不良循环。

(三)坚持"两只手"都要硬,把更加重视市场作用和更好发挥政府作用结合起来

在发展社会主义市场经济中,政府和市场这"两只手",都不可或缺,也决不可分割。因此,"使市场在资源配置中起决定性作用"和"更好发挥政府作用",不是互相排斥的,而是统一的,把它们对立起来的认识和

做法是不对的、有害的。一方面,要从广度和深度上推进市场化改革,以更好发挥市场作用的功能和长处,增进经济活力和效率,激发各方面的积极性和创新精神;另一方面,也必须全面正确履行政府职能,实施科学的宏观调控、有效的政府治理,以更好发挥政府的功能和长处。这样,才能实现经济更有效率、更加公平、更可持续健康发展,促进社会公平正义和共同富裕。关键在于,政府和市场"两只手"要有效配合,优势互补,相互促进、相得益彰。

(四)坚持准确界定两者功能,区分层次和领域范围,合理发挥政府和市场各自的作用

在经济、社会、政治、文化、生态各个不同领域,在宏观、微观不同层面,政府和市场发挥作用的范围、程度、方式、形态应有不同,需要深入研究和准确界定,防止二者功能错位、越位、不到位,避免发生错误和损失。在经济活动微观领域中,发挥市场配置资源的决定性作用是必要的、可行的,在其他领域则要正确、合理把握政府和市场各自作用的范围、程度和表现形式。这也是保证社会主义市场经济持续健康发展、中国特色社会主义道路沿着正确方向前进的大问题。

(五)坚持全面深化改革,增强改革的关联性、系统性、协同性

政府和市场关系既是经济体制改革的核心问题,也是涉及全面改革的关键问题。这两者关系的理顺和调整,关联到生产关系和经济基础的变化,也势必关联到上层建筑领域的某些环节和方面。坚持社会主义市场经济的改革方向,是经济体制改革的方向,也必然会涉及到其他各方面的改革,各方面的改革也要与之相协调、相适应。必须把坚持社会主义市场经济改革方向贯穿到政治体制、文化体制、社会体制、生态文明体制以及各方面体制机制改革之中,推动各方面改革围绕完善社会主义市场经济体制的目标来展开、来推进。因此,必须统筹设计,整体谋划经济、政

治、文化、社会、生态文明等各个领域、各个方面的调整和改革。这样,才能产生综合效应,才能更好推动生产关系与生产力、上层建筑与经济基础相适应,也才能顺利推动整个改革进程并取得更大的成功!

协调推进“四个全面”战略布局*

（2015 年 4 月）

2014 年 12 月，习近平总书记在江苏调研时强调，要“协调推进全面建成小康社会、全面深化改革、全面推进依法治国、全面从严治党，推动改革开放和社会主义现代化建设迈上新台阶”，首次提出了“四个全面”这一新的重大战略思想。2015 年 2 月，在省部级主要领导干部学习贯彻党的十八届四中全会精神全面推进依法治国专题研讨班上，习近平总书记提出了“四个全面”的战略布局，深刻阐述了“四个全面”的相互关系，并强调要协调推进“四个全面”的战略布局。“四个全面”是以习近平为总书记的党中央全面总结我们党领导社会主义现代化建设实践经验教训、深刻把握中国特色社会主义事业发展规律和党的执政规律形成的新时期治国理政的重大战略布局，是把马克思主义与当前中国实际相结合的最新理论成果。我们要认真深刻领会其科学内涵和重大意义，统筹协调推进“四个全面”战略布局的实施。

一、深刻领会“四个全面”战略布局的科学内涵

“四个全面”战略布局，无论是其中的每一个“全面”，还是战略布局

* 本文发表于《毛泽东邓小平理论研究》杂志 2015 年第 4 期。

总体,都有其丰富、深刻的科学内涵。

(一)全面建成小康社会的科学内涵

改革开放之初,在谋划和构思我国社会主义现代化蓝图时,邓小平首先提出了"小康社会"目标。在这一战略构想基础上,党的十二大和十三大形成了我国社会主义现代化的"三步走"战略部署,实现"小康社会"作为"第二步"目标,成为我国社会主义现代化进程中的一个重要里程碑。2002 年,党的十六大提出,要在本世纪头 20 年,全面建设惠及十几亿人口的更高水平的小康社会,把全面建设小康社会的内涵发展为"中国特色社会主义经济、政治、文化全面发展"。2007 年,党的十七大进一步丰富了"小康社会"的内涵,把中国特色社会主义社会建设纳入全面建设小康社会的范畴,明确提出要确保到 2020 年实现全面建成小康社会的奋斗目标。党的十八大进一步丰富了小康社会的内涵,形成了经济建设、政治建设、文化建设、社会建设、生态文明建设"五位一体"的全面建成小康社会总布局。经过 30 多年的理论和实践发展,"全面建成小康社会"战略目标的内涵越来越丰富,也越来越明晰。主要有以下三个方面:

一是所涵盖的领域更加全面。相比于提出小康社会之初主要指经济发展和人民生活水平,党的十八大对全面建成小康社会宏伟目标做了清晰的勾画,包括经济、政治、文化、社会、生态文明等五个方面,就是:经济持续健康发展,人民民主不断扩大,文化软实力显著增强,人民生活水平全面提高,资源节约型、环境友好型社会建设取得重大进展。要实现社会主义物质文明、精神文明、政治文明全面协调发展。

二是所覆盖的人群更加全面。就是要在 2000 年全国总体达到小康的基础上,使所有人群都实现小康。无论是城市居民,还是农村居民;无论是经济较发达地区,还是欠发达地区;无论是中等收入人群,还是低收入人群;无论是人口较多的民族,还是人口较少的民族,都要共同实现小康。习近平总书记 2012 年 12 月到河北阜平看望慰问困难群众时讲话指出:"没有农村的小康,特别是没有贫困地区的小康,就没有全面建成小康社会。"2015 年 1 月在昆明会见独龙族怒族自治县干部群众代表的座谈会上强调,全面实现小康,一个民族都不能少。这一系列论断,充分体现了全面建成惠及十几亿人的小康社会的美好愿景和坚定决心。

三是所要达到的水平更高。全面建成小康社会,不仅要覆盖全部领域和人群,而且要使所有人群在所有领域达到更高水平。在经济发展方面,要实现国内生产总值和城乡居民人均收入比 2010 年翻一番,同时,要转变经济发展方式,增强发展的平衡性、协调性、可持续性,提高发展质量和效益。在扩大人民民主方面,要使民主制度更加完善,民主形式更加丰富;要全面落实依法治国基本方略,基本建成法治政府,不断提高司法公信力,使人民积极性、主动性、创造性进一步发挥,人权得到切实尊重和保障。在文化建设方面,要使文化软实力显著增强,社会主义核心价值体系深入人心,公民文明素质和社会文明程度明显提高;文化产品更加丰富,公共文化服务体系基本建成,文化产业成为国民经济支柱性产业,中华文化走出去迈出更大步伐,社会主义文化强国建设基础更加坚实。在人民生活水平方面,要总体实现基本公共服务均等化,使全民受教育程度和创新人才培养水平明显提高,基本实现教育现代化;就业更加充分;收入分配差距缩小,社会保障实现全民覆盖,人人享有基本医疗卫生服务,住房保障体系基本形成,社会更加和谐稳定。在生态文明建设方面,要基本形成主体功能区布局,初步建立资源循环利用体系,单位国内生产总值能源消耗和二氧化碳排放大幅下降,主要污染物排放总量显著减少;森林覆盖率提高,生态系统稳定性增强,人居环境明显改善。

(二)全面深化改革的科学内涵

党的十一届三中全会开启了我国改革开放的伟大征程。此后 30 多年里,我国改革从农村向城市,从经济、政治、文化、社会、生态文明体制到党的建设制度,范围不断扩展,层次不断深化。

1987 年,党的十三大提出了政治体制改革的任务。党的十四大明确提出要围绕建立社会主义市场经济体制,加快经济体制改革的步伐,要积极推进政治体制改革,下决心进行行政管理体制和机构改革。党的十六大强调必须坚定不移地推进各方面改革,不仅对多方面经济体制改革和政治体制改革作出部署,而且提出要深化文化体制改革。党的十七大强调,要把改革创新精神贯彻到治国理政各个环节,并提出要推进社会体制改革,使"改革"的内容进一步丰富。2012 年,党的十八大进一步提出"全面深化改革开放"的目标。党的十八届三中全会作出的《关于全面深化改革若干重大问题的决定》,提出了全面深化改革的指导思想、目标任务和重大原则,描绘了全面深化改革的新蓝图、新愿景、新目标,进一步丰富了全面深化改革的内涵。习近平总书记关于全面深化改革的系列论述,使全面深化改革的内涵更加丰富、科学。在"四个全面"战略布局中,全面深化改革的科学内涵主要有以下四个方面:

一是明确了全面深化改革的总目标。在党的十八届三中全会之前,我们党提出过一些领域的改革目标,如党的十四大把我国经济体制改革的目标确定为建立社会主义市场经济体制,但是没有就各方面改革提出总的目标。十八届三中全会作出的《关于全面深化改革若干重大问题的决定》明确提出,"全面深化改革的总目标是完善和发展中国特色社会主义制度,推进国家治理体系和治理能力现代化",从而为全面深化改革和各领域各方面的改革确定了目标取向。

二是改革范围更加全面。随着中国特色社会主义理论和实践的发展,我国改革从经济领域向政治、文化、社会、生态文明等领域逐步扩展。党的十八届三中全会提出的全面深化改革包括经济体制、政治体制、文化体制、社会体制、生态文明体制等五大领域改革以及国防和军队改革、党的建设制度改革,在每一个领域又涉及各方面改革,形成党和国家事业发展各领域各方面全覆盖的改革总体部署。

三是改革层次向纵深推进。30 多年来,我国改革总体上采取了渐进策略，由浅入深、由表及里、由易到难，循序推进。进入新时期，越来越多的深层次矛盾表现出来，一些领域带有根本性的体制障碍制约着改革发展，而且这些矛盾和障碍相互交织、彼此相连，我国改革进入了攻坚期和深水区。全面深化改革，就是要把各领域改革持续向纵深推进，敢于啃硬骨头，敢于涉险滩，解决这些深层次矛盾，突破体制性障碍和阻力，推动中国特色社会主义制度自我完善和发展。

四是要统筹推进改革。2014 年 2 月，习近平总书记在省部级主要领导干部学习贯彻党的十八届三中全会精神全面深化改革专题研讨班的讲话中指出：“全面深化改革，全面者，就是要统筹推进各领域改革。”深水区的改革，各领域各方面相互联系、相互掣肘，单兵突进或各行其是，不仅难以取得成效，而且影响整体改革布局和推进。全面深化改革，就是要更加注重改革的系统性、整体性、协同性，统筹部署、协调推进各领域各方面改革。

（三）全面依法治国的科学内涵

新中国成立后，我们党着手加强社会主义法制建设。改革开放之后，鉴于“文化大革命”中对法制的践踏破坏给党和国家造成巨大损失的沉痛教训，我们党多次强调要加强社会主义法制。1997 年，党的十五大不仅把依法治国提到治国方略的高度，还明确提出了建设社会主义法治国家的目标。党的十七大强调要坚持和落实依法治国基本方略，建设社会主义法治国家，实现国家各项工作法治化。2012 年，党的十八大明确提出“全面推进依法治国”的要求，强调“法治是治国理政的基本方式。要推进科学立法、严格执法、公正司法、全民守法”。党的十八届三中全会要求推进法治中国建设，强调坚持依法治国、依法执政、依法行政共同推进，坚持法治国家、法治政府、法治社会一体建设。2014 年 10 月，党的十八届四中全会，在党的历史上第一次把法治建设作为中央全会的专门议题，作出了《关于全面推进依法治国若干重大问题的决定》，提出了全面推进依法治国的总目标，对全面推进依法治国作出系统部署。2015 年 2 月，习近平总书记把全面依法治国作为三大战略举措之一，纳入“四个全面”战略布局之中。

全面依法治国的科学内涵主要有以下三个方面：

一是明确了全面依法治国的总目标。党的十八大报告围绕“全面建成小康社会”，确立了中国法治建设的总目标，那就是：到 2020 年，“依法治国基本方略全面落实，法治政府基本建成，司法公信力不断提高，人权得到切实尊重和保障”。这是一个以 2020 年为时间点的法治建设目标。党的十八届四中全会作出的《关于全面推进依法治国若干重大问题的决定》指出：“全面推进依法治国，总目标是建设中国特色社会主义法治体系，建设社会主义法治国家。”这既为我们明确了全面依法治国的目标方向和性质，又指出了全面推进依法治国的制度抓手。

二是体现了中国特色社会主义法治道路、法治理论和法治体系的统一。全面依法治国包含着坚持走中国特色社会主义法治道路、发展和贯彻中国特色社会主义法治理论、建设中国特色社会主义法治体系。中国特色社会主义法治道路，是中国特色社会主义道路在法治领域的具体体现；中国特色社会主义法治理论，是中国特色社会主义理论体系的重要组成部分；中国特色社会主义法治体系，包括完备的法律规范体系、高效的法治实施体系、严密的法治监督体系、有力的法治保障体系、完善的党内法规体系，是中国特色社会主义制度的重要内容。三者相辅相成，统一于建设社会主义法治国家这一总目标，为实现这一目标提供道路指引、理论支撑和制度保障。

三是作出了推进法治建设的工作布局。党的十八届四中全会作出的《关于全面推进依法治国若干重大问题的决定》强调，要坚持依法治国、依法执政、依法行政共同推进，坚持法治国家、法治政府、法治社会一体建设，实现科学立法、严格执法、公正司法、全民守法。全面依法治国，就是要按照这一工作布局，全面落实依法治国这一宪法确定的治国基本方略，使我们的党依法治国理政，使各级政府全面推进依法行政，依法严格规范立法、执法、司法行为，在建设法治国家、法治政府的同时，加强法治社会建设，实现全民守法。现阶段，特别是要抓住领导干部这个“关键少数”，着力提高他们的法治思维和依法办事能力。

（四）全面从严治党的科学内涵

加强党的建设、从严治党是我们党的优良传统，是我们党历经各种严峻考验而不断发展壮大并始终保持先进性、纯洁性的重要法宝。在革命、建设、改革等各个时期，毛泽东、邓小平等党的领导人高度重视党的建设和从严治党，作出过许多精辟论述，领导了建党治党的卓越实践。特别是党的十一届三中全会以来，党要管党、从严治党，成为加强党的建设的基本方针和具体实践。党的十三大正式提出把从严治党作为新时期加强党的建设的基本方针。党的十四大首次把坚持从严治党载入党章的总纲，进一步肯定了从严治党方针在党的建设中的重要地位和作用。党的十五大强调：“各级党委要坚持‘党要管党’的原则，把从严治党的方针贯彻到党的建设的各项工作中去。”①党的十六大强调：“一定要坚持党要管党、从严治党的方针，进一步解决提高党的领导水平和执政水平、提高拒腐防变和抵御风险能力这两大历史性课题。”②党的十八大要求，以改革创新精神，全面推进党的建设新的伟大工程，再次强调“坚持党要管党、从严治党，全面加强党的思想建设、组织建设、作风建设、反腐倡廉建设、制度建设，增强自我净化、自我完善、自我革新、自我提高能力”。2014 年 10 月，在党的群众路线教育实践活动总结大会上，习近平总书记对从严治党进一步提出要求，强调要落实从严治党责任，坚持思想建党和制度治党紧密结合，严肃党内政治生活，坚持从严管理干部，持续深入改进作风，严明党的纪律，发挥人民监督作用，深入把握从严治党规律，对全面、科学推进

---

① 《十五大以来重要文献选编》（上），人民出版社 2000 年版，第 50 页。

② 《十六大以来重要文献选编》（上），中央文献出版社 2005 年版，第 38 页。

从严治党作出系统论述和重大部署。

在“四个全面”战略布局中，全面从严治党的科学内涵包括以下四个方面：

一是内容的全面性。就是要从党的建设的各个方面，包括思想建设、组织建设、作风建设、反腐倡廉建设、制度建设，加强从严治党，增强党的自我净化、自我完善、自我革新、自我提高能力。特别是要按照习近平总书记提出的要求，把思想建党和制度建党紧密结合起来，在加强对广大党员干部教育的同时，进一步完善各方面制度，切实严格执行制度，推进管党治党的制度化规范化。

二是对象的全体性。全面从严治党，就是要对全体党员和各级党组织严格加强管理，从每一名普通党员到每一位党的高级领导干部，从基层党组织到党的领导机关，没有例外，都要按照从严治党的要求，加强教育，严格管理，严格监督，做到管到位上、严到份上。特别是对于党员领导干部，要以更严格的标准和更高的要求，加强教育和管理。

三是措施的长期性。全面从严治党的“全面”还体现为长期性，就是从严治党的各项措施不是雨过地皮湿、活动一阵风，而是要常抓不懈，成为一种新常态。习近平总书记在党的群众路线教育实践活动总结大会上的讲话强调，必须以锲而不舍、驰而不息的决心和毅力，把作风建设不断引向深入，把目前作风转变的好势头保持下去，使作风建设要求真正落地生根。不仅是作风建设，党的思想建设、组织建设、反腐倡廉建设、制度建设也要不松劲、不懈怠，长期坚持下去。

四是推进的综合性。就是要按照习近平总书记在党的群众路线教育实践活动总结大会上强调的，从落实从严治党责任、坚持思想建党和制度治党紧密结合、严肃党内政治生活、坚持从严管理干部、持续深入改进作风、严明党的纪律、发挥人民监督作用、深入把握从严治党规律等八个方面，全方位地推进从严治党，增强从严治党的系统性、预见性、创造性、实效性，从而增强党自我净化、自我完善、自我革新、自我提高能力，提高党的领导能力和执政能力，保持和发展党的先进性和纯洁性，确保我们党始终成为领导中国特色社会主义事业的核心力量。

从改革开放之初把建设小康社会作为实现社会主义现代化进程的阶段性目标，到党的十七大把“全面建设小康社会”发展为“全面建成小康社会”，确立“一个全面”的战略目标，到党的十八大提出全面建成小康社会和全面深化改革开放，到十八届三中全会对全面深化改革作出部署，再到十八届四中全会对全面依法治国作出部署，直至2014年12月习近平总书记提出协调推进“四个全面”，在2015年将“四个全面”整合定位为新时期治国理政的战略布局，“四个全面”的内涵不断丰富发展，并成为重大的战略思想。

二、充分认识“四个全面”战略布局的重大意义

“四个全面”抓住了党和国家事业发展的关键问题，顺应了时代要求和人民愿望，为夺取中国特色社会主义事业新胜利提供了基本遵循和行动指南，具有重大的现实意义和深远的历史意义。

（一）“四个全面”是马克思主义与中国现阶段实际相结合的重大理论成果

“四个全面”是以促进社会公平正义、增进人民福祉为目的，体现了马克思主义的基本价值立场，体现了对马克思主义世界观和方法论的自觉运用。“四个全面”是立足于我国仍处于社会主义初级阶段的基本国情，立足于我国社会的主要矛盾提出的，体现了唯物主义的世界观和实事求是的思想路线，体现了尊重客观规律与发挥主体能动性的统一。“四个全面”是针对决定或影响我国发展大局的改革、法治、党建等领域内存在的矛盾和问题提出来的，抓住了矛盾也就抓住了事物发展的关键，抓住

了辩证法的精髓。“四个全面”以经济社会发展为目标,同时重视改革、法治建设和党的建设,体现了对生产力与生产关系、经济基础与上层建筑辩证关系等唯物史观基本原理的自觉运用。“四个全面”注重发挥人民群众在改革和依法治国中的主体地位,注重密切党同人民群众的血肉联系,巩固党执政的群众基础,这是马克思主义群众史观和执政党建设理论的生动体现。

“四个全面”是中国特色社会主义伟大实践的经验结晶。当今中国,改革是社会进步的动力和历史潮流,法治是国家治理体系和治理能力现代化的重要依托,从严治党是执政党加强自身建设的一般规律。“四个全面”战略布局表明,我们的发展、我们的改革、我们的依法治国都是在中国共产党引领的中国特色社会主义道路上进行的,走中国特色社会主义道路的伟大实践必然能够孕育形成“四个全面”这样的创新理论,必然能够进一步丰富和发展中国特色社会主义理论体系的新内涵。主要表现为:一是深化了对社会主义本质的认识。全面建成小康社会,让发展改革成果真正全面惠及十几亿人口,真正体现社会主义本质。二是将“全面建成小康社会”定位为实现中华民族伟大复兴中国梦的关键一步,深化了对社会主义现代化建设目标的认识。三是深化了对社会主义发展战略的认识。发展和建设既要全面,也不能胡子眉毛一把抓,而是必须走全面发展和重点发展相结合的路子,“全面深化改革”与“全面依法治国”就是重大战略举措。四是“全面从严治党”将党的领导作为中国特色社会主义的最本质特征,深化了执政党建设理论。正因为有了创新的理论,才能够进一步推动中国特色社会主义实践水平;也正是在理论与实践的不断相互推动中,才能最终形成理论创新和实践创新的良性互动。

(二)“四个全面”是推进国家治理体系和治理能力现代化的必然要求

国家治理体系和治理能力是一个国家的制度和制度执行能力的集中

体现。国家治理体系和治理能力现代化要有完善的、成熟的制度。"四个全面"能够推进中国特色社会主义制度更加成熟。十八届三中全会关于全面深化改革的决定提出,全面深化改革的总目标就是要完善和发展中国特色社会主义制度,推进国家治理体系和治理能力现代化;"全面依法治国"的总目标是建设中国特色社会主义法治体系,建设社会主义法治国家;"全面从严治党"要求党员要守纪律、讲规矩,要求加强反腐倡廉和各方面制度建设。总之,"四个全面"的贯彻落实必然促进形成一套保证国家长治久安的更完备、更稳定、更管用的制度体系,从而能够进一步完善国家治理体系,更好地发挥中国特色社会主义制度的独特优势,进一步增强人们对中国特色社会主义的制度自信。

"四个全面"布局的实施将进一步提升国家治理能力现代化水平。"四个全面"属于宏观性的顶层设计,更加注重战略目标和战略举措的系统性、整体性和协同性,体现了全面的联动、系统的集成:改革要在法治轨道上推进,立法也需适应改革需要;改革提升发展的活力和效率,法治守护发展的公平和正义;社会主义法治必须坚持党的领导,党的领导必须依靠社会主义法治;党要总揽全局、协调各方,党员干部要做尊法、学法、守法、用法的模范。总之,作为治国理政的新战略布局,"四个全面"将加快发展、改革创新、完善法治、管党治党几个方面有机整合为一个统一的整体,开辟了我们党治国理政的新境界,可有效提升国家治理现代化水平。

(三)"四个全面"是实现"两个一百年"奋斗目标和中华民族伟大复兴中国梦的必由之路

"四个全面"是新一届中央领导集体在历史地、辩证地把握社会发展规律,战略性地把握社会发展基本趋势基础之上提出来的,其中的每一个方面都是面向未来的。全面建成小康社会是我们实现社会主义现代化的阶段性目标,也是实现中华民族伟大复兴中国梦的关键一步。只有在全面建成小康社会这个基础上,才能建成富强民主文明和谐的社会主义现代化国家,才能为实现中国梦夯实坚实的基础。

从人类社会发展的一般规律来看,一个国家的发展必须注重生产力与生产关系、经济基础与上层建筑的协调统一。全面深化改革、全面依法治国、全面从严治党三大战略举措涉及对我国生产力与生产关系、经济基础与上层建筑关系中不适应因素的全方位调整,这些调整都是面向未来的,其重要价值不仅在于为"全面建成小康社会"提供保证,而且也为本世纪中叶实现现代化和实现民族复兴伟大中国梦提供重要支撑。适应我国发展新要求和人民新期待,进一步解放和发展生产力,就必须全面深化改革,以此为实现中国梦增添新动力。从世界范围来看,一个国家的法治建设程度是衡量其文明程度的重要标志,也是其社会正常运行的重要保障。进一步提高我国社会的文明程度,规范我国经济社会生活的良好秩序,就必须全面依法治国,建设社会主义法治国家,以此为实现中国梦的新征程保驾护航。一个政党要长期执政,就必须加强自身建设,这也是执政党建设的一般规律。作为执政党,中国共产党是实现中国梦的领导核心,只有全面从严治党,才能够契合全面建成小康社会、全面深化改革、全面依法治国对加强和改进党的领导和建设的迫切要求,才能够为实现"两个一百年"奋斗目标和中国梦提供坚强有力的领导核心。

(四)"四个全面"是推进中国特色社会主义伟大事业的行动指南

当前,我国经济社会发展进入新阶段,改革发展面临许多新的矛盾和问题。在发展方面,我国正处于经济增速换挡期、结构调整阵痛期、前期刺激政策消化期"三期叠加"阶段,经济发展方式粗放、质量和效益不高,收入差距较大、公正程度与人民群众期待有距离,资源环境压力较大、创新能力不足等等。在改革方面,我国正处于改革攻坚期和深水区,陈旧的思想观念、深层次的体制机制障碍、固化的利益藩篱需要破除。在法治方面,无法可依、有法不依、执法不严、违法不究现象比较严重,执法体制不合理、执法行为不规范、司法不公等问题比较突出。在党的建设方面,我们党面临着长期执政考验、改革开放考验、市场经济考验、外部环境考验等“四大考验”，精神懈怠危险、能力不足危险、脱离群众危险、消极腐败危险等“四大危险”尖锐地摆在党的面前。这些问题和挑战如不能很好解决，将阻碍我国社会主义现代化进程和中国特色社会主义事业发展。“四个全面”为解决这些问题、应对这些挑战作出战略部署，成为新形势下推进我国社会主义现代化建设和中国特色社会主义伟大事业的行动指南。

三、正确把握“四个全面”的逻辑关系

“四个全面”既各有不同内涵和重点，又彼此联系、不可分割。我们要运用马克思主义辩证法明晰“四个全面”的内在逻辑，推进这一重大战略布局顺利实施。

（一）“四个全面”的相互关系

2015 年 2 月，习近平总书记明确指出：“全面建成小康社会是我们的战略目标，全面深化改革、全面依法治国、全面从严治党是三大战略举措。”我们必须深刻领会和把握习近平总书记对“四个全面”关系的科学定位，提高按照“四个全面”战略布局推进工作的能力。

全面建成小康社会是中心。全面建成小康社会是我们党长期以来描绘的国家发展愿景，是我们党在新时期的重大使命。作为战略目标，全面建成小康社会是整个战略布局的中心，是其他三个“全面”的引领，内含着对三大战略举措的必然要求。全面深化改革、全面依法治国、全面从严治党，都必须紧紧围绕这一战略目标、服从和服务于这一战略目标。这些战略举措的谋划和实施，必须以是否有利于全面建成小康社会战略目标的实现为出发点；这些战略举措成效的衡量，必须以在多大程度上推动了

全面建成小康社会这一战略目标的实现为标准。如果偏离全面建成小康社会战略目标,三大战略举措就会失去方向和意义,也会失去广大人民群众的支持,因而难以推进下去;三大战略举措如果实施不力,战略目标就难以实现。

全面深化改革是动力。党的十八届三中全会指出,全面建成小康社会,进而建成富强民主文明和谐的社会主义现代化国家、实现中华民族伟大复兴的中国梦,必须在新的历史起点上全面深化改革。习近平总书记强调,不全面深化改革,发展就缺少动力,社会就没有活力。30多年来,我国经济社会发展取得巨大成就,得益于不断深化改革。在新的历史条件下,继续推进社会主义现代化进程、实现全面建成小康社会目标,必须依靠全面深化改革带来的动力。只有通过全面深化改革,克服制约经济社会发展的各种体制机制障碍和各方面阻力,才能推动全面建成小康社会目标的实现。只有通过全面深化改革,突破思想观念和体制制度障碍,才能完善法治,建设中国特色社会主义法治体系,建设社会主义法治国家,真正实现全面依法治国。也只有通过全面深化改革,深化党的建设制度改革,才能为全面从严治党提供制度保障。

全面依法治国是保障。党的十八届四中全会指出,依法治国,是坚持和发展中国特色社会主义的本质要求和重要保障,是实现国家治理体系和治理能力现代化的必然要求。全面建成小康社会、实现中华民族伟大复兴的中国梦,全面深化改革、完善和发展中国特色社会主义制度,提高党的执政能力和执政水平,必须全面推进依法治国。习近平总书记强调,"不全面依法治国,国家生活和社会生活就不能有序运行,就难以实现社会稳定。"历史经验告诉我们,依法治国事关我们党执政兴国,事关人民幸福安康,事关党和国家长治久安。只有全面依法治国,才能为经济社会发展创造公平有序、安定和谐的环境,从而为全面实现小康社会提供可靠的保障。只有全面依法治国,才能为全面深化改革保驾护航,使改革在法治轨道上有序推进,使改革成果得到巩固。只有全面依法治国,推进法治国家、法治政府、法治社会一体建设,我们党才能真正做到依法执政,才能治得好国、理得好政,全面从严治党才有意义。

全面从严治党是根本保证。解决中国的事情,关键在党。党章总纲规定:“必须紧密围绕党的基本路线加强党的建设,坚持从严治党,发扬党的优良传统和作风,提高党的战斗力,把党建设成为领导全国人民沿着有中国特色的社会主义道路不断前进的坚强核心。”习近平总书记强调,不全面从严治党,党就做不到“打铁还需自身硬”,也就难以发挥好领导核心作用。我们党要保持长期执政,领导全国人民推进中国特色社会主义现代化进程,实现“两个一百年”奋斗目标,实现中华民族伟大复兴的中国梦,必须全面从严治党。只有全面从严治党,才能保持党的纯洁性、先进性,增强党的创造力凝聚力战斗力,提高执政能力和水平,领导人民共同奋斗,实现全面建成小康社会的战略目标。只有全面从严治党,才能有足够的勇气、坚定的决心、强大的能力来领导和推进全面深化改革、全面依法治国。

总之,“四个全面”相互联系、相辅相成,共同构成一个逻辑严密的重大战略布局。

(二)“四个全面”战略布局的内在统一性

尽管“四个全面”有目标有举措,三大战略举措着力的方面和重点也不同,但“四个全面”战略布局在整体上具有内在统一性。主要体现在以下四个方面:

一是目标与举措的统一。全面建成小康社会,作为“四个全面”战略布局中的战略目标,是我国社会主义现代化“三步走”战略的第二步,是实现中华民族伟大复兴中国梦的关键一步。全面深化改革、全面依法治国,既是服务于全面建成小康的战略举措,也是完善和发展中国特色社会主义制度、推进国家治理现代化的重要举措。全面从严治党旨在保持我们党的先进性、纯洁性,提高党的创造力凝聚力战斗力,使我们的党始终成为中国特色社会主义事业的坚强领导核心。全面建成小康社会这一战略目标与全面深化改革、全面依法治国、全面从严治党三大战略举措，统一于推进我国社会主义现代化、实现中华民族伟大复兴中国梦的进程之中，统一于建设中国特色社会主义事业之中。"四个全面"就像是"一体三足之鼎"，在"三足鼎立"基础之上支撑起中国未来发展的美好蓝图。

二是突破与规范的统一。全面深化改革，一方面要解放思想，打破旧的思想观念束缚，突破各方面体制机制制度障碍，另一方面要创立新的体制机制制度，使各方面制度更加成熟更加定型。全面依法治国，一方面要转变人治观念和传统，克服以言代法、以权压法、有法不依等现象，改革不合时宜的立法、执法、司法体制机制，修订或废止过时的法律法规，另一方面要建立社会主义法治体系，用法律引导、推动、规范、保障各主体的权益和行为。全面从严治党，一方面要坚决制止党员干部违背党的宗旨、违背党的纪律和规矩的不良思想、作风和行为，修订或废止不合时宜的制度规定，另一方面要提出新的要求，建立新的制度，严格规范党员干部行为。三大战略举措都是突破与规范的统一，不同战略举措的侧重点也有突破有规范，它们统一于完善和发展中国特色社会主义制度之中。

三是治党与治国的统一。改革开放以来，我们逐步形成了中国特色社会主义事业经济建设、政治建设、文化建设、社会建设、生态文明建设"五位一体"总布局；同时，在党的建设方面也形成了思想建设、组织建设、作风建设、反腐倡廉建设、制度建设五个方面紧密结合的"五位一体"。这两个"五位一体"之间的内在紧密关系在"四个全面"中得到充分体现。全面深化改革包括经济体制、政治体制、文化体制、社会体制、生态文明体制改革以及国防和军队改革，也包括党的建设制度改革；全面依法治国，要求坚持依法治国、依法执政、依法行政共同推进，坚持法治国家、法治政府、法治社会一体建设，要求党必须在宪法法律范围内活动，要依宪执政、依法执政;全面从严治党,目的是提高党的执政能力,从而更好地治国理政;要实现全面建成小康社会目标,也必然要求全面从严治党。在“四个全面”战略布局中,治党与治国高度统一,统一于党领导人民建设中国特色社会主义事业之中。

四是理论与实践的统一。理论来源于实践、应用于实践并在实践中得到丰富和发展。“四个全面”是在我们党领导人民推进改革发展和社会主义现代化建设实践经验基础之上形成的重大理论创新,是马克思主义中国化的最新理论成果,蕴含着马克思主义理论观点和思想方法。其中的每一个“全面”都是马克思主义与中国现实相结合的产物。同时,“四个全面”不仅是一种理论创新,更是指导和统领新时期中国社会主义现代化建设实践的行动纲领,是我们党在新形势下治国理政实践的战略部署。总之,“四个全面”战略布局是高屋建瓴的指导思想与现实可行的实践战略的统一,体现了以习近平为总书记的党中央高超的政治智慧、深厚的理论修养和强烈的实践精神。

四、协调推进“四个全面”的基本原则

“四个全面”战略布局是一个相互联系、相互贯通、相互依存、不可分割的统一整体。实施这一重大战略布局,既不能不分轻重缓急、不论主次先后,齐头并进;也不能相互脱节,各行其是。必须科学统筹,协调推进“四个全面”,为此需要把握以下基本原则。

(一)坚持党的领导

党的领导是中国特色社会主义最本质的特征,是党和国家的根本所在、命脉所在,是全国各族人民的利益所系、幸福所系,也是“四个全面”战略布局的灵魂。无论是全面深化改革、全面依法治国、全面从严治党,

还是全面建成小康社会,都必须把坚持党的领导作为首要原则。只有坚持党的领导,全面深化改革才能保持正确的政治方向,才能沿着正确的轨道,突破各种艰难险阻持续推进下去,才能确保改革的成果符合最广大人民群众的利益。只有在党的领导下依法治国、厉行法治,人民当家作主才能充分实现,国家和社会生活法治化才能有序推进,中国特色社会主义法治体系才能建成。全面建成小康社会是中国共产党提出的国家现代化进程的阶段性目标,是实现中华民族伟大复兴中国梦的关键一步。只有中国共产党才能领导全国人民朝着这一目标一以贯之地奋斗,只有中国共产党才有决心、有能力带领人民实现这一目标。全面从严治党,目的就是要提高党的先进性和纯洁性,增强党的创造力凝聚力战斗力,不断加强和改善党的领导,使党始终成为领导中国特色社会主义事业的核心力量。总之,只有坚持党的领导,才能真正做到科学统筹“四个全面”战略布局中的各个方面,协调推进这一重大战略布局按照正确方向和既定目标顺利实施。

(二)坚持从中国实际出发

我们党领导人民进行革命、建设和改革的长期实践经验表明,我们从事的一切事业、开展的一切工作,只有坚持从中国实际出发才能成功。马克思主义辩证唯物论告诉我们,客观存在决定主观意识,因此,在实际工作中必须坚持一切从实际出发。当代中国最大的客观实际,就是我国仍处于并将长期处于社会主义初级阶段。无论是全面深化改革、全面依法治国、全面从严治党,还是全面建成小康社会,都不能脱离这个客观实际。只有始终坚持从中国实际出发,推进“四个全面”的部署和举措才能符合我国基本国情、符合现实发展要求、符合广大人民的意愿,才能完善和发展中国特色社会主义制度、建设中国特色社会主义法治体系、使党始终成为中国特色社会主义事业的领导核心,惠及全体中国人民的全面建成小康社会目标才能如期实现。

(三)坚持整体推进与重点突破相结合

“四个全面”战略布局的内涵十分丰富,涉及众多领域和方面。协调推进不是要求各方面齐头并进,这既不科学也不现实。一方面,要从“四个全面”及每一个“全面”包含的内容相互联系的角度出发,对全局统筹部署、全方位整体推进。另一方面,要区分主次先后,选择那些牵一发而动全身的重点领域和关键环节,优先着力推进。如在全面深化改革中,以经济体制改革为重点,以处理好政府和市场的关系为核心,发挥经济体制改革的牵引作用;在全面依法治国和全面从严治党中,要抓住领导干部这个“关键少数”;在全面建成小康社会中,要始终坚持以经济建设为中心。只有把整体推进与重点突破结合起来,才能使“四个全面”有序、高效推进,使整个战略布局积极稳步实施。

(四)坚持近期目标与长远目标相衔接

“四个全面”是根据现阶段国内外形势和要求,着眼于我国社会主义现代化整个过程和中国特色社会主义事业长远发展做出的战略布局,其中既有近期目标任务,也有长远愿景规划。全面深化改革不仅包括十八届三中全会决定中部署的重点改革任务,更是着眼于完善和发展中国特色社会主义制度、推进国家治理体系和治理能力现代化总目标。全面依法治国不仅包括十八届四中全会决定中明确的主要任务,更是着眼于建设中国特色社会主义法治体系、建设社会主义法治国家总目标。习近平总书记在党的群众路线教育实践活动总结大会上的讲话中对新形势下坚持从严治党所强调的八个要点,也与全面从严治党的长远目标高度统一,就是要增强党自我净化、自我完善、自我革新、自我提高的能力,提高党的领导能力和执政能力,保持和发展党的先进性和纯洁性。全面建成小康社会是我们党确定的到 2020 年的奋斗目标,但我们党是把它作为推进社会主义现代化进程中的阶段性目标,是实现中华民族伟大复兴中国梦的关键一步。推进“四个全面”战略布局的实施，必须着眼于中国特色社会主义事业的长远愿景，使各方面的近期目标与远期目标很好地衔接起来。

（五）坚持改革与法治相协调

改革和法治相辅相成、相伴而生。在“四个全面”战略布局中，全面深化改革、全面依法治国如车之两轮、鸟之双翼，必须相互协调、密切配合，才能使整个战略布局顺利实施。要坚持改革决策和立法决策相统一、相衔接，做到改革和法治同步推进。立法要主动适应改革需要，积极发挥引导、推动、规范、保障改革的作用，使重大改革于法有据。对实践证明已经比较成熟的改革经验和行之有效的改革举措，要尽快上升为法律；对实践条件还不成熟、需要先行先试的，要按照法定程序作出授权，选择合适的地方或部门进行试点。既不能随意突破法律红线，也不能以现行法律没有依据为由迟滞改革。对不适应改革要求的现行法律法规，要及时修改或废止。只有坚持在法治下推进改革，在改革中完善法治，才能使改革与法治相互协调、相互促进。

总之，必须把每个“全面”以及每个“全面”的具体内容都放在“四个全面”的总体布局中来把握。这样，才能正确认识这一重大战略布局的内在逻辑关系，统筹部署实施路径，协调推进各个方面，才能做到“四个全面”相辅相成、相互促进、相得益彰。

二、经济体制改革

我国经济体制改革的目标模式*

（1992年10月）

我国正在深入进行的经济体制改革，是在社会主义条件下解放和发展社会生产力的伟大革命。它的根本要求，是要改变过去高度集中和靠行政指令管理的计划经济模式，建立充满生机与活力的社会主义经济新体制。经过14年来改革的理论探索与实践，我们党现在进一步明确把建立社会主义市场经济体制作为改革的总体目标。这是一个具有全局性的重大突破。正确认识和理解这样的改革目标，对于增强改革的自觉性，把建设有中国特色的社会主义伟大事业推向前进，具有十分重要的意义。

一、关键是对计划与市场问题需要再认识、再提高

正确认识计划与市场问题，是我国经济体制改革的核心问题，也是建立社会主义市场经济新体制首先必须解决的根本性课题。

自从一百多年前马克思主义创始人提出有计划地组织全社会生产和经济活动的重要思想以来，计划与市场问题一直为人们所普遍关注，成为世界性的争论甚多的焦点问题。在一个相当长时期中，国内外广泛流行

* 本文原载《迈向21世纪的行动纲领》一书，新华出版社，1992年10月出版。

着这样的观点:计划与市场是不同社会经济制度的产物,计划经济是社会主义的本质特征,而市场经济是资本主义所特有的。持有这种观点的人,有许多笃信马克思主义的政治家和经济学家,也有不少是资产阶级的政治家和经济学家。一些国际性的社会组织和公共机构,也都把实行计划经济或者市场经济作为区分社会主义国家和资本主义国家的标志。这种将计划与市场冠之以姓"社"或姓"资"的观点,是不科学的,是一种思想理论误区。我们要深化和推进经济体制改革,必须对计划与市场问题加以再认识、再提高。

先看计划。运用计划手段和机制调节经济活动,是社会化大生产的客观要求。只要是社会化大生产,就必须按照社会需要的客观比例进行社会生产,保持社会生产的计划性。不然,就会造成经济生活的紊乱和社会资源的浪费。在社会主义条件下,实行生产资料公有制为主体的基本经济制度,有条件也有可能采取计划手段,从总体上自觉遵循经济规律促进国民经济大体按比例的发展,这是社会主义优越性的重要体现。但是这种可能性,并不等于它的现实性。计划只有适应客观规律的要求,讲究科学性,才能发挥其应有作用的效果。否则,往往会事与愿违。发展社会主义经济需要而且必须有计划,这一点无论从理论上还是实践上,都得到了证实,不应当有什么疑义的了。

那么,建立在私有制基础上的资本主义经济,是否也有计划呢?对此,许多人的认识是不清楚的。往往否定计划性在资本主义社会的存在。实际上,理论与实践也都作出了明确的回答。早在 1891 年,恩格斯针对德国社会民主党爱尔福特纲领草案中关于"根源于资本主义私人生产的本质的无计划性"的论断,明确指出这个观点"需要大加修改",因为"资本主义生产……是由单个企业家所经营的生产;可是这种生产已经愈来愈成为一种例外了。由股份公司经营的资本主义生产,已不再是私人生产,而是为许多结合在一起的人谋利的生产。如果我们从股份公司进而来看那支配着和垄断着整个工业部门的托拉斯,那么,那里不仅私人生产停止了，而且无计划性也没有了。”[①]在恩格斯作出这种资本主义有计划性的论断的27年后，列宁根据当时资本主义的发展，也作出明确论述：资本主义在战争时期比战争前更加发展了。资本主义已经把整个的生产部门抓在自己手中，那种认为资本主义就是无计划性的说法已经过时了，现在指出这一点尤为恰当。有计划性并不能使工人摆脱奴隶地位，相反地，资本家将更“有计划地”攫取利润，现在资本主义正直接向它更高的、有计划的形式转变。这些论述说明，计划性是由社会化大生产决定的；资本主义发展到托拉斯形式，由一般垄断转变为国家垄断，其社会生产就显示出有计划性的特点。到了本世纪三十年代，凯恩斯主义出现后，西方资本主义国家加强了对经济生活的干预、也就明显加强了对经济的宏观控制。凯恩斯强调对全社会需求进行管理，这对挽救三十年代西方国家经济的大萧条起了重要作用。凯恩斯主义和后凯恩斯主义还强调通过累进式个人所得税、遗产税和馈赠税，进行收入分配的再调节。这表明，西方资本主义经济除了各企业内部加强了计划性，在宏观层次上也出现了一定程度的计划调节。

特别是到了第二次世界大战后，随着资本主义所固有的矛盾日益加深和科学技术的迅速发展，一些西方国家纷纷制定和实施各种形式的宏观计划，加强对全社会经济活动的指导和调控。作为市场经济发达的法国，从1947年开始，已连续实行了9个国民经济发展中期计划，目前正在实施第10个（1989—1992年）计划。法国的计划化工作，保证了法国社会经济的稳定发展。第二次世界大战后迅速崛起的日本，从1955年开始，制定和实施了10个经济发展的中长期计划，对其经济全面振兴和快速发展起了重要作用。瑞典在二次大战后经济发展也是世人瞩目的，其人均国民生产总值在世界上名列前茅。这个国家大规模采用的经济计划手段，不仅有5年计划，还有年度计划。其他重视计划手段的国家，包括

① 《马克思恩格斯全集》第22卷，第270页。

巴西、墨西哥、土耳其等,也都使他们经济发展取得了明显成就。许多国家不仅编制和实施长中短期计划,而且还成立专门的计划机构。这种趋势带有相当普遍性。大量事实说明,资本主义国家是很注意对经济活动进行控制的,我们的思想不能再停留在“资本主义的社会生产是无计划、无政府”这类不确切的概念上了,不能把有计划只看成是社会主义独具的特征。当然,社会主义制度条件下和资本主义制度条件下,运用计划手段的目的、范围和形式,是有些区别的,其计划的功能与作用会有所不同。

再看市场。过去一说市场和市场经济,有些人往往同资本主义联系起来,所以担心发挥市场作用会被说成搞资本主义。其实,市场是同社会分工和商品生产相联系的。列宁讲过:哪里有社会分工,哪里有商品生产,哪里就有市场。社会分工和商品生产发展到什么程度,市场就发展到什么程度。市场是商品交换关系的总和,从人类社会出现商品生产之时起,市场就开始出现。商品经济在封建社会末期就相当活跃,那时市场就比较发达。资本主义把商品经济发展推向新的阶段,市场作用则更加广泛、有力和强大。这些说明,市场与商品经济密不可分,市场不是资本主义的专利品,与社会经济基本制度并无必然联系。我国现在处于社会主义初级阶段,生产力很不发达,不仅存在着日趋复杂和细致的社会分工,而且劳动者以及劳动者集体还具有独立的经济利益,劳动仍然是人们的谋生手段,人们的劳动成果还必须通过商品的等价交换形式来加以实现。因此,不仅广泛存在而且必须大力发展商品经济,商品经济的充分发展是我国实现现代化的不可逾越的阶段。在这种情况下,市场不仅要发挥调节经济运行的作用,而且其作用范围和力度也必将越来越大。

从以上分析可以看出,计划与市场都是社会化生产和商品经济的产物,它们都是资源配置、调节经济的手段与机制。计划经济不等于社会主义,资本主义也有计划;市场经济不等于资本主义,社会主义也有市场。计划不姓“社”,市场不姓“资”,我们必须善于运用计划与市场这两种手段和机制,加快发展社会主义商品经济。

还应当指出,经济体制和运行机制与社会的基本经济制度,既有一定的联系,又不是完全等同的范畴。所谓经济体制,一般是指经济管理的制度和管理方法,包括各经济部门的组织管理体系、管理权限划分、管理形式与手段等。所谓经济运行机制,是指国民经济各个构成部分和环节之间,通过相互联系和制约,促进整个经济系统运转的形式、方法和手段,它包括经济活动的动力结构、经济运行的方式和经济调控的手段,以及经济信息及其系统内各个环节的关系。显然,在经济管理体制和运行机制中,计划与市场作为经济运行的手段与机制,社会主义经济和资本主义经济都可以运用,而不完全受制于社会的基本经济制度。我国进行的经济体制改革,只是改变经济管理体制和运行机制中不适应社会生产力发展的具体形式和方法,而不是改变社会主义的基本经济制度。只要坚持社会主义的基本制度,完全可以大胆地运用市场机制与手段调控经济的运行。

我国社会主义理论与实践正反两方面的经验也有力地表明,计划与市场作为资源配置、调节经济的手段和机制,它们不具备社会经济制度的属性。在社会主义经济条件下,不仅需要而且必须既发挥计划的作用,又发挥市场的作用。建国以后的一个相当长时期中,由于对社会主义经济内涵的认识不全面,在经济管理中,只讲有计划这一面,忽视甚至排斥市场,结果使社会主义经济缺乏生机和活力,在很大程度上束缚了生产力的发展,社会主义优越性没有得到应有的发挥。这方面大家都是比较清楚的。党的十一届三中全会以来,随着经济体制改革理论和实践的发展,我们党对计划与市场的认识不断深化和突破。改革之初,先是突破社会主义经济排斥市场的传统观念,强调要重视发挥市场的作用。1982 年党的十二大,提出以计划经济为主、市场调节为辅的原则。1984 年党的十二届三中全会在《关于经济体制改革的决定》中,确立了社会主义经济是在公有制基础上有计划商品经济的新概念,强调把计划经济与商品经济统一起来,这是对马克思主义政治经济学理论的重大突破。1987 年党的十三大,指出社会主义有计划商品经济的新体制,应该是计划与市场内在统一的体制,强调建立国家调控市场、市场引导企业的经济运行机制,从而把计划与市场及其二者关系的认识提高到了一个新水平。十三届四中全会以后,又提出建立适应有计划商品经济发展的计划经济与市场调节相结合的经济体制与运行机制。这些过程,反映了对社会主义条件下计划与市场问题的再认识,其基本实质,是把市场作为社会主义经济运行的重要特征,要充分发挥市场调节经济的作用。

我国经济改革的总设计师邓小平,以发展马克思主义理论的巨大勇气,对计划与市场问题最早也是始终一贯地进行了深刻和透彻的论述。早在 1979 年 11 月,邓小平会见美国《大不列颠百科全书》副主编吉布尼时就指出:“说市场经济只限于资本主义社会、资本主义的市场经济,这肯定是不正确的。社会主义为什么不可以搞市场经济?市场经济,在封建社会时期就有了萌芽。社会主义也可以搞市场经济”。他还认为:“社会主义的市场经济方法上基本上和资本主义社会相似,但也有不同。这是全民所有制之间的关系,当然也有同集体所有制之间的关系,也有同外国资本主义之间的关系。但是归根到底是社会主义的,是社会主义国家。”1985 年,邓小平在回答美国企业家代表团团长格隆瓦尔德关于社会主义和市场经济关系的提问时又指出:“问题是用什么办法更有利于社会生产力的发展。”“过去我们搞计划经济,这当然是一个好办法,但多年的经验表明,光用这个办法会束缚生产力的发展,应该把计划经济与市场经济结合起来,这样就能进一步解放生产力,加速生产力的发展。”运用生产力标准来观察、评论计划与市场问题,这是对马克思主义的重大贡献。1989 年邓小平在接见首都戒严部队军以上干部时重申:“我们继续坚持计划经济与市场调节相结合,这个不能改”。近两年,邓小平又反复强调:“计划多一点还是市场多一点,不是社会主义与资本主义的本质区别……计划和市场都是经济手段。”邓小平关于计划与市场的一系列重要论述,从根本上打破了那种把计划与市场作为区分社会主义与资本主义的传统观念,丰富和发展了马克思主义关于社会主义经济的理论。实践是检验真理的唯一标准。改革14年来，我们走的基本路子，就是简政放权，减少指令性计划，扩大市场的作用。目前，农业方面的指令性计划已经取消，除了对棉花实行国家收购、调拨和对一部分粮食实行国家合同定购的办法外，其他农副产品的生产和流通基本上都是由市场调节。工业总产值中实行指令性计划的部分，已由过去的95%以上减少到10%左右。国家统一分配的生产资料，已由256种减少到19种。在商业流通、对外贸易、科学技术和社会发展事业等方面，指令性计划都已大为缩小，市场作用显著扩大。价格是市场机制起作用的关键因素，这方面改革也取得明显进展。目前，在全部产品和服务的价值总额中，国家定价的部分大体只占20%左右，其余80%的部分为市场调节价。引进市场机制的改革，为我国社会主义经济注入旺盛的活力。十多年来，我国经济建设上了一个大台阶，人民生活上了一个大台阶，综合国力上了一个大台阶。在世界风云急剧变幻的情况下，中国的社会主义制度经受住严峻的考验，显示出强大的生命力。实践表明，在社会主义经济中，市场作用是客观存在的，应该而且必须充分发挥市场对经济的调节作用。同时也证明，计划与市场都是市场经济的手段与机制，而不是社会主义与资本主义的本质区别。

那么，什么是社会主义与资本主义的本质区别呢？弄清这个问题，有助于我们加深理解计划与市场问题的实质。邓小平同志指出："社会主义的本质，是解放生产力，发展生产力，消灭剥削，消除两极分化，最终达到共同富裕。"因此，完全可以说，社会主义经济与资本主义经济的本质区别，不在于商品经济是否存在和市场是否发挥作用，而在于所有制基础不同，在于剥削阶级是否存在，在于劳动人民是否当家作主。判断改革措施的标准，应该主要看是否有利于发展社会主义社会的生产力，是否有利于增强社会主义国家的综合国力，是否有利于提高人民的生活水平。符合这三个"有利于"的，就是正确的，归根到底是有利于社会主义制度的巩固和发展的。我们决不能陷入一些姓"社"还是姓"资"的抽象争论。

在认识和处理计划与市场及其相互关系中,我们也只能采用这些正确标准,而不能采取其他别的什么尺度。我们应当更大胆地沿着充分发挥市场作用的改革道路前进,努力建立充满生机与活力的社会主义市场经济体制。

二、深入研究社会主义市场经济体制的主要内涵和特征

建立社会主义市场经济的新体制,是我们党的重大决策。深化经济体制改革,就要向这个目标前进。那么,如何认识这样的改革目标,在前进中需要深入研究和把握哪些方面呢?

第一,必须正确认识市场经济与商品经济既有联系又有区别的含义。

对于商品经济与市场经济的关系,目前有不同的认识的理解。有人说是内容与形式的关系,也有人说二者是同义语。这些看法都有一定道理。我们认为,商品经济和市场经济既有联系、又有区别。市场经济是商品经济存在和发展的客观要求和逻辑结论。商品经济是指人类经济活动采取商品等价交换的方式,是社会分工和商品货币关系发展的产物。市场是商品交换的纽带,是价值规律的作用形式。价值规律是通过市场的功能体现出来的。市场与市场经济是一致的,但市场作为配置社会资源的基础性形式,它的形成标志着商品经济进入了更高水平、更发达的阶段。它一方面说明市场的结构完善,不仅有一般的商品市场,而且有健全的生产要素市场;另一方面说明市场联结广而大,不仅有着统一、开放的国内市场和市场体系,而且与国际市场有着广泛密切的联系;同时还说明市场机制健全,它能够通过价格、供求、竞争等要素的相互联系、相互依存、相互作用,形成联动体系,发挥节约和配置社会资源的功能。因此,发展社会主义市场经济是发展社会主义商品经济的逻辑结论和必然要求。

党的十二届三中全会提出,社会主义经济是有计划商品经济。这是理论上的创新。但社会主义商品经济只回答了社会主义仍需要通过物的交换实现劳动交换的客观必然性;价值规律作为商品经济的基本规律,也只回答了商品经济条件下节约和配置社会资源的机理以及竞争原则制约商品生产与交换行为的内在趋势。这些只有通过市场的作用才能落实下去,体现出来。总之,市场经济不仅能反映商品经济的一般属性,而且更主要的是它还能反映经济运行和体制构造的特征。明确提出实行社会主义市场经济,有利于使理论变成可供操作的改革实践,从而推动市场体系的发育和成长。这样,不仅大大丰富了社会主义商品经济理论的内涵,而且进一步明确了我国经济体制改革的目标模式。

第二,必须深刻认识和把握社会主义市场经济体制的特征。

发展社会主义市场经济,就应该建立相应的市场经济体制。而要做到这一点,必须明确市场经济运行的一般方式和表现,也必须研究社会主义条件下市场经济运行的特点及其要求,特别是要弄清楚我国现阶段社会主义情况下市场经济体制的主要特征。

一般地说,市场经济的基本要求和运行方式是:(1)凡是商品,不论是消费资料还是生产资料,不论是产品还是生产要素,其交换和流通都应当通过市场。(2)市场在资源配置中,起基础性作用,大量的经济活动主要靠市场调节,社会经济运行必须符合市场供求规律。(3)商品经济的一般法则即等价交换,是商品运行的基本原则,商品生产者要按照这个法则交换自己的产品。(4)竞争机制发挥优胜劣汰作用。竞争是提供激励、鞭策落后、刺激效率的有效方式,这种方式得到广泛运用。(5)市场是天生的平等派,在市场中的交易和竞争是公平、公正和公开的,同时市场也是统一的、开放的,全国形成统一的市场。经济活动对内对外开放,也就是说市场竞争具有平等性、公开性、开放性和规范性,不准许实行保护落后的经济封锁与垄断。(6)价格主要由市场决定,能灵活反映资源的供求状况,即它们相对稀缺的程度。(7)企业是市场的主体,自主经营、自我约束、自负盈亏、自我发展。以上这些，也是市场经济的主要特征。要建立市场经济体制，就不能违背这些基本要求。

我国要求建立的社会主义市场经济体制，是与我国的基本制度相结合的。因此，它也必然具有与资本主义市场经济体制有所不同的特征。根据目前的认识，这些特征主要有：(1)在所有制结构上，以公有制包括全民所有制和集体所有制经济为主体，个体经济、私营经济、外资经济为补充，多种经济成分长期共同发展，不同经济成分还可以自愿实行多种形式的联合经营。国有企业、集体企业和其他企业都进入市场，通过平等竞争发挥国有经济的主导作用。(2)在分配制度上，以按劳分配为主体，其他分配方式为补充，兼顾效率与公平。运用包括市场在内的各种调节手段，既鼓励先进，促进效率，合理拉开收入差距，又缓解社会分配不公，防止两极分化，逐步实现共同富裕。(3)在宏观调控上，我们社会主义国家能够把人民的当前利益与长远利益、局部利益与整体利益结合起来，更好地发挥计划和市场两种手段的长处。国家计划是宏观调控的重要手段之一。要更新计划观念，改进计划方法，重点是合理确定国民经济和社会发展的战略目标，搞好经济发展预测、总量调控、重大结构与生产力布局规划，集中必要的财力物力进行重点建设。综合运用经济杠杆，促进经济更快更好地发展。在建立社会主义市场经济体制的过程中，计划与市场两种手段相结合的范围、程度和形式，在不同时期、不同领域和不同地区可以有所不同。(4)从政治制度上说，最重要的是共产党和人民政权的领导。我们的党和政权不是为某些集团或个人谋求私利，而是以为全体人民利益服务为宗旨的。由于有共产党和人民政权的领导，有公有制为基础，有共同富裕的目标，在我们的社会主义市场经济的运行中，更有可能从社会整体利益与局部利益相结合出发；在处理计划与市场的关系、微观放活与宏观协调的关系，以及刺激经济效率和实现社会公正的关系等方面，应当也能够比资本主义市场经济更有成效，做得更好。当然，由于对社会主义条件下如何实行市场经济体制的实践尚不充分，有些问题还有待于通过社会实践，加以总结、提高。

第三，必须正确认识计划与市场的功能，充分发挥市场机制的作用。

这是建立社会主义市场经济体制的一个基本要求。计划与市场作为调节经济的不同手段和机制，它们具有不同的功能与作用。市场配置资源和调节经济活动的机理，在于市场这只“看不见的手”调节生产和交换，使产品价值得以实现，并调节社会供求，引导经济发展。它通过价格杠杆和竞争机制的功能，把资源配置到效益较好的环节中去，并给企业以压力和动力，实现优胜劣汰。运用市场对各种经济信号反应比较灵敏的优点，促进生产与需求的及时协调。市场还是经济价值评估的公正、准确的测量器，它可以客观地评价一种商品的价值，评价一个企业的成绩，评价管理水平的高低，以至评价一个产业的前途。总之，市场在调节经济运行、管理经济活动中的作用，是不可替代的。同时也要看到，市场主要反映眼前的、局部的利益，有一定的自发性和盲目性，而这种缺陷所造成的问题往往在事后才能显示出来。所以，社会经济活动的有些方面是不能交给或者不能完全交给市场去调节的。例如，社会总需求与总供给的平衡，这种经济总量的调控不应该全部交给市场，否则，就会引起不停的周期震荡和经济危机。又如，重大比例和结构的调整，包括积累与消费的比例，经济建设与社会发展的比例，第一、二、三产业结构的调整，完全由市场去调节，不仅要经过相当长的过程，而且要付出很大的代价。再如，协调公平与效率关系，也不能完全交给市场。市场不可能真正实现平等，市场只能是等价交换意义上机会均等的平等精神，这有利于促进效率，但市场作用必然带来社会两极分化、贫富悬殊。此外，公平竞争、环境保护等，也难以完全交给市场去调节。市场的这些不足和缺陷，需要由国家进行必要的宏观调控和管理。

在国家宏观调控中，计划是个重要手段。计划调控经济活动的机理，在于国家可以预先安排和进行有目的的活动，它是主观对客观的认识和能动的反作用，自觉地遵循客观规律以保持整个经济协调发展。它通过提出国民经济和社会发展的总体目标，制定合理的政策和措施，以及有计划地安排重大经济活动，引导和调节经济运行的方向。正确运用计划手段，可以从总体上自觉地保持经济总量的大体平衡和有效协调重大比例与结构，促进生产力布局合理化；可以引导和动员必要的财力物力进行重大建设，防止大的重复建设所造成的浪费；可以较好地调节收入分配，保持社会公正。总之，在社会主义市场经济体制下，必须重视和发挥计划手段的重要作用。特别是我国目前市场发育不足、市场体系不健全的情况下，计划还承担着培育和发展市场体系的职能；同时，我国是发展中的国家，可以充分发挥“后起国效应”，利用计划手段调节经济更有其必要性和重要性。当然，我们决不能迷信计划手段，计划管理如果不考虑客观规律和市场供求变化，就会出现种种问题，甚至造成重大损失浪费。这方面我们过去也有不少经验教训。由于计划是人做的，难免有局限性，也有一些难以克服的矛盾。在主观方面，人们对客观形势、客观事物和客观规律的认识，需要有一个过程，特别是社会需求多种多样而且千变万化，计划难以完全反映客观实际。在客观信息方面，也有其局限性。计划工作依靠信息，而信息的收集、传递，任何时候都难以周全。在利益关系上，观察问题的角度和观点不同，计划管理主要着眼于全局的、整体的利益，而对微观经济活动和利益则往往考虑不够。因此，计划的不足和缺陷需要由市场来弥补。

总之，在市场经济条件下，必须发挥计划与市场各自的优势和长处，避免二者的缺点，使它们做到优势互补。必须指出，经济体制改革的主要方向和基本要求，是要充分发挥市场机制的作用，现在市场作用不是发挥多了，而是很不够，必须加大这方面改革的分量与力度，更多、更好地发挥市场的作用。

为了充分发挥计划与市场二者的作用，并使它们做到优势互补，必须坚决更新观念，确立与社会主义市场经济体制相适应的计划与市场运行方式。就计划方面来说，要更新计划观念，改进计划工作。应当明确认识国家计划手段主要在于宏观经济的导向、平衡和调控，重点做好经济发展预测、经济总量平衡和重大结构的协调，安排好基础设施和基础产业的重点建设。要改变过去那种认为计划管理就是无所不包、包得越多计划性就越强的观念与做法，明确认识计划管理必须遵循价值规律等商品经济规律，主要采取指导性计划这种间接调控方式，运用经济政策、经济杠杆和经济法规来促进实现计划的目标与任务；改变过去那种认为计划管理就是指令性计划、靠指标分解和行政性手段进行直接调控的观念与做法；明确认识国家计划目标和任务的实现，以及计划方法和措施，都必须面向市场并广泛运用市场机制，改变过去那种认为计划与市场相对立，或者计划与市场板块式结合的观念与做法。传统的计划观念不转变，计划方法不改革，就很难适应发展市场经济的要求。再就市场方面来看，应当明确认识社会主义市场经济中的市场，是健全的体系，是完整的、全方位开放的体系，而不仅仅是商品市场，还有各类要素市场，不仅仅是地区性市场，还必须是全国统一的和与国际市场相通的市场。应当明确认识在社会主义条件下，市场和市场经济是在国家政策和计划调控下有秩序运行的，而不是完全自发和自由放任的。总之，不用发展现代商品经济和公有制占主体地位的思想去认识市场及其功能，也难以适应发展社会主义市场经济的要求。

第四，必须认识到新旧体制转换的长期性和复杂性，大胆探索，勇于实践。

在社会主义条件下建立市场经济体制，是我国改革理论的巨大突破。向着这个目标前进，并取得预想的成功，不仅会有利于加速我国现代化的进程，而且对世界社会主义运动也是一伟大贡献。同时必须清醒地认识到，从根本上改革原有体制，建立新体制，实现新旧体制转换，是一个十分复杂的社会系统工程，需要进行相当长时期的艰苦努力和多方面的相互配套改革，不可能一蹴而就。这是因为：(1)我国目前市场发育程度低，市场充分有效发挥作用的“硬件”和“软件”都不足，包括市场体系不健全，市场组织和市场制度不完善，人们对市场经济知识不多，这些表明市场作用的充分发挥需要有个过程。（2）建立市场经济新体制，既要大力推进改革，又要创造客观条件。市场作用的充分发挥，有待于商品经济和社会分工的进一步发展，而社会分工的扩大和商品经济的发展，又取决于生产力的状况和水平。目前，我国交通、通信紧张，经济信息咨询业落后，都不利于商品经济的发展，改变这种状况也非下大力气不可。（3）就改革方面看，现在已进入攻坚阶段，必须向深层次发展，理顺基本经济关系，调整利益格局，把企业推向市场，这些改革难度较大，不仅需要一定时间，而且需要综合配套改革。（4）在社会主义条件下建立市场经济体制，世界上没有现成模式，只能通过实践不断总结经验，在试验和探索中前进。基于这些情况，在向市场经济体制前进的过程中，既要坚定方向和目标，又要逐步推进，不能急于求成。否则，欲速则不达，造成不必要的曲折和损失。当然，必须增强紧迫感，加快改革步伐，尽可能缩短新旧经济体制转换的时日。要进一步解放思想，大胆探索，敢于试验，勇于创新，开拓前进。同时，要善于总结经验，对的就坚持，不对的及时改，不完善的加以完善。经过实践、认识、再实践、再认识，坚持不懈的努力，就一定会达到既定的改革目标。

论建立社会主义市场经济体制*

（1992 年 12 月）

党的十四大确定，我国经济体制改革的目标是建立社会主义市场经济体制。这一改革目标模式的选择，标志着我们党关于建设有中国特色社会主义理论有了新的重大发展，标志着我们党领导的旨在完善和发展社会主义制度的又一次伟大革命进入了更加广泛、更加深入的历史阶段。它必将对我国整个改革开放和现代化建设事业，对经济基础和上层建筑的许多领域产生重大和深远的影响。

一、作出建立社会主义市场经济体制的决策，是认识的飞跃和实践的要求

我国进行经济体制改革以来，不断地探索着改革的目标模式。生动的社会实践丰富着人们的认识，深化了的认识又有力推动着实践前进。实践发展了，原来的认识不能准确地、完全地反映变化了的实际，就需要有新的认识，以至作出新的理论概括。我们认为，把建立社会主义市场经济体制作为我国经济体制改革的目标模式，是我们党在思想认识和理论

* 本文发表于《计划经济研究》1992 年第 12 期；收入《我国的改革是一场新的革命》一书之一章。

上发生飞跃的结果,也是我国社会经济发展的历史必然。

首先,作出这样的改革目标模式的决策,是基于对计划与市场的认识有了重大突破。正确认识计划与市场问题,是我国经济体制改革的核心问题。随着改革实践和理论探索的深化,对这个问题的认识逐步在前进。传统的观念认为,市场经济是资本主义特有的东西,计划经济才是社会主义经济的基本特征。其实这种观念是不正确的。计划机制和市场机制的存在和运用,都是社会化生产和商品经济的产物,都是资源配置、调节经济的手段。资本主义发展到托拉斯形式,由一般垄断转为国家垄断,其社会生产就显示出有计划性的特点。这一点,恩格斯和列宁都曾作过明确和深刻的论述。本世纪二三十年代以来,资本主义国家都在逐步加强社会经济发展的计划性。我国社会主义经济也是一种商品经济。它客观要求经济运行不仅要有计划性,还要求市场发挥作用。改革以来的理论和实践,都是朝着改革计划经济模式、引进市场机制方向前进的。特别是邓小平同志1979年以来和1992年初关于计划与市场问题的深刻论述,从根本上解除了把计划经济和市场经济看作属于社会制度范畴的思想束缚,使我们在计划与市场关系问题上的认识有了新的飞跃。这个飞跃,是提出建立社会主义市场经济体制的十分重要的思想理论基础。

其次,我国社会经济生活发生的深刻变化和正反两方面的经验说明,现在提出由计划经济向市场经济转变,建立社会主义市场经济体制是必要的。我们原有计划经济体制模式,是在新中国成立初期的历史条件下形成的。当时,经济发展水平比较低,建设规模比较小,同时,由于缺乏经验学习了苏联计划经济的模式。这种体制在工业化初期,对于集中力量进行重点建设,奠定社会主义的物质技术基础,起过重要的积极作用。但是,随着社会生产力的发展,经济规模的扩大,经济结构和经济联系复杂化,这种体制越来越不适应现代化建设的要求,甚至严重地束缚着社会生产力的发展。我国原有经济体制的主要弊端在于:权力过分集中,管得过多过死,忽视甚至排斥商品关系和市场作用,政企不分,分配上吃

“大锅饭”，搞平均主义，限制了企业和个人的积极性，使本来富有生机的社会主义经济缺少活力。对这种体制非改革不可。十一届三中全会以来，我们改革的路子，可以用一句话来概括，就是简政放权，发挥市场的作用。通过引进市场机制的改革，使我国经济注入了旺盛的活力，10 多年来我国经济建设、人民生活和综合国力都上了一个大台阶。在世界风云急剧变化的情况下，中国的社会主义制度经受住严峻考验，显示出强大的生命力。14 年改革实践还证明，哪个地方的市场作用发挥得好，那个地方的经济活力就强，经济发展也就越快。因此，社会主义经济的发展和繁荣有赖于市场机制作用的充分发挥。

再次，从我国改革开放和发展的现状看，要深入推进改革开放，加快经济发展，也需要更多地发挥市场作用。我们的改革进入了攻坚阶段，要转换国有企业经营机制，提高它们的素质和竞争力，必须把企业推向市场，使他们自主经营、自负盈亏，健全激励机制、约束机制。目前价格体系、利益格局扭曲的状况还比较严重，解决这些问题也需要让市场机制更好发挥作用。我们的经济建设中长期存在着结构不合理、效益差等深层次问题而迟迟难以有效解决，一个重要原因是市场作用发挥得不够，在生产、流通、投资、消费等领域缺乏竞争机制和约束机制。只有进一步发挥市场的作用，才能不断提高质量、增进效益和优化结构，提高国民经济的整体素质，更好更快地发展经济，实现现代化建设的第二、第三步战略目标。同时，从进一步扩大对外开放看，我国目前的对外开放度已经很高，1991 年进出口总额相当于国民生产总值的比重已高达 39%，特别是在恢复我国关贸总协定缔约国地位后，在生产和贸易的许多方面更必须遵守国际通行的市场经济法则。现在世界经济向国际化、集团化、一体化方向发展的趋势越来越明显，我们要更大胆地走向世界，要积极参与国际分工、合作和竞争，必须在经济运行机制上与世界经济接轨。否则，就会影响我国进一步从广度和深度上扩大对外开放，也就难以充分利用国际上对我国有利环境和条件加快现代化建设。因此，无论改革开放和现代化建设的客观进程,都提出了加快建立社会主义市场经济体制的迫切要求。

我国14年波澜壮阔的改革开放大潮,不仅呼唤着社会主义市场经济体制的形成和发展,而且为建立这种新的经济体制创造了多方面的有利条件。改革开放极大地解放和发展了社会生产力,使我国经济成功地跨越了人民生活温饱型阶段,主要工农业产品产量有了很大增长,商品供应丰富,市场繁荣活跃,从而为深化改革,建立社会主义市场经济体制奠定了物质基础。从农村到城市、从局部到全面的改革,以及由对内开放搞活到对外扩大开放,原有的计划经济模式已经发生深刻变化,新的经济体制出现了多方面的生长点,不少地方形成了新体制的基础,积累了许多经验。更为重要的是,随着改革开放不断深入发展,与发挥市场作用相关的新观念、新思想、新理论大普及,深入人心,广大干部和群众从亲身的体验和对比中,积极拥护和支持社会主义市场经济体制建设。这是建立这种新的经济体制的深厚伟力之所在和取得改革成功的基本保证。

二、社会主义市场经济体制既有一般市场经济的共性,也有自己的鲜明特征

我们要建立的社会主义市场经济体制,究竟是什么样的模式?党的十四大报告明确指出:“就是要使市场在社会主义国家宏观调控下对资源配置起基础性作用,使经济活动遵循价值规律的要求,适应供求关系的变化”。“同时也要看到市场有其自身的弱点和消极方面,必须加强和改善国家对经济的宏观调控”。我认为,这样的社会主义市场经济体制有两个基本点:一个是让市场充分发挥在资源配置中的基础性作用,运用市场手段调节社会再生产的全过程,使整个经济富有活力和效率;一个是社会主义国家要对市场进行宏观调控,重视发挥计划手段的功能和作用,引导市场和整个经济的健康运行。这两个基本点都是社会主义市场经济体

制的主要内涵，缺一不可，它们是有机联系，不可分割的。确立这种改革目标模式，是全面分析了市场与计划这两种配置资源的手段各自的长处和不足，力争实现两者优势互补。市场配置资源、调节经济的机理在于：通过价格杠杆和竞争机制的功能，把资源配置到效益好的环节中去，并给企业以压力和动力，实现优胜劣汰；运用市场对各种经济信号反映比较灵敏的优点，促进生产和需求的及时协调与衔接；发挥市场具有向外扩张、延伸的内在冲动，在更大范围和更广领域里实现资源优化配置。它的主要长处是，有利于激发企业和劳动者的积极进取和开拓创新精神，增强经济活力与效率，有利于推进技术进步和资源的节约和合理使用，提高国民经济的素质和效益。因此，我们必须高度重视和充分发挥市场在配置资源、调节经济中的积极作用。但市场调节具有某些自发性、盲目性、局限性和事后性等特点，只靠市场调节经济运行，难以经常保持经济总量平衡和重大结构的协调，难以实现经济长期持续快速发展，难以防止收入分配上的两极分化，也难以对生态环境和自然资源进行有效的保护等。计划配置资源、调节经济的机理在于：国家可以预先安排和进行有目的的活动，它是主观对客观的认识和能动的反作用，可以自觉地认识并遵循客观经济规律包括价值规律、供求规律、自然规律，保持经济和社会的协调发展。它的主要长处是，国家有可能从社会整体利益和长远利益来引导市场和整个经济发展的方向，弥补市场的缺陷和市场力量难以达到的方面，可以集中必要的力量办成一些大事，也可以充分发挥发展中国家的"后起国效应"。计划的缺点是，由于计划制定和决策人员在信息掌握和认识能力上的局限性，以及所处地位和所代表利益上也难免有局限性，因此会发生偏颇、僵滞的毛病，往往会束缚经济活力，不利于资源的优化配置。把计划与市场这两手段结合起来，就可以取长补短。

我们要建立社会主义市场经济体制，首先必须很好研究一般市场经济运行的规律和法则。因为无论何种社会经济形式，市场经济运行的方式、方法大体是相似的。一般地说，市场经济体制的共性大体是：(1)所有产品、服务和生产要素都是商品；(2)商品的交换和流通，都应当通过市场；(3)市场在资源配置中起基础性作用，整个经济都受市场变动的影响和制约，大量的经济活动主要靠市场调节；(4)等价交换是商品经济的一般法则，经济活动必须符合价值规律的要求；(5)供求规律是市场经济的基本规律，经济运行必须适应市场供求的变化；(6)竞争机制充分发挥作用，优胜劣汰；(7)价格主要由市场决定，能灵活反映资源的供求状况，即它们相对稀缺的程度；(8)在市场中的交易和竞争是公平、公开、公正的，市场是开放的、统一的、有序的；(9)政企分开，企业是市场的法人主体，不论何种所有制、具有何种法人地位的企业，都应能够自主决策、自主经营、自负盈亏；政府对企业主要是进行间接调控和管理；(10)市场经济实质上是用法律作为规范的经济，社会经济活动普遍法制化，有法可依，有法必依。以上这些，是所有市场经济的一般要求，要实行市场经济体制，在原则上是不能违背而必须符合这些基本要求。

纵观世界各国，市场经济体制的具体模式是不一样的，即使是以私有制为基础的国家，由于基本国情、经济发展阶段、市场发育程度和民族文化特点等不同，其市场经济体制模式也不完全相同。英国、美国的市场经济不同于德国的社会市场经济，后者又不同于以产业政策为导向的日本市场经济，而日本的市场经济又有异于韩国的政府主导型市场经济。世界是纷纭复杂的，经济模式也是多种多样的。

我国要建立的社会主义市场经济体制，既有市场经济的一般属性，更有自己的显著特征。我国的市场经济是同社会主义基本制度结合在一起的。我们社会主义基本制度可以说有两大显著特点：一是在经济上，以公有制经济和按劳分配方式为主体，多种经济成分和分配形式并存，长期共同发展；二是在政治上，有中国共产党的领导和人民的国家政权。这个党和国家政权是为了广大人民谋利益的，能够自觉认识和依据客观经济规律，加上公有制经济和按劳分配方式的主体地位，需要而且可能把人民的当前利益与长远利益、局部利益与整体利益结合起来。这两个显著特点，决定了我们国家实行市场经济体制应具备的一些重要特征。包括:国有企业、集体企业和其他企业都进入市场,通过平等竞争发挥国有企业的主导作用;兼顾效率与公平,运用市场等各种手段,既鼓励先进,促进效率,合理拉开收入差距,又防止两极分化,逐步实现共同富裕。还要看到的是,由于我国社会经济基本制度所决定,在宏观调控上也有自己的特色。与建立在私有制基础上的资本主义市场经济相比,我们国家的宏观调控的目的、范围、形式、力度应当会有所不同,而且由于我们是以公有制经济为主体,国家对市场调控具有较雄厚的物质基础,对市场的宏观调控能力可以比资本主义国家强得多,从而可以使市场机制更加健康地运行。在宏观经济管理上,我们必须积极学习、借鉴别国的一切成功做法和经验。拒绝学习和借鉴别国的好东西,是思想僵化的表现。同时,在学习国外宏观管理模式的时候,必须与我国社会经济制度等基本国情以及现阶段的实际情况相结合,不能照抄照搬。

这里需要进一步明确的是,建立社会主义市场经济体制,充分发挥市场的配置资源中的基础性作用,并不是可以忽视甚至排斥计划手段的作用,新体制本身包括运用计划手段。十四大报告在不少地方明确强调了这一点。例如,在讲到社会主义市场经济内涵时指出:要进一步扩大市场的作用,"并依据客观规律的要求,运用好经济政策、经济法规、计划指导和必要的行政管理,引导市场健康发展"。又如,在讲到社会主义市场经济体制特征时强调:"国家计划是宏观调控的重要手段之一。要更新计划观念,改进计划方法,重点是合理确定国民经济和社会发展的战略目标,搞好经济发展预测、总量调控、重大结构与生产力布局规划,集中必要的财力物力进行重点建设,综合运用经济杠杆,促进经济更好更快地发展"。再如,当讲到建立和完善社会主义市场经济体制过程时指出:"在建立社会主义市场经济体制的过程中,计划与市场两种手段相结合的范围、程度和形式,在不同时期、不同领域和不同地区可以有所不同"。再如,在讲到政府职能转变时说:"政府的职能,主要是统筹规划,掌握政策,信息引导,组织协调,提供服务和检查监督。”这些说明,在建立和完善社会主义市场经济体制中,任何忽视以至排斥计划手段的观点和做法,都是不符合十四大精神的,因而是不对的。

在我国社会主义市场经济体制下,为什么要加强和改善国家的宏观调控,为什么还要运用计划手段?这除了和所有实行市场经济的国家具有共同的原因之外,从我们国家的实际情况看,还有以下一些特殊的原因:(1)我国现在仍然是一个经济比较落后的国家,各个地区、各行各业都要发展,而人口众多,资源、资金相对不足,又对发展形成了很强的制约。另一方面,我国社会主义制度具有能够集中力量办大事的优势。这两个方面的实际,决定了我们必须也有可能运用计划和其他宏观调控手段,引导和动员必要的资源去兴办一些运用市场手段办不到或只靠市场力量误时费力的大事,以抓住时机,促进经济的更好更快发展。(2)由于历史的原因,我国产业结构、地区经济布局存在许多不合理现象,结构调整的任务十分繁重;而国际上高新技术迅猛发展,产业结构调整和升级也正在兴起新的浪潮。我们要适应和赶上这种潮流,发挥我们作为发展中国家的“后起国效应”,加快我国产业结构的调整和优化升级,并协调地区经济发展,促进各地区经济合理分工、各展所长、优势互补、共同发展,也不可能所有事情都经过市场去筛选,那样做时间长、见效慢、成本高,甚至还会带来其他消极影响。在重视运用市场手段的同时,合理运用计划手段,就可以更好更快地促进结构优化。(3)目前我国市场发育程度低,市场体系不健全,与市场经济相配套的法律、法规有待逐步建立。加强和改善宏观调控,重视运用计划手段,不仅是保证国民经济健康运行所必需,而且也是培育发展统一、开放和有序竞争的市场体系,使市场作用得以更好发挥的重要环节与措施。(4)今后一个时期,我国同时处于新旧经济体制转换、经济结构优化升级、经济发展阶段转变的关键时期。由此决定了经济生活中既有规律性和可预测性的因素,又有一些复杂的、难以预测的因素。要创造与保持有利于加快改革开放和现代化建设所必需的社会经济环境,处理好经济发展与改革开放之间的关系,以及处理好加快经济发展与经济总量平衡、调整和优化结构、提高经济素质和效益之间的关系,也必须在不断扩大市场作用的同时,加强和改善宏观调控,运用必要的计划手段。否则,难以实现十四大确定的各项重大任务。也可以说,今后一个时期注意加强和改善宏观调控,发挥计划的指导作用,尤为必要和重要。

在社会主义条件下建立市场经济体制,是我国改革理论和实践的重大发展。向着这个目标前进,并取得预想的成功,不仅会有利于加快中国现代化的进程,而且对世界社会主义运动也是一个伟大贡献。同时必须清醒地认识到,从根本上改革原有体制,建立新体制,实现新旧体制转换,是一个十分复杂的社会系统工程,需要进行相当时期的艰苦努力和多方面的相互配套改革,不可能一蹴而就。这是因为:(1)我国目前市场发育不成熟,市场充分有效发挥作用的“硬件”和“软件”都不足,包括市场体系不健全、市场组织和市场制度不完善,人们对市场经济知识不多,这些表明市场作用的充分发挥需要有个过程。(2)建立市场经济新体制,既要大力推进改革,又要创造客观条件。市场作用的充分发挥,有待于商品经济和社会分工的进一步发展,而社会分工的扩大和商品经济的发展:又取决于生产力的状况和水平。目前,我国交通、通信紧张,经济信息、咨询业落后,都制约着市场经济的发展,改变这种状况也非下大力气不可。(3)就改革方面看,现在已进入攻坚阶段,必须向深层次推进。理顺基本经济关系,调整利益格局,把企业推向市场,这些改革难度较大,不仅需要一定时间,而且需要推进综合配套改革。(4)在社会主义条件下建立市场经济体制,世界上没有现成模式,只能通过我们自己的实践不断总结经验,在试验和探索中前进。基于这些情况,在向市场经济体制前进的过程中,既要坚定方向和目标,又要从实际出发,有领导有步骤地逐步推进,不能急于求成。否则,欲速不达,会造成不必要的曲折和损失。当然,必须增强紧迫感,加快改革步伐,尽可能缩短新旧经济体制转换的时日。新旧体制并存的时间过长,会造成多方面的摩擦、矛盾和不良影响。我们要大胆探索,勇于创新,不断总结经验,坚持把解放思想和实事求是精神很好地统一起来,把巨大的热情和科学的态度很好地结合起来,经过实践——认识——再实践——再认识,坚持不懈地努力,就一定会达到既定的改革目标。

三、建立社会主义市场经济体制,必须加快改革步伐和搞好相互配套的改革

要建立社会主义市场经济新体制,就必须对原有经济体制进行全面和系统的改革。经过14年来的改革,原有高度集中的计划经济体制模式已发生多方面的显著变化,新体制的大门初步打开,但与建立健全社会主义市场经济新体制目标的要求,还有很大距离。按照党的十四大要求,应当抓好以下几个重要环节:

第一,下大力量转换国有企业的经营机制,使之逐步与社会主义市场经济发展相适应。企业是市场活动的主体,也是形成社会主义市场经济体制的基础。必须坚持把国有企业推向市场,增强它们的活力,提高它们的素质,作为建立社会主义市场经济体制的中心环节。这也是巩固社会主义制度和发挥社会主义优越性的关键所在。转换企业经营机制,就是要按照发展社会主义市场经济的要求,调整、改革所有权与经营权形式,理顺企业经营活动中的各种责、权、利关系,健全企业经营行为,使企业能够在国家宏观政策和计划调控下,从政府的“怀抱”走向市场的“海洋”,使企业真正成为自主经营、自负盈亏、自我发展、自我约束的法人实体和市场竞争的主体,并承担对国有资产保值增值的责任。

转换企业经营机制至少包括以下几方面内容:一是建立企业的自主经营机制。企业作为独立的商品生产者和经营者,能对生产经营、投资、

资金支配、产品和劳务定价，以及劳动、人事、工资奖金分配等有自主决策权，在竞争中求生存、求发展。二是健全动力机制或激励机制。完善企业经营者与企业的责权利关系，促其提高企业参与市场竞争的主动性和创造性。在企业内部，要形成有效的激励手段，调动全体职工的积极性和创造性。同时，在市场竞争中建立技术进步和产品开发的动力机制，努力发展生产，提高效益和质量，降低消耗，形成良性循环。三是形成有效的约束机制。企业作为独立法人能自负盈亏，对其经营成果享有相应权益；同时，明确企业对国家对社会所承担的责任，企业经营者对企业承担的责任，包括对国家授予其管理的财产承担民事责任和企业长期发展的责任。企业要自觉遵守国家法律法规的规定，正确处理国家与企业、企业与职工的关系，正确处理全局利益和局部利益、当前利益和长远利益的关系，克服短期行为，建立约束、监督机制，做到自我约束。四是完善企业的积累机制。五是健全对企业的调控机制。政府通过积极有效的宏观政策引导，努力为企业创造一个良好的政策和体制环境。通过完善内部经营机制和改善外部环境，使广大企业焕发经济活力。转换企业经营机制的过程，实际上是探索和选择公有制经济得到更好实现的有效形式，使公有制经济与市场经济内在地和协调地结合起来，以期显著地提高国有企业的活力和效益，进一步解放和发展生产力。

近几年来，我国在探索国有企业转换经营机制方面做了大量的工作，出现了多种多样的形式。包括承包经营、租赁经营、股份经营，也包括引入乡镇企业和“三资”企业机制等。应当继续采取多种形式的试验。经营承包责任制要进一步完善。股份制有利于政企分开、转换企业经营机制和积聚社会资金，要积极试点，总结经验，抓紧制定有关法规，使之有秩序地健康发展。发展企业之间的租赁和买卖，也是深化企业改革的一个重要内容。它是促进资产存量合理流动，实现资源配置优化的客观要求，也是改善企业组织结构的重要途径，还是使国家尽快卸下对长期亏损企业的财政负担，迅速增加财政收入，扩大再生产投入的有效措施，这方面的改革应当积极进行。对有些国有小型企业，可以出租或出售给集体或个人经营。

转换企业机制，使企业成为市场竞争的主体，必须坚决贯彻国务院新近颁布的《全民所有制工业企业转换经营机制条例》，全面落实企业生产经营决策权、投资决策权、产品定价权、进出口经营权、人事劳动权和工资奖金分配权。落实企业的自主权，是转换经营机制的重要内容，也是企业走向市场的基本前提。同时，应当积极创造出各类企业都能够平等竞争的社会经济环境。目前，不仅国有经济与集体经济、乡镇企业、“三资”企业之间的竞争条件不平等，国有企业之间的竞争条件也不相同。不平等的情况也比较复杂，主要表现为体制管理上的不平等和政策待遇上的不一样。必须通过深化改革和合理调整政策改变这些状况。在深化改革中，要继续提倡和支持企业之间进行联合、兼并，组织跨行业、跨地区的企业集团以至跨国经营的企业集团，使国有企业不断增强竞争能力和发展后劲，实现优势互补，在社会主义市场经济中发挥骨干作用。

第二，加快市场体系的培育和建设，逐步建立完整、统一、开放的大市场。一是积极培育各类市场，建立完备的市场体系。我国现阶段不仅商品市场的发育程度较低，还有相当一部分生产资料没有进入市场或没有完全进入市场，特别是各类生产要素市场仅仅处于起步阶段。因此，必须继续大力发展商品市场特别是生产资料市场，包括批发市场、现货市场和期货市场；积极培育包括债券、股票等有价证券的资金市场；努力发展技术、劳务、信息和房地产等市场，以建立完备的市场体系，为市场机制充分有效发挥作用创造组织基础。二是加快价格改革步伐，逐步理顺价格关系。这是建立市场体系和市场经济体制的关键环节。实践证明，靠国家定价或定期调价，很难符合等价交换的要求和市场需求的变化。应当根据经济和社会的承受能力，采取调放结合、以放为主的方针，尽快理顺能源、运力和原材料等基础产品价格，努力建立正确反映商品、资源、资金和劳务稀缺程度的价格体系，以形成对企业生产和投资活动的正确引导。要加快价格双轨制的并轨进程，凡供求大体平衡的产品价格，原则上都应放开，实行市场价格，逐步建立起以市场形成价格为主的价格机制。除极少数重要产品价格和劳务收费由国家定价或国家指导定价外，其余的都要由市场调节。在理顺商品价格的同时，还要逐步理顺作为资金价格的利率，作为外汇价格的汇率，作为土地价格的租金，作为劳务价格的工资等等。只有价格关系理顺了，并让企业参与市场定价，才能有效发挥包括价格机制在内的市场机制的作用。三是进一步深化流通体制改革。按照大开放、大流通、大市场的观念，改革流通体制，拓宽和疏通流通渠道。积极发展多种有利于产品顺畅、稳定交换与流通的新型流通组织形式。要巩固和发展流通的主渠道，大力增强国有流通企业的实力和活力，并积极调整流通企业组织结构，培育现代化流通组织。特别要打破商业、物资、外贸部门三分天下的流通格局，打破国际贸易与国内贸易、生活资料与生产资料流通分离的状况，广泛开展流通企业的联合。四是加强市场制度和法规建设，建立城乡开放、国内国外开放的统一市场规范与秩序。这是实现平等竞争、公平交易和正当经营，从而维护正常市场秩序和保证经济健康发展的基础性条件，也是培育市场体系的重要环节。目前，形形色色的条条块块分割、封锁和垄断还相当严重，阻塞商品的正常渠道和生产要素市场的形成与发展。要抓紧制定《市场法》《反垄断法》等市场经济的基本法律法规，以及市场进入、交易等规章、制度。只有强化法律约束，才能使市场运行规范化、制度化，使市场经济做到富有生机而有秩序地发展。五是大力发展市场中介组织。介于政府和企业之间的中介组织，是企业经营决策的参谋机构和咨询者，又受政府的指导，遵循国家的法律法规，对企业实行服务、协调和监督。这类组织大体上有会计师事务所、律师事务所、公证事务所、审计事务所、专利事务所、咨询公司、商品检验所、市场公正交易委员会、消费者协会、职业介绍所等等。同时，还要建立一批经济、技术、信息资料库、商情中心、技术服务站等。这些中介组织，是联结政府、市场和企业的纽带和桥梁，是建立社会主义市场经济的重要组成部分。六是搞好市场建设的规划。必须像制定国民经济和社会发展规划那样,认真研究现阶段我国市场发育的特点、战略、布局、结构和政策措施,制定发展各类重要市场和市场体系的总体规划,逐步建立种类齐备、布局合理、多层次、多功能的市场组织。各级政府都应当把培育和建设市场体系纳入国民经济和社会发展计划,并作为重要组成部分。要动员全社会各方面的资金,积极增加对这方面的投入,加快仓储、货栈、运输、信息网络等与市场发育直接相关的设施建设,以引导和加速市场体系的发展。

第三,深化分配制度和社会保障制度改革。深化分配制度改革的基本要求,是统筹兼顾国家、集体和个人三者利益,理顺国家与企业、中央与地方的分配关系。这是深化经济体制改革难度较大而又必须妥善解决的一个重大课题。在我们这样一个人口众多、经济底子薄,幅员辽阔、情况千差万别的国家里,经济上既不能过分集中,也不能过分分散。只考虑国家利益,不考虑集体和个人利益不行;反过来,只考虑企业和个人利益,不考虑国家利益也不行。只有统筹兼顾国家、集体和个人利益,兼顾中央和地方利益,才能有效地发挥中央、地方、企业和劳动者个人各个方面的积极性和主动性。必须通过深化改革,适当调整分配体制和分配格局,并建立合理的、规范化的、比较稳固的收入分配关系。

建立合理的分配制度,最重要的是抓好两个方面改革。一是改革财政税收体制。现行的财政包干体制,对于打破统收统支、吃“大锅饭”的分配制度,调动地方发展经济、增加收入的积极性,起了重要作用。问题是,由于利益格局的不合理和过分追求本地利益倾向的发展,造成中央宏观调控乏力,经济结构调整困难。改革的方向,是在合理划分中央与地方事权范围的前提下,实行分税制。综观世界上实行市场经济的国家,包括德国、美国、巴西等,大多实行这样的分税制。这种财税体制,比较规范、合理,它能根据中央、地方的不同事权划定相应的比例,而各自都有支配财力的自主权。与实行分税制的同时,企业也要实行利税分流的体制。

二是改革工资制度。现行的个人收入分配制度,透明的工资部分增长不快,而灰色收入和福利性支出比重过大,以致出现个人收入失控现象迟迟得不到解决。这种分配制度,不仅造成个人收入增长过快,而且又导致收入分配不公。因此,改革个人收入分配制度势在必行。应当建立健全工资总量的宏观调控体制,使基层单位形成自我约束的利益分配机制。要建立起符合企业、事业和机关各自特点的工资制度与正常的工资增长机制。必须把可以纳入工资的收入全部纳入工资,把某些实物性分配货币化。合理拉开收入分配差距,克服平均主义现象。积极推行个人收入申报制度,严格征收个人收入调节税。这样做,既可以抑制收入的不合理增加,又可以缓解个人收入分配过于悬殊的矛盾。在企业内部,则由企业根据职工个人劳动的数量和质量自行决定分配。

加快社会保障制度改革,是企业转换经营机制、政府进行机构改革、充分发挥市场作用的内在要求。从更广阔的角度看,建立社会保障制度是社会化大生产的产物,是经济发展与社会进步的标志,也是保障社会稳定,创造有利于经济发展环境的重要环节。社会保障包括待业、工伤、医疗、养老保险以及部分社会福利等多方面的内容,是一种社会保障体系。我国目前这些方面的社会保障制度存在的主要问题是,社会保障覆盖面狭窄,多限于国有企业职工;国有企业负担过重,职工一旦就业,生老病死和住房以至家属子女就学就业等全由企业包下来,这种沉重的负担严重地制约了企业的发展。这种体制,还将社会行为变为企业行为,又将应由个人承担的那部分责任变为企业的责任,这就导致了企业责任和个人责任的扭曲。因此,必须深化社会保障制度的改革。要通过改革,尽快建立和健全统一的、多层次的管理机构或协调机构,这是发展社会保障事业的组织保证。要根据实际情况,研究和制定我国社会保障制度的改革方案,目标是推动社会保障事业逐步走向规范化、法制化和现代化,提高社会保障的社会化程度。当前改革的一个重点,是要改变国有企业代行政府职能、管理社会公共事务和包揽社会保障事业的现象,使待业、工伤、医疗、养老以及其他各项保障由企业行为转化为社会行为。要走出由国家和企业大包大揽的老路子,实行国家、集体、个人三方面合理负担社会保障(主要是社会保险)资金。要打破不同类型的企业不同对待的界限,逐步调控各项社会保险费的收缴和领取办法,认真搞好社会保障资金的管理营运和调剂使用,不断扩大社会保障的覆盖面,促进劳动力的合理流动和劳务市场的发育。社会保障制度改革是一个复杂的工程,关系到广大群众的切身利益和社会稳定,必须精心组织,积极而稳步地前进。

在深化收入分配制度和社会保障制度改革的同时,还必须加快城镇住房商品化的改革进程,包括采取提高房租、出售公房、建立住房公积金、提倡合作建房和个人建房等。这也是引导消费和改善消费结构的紧迫任务,是吸纳社会结余购买力,合理调整国家、企业和个人利益格局的战略性措施。

第四,加快政府职能的转变,健全科学的宏观管理体制与方式。建立社会主义市场经济体制,不是不要政府管理经济,而是要改变管理经济的职能和方式。这方面的改革,实质上是上层建筑如何适应经济基础和促进经济发展的大问题。不在这个方面取得实质性的进展,整个经济体制改革难以深化,更不可能建立社会主义市场经济体制。可以说,这方面的改革,涉及到改革和发展的全局,是一项紧迫的重大任务。必须下更大的决心,采取更大的措施,切实抓紧抓好。政府职能转变的根本途径,总的说是把政府的国有资产所有者代表职能与行政管理职能分开,由对企业的直接管理为主改为间接调控为主,即政企分开。政府在经济管理中,主要职能是统筹规划、掌握政策、信息引导、组织协调、提供服务和检查监督,运用经济手段、法律手段以及必要的行政手段引导和调控社会经济的运行,为企业和市场创造良好的外部环境。各级政府部门不能再干预企业的生产、经营、管理等具体事务,凡是市场能够解决问题的,都交由市场调节。同时,政府必须研究在市场经济条件下进行宏观调控的形式、方法和制度,改善和加强宏观调控,强化审计和经济监督,真正做到微观放开搞活，宏观管住管好。并要合理划分中央与省、自治区、直辖市的经济管理权限，充分发挥中央和地方两个积极性，以促进整个国民经济既充满活力又大体协调的向前发展。

转变政府职能的一个重要方面，是更新计划观念，转变计划管理职能和方式，改进计划工作。改革传统的经济体制，建立市场经济新体制，其实质就是要摒弃传统的计划经济模式。它必然要求比较全面系统地改变原有的计划思想、计划观念、计划职能、计划内容、计划形式、计划方法和计划组织体系。在新的形势下，计划的重要职能应当是：研究战略、制定规划、培育市场、宏观调控、重点建设、协调服务。与此相适应，必须切实减少具体事务，转变工作作风。这里所说的计划工作，不只是指计划部门，也包括政府各职能部门，都必须加以改革。因为，原有的计划经济模式，不仅体现在计划部门的管理，也渗透到了其他各职能部门，必须同心协力，步调一致，才能推进改革，使整个计划工作适应建立社会主义市场经济的要求。

以上这些，只是建立社会主义市场经济体制的一些主要方面和基本任务。完成这些任务，还需要相互配套地推进其他方面的改革，包括深化计划、投资、财政、金融、物资、商业、外贸、劳动工资制度等改革。只有这样，才能使整个改革协调前进，加速新旧体制转换的进程。

加强和完善宏观调控体系*

（1995 年 2 月）

一、社会主义市场经济为什么需要宏观调控

我们党和国家在作出我国实行社会主义市场经济的重大决策时，就对建立社会主义市场经济体制给以科学的概括和明确的内涵。江泽民总书记在党的十四大报告中指出："我们要建立的社会主义市场经济体制，就是要使市场在社会主义国家宏观调控下对资源配置起基础性作用"。八届全国人大一次会议通过的宪法修正案也规定："国家实行社会主义市场经济"，"国家加强立法，完善宏观调控"。在党的十四届三中全会通过的《关于建立社会主义市场经济体制若干问题的决定》中再次强调："社会主义市场经济体制必须有健全的宏观调控体系"。这些都清楚地表明，党和国家把宏观调控作为社会主义市场经济体制的有机的重要组成部分。

之所以作出这样的决策，一是基于对现代市场经济特征的深刻认识，二是基于对我国国情的全面分析。

现代市场经济是市场经济由初级向高级阶段发展的历史和逻辑的产

---

* 本文系作者在国家行政学院举办的社会主义市场经济培训班讲课提纲；发表于《国家行政学院通讯》1995 年第 2 期。

物。在市场经济中,资源配置和经济调节的基本方式和主要手段是市场。也就是说,市场是联结主要经济关系和各种交易行为的纽带。市场机制的优点在于,经济活动遵循价值规律的要求,适应供求关系的变化,通过价格杠杆和竞争机制的功能,把资源配置到效益较好的环节中去,实现优胜劣汰,使整个经济富有活力与效率。宏观调控,就是国家对国民经济从总体上、全局上进行引导、协调、调节与管理,为微观经济活动创造适宜的社会经济环境,保证市场经济的健康运行。

理论与实践都表明,现代市场经济都是有政府宏观调控的经济,完全自由的市场经济是不存在的。之所以如此,主要是因为市场对配置资源和调节经济活动固然有许多优点和长处,但也有其自身的弱点和消极方面。

(一)市场活动是个别生产单位、个别消费单位和个人的经济活动,有关资源配置和经济行为是以价格为基础和自主决策。自发的市场不具有在国民经济总体范围内自行协调的机制。由于受短期利益和局部利益的驱动,单纯由市场调节的经济活动有一定的盲目性、自发性,而其后果又往往具有滞后性。这就不可避免地会造成社会总供求失衡等一系列宏观经济问题,造成经济的波动和资源的浪费。

(二)市场调节只能反映现实生产结构和需求结构,而不能有效反映国民经济发展的长远目标和结构。经济学中有一个重要的概念,叫作合成谬误,就是说对眼前的、局部是正确和有利的,但其合成的总体运行结果和长远目标可能是错误和不利的。作为市场主体的企业,它所追求的往往是利润最大化,反映近期市场需求,但微观的经济成本同宏观的社会成本经常是不一致的,这容易导致个别企业为追求自身近期利益而牺牲社会群体或公众利益。这样,市场调节的经济活动,不可能正确反映国家长远发展目标和社会需求远期的变化趋势。

(三)市场不能有效地提供某些社会公共消费品和服务的供给、不能保障社会全面发展。许多社会事业发展领域,包括城乡公共设施的建设,环境保护和生态平衡，文化教育事业，涉及国家利益的国防军工等方面的建设，由于社会公益性强，有些方面也由于投资量大，回收期长，利润率低，因此市场主体是不愿意也是无力进入的，而这些方面又是全社会所必需的，必须由政府有意识、有计划地介入，弥补市场在这些方面的“失灵”和缺陷，以有效地保障社会整体利益。

（四）市场活动以优胜劣汰为准则，它所解决的是微观经济发展的动力问题，它带来的是微观的效率、不能兼顾社会公平。如果完全由市场自发地进行收入分配，就会造成地区之间、城乡之间和社会群体之间差距过分扩大，从而引起社会不稳定，最终破坏经济持续发展和整体效益的提高。

（五）市场竞争往往形成垄断。垄断会导致市场信号扭曲，造成竞争条件不公平，反过来会妨碍市场机制正常作用，降低市场配置资源的效率。西方国家普遍制定《反不正当竞争法》等，正是由国家有意识地通过立法，来规范市场行为和市场秩序。

由此可见，市场不是万能的。国家实施宏观调控，在于弥补市场不足，纠正市场缺陷，引导市场运行，维护市场秩序，保证市场机制正常发挥作用，促进市场经济健康发展。

事实上，自 20 世纪 30 年代西方国家出现经济大萧条之后，所有市场经济国家都认识到了政府干预和调节经济运行的必要性，并根据各自特点制定宏观调控措施。凯恩斯主义则为政府干预经济活动和实施宏观调控提供了理论基础。只是由于各国政府干预和宏观调控的范围、形式、程度有所不同，市场经济模式也有所差别。主要的有三种：第一种模式以美国、英国为代表，是相对自由的市场经济，偏重强调企业和个人开展竞争，对企业经济活动干预较少，但政府对宏观经济总量和个别产业部门实施强有力的干预。第二种模式以日本、韩国为代表，是政府主导型市场经济，政府制定中长期经济发展计划，根据不同时期的经济发展任务，制定产业政策，并运用财政、金融等经济政策予以支持。第三种模式以德国为代表，实行社会市场经济，不具体编制经济发展计划，但政府通过多种方式有力地干预市场，重点是维持市场竞争环境和社会公平。事实还表明，各种市场经济模式在不同阶段，差别也是很大的。

总之，国家对经济进行宏观调控，同市场对资源配置起基础性作用一样，是市场经济体制不可缺少的重要组成部分。著名经济学家、诺贝尔经济学奖获得者萨缪尔森说："当今没有什么东西可以取代市场来组织一个复杂的大型经济。问题是，市场既无心脏，也无头脑，它没有良心，也不会思考，没有什么顾忌。所以，要通过政府制定政策，纠正某些由市场带来的经济缺陷。"近来，在西方经济学中，有些学者把资本主义划分为以德国、日本为代表的"莱茵"模式和以美国、英国为代表的"海洋"模式。前者以国家宏观调控较强为特点，并比较一致地认为前者表现出更大的活力。

我国实行的社会主义市场经济，是有社会主义国家宏观调控的市场经济，这不仅符合现代市场经济的一般原理，而且反映了我国国情和经济发展阶段的特殊要求。

（一）我国是一个发展中国家，正处于经济发展的"追赶阶段"，不可能只靠市场的自发作用完成资本积累，迅速建设起规模巨大的基础工业和基础设施。同时，生产力布局还不够合理。另一方面，我们社会主义国家能够根据全局利益从总体上规划和协调经济布局等重大经济活动，并且可以发挥社会主义制度能够集中力量办大事的优势，统筹规划和集中必要的资源，兴办一些市场手段根本难以办到或短时间内不可能办到的大事。

（二）我国现阶段经济发展的重要目标，是全面推进国民经济的工业化、现代化，把传统落后的经济结构改造成为工业化、现代化的经济结构，因此不应当只局限于满足当前的市场需求，而更应当重视宏观调控在经济发展中的作用，着眼于经济发展的全局和长远目标，促进资源合理配置和结构不断优化升级。同时，我们是一个发展中国家，可以发挥"后起国效应”,借鉴工业化国家和发达国家发展过程中的经验教训,不必事事经过市场筛选,从而避免一些损失浪费。

(三)我国目前市场发育程度低,建立完善的市场体系需要一个相当长的过程。在这个过程中,政府要采取多种措施,一方面促进市场全面和健康发育,另一方面克服市场不完善所带来的某些消极作用。也就是说,加快市场体系的培育和建设,也是现阶段国家宏观调控的重要任务。

(四)我国坚持以生产资料公有制和按劳分配为主体,兼顾效率和公平。我国又是一个地区间和城乡间经济发展水平差异很大的国家,单纯靠市场调节将会导致收入分配差距悬殊,出现严重的两极分化。政府在分配领域中必须发挥宏观平衡、协调和调节的作用,在坚持效率优先的同时,兼顾社会公平,逐步实现共同富裕。

(五)我国要进一步扩大开放,实现国内经济与世界经济互接互补。为了在激烈的国际经济、科技竞争中立于不败之地,更多更好地利用国外资金、资源、技术、市场和管理经验,也需要加强国家对涉外经济活动的宏观引导和调控。

总之,为了促进社会主义市场经济的健康发展,使社会资源配置更加合理有效,为整个经济注入活力、提高效率,我们必须充分发挥市场机制作用。只有充分发挥市场机制在配置资源中的基础性作用,才会真正有社会主义市场经济。对于这一点,我们必须有十分明确和坚定的认识。同时,必须切实健全宏观调控体系,加强和改善对宏观经济的调控。这样,我们才能争取在较短的时间内,以最低的社会成本,建立起与现代社会化大生产和现代经营方式相适应的社会主义市场经济,加快现代化建设步伐,促进社会全面发展与进步。

有一种误解,认为实行市场经济可以不要宏观调控,以为下放权力才是改革,强调宏观调控就不是改革。这是不对的。建立社会主义市场经济体制的改革任务是多方面的,包括转换国有企业经营机制,使企业成为自主经营,自负盈亏的市场主体,包括培育和发展市场体系,形成统一、开放、有序竞争的大市场,也包括转变政府职能,建立健全宏观调控体系。这些方面是相互联系和相互制约的有机整体。我们不能只重视其中的一个方面,忽视甚至否定其他方面。这里需要指出,我们强调国家对经济的宏观调控,决不是对市场作用的忽视和排斥,而是建立在市场机制基础上,是要健全与社会主义市场经济发展要求相适应的新的宏观调控体系。只有既重视充分发挥市场机制的基础性作用,又重视搞好国家对经济的宏观调控,才能达到建立社会主义市场经济体制的目标。

二、我国宏观调控体系的构成和特征

一般说来,国家实行宏观调控的目的,在于求得经济总量大体平衡和经济结构的优化,创造良好的经济发展环境,以利于国民经济总体上的资源优化配置和持续健康发展,促进社会全面进步,保证实现国家确定的发展目标和任务。

宏观调控体系是由多方面构成的。包括宏观调控目标、宏观调控内容、宏观调控对象、宏观调控方式、宏观调控手段,宏观调控组织机构和宏观调控方法等。不同类型的市场经济国家,宏观调控模式也不相同。

西方市场经济国家的宏观调控,主要在于需求调控和经济总量调控。从宏观调控手段和宏观调控职能机构设置的特征看,国外市场经济国家的宏观调控基本模式大体可分为四类:财政主导型、金融主导型、计划主导型、混合型。财政主导型比较有代表性的是法国和英国,财政政策在宏观调控中发挥主导作用,财政部或财政经济部在国家宏观调控职能机构中处于最重要的核心地位。金融主导型比较有代表性的是德国,货币政策在宏观调控中的作用非常突出,其联邦银行独立性很强。计划主导型的典型代表是韩国,该国去年以前经济企划院是最综合和最有权威的宏观调控机构,产业政策、货币政策以及国际经济政策都作为国家计划的有机组成部分,并由经济企划院统一协调。混合型的国家有两种情况:一种以美国为代表,财政政策和货币政策并重,财政部门和中央银行在宏观调控中同时承担最重要的职能;另一种以日本为代表,宏观调控的主要职能机构是大藏省、通产省和企划厅,分别主管财政货币政策、产业政策和拟定计划,并综合协调基本经济政策。财政主导型、金融主导型和混合型的市场经济国家有些不设计划机构,也不制订国家计划。有的虽然有计划机构并制订计划,但计划机构并不担负实际的宏观调控职能。日本和韩国之所以重视产业政策和国家计划作用,形成其特有的宏观调控机构设置,是因为他们在借鉴欧美国家市场经济模式时,根据本国国情和实施贸易立国、出口导向发展战略的需要加以改造,并吸收了计划经济体制的某些长处。

我国宏观调控模式的选择,必须充分考虑以下几点:(1)逐步建立社会主义市场经济体制,实现政企分开、有利于发挥市场在资源配置中的基础性作用。(2)从我国经济发展所处于阶段出发,有利于保证中长期经济社会发展战略的实现。(3)充分体现我国社会经济制度的特点,有利于发挥社会主义制度的优越性,有利于发挥我国的政治、文化优势。(4)宏观调控体系的建设,必须与我国整个经济体制的运行机制转换过程相适应。

考虑以上各点,我国所要建立的新型宏观调控体系,应当具有以下主要特征:一是宏观经济政策的主要目标,不仅仅是保持社会供求总量的平衡,而且要选择正确的经济社会发展战略,引导国民经济和社会发展方向;二是宏观经济调控的主要内容,不仅是经济总量增长,而且要从总体上重视社会资金和资源的有效利用,促进经济结构的调整和优化,合理布局生产力,协调重大经济关系,促进经济与社会的协调发展;三是宏观调控的主要手段,不仅包括间接的需求管理,即财政政策和货币政策,而且包括直接的供给管理,即产业政策和投资政策;同时,重视国家计划的作用,使国家计划成为宏观调控的重要手段。

(一)关于宏观调控目标。国外一些国家都有自己特点的宏观调控目标。例如,德国宏观调控目标为经济适度增长、币值稳定、充分就业、国际收支平衡。这四大经济总量平衡目标,被他们视之为“神秘的四角”。北欧一些国家,则在德国四大宏观经济目标的基础上,加上社会公正分配这个目标。

我国宏观调控目标的确定,应充分体现我国经济发展所处于阶段和战略目标的要求。借鉴国外经验,我国现阶段宏观调控目标,应当包括以下几个方面:(1)在保持社会稳定的前提下,充分发挥各种资源的潜力,促进经济较快增长。(2)坚持社会总供求的基本平衡,合理确定固定资产投资规模和货币供应量,坚持财政收支、信贷收支、国际收支基本平衡的原则,保持币值的基本稳定。(3)严格控制价格总水平上涨幅度,防止出现破坏经济正常运行和经济秩序的严重通货膨胀。(4)促进一、二、三产业以及基础产业与制造业协调发展,加快支柱产业和高新技术产业的成长,推动产业结构的优化和升级。(5)积极参与国际竞争,扩大对外贸易和经济技术交流,发挥我国经济的比较优势。(6)在发展经济和提高效益的基础上,不断提高人民生活水平和质量。按照兼顾国家、集体、个人三者利益以及兼顾效率与公平的原则,合理确定国民收入分配的比例关系,防止两极分化。(7)发挥劳动力资源丰足的优势。统筹规划和协调城乡劳动力就业,控制失业率。(8)严格控制人口增长,加强环境保护和治理,促进生态平衡。以上这些目标是相互关联、相互协调的统一体。

从总体上看,宏观调控就是要处理好社会总供给与社会总需求的关系,经济增长与稳定物价的关系,经济数量扩大与结构优化的关系,提高生产效率与促进社会公平的关系,经济发展与社会进步的关系,近期利益与长远利益的关系。在实际工作中,要根据不同时期的实际情况,注意重点目标的选择和各个目标之间关系的协调与兼顾。

(二)关于宏观调控对象。传统的计划经济模式,是把企业作为直接管理的对象。在发展市场经济的条件下,宏观调控除了对某些特殊企业外，不再直接管理企业的生产经营活动。这样，宏观调控的直接对象就转向了市场，国家调控市场，引导企业活动符合国家总体目标；宏观调控的着力点，在于为企业活动和市场竞争创造良好的外部环境。

（三）关于宏观调控方式。逐步实现由直接调控为主向间接调控为主的转变。在计划经济体制下，宏观管理主要是对实物产品进行计划、分配和组织衔接，实行实物平衡的直接计划管理。在发展市场经济条件下，应主要进行价值量平衡和间接管理。其基本原则是，运用国家计划、经济政策、经济杠杆、经济法规、经济信息、经济参数和必要的行政办法进行宏观经济管理。基本手段是计划手段、财政手段、金融手段、法律手段和政策手段。在新旧体制转换过程中，坚持逐步扩大经济手段和间接调控范围，但不能忽视必要的行政手段，包括必要的指标控制、额度管理、按权限审批项目等。要根据经济生活的实际变化，相机果断行事。这样做，有利于新旧体制的顺利转换，也有利于国民经济持续、快速、健康发展。

（四）关于宏观调控基本政策体系。主要是：（1）以短期需求调节为主的经济总量政策。包括经济总量平衡和调节市场景气波动的反周期政策，主要是财政政策和货币政策。（2）以供给调节为重点的中长期结构政策。主要是投资政策、产业政策和区域发展政策。（3）收入分配政策。国民收入的初次分配，原则上在国家宏观政策指导和法规规范下，由企业按国家规定的原则和自己生产经营情况，自主决定。国家对收入分配的宏观调控，重点通过再分配环节和调控手段合理调节不同经济主体的可支配收入，调节总消费、总储蓄、总投资。（4）社会保障政策。根据经济增长和物价水平，合理确定居民社会保障标准，对待业保险、医疗保险、养老保险等保险基金的形成和运用进行宏观调控。（5）涉外经济政策。主要是进出口贸易政策、技术引进政策、利用外资政策、国际收支政策等。

（五）关于宏观调控组织体系。应是精干、高效的行政组织系统，逐步形成以宏观经济综合管理部门、产业综合主管部门和经济监督部门为主体的精干的行政组织系统。同时，要充分发挥各种经济组织和市场中介组织参与制定、实施国家计划和宏观经济政策的作用。

（六）关于宏观调控决策支持系统。为了提高宏观决策的科学性，要积极应用现代经济数学方法和电子计算技术，建立和完善宏观决策支持系统。这个系统的基本功能至少应当包括：宏观经济分析和预测，中长期规划和年度计划方案的优选，经济总量平衡测算，经济景气动向监测分析，宏观政策模拟和评估，重要商品供求平衡的测算和市场预测，重大投资项目的宏观效益分析评估，国际经济环境对国内经济影响的分析预测等。

（七）关于宏观调控主要职能的配合协调。在我国社会主义市场经济体制中，计划、财政、银行是宏观调控和管理的三大支柱，这三个部门也是宏观调控的主要职能部门。需要明确它们各自位置和合理分工，建立计划、财政、银行之间相互配合、相互制约的机制，合理发挥各个宏观调控职能部门应有的作用。国家计划提出国民经济和社会发展的战略与主要任务，确定宏观调控的目标，以及需要配套实施的经济政策，这是国家实施宏观调控的重要依据。从宏观调控目标的角度看，中长期计划的主要任务是结构优化和升级，年度计划的主要任务是总量控制和协调。应发挥国家计划总体指导和综合协调的功能。银行和财政是越来越重要的宏观调控手段，其职能需要进一步强化。这是因为，在市场经济条件下的宏观调控，主要是对价值形态调控，而货币政策和财政政策是影响和制约价值创造、价值分配、价值流通、价值增值的两大外部因素。财政与货币政策应与国家计划确定的国民经济和社会发展的总体目标、任务、方针、政策相协调。中央银行应以稳定币值为首要目标，调节货币供应总量，并保持国际收支平衡。财政应运用预算和税收手段，着重调节经济结构和社会分配。总之，要综合配套和协调地运用计划、财政、银行手段，并合理发挥其他宏观经济管理职能部门的作用，以保证国家宏观调控的科学性、统一性和有效性。

为了正确地有效地发挥计划、财政、银行等宏观调控手段的作用，必须深化体制改革,转变职能。在计划体制改革方面,国家计划要以市场为基础,总体上应当是指导性的计划。计划工作要突出宏观性、战略性、政策性,综合协调宏观经济政策和经济杠杆的运用。在财政体制改革方面,要在合理划分中央与地方事权的基础上实行分税制;要按照统一税法、公平税负、简化税制和合理分权的原则,进一步完善税收制度;逐步提高财政收入在国民生产总值中的比重;改革和规范复式预算制度。在金融体制改革方面,要强化中国人民银行宏观调控能力,依法制定和实施货币政策,从主要依靠行政手段的信贷规模管理,逐步转变为主要运用存款准备金率、中央银行贷款利率和公开市场业务等手段,保持币值的稳定;规范政策性银行运作,加快商业银行改革步伐,健全信用制度。

建立健全符合我国国情的宏观调控体系,还必须合理划分中央和地方经济管理权限,充分发挥中央与地方两个积极性。首先需要明确,宏观经济调控和管理权力只能在中央,不能是中央与地方两级。在理论研究和实际工作中,经常看到实行"中央与地方两级宏观调控"的观点。这种观点是不妥当的。这是因为,我们通常所讲的宏观经济活动,是涉及整个国家全局和长远发展的经济活动,包括经济总量平衡和经济结构的协调,全国统一的政策、法律和市场准则。宏观经济总量平衡和结构协调,形成全国统一、开放和有序竞争的市场,这是实现全国经济持续、快速、健康发展和宏观经济效益提高的必要前提条件。对经济进行宏观管理,是基于全国经济为有机联系着的整体,存在着全局利益和局部利益、当前利益与长远利益的矛盾。协调全国经济关系和利益格局的权力和责任应当在中央。地方由于管辖的范围所限,难以了解和分管全局性经济活动。从这种意义上讲,宏观经济调控权只能在中央一级。

但是,我们强调宏观经济调控权在中央,决不意味着可以忽视地方管理经济的积极性。这是因为,我们国家幅员辽阔,人口众多,各地区自然条件和经济基础差异很大,只有发挥地方的积极性,才能使各地方经济因地制宜和生动活泼地主动得到发展,中央宏观调控的决策和措施要真正贯彻落实并取得应有成效,也必须依靠地方的努力,有的需要地方直接负责承担,有的需要地方组织执行和贯彻落实,没有地方的积极性,中央宏观调控的决策和措施也难以达到预期目的。从我国历史经验看,中央统得过多,地方积极性得不到发挥,整个经济缺乏活力,会妨碍社会生产力发展。改革开放以来,扩大地方经济管理权限,从而极大地调动了地方发展经济的积极性,这是使我国综合国力明显增强,经济建设迈上新台阶,人民生活显著改善的重要一招。我们应当认真总结历史经验,妥善解决目前存在的问题,更好地发挥中央与地方两个积极性,促进国民经济既快又好地发展。

三、近两年来国家加强和改善宏观调控的成效与经验

在邓小平同志重要谈话和党的十四大精神鼓舞下,1992 年和 1993 年上半年,我国改革开放和现代化建设步伐明显加快,取得了新的重要进展。在大步前进中,经济生活中也出现了一些新的矛盾和问题,某些方面的情况还比较严重。突出的是:金融秩序混乱,货币过量发行,金融形势严峻;社会需求膨胀,固定资产投资和社会消费增长失去控制,财政困难加剧;农业、能源、交通和重要原材料等基础部门"瓶颈"制约强化;出口增长乏力,进口增长过快,国家外汇结存下降较多;物价大幅度上涨,通货膨胀呈加速之势。针对前进中存在的突出矛盾和问题,党中央和国务院于 1993 年 7 月开始采取加强和改善宏观调控的措施。包括加强中央银行的金融宏观调控,严格控制货币发行,整顿金融秩序,稳定金融形势;改进外汇管理办法,稳定外汇市场价格;强化税收征管,堵住减免税漏洞;加强房地产开发和房地产市场的宏观管理,严格控制新开工项目和投资规模;控制社会消费基金的过快增长;加强物价管理和规范市场秩序。在控制社会需求膨胀,整顿经济秩序的同时,相机出台一系列重大改革措施,

并努力增加社会有效供给。

经过全国上下的一致努力,实施和加强宏观调控的决策取得了明显成效。主要标志是:(1)经济过热现象逐步降温,一度过高的工业生产速度回落到大体适当的水平。特别是制止了房地产热、开发区热、炒股票热,避免了“泡沫经济”的蔓延和对经济全局的危害。同时,国民经济在平稳回落中保持较高水平。1993 年、1994 年国民生产总值分别比上年增长 13.4%和 11.8%。(2)社会总需求过度膨胀的势头得到控制。1994 年全社会固定资产投资比上年增长 27.8%,比上年增幅回落 30.8 个百分点。社会集团消费增长过快的现象有所改变。(3)金融秩序得到整顿,金融形势趋于稳定。制止了乱拆借、乱集资、乱设金融机构和打“白条子”现象,居民储蓄存款增加,货币投放过猛的势头有所减缓。1993 年、1994 年货币净投放都低于年初计划控制的目标。国家财政状况也趋好。(4)结构调整取得进展。重点建设得到明显加强,赤字控制在国家预算之内。由于调整信贷结构和投资结构,1993 年下半年重点建设资金到位率超过国家计划的要求,1994 年投资结构进一步改善,是近几年来基础产业和基础设施完成较好的年份,较多地增加了这些产业的生产能力。(5)人民币汇价稳定在比较合理的水平,外汇储备增加。1994 年末国家外汇储备比年初增长 143.4%,达到 516 亿美元。增强了国家对外支付能力。(6)几项重大改革顺利出台,并达到预期成效,对外开放保持良好势头。近两年,以建立社会主义市场经济体制为目标的改革取得新进展,特别是财税、金融、外汇外贸、价格改革有较大突破。进出口贸易持续大幅度增长,利用外资规模扩大,领域拓宽,投向有所改善。总之,由于党中央、国务院及时地和正确地实施一系列宏观调控措施,及时地和比较好地解决了大步前进中的矛盾和问题,使 1992 年改革开放和现代化建设呈现的新局面得以巩固和发展,避免了经济的大起大落,保持了社会稳定,不仅保证了这两年的改革开放和经济建设得以顺利进行,而且也为今后的继续前进创造了较为良好的经济社会环境。因此,尽管在具体工作中还存在着有待进一步解决的矛盾和问题，但对这两年国家实施宏观经济调控取得的积极成效和重大意义应当有足够的估计。

这两年，加强和改善宏观调控，是在我国明确建立社会主义市场经济体制改革的目标下进行的。宏观调控的思路、方式和手段都有创新，调控的水平也在不断提高，积累了许多经验。初步考虑，有以下几点值得认真总结。

（一）宏观调控的主要着眼点和出发点，必须放在正确处理好改革、发展、稳定的关系，促进三者相互协调、相互促进。

我们现在面临着加快改革开放和现代化建设的难得的历史性机遇。我们要在国民经济的快速发展中推进经济体制改革，又要在加快建立社会主义市场经济体制进程中保持国民经济的快速发展，同时还必须保持社会环境的稳定。我国经济体制改革进入了攻坚阶段。在这个过程中，势必要触及经济生活中的深层次矛盾和不合理的利益格局，难度比过去更大。抓住机遇加快发展，对保持经济总量平衡，优化经济结构，提高经济效益提出了更高的要求。保持社会稳定，既是顺利推进改革和快速发展的前提，同时又必然通过深化改革和不断发展来实现。因此，宏观调控必须始终注意处理好改革、发展和稳定的关系。我们需要加快改革，这样才能逐步理顺基本经济关系，进一步为经济注入活力，但改革的措施、力度和步骤，应考虑社会经济的承受能力。我们需要经济快速发展，但越是快速发展，就越有一个宏观经济稳定的问题，经济高速增长可能带来的最大的问题就是通货膨胀，而出现严重的通货膨胀，经济快速增长就不可能持久。深化改革也需要一个比较宽松的环境。只有把经济增长速度掌握在符合实际水平上，才能使整个经济关系不致绷得太紧，使各项改革进行得更加细致和深入。同时，加强宏观调控必须抓住主要矛盾，着力解决影响全局稳定的突出问题，促进改革和发展。1993 年下半年加强和改善宏观调控以整顿金融秩序、控制需求膨胀和调整结构为重点；1994 年把抑制通货膨胀作为宏观调控的突出任务,都抓住了主要矛盾和关键环节。同时注意把加强宏观调控与深化改革结合起来,用推进改革的办法解决面临的新矛盾和问题,而不是放松改革,更不是走回头路。从而较好地处理了改革、发展和稳定三者的关系。

(二)宏观调控的基本要求,必须是保持经济总量大体平衡,特别要着重把握好货币供应量、控制财政赤字和全社会投资规模。

保持经济总量大体平衡是实现国民经济持续快速健康发展的重要条件,也是正确处理改革、发展和稳定的关系,防止严重通货膨胀的必然要求。把好货币和财政两个闸门,保持货币供应量的适度增长,控制财政收支差额,合理把握固定资产投资规模,这对保持经济总量平衡,做到既有效发挥经济增长的潜力,又防止出现严重的通货膨胀,至关重要。前两年经济生活中的突出问题,主要在于投资过分扩张,货币政策和财政政策过分放松。1993 年以来,通过着重调控货币供应量,严格控制信贷规模,加强财政预算约束,控制固定资产投资过快增长,同时控制消费基金过快增长,从而使一系列矛盾逐步缓解,宏观经济环境不断有所改善。进一步说,由于我国人口多,需求量大,数量扩张的压力大,市场经济不健全,缺乏约束机制,因此,今后宏观调控必须十分重视和坚持搞好经济总量平衡。

(三)加强和改善宏观调控,必须把促进结构优化和升级作为重要任务。

经济总量与结构是有机联系着的。经济总量不平衡会导致结构扭曲,而经济结构扭曲又会加剧总量失衡。这次宏观调控一开始,就强调在进行总量控制的同时,着重于结构调整和优化,不是简单地压缩和控制需求总量,而是注重结构调整。在投资领域,通过调整信贷结构和投资结构,压缩和控制一般性建设项目,特别是制止房地产热、开发区热,同时积极支持重点建设。在生产领域,对无市场需求的产品进行限产压库,鼓励适销对路产品的生产。从总体和长远看,调整和优化结构是我国当前和今后时期的一项重大任务。目前,多年形成的经济结构不合理的矛盾相当突出,市场发育也很不充分,市场机制尚不健全。在这种条件下,加强对社会资金投向的引导,促进产业结构调整和升级,尤为重要。这是在今后运用宏观调控政策中,需要十分注意解决的一个关键性问题。

(四)宏观调控的方式必须同建立社会主义市场经济体制的进程相适应,主要进行间接调控,同时综合运用多种调控手段。

为适应使市场对资源配置发挥基础性作用的需要,宏观调控对象必须由过去实物管理为主转向价值管理为主,调控的方式和手段也需要由行政性直接调控为主,转向主要运用经济政策、经济杠杆和法律法规进行间接调控。但从我国经济体制改革和市场发育进程看,当前和今后一个时期仍不能忽视对某些重要商品的实物管理和使用必要的行政性手段。这两年,加强和改善宏观调控取得积极成效的一个重要原因,就是着眼于加大间接调控的力度,并注意增强国家宏观调控的经济实力。在进行加强宏观调控决策开始时,就强调解决当前的问题,必须采用新思路、新办法,从加快改革和促进新旧体制转换中找出路,提出"要强化间接调控,更多地采取经济手段、经济政策和经济立法"。在实际工作中,从调控资金源头入手,综合运用了信贷、税收、利率、汇率等经济手段和经济杠杆,并加强了金融、财政和市场管理等经济法律法规建设,规范各类经济主体的经济行为。同时,着手建立和运用重要商品储备制度,开展市场吞吐调节,并在信贷规模管理、固定资产投资项目管理、重要进出口商品管理和市场物价监管等方面,辅之以必要的行之有效的行政手段。特别是针对那些违背市场经济原则的不正当行为,如乱集资、乱拆借,房地产热、开发区热,盲目投资和增加社会消费等,这两年也采取了一些行政手段和措施。这是完全必要的，有利于及时和有效地解决问题，从而避免更大的损失。

（五）加强宏观调控必须密切跟踪经济运行状况，搞好动态监测预测，全面估量和正确判断经济形势，恰当地把握调控的时机、力度和重点。

加强对经济运行的监测和预测，全面分析和判断经济态势，是保证宏观调控正确性和有效性的前提。这两年由于改革开放步子加快，经济快速发展，经济运行变化较大，经济现象较为复杂。在这种情况下，党中央、国务院和有关宏观经济管理职能部门都更加重视了宏观经济走势的监测预测和分析工作，及时发现问题，见微知著，为及时地和正确地进行决策提供了依据。基于对经济形势的正确判断，这两年的宏观调控汲取了以往的经验教训，较好地把握了调控的时机、力度和重点，所采取的政策和措施是有力的、得当的。因此，不仅使经济生活中的突出矛盾逐步得到缓解，又避免了经济增长大起大落，保持了国民经济发展的好势头。

这两年我国宏观经济调控和管理的实践，再次证明了中国经济体制改革的一条基本经验，就是微观经济放开的程度要和宏观调控的能力相适应。微观经济放开的力度越大，市场化的进程越快，要求宏观管理的制动机制必须越有效。从改革开放以来的较长时期经验来看，在改革力度比较大，经济发展速度又比较快的时候，由于利益格局和经济关系的调整与变动的幅度比较大，各种矛盾和摩擦必然随之增加，难免会出现这样或那样意料不到的问题。宏观调控的任务在于及时发现新的矛盾和问题，并及时采取措施加以解决。经常进行这种“微调”，可以避免问题和矛盾进一步发展。由于“微调”力度较小，所造成的震动和损失必然比较小。同时，实行市场经济，由市场决定价格，不等于对所有商品价格完全撒手不管，应当依法加强市场价格形成的监控。

四、当前宏观调控的主要任务和措施

去年底和今年初,党中央、国务院在全面分析经济形势的基础上,确定了今年经济工作的指导思想和大政方针,明确了今年宏观调控的目标和主要任务。总的要求是:一方面,必须继续充分利用当前的有利时机和条件,发挥各种资源和生产能力的潜力,促进国民经济持续、快速、健康发展;另一方面,妥善安排改革和发展的各项任务,采取切实措施,把过高的通货膨胀率明显降下来。宏观调控目标是,国内生产总值增长为8%—9%、全国零售商品物价上涨率力争控制在15%左右。这是全面贯彻"抓住机遇、深化改革、扩大开放、促进发展、保持稳定"工作大局和指导方针的正确决策。

今年以来,宏观调控在收到积极成效的基础上,经济总的态势是好的。经济总量平衡关系进一步改善,结构调整有所加快。一季度国内生产总值增长11.2%,剔除季节性影响,折成年率约为10%。加强农业的政策措施正在落实,农业投入增加,农民生产积极性提高。粮、棉、油、菜等的种植面积,将比去年扩大。农民购买农业生产资料增加。一季度全国以及乡以上工业增加值完成比去年同期增长14.4%。工业各行业以市场需求为导向,积极调整产品结构。一季度工业新产品现价产值比上年同期增长37.7%,在非国有工业持续快速增长的同时,国有及国有控股工业产值一季度增长10.9%,增幅比去年同期提高6.7个百分点,其中3月份增幅达13%。固定资产投资结构继续改善。农业、能源、邮电通讯业投资比重上升,房地产投资增幅回落41.7个百分点。1994年外贸汇体制改革取得显著成效,有力促进了外贸出口的快速增长。今年以来,在换汇成本上升、国际贸易保护主义加剧的情况下,经过多方面的努力,一季度出口总额达309.5亿美元,比去年同期增长62%;进口总额238.7亿美元,增长16.9%。国家现汇结存4月末达到近600亿美元,比年初又增加80多亿美元。人民币汇率继续呈现稳中有升的趋势。市场繁荣稳定。据有关部门对今年上半年360多种商品供求状况分析,供过于求和供求基本平衡的达86%。物价涨势得到一定控制。全国零售价格涨幅从去年10月最高峰的25.2%逐月回落,今年3月份降到19.7%,是去年6月份以来首次降到20%以内,4月份又进一步回落到18%。金融形势较好,春节前投放的货币已全部回笼,国债发行顺利。以上情况表明,今年来经济运行势头看好,为实现全年的宏观调控目标创造了良好的开端。

当前,影响经济全局的突出矛盾,仍然是通货膨胀严重。1993年、1994年物价上涨率分别达到13%和21.7%。从1993年3月物价涨幅加大到两位数起,已持续达26个月。这给宏观经济的稳定和经济健康发展带来了不良的影响。近几个月物价总水平开始出现的低缓回落,基础也不稳固,主要是靠行政性限价和增加财政补贴的结果。特别是粮食价格在高位上继续上涨,一季度比上年同期平均上涨56%,今年前3个月的月环比分别上升3.2%、2.3%和2.8%,显示出较强的涨势。农业生产资料价格上涨幅度过大,一季度比去年同期上涨30.4%,农民反映强烈。分地区看,农村物价涨幅居高不下。一季度农村商品零售价格和居民消费价格分别比上年同期上涨22.6%和23.5%,涨幅分别高于城市4.8%和1.6个百分点。

当前市场物价在高水平上运行,主要是由于去年物价高涨幅的滞后影响,这个因素在下半年以后会逐渐减弱。但导致物价总水平居高不下的一些因素,必须继续给予高度重视。最重要的是,固定资产投资、消费基金和货币供应量的增长仍然偏高。一季度国有单位固定资产投资增长37.2%,比去年同期仍高出1个百分点,从分月看还呈加速之势。考虑到今年投资品价格涨幅低于去年同期的因素,实物工作量的增长还要高一些。主要是严格控制新开工项目的要求尚未得到很好的贯彻。今年一季度基本建设和技术改造新开工项目比去年同期增加1087个,新开工投资规模增长34.9个百分点。从一季度国家银行现金统计来看，工资及对个人其他支出比去年同期增长29%，增幅回落10.9个百分点。但从居民可支配收入的使用情况看，一季度在消费品零售总额比去年同期增长31.3%和购买了大量国库券的同时，城乡居民储蓄存款还比去年增长36.8%。可见，居民收入增长的实际状况比银行工资性现金支出统计的数字要高出很多。一季度现金回笼和国家银行信贷规模控制虽然较好，但3月末货币供应M_2比去年同期增长35.9%，增幅高于去年同期10.5%个百分点，信用扩张的压力仍然较大，而各方面要求增加信贷的呼声又很高。同时，市场物价监管还存在不少薄弱环节，乱涨价、乱收费现象屡禁不止，农村市场物价监管工作尤其薄弱。一季度又有一些地方违背中央关于今年不出台新的调价项目的规定，擅自出台了一些提价和收费项目。以上情况表明，抑制通货膨胀的工作丝毫不能松懈。

为此，必须进一步提高对治理通货膨胀重要性的认识。去年底，党中央、国务院在作出今年经济工作部署时就明确指出，一定要把抑制通货膨胀作为经济工作中的一件大事，作为宏观调控的首要任务，作为正确处理改革、发展、稳定三者关系的关键。这是完全正确的决策。国内外的经验都证明，通货膨胀的危害性极大，特别是通货膨胀发展到一定程度，有着加速上升的效应。严重的通货膨胀，会搞乱经济关系，误导资源配置，造成结构失衡，增加生产成本，妨碍经济持续健康发展；严重的通货膨胀，会扭曲利益格局，加剧分配不公，造成生活水平下降，引发各种矛盾，甚至影响社会稳定；严重的通货膨胀，还会破坏社会经济秩序，恶化投资环境，影响改革和开放的顺利进行。世界上许多国家都把反通货膨胀作为政府宏观经济政策的重要目标，尤其是在经济高速成长时期更加重视这个问题。当然，也有一些国家吞下了恶性通货膨胀的苦果，经济萎缩，社会动荡。西方一些著名经济学家也认为，通货膨胀具有极大的破坏性。诺贝尔经济学奖获得者萨缪尔森指出："从长期看，奔腾式的通货膨胀对于持续的实物增长是绝无好处的。如果你骑上了这只虎，当你试图从虎背上下来时,有可能导致一次经济危机和萧条。中国必须在通货膨胀还未恶化的时候尽早走下虎背,否则后果非常严重”。因此,抑制通货膨胀不仅是我们当前经济工作中重要的紧迫的任务,而且也是今后长期必须坚持的一条重要方针。如果我们现在不下大决心和采取果断措施治理通货膨胀,将来付出的代价会更大。

围绕治理通货膨胀这个首要任务,在今年的宏观调控中应采取以下主要措施:

(一)坚持实行适度从紧的财政货币政策,继续严格控制新开工项目和消费基金的过快增长。今年国家财政预算和货币发行、信贷规模计划,既考虑了经济持续较快增长的需要,又考虑了坚决治理通货膨胀的要求,是比较适当的,在执行中不能突破国家计划。要增强财政收支的预算约束,把财政赤字控制在计划指标之内。继续从紧控制基础货币,加强对全社会信用总量的宏观调控。坚持把严格控制新开工项目作为控制投资规模的重要措施,并坚持控制资金源头。进一步合理调整投资结构,加强国民经济薄弱环节建设,保证农业、交通、能源等重点建设项目和今年投产项目对资金的需求。加强对消费基金的宏观调控的监管,重点是对那些凭借垄断地位和特殊条件而获取过高收入的行业、企业和社会群体,要规范国民收入初次分配和强化个人所得税的调节作用。适当控制消费需求增长,特别要严格控制社会集团消费的过快增长。

(二)大力增加社会有效供给,特别是争取农业有个好收成。这是治理通货膨胀的重要举措,也是保证经济持续快速健康发展的必然要求。应当认真落实中央关于加强农业的各项政策措施,组织好化肥等主要农业生产资料的生产和调运。充分保证农产品收购资金的供应,坚决做到不打“白条子”,不能出现“卖粮难”,切实保护农民生产积极性。工业消费品要积极增加优质、名牌产品和新产品的生产,进一步繁荣消费品市场。

(三)加快流通体制改革,强化市场监管。国务院已经确定,今年要以粮食、棉花、食用油、食糖、蔬菜和化肥等商品为重要，深化流通体制改革，整顿流通秩序，减少中间环节，降低流通费用，有关方面应当抓紧落实。市场物价监管要集中力量突出抓好几个事关全局和群众反映最强烈的方面：一是以粮食为重点，加强对人民基本生活必需品价格的监督检查，加强市场管理，确保“米袋子”“菜篮子”价格的基本稳定；二是以化肥为重点，加强对农业生产资料价格的监督检查；三是以反暴利为重点，开展对社会反映强烈的餐饮、娱乐、服装、副食等商品价格和服务收费的检查。

（四）强化企业内部管理，提高工业增长的质量和效益。目前工业增长速度仍然偏高。应当进一步把工作重点和主要注意力转到优化结构、提高质量和效益上来。一部分企业资金紧张、拖欠严重，这固然有某些外部原因，但在相当大程度上是由于内部管理不善造成的。必须通过深化改革、加强管理，从提高质量、降低消耗、减少成本、加速资金周转中求工业增长速度、求效益。

（五）密切关注和深入研究国际金融市场波动对我国经济的影响，及时调整宏观政策，采取措施趋利避害。最近一个时期，国际金融市场急剧波动，特别是美元对日元、马克等强势货币的汇价下跌，对国际货币体系乃至世界经济造成巨大的冲击。我国经济开放程度已经相当大，与国际经济和国际市场的联系十分密切，国际经济环境包括国际金融的重大变化必然对我国经济产生影响。应当十分重视对国际金融市场和经济走势的跟踪分析，适当采取正确的对策。同时，务必使外汇储备保持在合理水平。

加强与完善宏观调控体系，是建立社会主义市场经济体制这一社会系统工程的重要组成部分。目前，这方面的知识和实践都还不足。我们要坚持解放思想，实事求是，善于学习和借鉴世界上实行市场经济国家的有益做法，认真总结我们自己的实践经验，深入研究和积极探索符合中国国情的、适应社会主义市场经济发展要求的宏观调控体系，并要认真研究在新旧经济体制转换时期宏观调控的特点和做法。这样,我们就会既有明确的方向,又有符合实际的步骤,不仅能够顺利实现建立社会主义市场经济体制的改革目标,而且能够保证国民经济的持续、快速、健康发展,更好地加快我国社会主义现代化进程。

努力提高对外开放水平*

（1997年11月）

实行对外开放，是邓小平理论的重要组成部分，是实现我国社会主义现代化的一项基本国策。邓小平同志指出："对外开放具有重要意义，任何一个国家要发展，孤立起来，闭关自守是不可能的，不加强国际交往，不引进发达国家的先进经验、先进科学技术和资金，是不可能的。"历史的经验一再告诉我们，中国要谋求发展，摆脱贫穷和落后，就必须开放。只有实行对外开放，才能充分利用国内国外两个市场、两种资源，优化资源配置，推动科技进步，加快我国经济发展；才能积极参与国际经济合作与竞争，发挥我国经济的比较优势，不断提高综合国力和国际竞争能力；也才能更好地运用国际国内有利条件，抓住机遇，争取时间，缩小与发达国家的差距，发挥社会主义制度的优越性。这些重要论断，已为我国伟大的开放实践所充分证实。

从我国进入社会主义现代化建设新的历史时期以来，对外开放逐步扩大，不断向广度和深度发展。我们的对外开放是全方位的开放，既对发达国家开放，也对发展中国家开放，对世界所有国家开放；既在经济领域开放，也在科技、教育、文化等领域开放；既在沿海、沿边、沿江地带开放，也在内陆城市和地区开放。对外开放，不仅打开国门，引进国外资金、资

* 本文原载《十五大报告辅导读本》一书，人民出版社，1997年9月出版。

源、技术和管理经验，而且走向世界经济舞台，开拓国际市场。现在，我国基本形成全方位、多层次、多形式的对外开放格局。我国对外开放事业取得了举世瞩目的重大进展和历史性伟大成就。18 年来，对外贸易以高于国民生产总值增长速度迅速扩展，成为促进经济长期持续快速增长的重要因素。进出口贸易额由 1978 年的 206 亿美元增加到 1996 年的 2890 多亿美元，在世界贸易中的排序从第 32 位升到第 11 位。借用外资和国外直接投资累计已达到 3200 多亿美元，有效地弥补了国内建设资金不足的矛盾。全国已批准近 30 万家外商投资企业，近 15 万家企业已开业投产，不仅引进了大量资金、技术、管理经验，增加了财政收入，而且在“三资”企业中就业的人员达 1700 多万人，缓解了就业压力。沿海地区开放型经济迅速发展，沿江开放地带有力地带动着长江流域经济起飞，内陆开放城市促进着内地经济发展，沿边开放城镇经济发展明显加快。在我国广袤的大地上，对外开放硕果累累。实践充分证明，对外开放有力地推动了我国社会生产力的发展，增强了我们社会主义国家的综合国力，提高了人民生活水平。对外开放还同国内改革相互促进，相得益彰，有力地推动了我国建立社会主义市场经济体制的进程。全国人民还从对外开放中深切感受到视野的开阔、观念的更新、思想的活跃、文明的提高，这些较之有形的物质财富，更是一笔珍贵的精神财富，而且将用之久远，泽惠后人。所有这一切都昭示，对外开放是实现中华民族振兴、加速我国现代化建设的正确抉择，必须坚定不移、长期坚持。

我们不仅要坚持对外开放，而且要努力提高对外开放的水平。这是我国改革开放和现代化建设面临新形势的要求。第一，经过 40 多年特别是近 20 年的建设，我国经济规模和总量已达到相当水平，面临着全面提高经济素质和对经济结构进行战略性调整的重大任务。我们能不能实现这样的任务，直接关系到我国经济发展的进程和国际竞争力的大小。而要实现这些重大任务，除了主要依靠国内的资金、资源和技术力量之外，还需要更多更好地利用国外资金、资源、技术和管理经验。第二，我国对外开放虽然取得了巨大成就，但无论从广度和深度看还有许多工作要做，在发展对外贸易和利用外资中也存在着一些需要解决的矛盾和问题，特别是进出口结构不够合理、效益不高，利用外资中也存在一些偏重数量、忽视质量等问题。我们还将加入世贸组织，进一步开放国内市场是大势所趋。前些年来我国的多是一些中小投资者，近年来许多实力雄厚和技术占优势的跨国公司纷至沓来。这既是扩大引资的机遇，也加剧对国内市场的争夺，国内企业面临严峻挑战。第三，世界经济、科技全球化趋势急速发展。随着各国对外开放的扩大，对世界市场、资源和国际资本的争夺也将日趋激烈。特别是国际贸易自由化进程加快，全球跨国直接投资迅猛增长。据联合国贸易和发展会议最近提供的数字，全球跨国直接投资的总流量连续5年猛增，截至1996年底跨国直接投资额累计已达3.2万亿美元。近年来跨国直接投资呈现两大倾向：一是跨国公司兼并和收购公司的资金流量大，1996年投资量达到创纪录的2750亿美元，占跨国直接投资总流量的79%；二是发展中国家在跨国投资总流量中占有的比重越来越大，流入发展中国家的外资量创新纪录，1996年比1995年增加了1/3，达到1290亿美元，占全球跨国投资流量的比重，也由1995年的30%上升到37%。这样的世界经济、科技发展大势和竞争局面，需要有新的战略眼光和战略部署。以上这些，都要求我们认真总结实践经验，适应新的形势，采取新的战略决策，把对外开放提高到新的水平。我国对外开放的初创阶段已经过去，如果满足于已有的成绩，或者对外开放的方式和做法停留在以前的水平上，就会影响我国的对外开放事业，以至会贻误整个现代化建设大业。

新的形势必须采取新的对外开放战略。这种开放战略的核心，就是不断提高开放的质量和水平。它的基本要求是：第一，着眼于增强综合国力和提高国际竞争力，充分发挥我国经济的比较优势和后发优势，以更加积极的姿态走向世界，完善全方位、多层次、宽领域的对外开放格局，进一步发展外向型经济，从广度和深度上扩大对外开放。这里应当正确认识

"提高"与"扩大"的关系。要求提高开放水平,决非意味着不要扩大开放规模,而是要在进一步扩大开放的基础上,向更广的领域、更高的层次、更深的方向发展,以获取更多的资金、技术、管理经验和比较利益。第二,着眼于提高对外开放的质量和效益。无论是对外贸易还是利用国外资金、兴办"三资"企业,都不能单纯追求总量和规模的扩大,而要注重优化进出口结构,提高质量,增进效益。前些年在扩大对外开放中,为了引进资金、技术,采取一些优惠让利的政策是必要的,但在对外开放已具有相当规模以后,不能再单纯靠优惠政策,更不能允许一些地方只图局部利益和眼前利益,从事那些有损于国家和民族根本利益的活动,而要靠扎实、艰苦地工作,靠开拓市场,讲求质量和效益,这样的对外开放才靠得住、有后劲。第三,着眼于促进经济结构优化和国民经济素质提高。调整和优化经济结构,显著提高国民经济素质,是我国跨世纪经济建设中一项重大而紧迫的任务。只有在这些方面实现新的突破和进展,才能从根本上提高经济现代化水平。因此,今后对外开放特别是进出口和利用外资中,应当紧紧围绕优化经济结构和提高国民经济素质服务,而不能偏离,特别要注重引进先进技术。宏观经济决策和调控是这样,各地方、各部门对外开放的出发点也应是这样。第四,着眼于从战略上发展国际经济循环。既坚持打开国门,开放国内市场,允许外商进来,又勇敢地走向世界经济舞台,开拓国际市场,参加国际经济合作与竞争,发展具有我国比较优势的对外投资,更好地利用国内国外两个市场、两种资源。这是适应国际经济、科技发展潮流的需要,也是我国现代化建设长远发展的重要选择。第五,着眼于继续改善对外开放的条件和环境。要根据我国社会主义市场经济改革和现代化建设的需要,按照国际经济通行规则,通过深化改革,逐步建立与发展开放型经济相适应的合理、有效的体制和机制,不断完善对外经济贸易和利用外资的法律法规和政策体系。既要进一步改善对外开放的硬环境,加强基础设施建设,又要不断完善对外开放的软环境,提供方便、规范、优质的服务,以利于我国对外开放事业更富活力、更有成效。总之,提出努力提高对外开放水平的要求，具有丰富的内涵，我们必须全面把握、深刻领会和正确贯彻。应当看到，我们不仅需要提高对外开放的质量和水平，而且完全有可能做得到。这主要是因为，我们已走过近20年对外开放的里程，在取得巨大成就的同时，也积累了相当丰富的经验，特别是党的十五大，在全面估量国内外形势的基础上，对包括提高对外开放水平在内的经济体制改革和经济发展作出了正确部署，只要各方面的思想和行动统一到我们党的决策和部署上来，我国的对外开放事业一定会开创新的局面。

我们要把对外开放提高到新水平，应当从多方面努力，而抓好以下几个方面是至关重要的。

第一，优化进出口结构，实行以质取胜和市场多元化战略。增加出口创汇，始终是我国对外开放的重要方面。我国现在出口规模已不算小，但总体上仍处于以数量扩张为主的粗放型经营阶段，出口多为劳动密集型商品，加工程度低，附加值不高，商品档次上不去，缺乏能在国际市场上立足、竞争力强的拳头商品。今后应坚持以提高经济效益为中心，着力优化出口商品结构，特别是增加机电产品、成套设备、轻纺产品和高新技术产品的出口，增加服务贸易，提高出口商品质量和附加值，增强出口竞争力。根据国内经济建设的需要扩大进口，要进一步降低关税总水平，调整关税结构，鼓励引进先进技术和关键设备。特别要注意把引进和开发、创新结合起来，以利于提高我国生产技术水平，避免不必要的重复引进。要大力推进对外经济贸易体制和经济增长方式的两个根本性转变。按照"统一政策，放开经营，平等竞争，自负盈亏，工贸结合，推行代理制"的方向，完善外贸体制，扩大企业外贸经营权，形成平等竞争的政策环境。发展贸易、生产、金融、科技、服务相结合的具有国际竞争力的外贸企业集团，促进规模经营。加快外贸企业改革、改组步伐。通过改革和完善政策，形成出口增长主要依靠质量、效益的机制，建立有利于改善进口结构、促进技术引进消化、创新的机制。在当今复杂的国际关系中，像我国这样的发展中大国,必须实行对外贸易的市场多元化,才能增加回旋余地,保持主动地位。要发挥我国优势,在巩固和发展美国、日本、欧洲等市场的同时,多方面地开拓新的市场,包括独联体国家、东欧地区以及拉美、中东、非洲等地区的市场。只要注重进出口贸易质量和效益,积极开拓国际市场,我国的对外贸易规模就会逐步扩大,对外贸易水平也会不断提高。

第二,继续积极合理有效地利用外资。这是必须十分明确的重要方针。尽管我们利用外资已有相当规模,但与我国现代化建设对巨额资金需求相比,还不能说足够了,特别是利用外资更在于引进先进技术和管理经验,这方面我国还十分迫切。面对国际资本加速流动和一些发展中国家加大引进外资力度的新形势,我们必须继续抓住机遇,以积极的态度扩大利用外资规模,包括吸收外商直接投资和国外贷款。同时,必须优化利用外资结构,合理引导外资投向,重点是农业综合开发和能源、交通、重要原材料的重点建设项目,拥有先进技术、能够改进产品性能、节能降耗和提高企业技术经济效益的技改项目,能够提高产品档次、扩大出口创汇的项目,能够综合利用资源、防治环境污染的项目,以及支柱产业和高新技术产业。同时,注意鼓励外商投资于中西部地区,以利于逐步缩小地区发展差距。国家将适时完善引进外资的产业政策,逐步拓宽利用外资的领域,包括有步骤有重点地推进金融、保险、贸易、通信等服务业的开放。当然,服务业的开放较之其他产业的开放有较大的风险,必须坚持积极而稳妥的方针。引进外资不能单纯追求数量,而要把重点转到提高成效和水平。吸引外资主要靠有吸引力的市场,靠优越的投资环境,靠健全的法制和高效的管理。坚持以市场换技术的方针,进一步改善投资环境,采取国际通行的多种利用外资方式,包括认真做好外商投资特许权项目等新的投资方式的试点,加强国内资金配套,提供有效的服务。要依法保护外商投资企业的权益,逐步实行国民待遇,并加强对他们的引导和监督。借用国外贷款要根据我国经济发展需要、国家产业政策和偿还能力,做到适度、高效。积极拓宽筹资渠道,引入竞争机制,降低借款成本。加强和改善对外借款的宏观调控和项目管理,建立责权利统一的借、用、还管理体系。切实抓好项目建设管理,及时产生效益。

第三,鼓励能够发挥我国比较优势的对外投资。我国是一个人均资源相对短缺的国家。在向新世纪迈进、工业化加快进程的新阶段,随着人口的进一步增加,重要资源短缺的矛盾将会更加突出。因此,必须从国家长远发展的战略需要出发,重视对国外资源的合作开发与利用。经过近20年来的实践与探索,我国也初步具备了参与国际资源合作开发和跨国经营的能力与条件,我国在不少领域也拥有比较优势。因此,我国已经进入可以有计划、有重点、有步骤地到境外合作开发重要资源和到发展中国家投资加工工业的阶段。要着眼于在国外建立某些短缺重要资源供给的战略基地,坚持互惠互利、共同发展的原则,积极参与国际资源市场的合作与竞争,开辟利用国外资源的新途径。为此,要正确制定国家发展对外投资的方向、重点,鼓励我国具有优势的企业跨国经营;以国内较成熟技术和成套设备作为出资条件,有选择地到一些发展中国家投资加工工业,与境外投资相结合,有计划地进行资源开发性劳务输出。抓紧建立有效的配套服务和支持体系,包括在资金、金融、技术、人员和对外经济合作体制等方面实行鼓励政策与措施。这方面走向世界的对外开放,大有文章可作,是提高我国对外开放水平的重要方面。我们要积极探索,开拓前进,不断总结经验,力求取得扎实进展。

第四,进一步办好经济特区和上海浦东新区。举办经济特区,是社会主义的新生事物,是我国改革开放的伟大创举。近一二十年来、深圳、珠海、汕头、厦门和海南五个经济特区的实践充分证明,建立经济特区的思想和政策是完全正确的、成功的。实行经济特区某些政策的上海浦东新区开发开放,时间虽然不长,但也显示了无限的生机。五个经济特区和浦东新区不仅经济得到迅猛发展,建立起开放型经济,初步形成社会主义市场经济体制,而且很好地发挥了技术、管理、知识、对外政策的“窗口”作用,在全国改革开放和现代化建设中产生了重要的示范、辐射和带动作用。在跨世纪的改革开放和现代化建设的新形势下,这些地区要再接再厉,更上一层楼。国家也要鼓励这些地区在体制创新、产业升级、扩大开放等方面继续走在前面。经济特区要取得更大发展,必须争创新优势,立足于进一步解放思想,积极进取,不懈努力。在整个社会主义市场经济发展和现代化建设中,经济特区都要坚持办下去,发挥其重要作用。

第五,正确处理对外开放同自力更生的关系,维护国家经济安全。既要扩大对外开放的广度和深度,又要坚持独立自主、自力更生的方针,这是新形势下提高开放水平的必然要求。邓小平同志曾强调指出:"独立自主,自力更生,无论过去、现在和将来,都是我们的立足点。"我们这样的社会主义大国,不能依靠别人进行建设。我们要大力发展对外贸易,也要继续利用国外的资金和技术,但是必须以自力更生为主。必须清醒地认识到:"从发达国家取得资金和先进技术不是容易的事情。有那么一些人还是老殖民主义的头脑,他们企图卡住我们穷国的脖子,不愿意我们得到发展。"所以,我们必须一方面实行对外开放政策,另一方面要坚持自力更生为主的方针。在对外开放、经济合作、利用外资和借鉴国外经验的同时,应当保持清醒的头脑,决不可忘掉把国家的主权和安全放在第一位,决不可放弃国家和人民的权益。从当前实际情况看,尤其需要注意的是,在外商直接投资中,既要欢迎跨国经营、实力雄厚的大公司来华投资,又要防止国民经济命脉和盈利丰厚的行业被它们控制,避免受制于人;既要按国际惯例的要求开放服务业领域,但这方面的开放又要注意积极、稳妥,有区别、有步骤、有控制地进行,决不可贸然行事;既要鼓励外商参与重点经济建设项目和现有骨干企业技术改造,又要加强对知识产权(包括著名商标、品牌)的保护,防止国有资产流失;既要继续借用外债,又要充分考虑我国的配套能力、偿还能力。显然,现在强调自力更生、维护国家经济安全,不是要放慢更不是停止对外开放,而是要把对外开放搞得更好、更有成效,更好地发展和壮大自己。

历史经验表明,一个强盛的国度必定是一个开放的国度。开放是民族振兴的快捷途径，是与世界平等对话的坚固桥梁。开放之路也有风险，但只要我们大胆而稳健地走下去，跨世纪的中国必将以生机勃勃、蒸蒸日上、更加开放的崭新形象自立于世界。

正确处理中央和地方的关系*

（1998 年 6 月）

中国是一个幅员辽阔、人口众多、各地区经济发展不平衡的大国，又是发展中的社会主义国家。正确处理中央和地方的关系，是国家政治生活和经济生活中的一个重要原则问题，直接关系到国家的统一、民族的团结和全国经济的协调发展。因此，我国从 70 年代末实行改革开放政策以来，围绕充分发挥中央和地方两个积极性，国家相继采取了一系列重要的调整和改革措施，有力地促进了全国经济和社会的发展。现在，中国改革开放和现代化建设处于重要的关键时期。在向 2020 年迈进的新的长征中，我们面临的重大任务，是要建立和完善社会主义市场经济体制，实现国民经济持续快速健康发展，为到 21 世纪中叶基本实现国家现代化的宏伟目标奠定良好基础。完成这样伟大的历史任务，需要坚持社会主义市场经济的改革方向，使改革在一些重大方面取得新的突破，并在优化经济结构、发展科学技术和提高对外开放水平等方面取得重大进展。而继续正确处理中央和地方的关系，充分发挥中央和地方两个积极性，则是一个涉及全局的重大课题。由于中央政府和地方政府关系问题涉及面相当广，本文拟分析在新的形势下我国中央与地方经济关系中存在的矛盾和问题，探讨合理调整中央政府与地方政府在经济方面的事权、财权、决策

* 本文系作者 1998 年 6 月参加国家计委举办的《迈向 2020 年的中国》国际研讨会撰写的论文，收入该次研讨会论文选。

权的原则、任务及其途径。

一、近20年来中央和地方经济关系的变动状况

中国实行改革开放政策近20年来,伴随着建立社会主义市场经济体制的改革不断深化,在中央与地方经济关系的调整中,总的趋势特点是,实行权力下放,原来计划经济体制下中央集中过多、统得过死的状况已发生根本性变化。过去,经济、科技、教育、文化的各个方面,生产、建设、流通、消费、价格和社会发展的各个领域,基本上都是由中央政府集中决策,实行国家统一计划,地方和企业的决策权很小。现在,国民经济的市场化程度明显提高,地方的事权、财权和决策权广为扩大。举其荦荦大端如下:

在工农业生产方面。1979年国家计委对粮食、棉花、油料、糖料等25种主要农产品实行指令性计划统一管理,并对这些产品的播种面积和总产量下达分省(市、自治区)的计划指标。到1985年,国家已对农业生产领域全部取消指令性计划。目前,国家仅对粮食、棉花等9种主要农产品生产实行指导性计划管理。1979年,国家对占全国工业总产值98%以上的工业品生产实行指令性计划,层层分解到各省(市、自治区),直至企业。而1994年工业生产中由国家计委实行指令性计划管理的部分,只占全国总产值的4.5%。重要工业产品生产中,国家计委管理的已由123种减少到11种,主要是原油、煤炭、钢材、木材等关系国计民生、供求矛盾较大的生产资料,这些品种中实行指令性计划部分的比重也大为减少。目前,国家对工业生产基本上取消了指令性计划。

在商品流通方面。1979年,国家计委负责平衡和分配的重要生产资料多达256种,而目前国家计委只对一部分原油、成品油、天然气和不到40%的煤炭实行计划指导配置。1979年,国家计划调拨的农产品、

工业消费品和农业生产资料为65种，从1994年开始只对14种商品中的一部分实行计划管理。过去，国家对进出口商品大多实行指令性计划管理，从1994年起已取消进出口总额的指令性计划。同时，大幅度缩减配额、许可证管理的商品品种，除极少数重要和特殊商品外，放开了对进出口经营范围的限制。价格管理也发生了根本性的变化。1979年，绝大多数商品价格由政府决定，在社会商品零售总额、生产资料销售收入和农副产品收购总额中，国家定价的比重分别占到97%、100%和92%。目前，绝大多数商品价格已经放开，由市场形成。在社会商品零售总额中，实行国家指导价的比重仅为1.2%，国家定价部分只有6.3%；在生产资料销售收入总额中，国家指导价的比重为4.9%，国家定价的比重为14%；在农副产品收购总额中，国家指导价的比重占4.1%，国家定价的比重占16.9%。

在固定资产投资方面。1979年，全社会固定资产投资活动，从项目立项、资金筹集等到项目建设，基本上都由国家计划统一管理。经过改革，地方和企业的投资决策权不断扩大。目前，国家计委负责安排的投资资金来源，包括预算内投资、银行贷款和统借外债仅占全社会固定资产投资的20%左右。国家计委审批的固定资产投资项目的限额逐步提高，目前已从80年代初期的1000万元以上提高到能源、交通和重要原材料项目为5000万元以上，一般加工工业和非生产性项目为3000万元以上。国家对外商投资项目的审批限额也提高到3000万美元以上，其余项目均由地方和企业自主决定。

在财政体制方面。过去，我国长期实行高度集中的"统收统支"财政体制。近20年来，先后进行了四次较大的财政体制改革，目的都是为了解决中央与地方的财政分配关系。1980年，实行"划分收支，分级包干"的财政管理体制。按照经济管理体制的行政隶属关系，划分中央与地方的收支范围。1985年，实行对各省（市、自治区）"划分税种、核定收支、分级包干"的财政体制。1988年，全面推行"财政包干"的办法。主要采取

6种形式，即对各省（市、自治区）和国家计划单列城市，分别实行“收入递增包干”“总额分成”“总额分成加增长分成”“上解额递增包干”“定额上解”和“定额补助”。这三次改革，打破了传统的财政体制“统收统支”的格局，调动了地方政府增收节支的积极性，促进了地方经济的发展。但是，由于这种“分灶吃饭”的财政体制，还明显带有计划经济体制的模式，与市场经济对财政管理的要求不相适应，出现了一些新的弊端。主要是，制约了中央财政收入的增长，削弱了中央财政的宏观调控能力。1980年至1993年13年间，地方政府新增收入上缴中央的部分平均不到10%，也就是说，90%以上的新增收入都留给了地方政府，因而导致了中央财政收入占全国财政收入的比重逐年下降，由1980年占51.4%下降到1987年的48.8%，1992年中央政府直接组织的财政收入（不含债务）仅占全国财政收入的28.7%。这种财政体制，强化了地方利益，不利于国家产业政策的贯彻执行，而且包干体制随意性较大，很不规范。因此，1994年对财政体制又进行了第四次的重大改革。这次改革的核心是按税种划分中央与地方的收入。将维护国家利益、实施宏观调控所必需的税种划为中央税；将同经济发展直接相关的主要税种划为中央和地方的共享税；将适合地方征管的税种划为地方税。中央财政固定收入包括：关税、消费税、中央企业所得税、中央企业上缴利润等。地方财政固定收入包括：营业税、地方企业所得税、地方企业上缴利润、个人所得税、城镇土地使用税、固定资产投资方向税、房屋税、车船使用牌照税等。中央财政与地方财政共享收入包括：增值税，中央分享75%、地方分享25%；资源税：证券交易的印花税。同时，这次改革，建立了以增值税为主体、消费税和营业税为补充的新型流转税制；确立了中央财政对地方财政的税收返还制度，按照分税制方案测算，1993年地方净上划中央的收入，由中央全额返还地方，并以此作为以后中央对地方的税收返还基数；1994年以后，税收返还额在1993年的基数上，按增值税和消费税增长率的1∶0.3的系数递增，即上述两税每增长1%，中央财政对地方的税收返还增长0.3%。分税制的财政体制建立了收入稳定增长的机制。分税制之前,国家财政每年增收额徘徊在200亿—300亿元,近几年每年增收都达1000亿元左右。1993年,中央财政收入(不含债务收入)占全国财政收入的比重为22%,而1994—1997年这一比重分别达到55.7%、52.2%、49.8%和48.8%。1994年全面推进改革,初步建立了与社会主义市场经济体制发展相适应的新的财税体制,初步规范了中央与地方的财政分配关系,取得了积极成果。

近20年来,我国在由计划经济体制向社会主义市场经济体制转变的过程中,为了充分调动地方的积极性,在科技、教育、文化、卫生等各项社会发展方面的事权,中央对地方也赋予了较大权力。同时,国家还对一些地方实行了某些特殊政策和灵活措施。例如,1979年7月,对广东、福建两省首先实行特殊政策,扩大经济管理权;在深圳、珠海、汕头、厦门、海南创办经济特区,采取更加开放的政策;对大连、天津、上海、广州等14个沿海城市实行沿海开放城市的有关政策。所以,在全国逐步形成了全方位、多层次、多形式的对外开放格局,有效地推动了地方经济的迅速发展,并带动了全国改革开放和现代化建设不断取得新的进展。

总之,中国改革开放以来的历史进程,一个重要改革方面,是围绕发挥中央和地方两个积极性,不断调整中央与地方经济管理的权限,并取得了明显的成效。传统的高度集中的计划经济体制已发生了多方面的深刻变化。这对于发挥市场在资源配置中的基础性作用,充分调动地方、企业和劳动者的积极性,推进改革开放和经济发展,增强综合国力,提高人民生活水平,都起到了重要的积极作用。这也是中国改革开放20年来积累的一条重要经验。

但是,由于历史的和现实的多方面原因,现行的中央和地方经济关系还存在不少矛盾和问题,不适应建立社会主义市场经济体制和促进国民经济持续快速健康发展的要求。主要表现在以下几个方面。

一是中央政府和地方政府的职能范围和事权界限还不够科学、合理。从发展社会主义市场经济的要求看,目前我国各级政府职能既存在着政企不分和管得过多、职能范围过宽的问题,又存在着该管的没有管或没有管好的问题。中央政府和地方政府仍基本上按行政隶属关系划分管理范围,在维系国家机器运转和发展社会经济事业方面各自的职能和事权界限还不够明晰,职能交叉、权责不统一的现象仍较多。例如,政府直接进行投资活动的领域仍过于宽泛,中央政府投资和地方政府投资范围和界限尚不够科学、合理。又如,中央银行和国有商业银行的分支机构设置和职能划分仍基本上沿袭计划经济的模式,等等。

二是中央和地方财政分配关系仍不够协调、规范。主要是国家财力集中度偏低,特别是中央财政捉襟见肘,不适应中央行使职权和支持社会经济事业的发展需要,事权与财权不相称,权力和责任不统一。有些该由中央政府承担的任务和解决的问题,往往力不从心。国有企业所得税按行政隶属关系共享的做法,不利于国有企业改革的深化,也不利于建立规范的税收制度。地区间实际占有财力的差距不断拉大,主要是东部沿海地区与中西部地区间的财政收入差距在拉大。合理、规范化的财政转移支付制度尚未建立起来,目前中央财政对地方的税收返还是保持原有体制中的既得财力,不是真正意义上的转移支付。现行财税体制中,仍然保留了以基数为标准决定转移支付的做法。这种做法在调动地方政府增收方面起着一定作用,但是强化了地区之间不合理的分配格局,形成了一种“受益地区长期受益,吃亏地区长期吃亏”的运行机制。这样,很难缓解地区间发展不平衡的矛盾,加剧了一些欠发达地区的财政困难。

三是中央政府和地方政府经济管理决策权需要进一步明确和法制化。中央与地方经济关系问题,说到底是集中与分散的问题。总的看来,有些应当由中央集中的则集中不够,宏观调控决策难以顺畅到位。有些地方过多地考虑本地区的局部利益,甚至出现上有政策、下有对策,有令不行、有禁不止的问题,以致影响了国家的整体利益和全国统一、开放市场体系的形成。另一方面，有些该由地方政府分散决策的权力还没有放下去，以致影响一些地方因地因时进行决策，不利于地方更好地发挥积极性。同时，在我国现行的基本法律中，对中央和地方政府经济管理权限尚缺乏明确、具体的规范，各级政府经济关系还没有完全走上规范化、法制化的轨道。

以上这些问题，有些是原有计划经济体制造成的，说明改革还没有到位；有些是经济体制转换中双重体制的痕迹；有些则是在改革过程中新出现的。只有坚持推进改革，才能从根本上解决目前中央和地方经济关系中存在的问题，也才能有利于顺利推进整个改革开放和现代化建设事业。

二、完善我国中央和地方经济管理体制的主要原则和任务

进一步理顺中央和地方的关系，完善有利于充分发挥中央和地方两个积极性的经济管理体制，必须坚持社会主义市场经济的改革方向，合理划分中央政府和地方政府的职能、权限。为此，应当遵循以下一些重要原则。

一是使市场成为配置资源的基础。这是实行社会主义市场经济的根本要求。凡是应当而且可能由市场决定的社会经济活动，无论中央政府还是地方政府都不应插手其间。企业是市场的主体、投资活动的主体，必须按照实行政企分开、转变政府职能的原则，明确划分政府职能同企业和市场中介机构的职能。在市场经济条件下，政府管理经济的职能，主要是制定和执行宏观调控政策，搞好基础设施建设，创造良好的经济发展环境；同时，培育市场体系，监督市场运行，维护平等竞争，调节社会分配关系和组织社会保障体系，保护自然资源和生态环境，管理国有资产和监督国有资产经营，实现国家的经济和社会发展目标。政府运用经济手段、法

律手段和必要的行政手段管理国民经济，不直接介入和干预企业的生产经营活动。明确政府职能，是从根本上解决计划经济体制中政府包揽过多、统得过死和中央与地方政府职责不清的重要前提，也是使市场在资源配置中发挥基础性作用的重要保证。

二是必要的集权和适当的分权相协调。在属于政府管理经济的职能中，必须处理好集权与分权的关系。总的原则应当是，既要有维护国家宏观调控的集中，又要在集中指导下赋予地方必要的权力，既要有体现全局利益的统一性，又要有统一指导下兼顾局部利益的灵活性。在这一原则下，明确中央政府和地方政府各自的事权、财权和决策权，保证中央拥有宏观调控的应有权力和实力，同时正确引导和充分调动地方的积极性，发挥各地优势和资源潜力，并做到权力和责任相统一。

三是坚持以事权决定财权和决策权。鉴于我国中央政府和地方政府各自的事权范围和职责尚不够清晰，首先要进一步合理划分中央和地方的事权范围和职责界限，在这个基础上相应调整财权、投资权和调控权。不然，财权、投资权和调控权的调整缺乏科学的依据。大体说来，涉及国家统一、安全和关系社会经济全局性、长远性、协调性发展的事项，应当属于中央政府的职能、职责；凡属于地区性社会经济发展的组织、管理和建设事业，应当划归地方政府的职能、职责。在新的中央与地方经济关系中，中央政府与地方政府的经济管理权力和财力最终支配权与事权要保持对称。也就是说，使各自的事权与财权、决策权相适应，改变目前某种程度上事权与财权、决策权相脱节的现象。

四是形成全国统一、开放、有序竞争的市场。中央和地方职能和调控权的划分，应当有利于培育和发展健全的市场体系，统一规范市场行为，打破地区、部门的分割和封锁，反对不正当竞争，创造平等竞争的环境，建立社会主义市场经济新秩序，防止产生“诸侯经济”。当然，既要保证全国市场的统一性、开放性，又要促进各地方因地制宜、合理分工、扬长避短、优势互补、共同发展。

五是建立完备的法律规范。按照依法治国的基本方略，完善有关的法律法规，进一步明确规定中央政府和地方政府的职能以及事权、财权和调控范围，以此作为调整和规范中央和地方关系的法律依据，从而使中央和地方关系走上法制化、规范化的轨道，保证相对稳定性。

根据上述原则，完善中央和地方合理分权和权责统一的管理体制，需要完成以下主要任务。

（一）合理划分中央政府和地方政府的职能和事权范围。中央政府的职能和事权主要有：（1）负责国家外交、国防、海关、立法、司法和全国性社会管理政策，以保障国家的独立、统一和安全，保持良好的对外关系，维护全国正常的社会秩序和法律秩序。（2）制定和实施国家经济和社会发展目标、任务和政策，对全国发展方向、速度、总量、结构、生产力布局、国民收入分配原则进行决策，并运用综合手段加以实现。协调关系国家整体利益和全局发展的涉外经济活动。（3）涉及国家发展全局的基础设施和公共工程建设，包括全国性的金融、交通、通信、电力等基础设施建设，大江大河大湖治理和重大水利工程建设，全国性科技、教育、文化、卫生和高技术发展，以及重要地区生态环境和国土资源保护与整治等。（4）制定和实施调节社会分配政策和社会保障体系建设，协调公平和效率的关系，合理拉开收入差距，又防止收入分配上的两极分化，促进共同富裕。（5）促进地区经济协调发展和城乡共同繁荣。（6）制定市场规则，培育市场体系，保护正当竞争，建立全国统一的大市场。（7）推动改革开放的进程，制定和实施全国性改革方案，保证我国改革目标的实现。（8）建立财产法律制度，依法保护各类企业的合法权益，维护国有财产的所有者权益，保持国有资产的一定规模，促进国有经济质量的提高。地方政府的职能和事权主要有：（1）负责落实中央制定的方针、政策和与本地区有关的任务和发展事业。（2）制定本地区经济和社会发展目标、任务和有关政策。（3）负责开发建设有地方特色的经济，各个省（市、自治区）都应加强和稳定农业，包括负责本地区主要农产品的生产和流通。（4）为本地区提供公共产品和服务。包括地方基础性设施、地方公益事业和公共工程。发展本地区金融、科技、教育、文化、卫生事业。兴办社会福利事业,为居民福利提供服务。组织地区性社会保障事务。(5)保护本地区自然资源和生态环境,进行国土资源整治。(6)调节本地区经济发展,协调公平和效率关系,促进所辖地区经济和社会全面发展。(7)维护正常的市场秩序、社会秩序,保持社会稳定。(8)在中央方针、政策和具体部署指导下,组织和推动本地区改革和开放进程。以上这些,只是原则性的界定,在实际工作中还需要进一步具体化,作出合理的划分,尽量明确中央和地方各自职能和事权,以利做到权责相统一。

(二)宏观经济调控权必须集中在中央。宏观经济是反映全局的、整体的经济活动和利益。因此,涉及宏观经济总量平衡和重大结构调整的权力不能层层分散。宏观经济调控权,包括全国性的产业政策和生产力布局,收入分配政策,财税政策,货币的发行、基准利率的确定、汇率的调节和重要税率的调整,以及涉及经济政策和全国性法律法规等,这些权力必须集中在中央。这是保证经济总量平衡、经济结构优化和全国市场统一的需要。为了宏观经济调控有效地集中在中央,需要增强中央政府宏观经济调控的实力,保证其在政府调节中的主导地位。在我国,之所以要保证中央政府在政府调节中的主导地位,主要是基于以下五个原因:(1)中国正处在由计划经济体制向社会主义市场经济体制转轨的关键阶段,市场体系发育不成熟,要保证这种转轨的顺利进行,需要一个强有力的中央政府。(2)中国是一个后起的发展中国家,如果经济调控过于分散,不利于发挥后起国效应,不利于地区生产力布局的优化,也不利于发挥社会主义制度可以集中力量办大事的优势。(3)中国幅员辽阔,要保证全国经济的统一性,也需要有中央强有力的宏观调控。(4)中国地区发展差别很大,缩小地区间的差距,需要中央政府的协调与支持。(5)中国经济与世界经济的联系日益密切,为了提高国际竞争力,也需要中央保持应有的经济调控力量和决策权力。

(三)适当加大地方政府经济和社会发展方面的权力和责任。要进一步有区别地下放和转移中央政府现行的一部分职能和事权,将那些宜由地方政府、市场中介组织和企业行使的职能和事权转移出去。在传统计划经济体制下,许多本应是地方政府、市场中介组织和企业承担的事,也由中央政府包揽下来。虽然进行了近20年改革,这种状况有了一些改变,但这种包揽过多的格局尚没有完全打破。应当在保证中央政府有效宏观调控的前提下,赋予省、自治区和直辖市必要的权力,使其能够按照国家法律、法规和宏观政策,制定地区性的法规、政策和规划;通过地方税收和预算,调节本地区的经济活动;充分运用地方资源促进本地区经济和社会发展。应当将一些基础设施建设和大部分教育、文化、卫生事业和其他公共产品生产的事权下放给地方。同时,应当将社会保障、信息咨询、资信评估、会计服务等,交给市场中介组织。要规范地方政府的行为,改进地方政府领导人政绩评价的办法,把经济总量指标考核与经济结构、经济效益以及社会发展指标考核结合起来。

(四)改进中央政府对贫困、后进地区扶持的办法。为了缩小地区差距,中央运用一定的人力、财力、物力扶持贫困、后进地区,是完全必要的。但是在过去的实践中,往往只采取直接调拨的方式,既不利于受扶持地区的发展,也影响了经济发达地区的积极性,进而影响中央与地方的经济关系。因此,要建立起规范化的扶持体制和机制,包括实行分税制后,建立合理的财政支付转移制度,按一定标准向欠发达地区倾斜。要将直接调拨的“输血机制”改为培育市场环境、促使受扶持地区改善投资条件的“造血机制”。中央对贫困、后进地区的扶持,主要是帮助这些地区进行基础设施建设、改善投资环境,特别是修建铁路、公路,发展通信设施,以加强这些地区与发达地区的联系,加强中西部地区与东部地区的经济联系。最重要的是,要探索协调地区之间经济共同发展的合理、有效的机制。

(五)正确处理地方和地方之间的关系。这里包括省以下政府纵向的关系,也包括省与省之间的横向关系。处理好这两方面的关系,才能有利于各级政府积极性的充分发挥。要合理划分省、地、县、乡各级政府之间的职能和事权、财权、决策权。各级地方政府在各自职权范围内行动,上一级政府不干预属于下一级政府权力和活动,下一级政府也不得越权行事。上下级政府要相互尊重和支持。同时,也要保持上一级政府对辖区内经济社会发展的应有的协调与调节权力。我国有些地方政府管辖的地域广、人口多,明确上级政府对下级政府的领导和约束力是十分必要的。上级政府在其权限范围内决定了的事,下级政府必须坚决照办,不允许打折扣。在社会主义市场经济条件下,省与省之间是区域分工协作或联合的关系。与计划经济条件不同之处在于,这种分工协作和联合关系原则上是建立在商品市场关系基础上的。各省(市、自治区)要在国家法律和政策指导下,选择适合本地条件的发展重点和优势产业,实现区域间的优势互补、合理交换和联合协作,避免各地区产业结构趋同化,以利于各地区经济在更高的起点上向前发展。东部沿海省、直辖市要发挥资金、技术、人才、管理、交通运输和对外开放的区位优势,在有条件的地方应率先基本实现现代化。中西部地区要加快改革开放和开发,发挥资源优势,发展优势产业。国家要加大对中西部地区的支持力度,优先安排基础设施和资源开发项目,加快实施规范的财政转移支付制度,鼓励国内外投资者到中西部地区投资。进一步发展东部地区同中西部地区以及各省(市、自治区)之间多种形式的联合和合作。更加重视和积极帮助少数民族地区发展经济。通过多方面努力,逐步缩小地区发展差距。提倡先富起来的地区,帮助和支持后进地区的发展,逐步实现地区协调发展和共同繁荣。

为了使中央与地方经济关系规范化,建议研究制定《中央与地方经济关系调整法》,对中央政府与地方政府的职能和事权、财权、经济调节权等作出详细、明确、具体的规定,以使合理分权的体制切实做到法制化、制度化。

三、完善中央与地方经济管理合理分权体制的若干改革措施

社会主义市场经济条件下的中央与地方经济体制的形成，需要采取多方面的配套改革措施。财政分配关系在整个中央与地方经济关系中具有十分重要地位，加快完善财政体制改革是当务之急。金融、投资、流通等领域的改革也具有举足轻重的作用，必须进行综合配套改革。当前，尤其需要抓好以下几个方面改革。

第一，进一步完善分税制财政体制，理顺中央政府和地方政府的财政关系。

在科学地划分中央和地方政府事权的基础上，合理界定各级政府财政支出范围，做到中央政府的事权由中央财政负担支出，地方政府的事权由地方财政负担支出，中央与地方的共同事权，也要以规范的方式明确规定各自负担的支出项目和比例。对事权和财政支出范围进行调整，可采取分步实施的办法，先对一些中央专款进行调整，一部分要随着规范化转移支付制度的建立逐步纳入支出基数，一部分原则上要取消，一部分可以继续保留，但应与贯彻国家产业政策和区域发展政策相配合。要适当调整中央与地方的收入范围，合理划分税收管理权限，提高中央政府财政收入占全国财政收入的比重，这一比重原则上应达到60%或略多一点。否则，目前中央财政困难的状况难以改变，中央政府承担的社会经济管理职能难以按要求履行。中央集中的资金，一部分用于增加中央财政承担的国防和国家机器正常运转方面，一部分用于加大中央财政规范化转移支付的规模。目前国有企业所得税按行政隶属关系划分和共享的做法，不利于政企分开和结构调整，应当抓紧改变。个人所得税由于其累进性质，

是一个增长潜力较大的税种。国际经验表明,在一个国家经济起飞阶段,这一税收增长速度明显快于国民经济增长速度,一般都被划为中央税种或中央与地方共享税种。根据我国现实情况,可将国有企业所得税改为中央税,个人所得税改为中央和地方共享税种。同时,在实行过渡性中央财政转移支付办法的基础上,加快建立规范化的转移支付制度。先根据中央财政财力的状况,建立过渡性转移支付办法,重点缓解民族地区和少数困难地区财政困难。要抓紧做好规范化转移支付制度的各项准备工作,采用科学方法评估测算各地的标准化收入能力和标准化支出需求,根据公平与效率兼顾的原则、调动中央和地方两个积极性的原则和法制规范的原则,用“因素法”取代“基数法”,逐步建立起规范化的转移支付制度,促进地区间财力的公平分配和公共服务水平的均等。要清理中央专项拨款。目前中央专项拨款的管理较为分散,使用缺少透明度,应结合政府机构改革,进行全面清理,减少其中一些不必要的项目。还要彻底清理全国收费和基金项目,即进行“费改税”的改革,这方面大有文章可作。1996 年全国各种收费、基金总额为 3622 亿元(不包括社会保障基金 1015 亿元),扣除纳入预算管理的收费 127 亿元和拟取消的基金、收费 120 亿元,占当前财政收入的 46%。显然,这一比重过大。改革总的目标是,建立以税收为主体、辅之少量规费的政府分配体系。

第二,加快和深化金融体制改革,完善中央和地方在金融领域的职能、权限。

在我国金融体系中,中国人民银行居于金融宏观调控和金融监管的地位,国有银行处于主体地位,发挥着主导作用。要按照“把银行真正办成银行”的要求,健全中国人民银行使中央银行的职能;国家专业银行向商业银行转变,建立国有商业银行统一法人制度;同时,要建立国家相对集中、统一的证券业、保险业监管体制。1997 年 11 月,在全国金融工作会议上对深化金融体制改革已作出了明确部署,关键在于抓紧落实。为了充分发挥中央和地方两个积极性,要实行两个方面的改革。一方面,强化中央银行的宏观调控和对全社会金融业的监管职能,健全国有商业银行的功能。为此,要改变长期以来人民银行和国有商业银行分支机构按行政区设置的状况,精简管理层次和分支机构,并完善金融系统党的领导体制。这样改革,有利于中央运用金融手段引导和调控全国社会经济发展的规模、速度和结构,为实现国家社会经济发展目标和任务提供重要保障,也有利于建立社会主义市场经济条件下新型的政府与银行关系、银行与企业关系,使银行和其他金融机构彻底摆脱传统的计划经济体制的羁绊,同时还有利于防范金融风险,保证金融业安全、稳健运行。另一方面,在深化银行管理体制改革的同时,国有银行要依法按照贷款原则支持地方中小企业的发展,还要加快地方性金融机构体系的建设。区域性的银行应适当多发展一些分支机构,逐步增加城市商业银行、县(市)商业银行(股份制银行),还要发展合作制的城市信用社、农村信用社。发展这些地方性金融机构,可以满足地方发展经济对金融服务的需求。当然,地方金融业发展的规模和速度,要视国家金融监管的能力和实际需要慎重抉择。

第三,构造新型的投资体制,明确中央政府和地方政府的投资范围。

深化投资体制改革,根本方向是按照建立社会主义市场经济体制的要求,完善法人投资和银行信贷的风险责任制,使企业成为投资的主体。这是使市场成为配置资源基础的重要方面,应当大力推行。对于政府投资来说,应当划分中央政府与地方政府投资的范围,建立中央与地方的投资分工与协作关系。这是调整全国生产力布局,促进产业结构优化升级所必不可少的。目前,由于“政企不分”的体制因素,使得各级政府与各类企业之间的投资分工与协作范围不清,造成政府投资范围过宽,需要首先进一步明确这方面的范围界限。一般来说,中央政府和地方政府的投资分工范围，主要应限制在社会基础设施等公共部门。这里包括：(1)重要的农业、交通、通信、能源、水利等基础设施建设。因为这些部门具有投资规模大、建设周期长、资本回收慢的特点，完全依赖企业投资难以做到。否则，就会影响这些方面的建设规模和速度。政府参与这些部门的投资和提供帮助是十分必要的，这也是国际上通行的做法。(2)有关人力资源开发和社会协调发展方面的投资。例如，科技、教育发展、职工培训、文化建设、医疗保健、环境保护、国土整治、人口控制等。这些方面的投资，对于实施科教兴国战略，促进经济健康发展和社会全面进步，有着重要意义。(3)帮助和支持某些战略部门的发展，主要包括基础研究、关键技术开发、支柱产业和高新技术产业的开拓等。这些方面的投资，对于培育经济发展后劲和在国际经济竞争中争取战略上的主动地位关系极大。(4)调整重大生产力布局，支持和帮助经济欠发达地区发展经济，促进全国各地区经济协调发展，也需要政府适当进行投资。在以上政府投资范围中，应由中央政府投资或以中央财政投资为主的，原则上是面向全国的、跨地区、跨部门的重大项目或骨干工程；一般重要的，属于地区性的，应由地方政府投资。当然，在投资资金来源上，可以是财政性投资，可以是政策性银行贷款，可以是统借统还国外资金；在投资方式上，可以是中央或地方政府独资，可以是中央政府与地方联合投资，也可以是两级政府与企业联合投资。从发展市场经济要求和实际生活状况看，控股投资或联合投资将越来越成为大量的和普遍的投资格局。这样，有利于充分发挥中央、地方和企业投资的积极性，也有利于协调各方面的经济利益关系。

第四，继续推进流通体制改革，进一步完善中央和地方的重要商品储备制度和基金制度。

这里主要指的加强流通领域调控建设。首先，国家要逐步建立粮食、棉花、食油、猪肉、食糖、钢材、有色金属、纸张、成品油、化肥、农药、农膜等重要商品储备，并按照不同的调控目标，把国家储备分为战略储备和市场调节储备。同时,要加快完善储备管理办法、轮换更新制度和吞吐调节机制。地方主要是把粮食、油、棉、肉以及地方政府决定的其他商品储备建立起来,数量一般应不少于1—3个月的商品性消费量。其次,要抓紧建立完善中央、地方两级粮食、副食品的风险基金和价格调节基金,以及其他重要商品的风险调节基金。再次,建立比较完备的国家储备仓储网络,重点是在主要产销区、交通枢纽、沿海港口以及其他重要地区,建立和改造一批由中央政府直接掌握的大中型储备库。要完善重要商品的购销体制。当前特别要深化粮食流通体制改革。改革的方向,是把粮食企业完全交给地方统筹管理。要分清中央和地方的责任,不能再吃"大锅饭"。中央主要负责粮食宏观调控和专储粮的管理,地方政府要对本地区粮食生产和流通全面负责。中国是一个农业大国,各省(市、自治区)的一个十分重要任务,就是解决好粮食问题。要继续实行"米袋子"省长负责制,就是要在中央的统一领导下,分级负责,以省为单位,实现粮食的地区平衡。当然,这并不意味着要求地方自给自足,而是要在全国统一指导下搞好地区内部的平衡,在地区平衡的基础上保证全国的综合平衡。为了发挥市场机制在资源配置中的基础性作用,必须培育和发展市场体系。要推进价格改革,建立主要由市场形成价格的机制。在保持价格总水平相对稳定的前提下,放开竞争性商品和服务的价格,理顺少数由政府定价的商品和服务的价格。在价格改革和调控上,中央政府和地方政府都应有各自的职责和权力。

第五,完善外贸、外资管理体制,合理确定中央和地方的职权。

这是建立中央和地方合理分权的经济体制的重要方面。在我国对外开放格局已经形成,并要进一步扩大对外开放的新形势下,正确规范两级政府的权限尤为必要。要进一步改革对外经济贸易体制,坚持统一政策、放开经营、平等竞争、自负盈亏、工贸结合、推行代理制的改革方向。国家主要运用汇率、税收和信贷等经济杠杆调节对外经济活动。在利用外资领域，中央政府要通过适时修订国家产业政策和实施支持、鼓励外资进入的政策，加强对全国各地利用外资的引导。地方政府在执行中央统一政策前提下，因地制宜地采取有效政策和措施吸收外资。借用国外贷款应由中央集中统一管理，并要建立中央和地方两级政府的还债基金，完善借、用、还相统一的机制。要统一和健全对外经济法规，维护国家利益和经济安全。

在全国进一步扩大对外开放的同时，进一步办好深圳、珠海、汕头、厦门、海南五个经济特区和上海浦东新区，鼓励这些地区在体制创新、产业升级、扩大开放等方面继续走在前面。鼓励中西部地区吸收外资开发利用资源，促进经济振兴。统筹规划，进一步规范和办好各类经济技术开发区，发展既有层次又各具特点的全方位对外开放格局。

建立中央与地方经济管理合理分权的新体制，是构建社会主义市场经济体制过程中一项非常重要的任务。我们相信，随着经济体制改革的进一步深化和对外开放的继续扩大，一个适应发展社会主义市场经济要求的中央与地方合理分权的经济体制将日臻完善。

深化国有企业改革必须全面贯彻“三改一加强”的方针*

（1999 年 11 月）

党的十五届四中全会通过的《中共中央关于国有企业改革和发展若干重大问题的决定》提出，推进国有企业改革和发展，必须坚持改革、改组、改造和加强管理相结合的指导方针。理论和实践都充分表明，这个“三改一加强”的指导方针是科学的和完全正确的。只有坚决贯彻执行这一重要方针，国有企业才能适应建立社会主义市场经济体制的要求，真正实现同市场经济结合，建立现代企业制度，转换经营机制，提高整体素质，增强活力、实力和竞争力，在新的历史条件下重振雄风、再铸辉煌，充分发挥其在国民经济中的支柱和骨干作用。

一、“三改一加强”是一条完全正确的指导方针

实行改革、改组、改造和加强管理相结合的方针，是在社会主义市场经济条件下搞好国有企业的必然要求。所谓改革，概括地说，就是要按照市场经济规律，改变计划经济模式下政企不分和吃“大锅饭”的国有企业

---

* 本文发表于《求是》杂志 1999 年第 23 期。

管理体制和制度，转换经营机制，使企业真正成为市场竞争主体。所谓改组，就是着眼于从整体上搞好国有经济和整个国民经济，调整和优化国有企业组织结构，探索公有制多种有效实现形式，推动国有资产合理流动和重组。所谓改造，就是加强企业技术改造、技术开发和技术进步，提高企业的生产技术和装备水平。所谓加强管理，就是从严治理企业，实现管理创新，提高企业科学管理水平。坚持把改革、改组、改造和加强管理有机结合起来，是对多年来国有企业改革和发展实践经验的深刻总结，是建立在科学理论基础上的。因而，这一重要指导方针是完全正确的。

实行“三改一加强”的方针，就是坚持生产关系与生产力的辩证统一。马克思主义认为，生产关系与生产力之间的矛盾，仍然是社会主义社会的基本矛盾；在这一基本矛盾中，生产力决定生产关系，生产关系反作用于生产力，二者是辩证统一的。当生产关系束缚生产力发展时，必须通过改革实现生产力的解放与发展；同时，调整和变革生产关系的目的，在于更好地解放和发展生产力。在建设和发展中国特色社会主义伟大事业的过程中，国有企业始终是国民经济的支柱。发展社会主义社会的生产力，推进我国的工业化和现代化，必须依靠和发挥国有企业的重要作用。而搞好国有企业是艰巨复杂的任务，也是庞大的社会系统工程，不仅涉及生产关系的调整和完善，而且涉及生产力自身的进步和发展。改革，是要调整和完善不适应生产力发展的生产关系，是为了进一步解放和发展生产力，但生产力有其自身发展规律和要求，不能单纯用生产关系的变革代替生产力自身的发展规律。因此，要搞好国有企业，必须坚持生产关系与生产力辩证统一的观点，既要高度重视国有企业生产关系的调整和变革，又要十分注意解决影响企业生产力自身发展的各种要素的素质问题，这是把国有企业改革、改组、改造和加强管理相结合的重要的理论依据。

从根本上说，我们改革计划经济体制，实行社会主义市场经济体制，就是要从体制上、机制上解决束缚国有企业发展的各种矛盾和问题，使生产关系进一步适应和促进生产力的发展。国有企业必须坚持社会主义市场经济的改革方向，适应市场经济发展的规律和要求，充分调动广大职工的积极性和创造精神。而企业改组、改造和加强管理，则直接触及企业生产力的各个方面，如国有经济布局、企业结构、技术进步和生产力组织等。改组、改造和管理工作搞得好，就能充分和有效地发挥企业生产力各个要素的作用，而且能够大大提高企业的整体素质。实行"三改一加强"相结合，就是着眼于调整生产关系和调动生产力各个要素的作用，多管齐下，整体推进，使国有企业生产关系得到完善，激发和增强活力，并且使国有企业生产力实现质的飞跃，从而在整个国民经济中更好地发挥支柱和骨干作用。

实行"三改一加强"的方针，就是坚持改革与发展的有机统一。邓小平理论的核心内容，就是坚持把发展生产力放在首要位置，强调科学技术是第一生产力，要加速科技进步。发展才是硬道理。国民经济要得到更好地发展，必须实现经济体制和经济增长方式两个根本性转变，二者缺一不可。改革是动力，发展是目的。从根本上说，改革、改组、改造和加强管理，都是为了促进国有企业的发展和壮大，并以其带动整个国民经济的振兴和繁荣。全面贯彻"三改一加强"的方针，就可以把改革与发展很好地结合起来，避免那种把改革与发展割裂开来甚至对立起来的倾向。这样，一方面，可以深入改革国有企业管理体制和经营机制，使之适应社会主义市场经济发展的要求，增强企业的活力与效率；另一方面，可以使国有企业组织结构得到调整和优化，资产能够合理流动和重组，技术和管理素质不断提高。由此可见，只有坚持把改革和发展统一起来，才能在市场经济的条件下形成国有企业的新优势，也才能充分发挥国有经济在国民经济中的主导作用。

国有企业的改革与发展是有机联系和相互促进的。必须坚持以改革促发展，积极推进企业改革；同时，也必须在发展中解决企业改革进程中遇到的问题，包括通过发展为改革提供必要的物质条件和环境。企业改革的各项措施，必须落实到发展上。检验国有企业各项改革措施正确与否，主要是看它是否促进了国有经济发展和整个社会生产力的发展。

实行“三改一加强”的方针，就是坚持宏观与微观的协调统一。坚持宏观与微观的统一，是把国有企业改革、改组、改造和加强管理结合起来的重要出发点和落脚点。理论和实践都告诉我们，要搞好国有企业的改革和发展，必须从整体上和战略上调整国有经济布局与改组国有企业，必须适应全球产业结构调整大趋势和国内外市场需求的变化，加快国有企业技术进步和产业升级。为此，需要着眼于搞好整个国有经济，从宏观经济发展考虑，综合采取措施，而不能单纯着眼于搞好每一个国有企业，因为这样做既不现实也无必要。以公有制为主体的多种所有制经济蓬勃发展和对外开放的扩大，使国有企业面临国内不同所有制企业和国外强手越来越激烈的竞争；市场供求关系的变化特别是买方市场的出现，使国有企业长期存在而前些年又有所发展的结构不合理的矛盾更加充分地暴露出来。因此，必须从整体上搞好国有经济出发，对国有企业实施战略性改组。这样，国民经济结构中的突出矛盾才能很好地解决，企业技术进步和企业管理才能真正收到成效。同样，只有搞活国有企业，抓好技术改造和科学管理，国民经济发展的任务和目标才能顺利实现，否则，良好的愿望就会成为空中楼阁。从实际情况看，企业不通过改革建立符合市场经济要求的经营机制，企业缺乏技术进步和创新的能力以及扎实的科学管理，就不可能构造产业结构优化和经济高效运行的微观基础。因此，“三改一加强”的指导方针，既要求从宏观着眼，又要求从微观入手；既是国有企业的振兴之道，也是整个经济健康发展的必由之路。

必须指出，“三改一加强”是相互促进、相辅相成的关系，并且要使它们有机地结合起来。深化改革既为国有企业发展开辟道路，也为国有企业改组、技术改造和加强管理指出方向。从这个意义上说，深化企业改革是前提，但如果企业改革不与企业改组、改造和加强管理相结合，就会减弱国有企业改革所带来的体制和机制效益。国有企业改革与改组、改造和加强管理相结合，既可以使改革的效果放大，也可以保证改革成果的巩固和发展。同时,企业改组、改造和管理必须以改革为动力,否则,改组、改造和管理就有可能走弯路,产生不良效果。理论和实践也告诉我们,企业改革、改组、改造和加强管理之间既有内在联系,又有区别,不能简单地互相替代,任何想用其中一种方式代替另一种方式的做法都是不对的、有害的。不改革,企业发展就会失去方向,也会缺乏动力;不改组,就难以解决经济结构性的矛盾和问题;不改造,就没有建立在先进科技与装备基础上的强大的物质生产力和市场竞争力;不加强管理,就不可能提高产品质量和企业经济效益,改革、改组和改造的成果也难以得到巩固。因此,必须正确认识和把握改革、改组、改造和加强企业管理之间的相互关系,使它们有机结合起来,而不要把它们割裂开来甚至对立起来,切实做到统筹兼顾,千万不要偏废。

二、搞好"三改一加强"是解决当前国有企业突出问题的迫切要求

改革、改组、改造和加强管理相结合的方针,是一条实事求是的方针,这是根据国有企业存在的突出问题提出来的,有着很强的现实针对性。近年来,各地区、各部门和许多企业按照中央的部署,解放思想,大胆探索,开拓进取,围绕"三改一加强",在建立现代企业制度,转换企业经营机制,推动国有资产重组,优化国有企业结构,推进技术进步,加强企业管理等方面,做了大量的工作,在解决一些重点、难点问题上取得了重要突破,不少企业已经和正在走出困境。但目前仍有相当一部分国有企业缺乏活力、效益低下、经营困难。这里原因固然是多方面的,其中一个重要的方面,就是没有高度重视和全面贯彻落实"三改一加强"的方针。目前一些国有企业存在的突出问题,主要表现在以下几个方面。

一是政企不分,企业经营机制僵化。由于传统计划经济体制根深

蒂固的影响，政企职责不分、政企错位的现象目前仍比较突出。有些地方政府直接干预企业的日常生产经营活动，管了不少应由企业自己管理的事务，既管不了、管不好，又束缚了企业的手脚，使企业缺乏应有的自主权和活力。比如，国务院早已明确，国有企业应当成为投资的主体，企业使用自有资金的投资可以由自己作出决策，但有的地方仍然要求层层审批。又如，企业办社会的问题依然相当严重，企业承担了本来应由政府承担的学校教育甚至社会治安等职能，既加重了企业的负担，又影响了企业的效率和竞争力。就企业方面来看，不少企业在内部改革中作表面文章，企业吃国家“大锅饭”、职工端企业铁饭碗的弊端没有根本解决。1998 年中央政府机构改革对于理顺政府与企业的关系起到了积极的作用，政企分开迈出了重大步伐。但目前各级政府部门与企业关系中仍然比较普遍地存在着妨碍国有企业成为市场竞争主体的问题。企业走向市场和按市场经济法则运行的改革道路还很长。

二是企业组织结构不合理，缺乏市场应变能力。改革开放以来，国有企业组织结构发生了积极的变化，但目前仍很不合理。主要问题是：低水平重复建设严重，企业大而全、小而全，没有形成专业化生产、社会化协作体系和规模经济，市场应变能力不强。国有经济的行业分布太广、战线太长，力量太分散，这不仅使相当部分国有企业效益难以提高，而且严重影响了国有企业职能的有效发挥。前两年，中央提出“抓大放小”的方针后，各地方培育大企业和企业集团的工作有了一些进展，但这方面工作的广度和深度都不够，甚至有些地方违背市场经济规律，盲目贪大求全，以至于我国至今还没有形成多少实力雄厚、竞争力强的大型企业和企业集团。不少企业产品没有市场、技术落后、长期亏损；浪费资源、质量低劣、污染严重的“五小”企业大量存在。许多中小企业还没有放开搞活。所有这些，都严重影响经济效益的提高和国民经济的发展。因此，非下大决心、用大气力进行行业调整和企业改组不可。

三是企业技术改造和技术创新步履维艰。当前，国有企业技术进步动力不足，资金短缺，人才缺乏，技术进步创新体系还未形成。企业技术装备落后、工艺陈旧，技术开发能力远不适应日益激烈的市场竞争的要求。目前我国技术进步对经济增长的贡献率不到30%，不仅低于发达国家50%—70%的水平，也低于发展中国家40%左右的水平。工业企业设备近1/5已经老化，超期服役率近40%。我国工业企业中关键设备达到或接近国际先进水平的仅占15%左右，机械工业技术装备大体上只相当于国外六七十年代的水平，只有少数达到国外80年代的水平。许多传统产业生产能力相对过剩，但技术水平低，产品结构不合理，产品质量差。这是我国国有企业经济效益差和产品缺乏市场竞争力的重要原因。当今世界，科技进步日新月异，企业技术进步和技术创新能力决定着一个国家经济实力和竞争力的大小。在这种情况下，我们如果不在企业技术改造和技术进步上下功夫，就会延缓现代化建设的进程，同国外先进水平相比，差距就会越来越大。

四是企业管理松懈，管理水平低下。目前，有相当一部分国有企业，内部管理薄弱，制度不健全，有了制度也执行不严格，形同虚设，决策随意，财务混乱，纪律松弛。由于企业经营管理不善，造成生产成本高，资源损失浪费很大，跑、冒、滴、漏严重，亏损居高不下。目前我国能源利用率只有30%左右，比国际先进水平低10—20个百分点，产品单位能耗比发达国家高出30%—80%。这其中一个重要原因是管理落后。可以说，不少企业陷入困境，主要是管理水平低造成的。现实生活中，一些长期亏损的企业在调整领导班子后，仅从抓管理入手，旋即收到扭亏为盈之效。这就充分说明了企业管理是当前突出的薄弱环节。

国有企业存在的上述矛盾和问题，是过去长期积累下来的，是各种矛盾交织在一起的结果，要解决这些问题只依靠一种办法难以奏效，必须把企业改革、改组、改造和加强管理这四个方面有机地结合起来。从实践经验看，凡是"三改一加强"配套抓得好的，企业改革和发展成效就大，就能够走上良性循环的轨道。邯钢、吉化、长虹、宝钢等在国内外市场上有竞争能力的国有大中型企业，都是这样做的。例如，邯钢就是坚持以市场为导向，实行改革、改组、改造和强化企业管理相结合，多管齐下，综合治理的典型。几年来，邯钢按照市场经济要求，对企业进行了股份制改造，大力改革企业人事用工制度、劳动制度和分配制度，实现了减员增效。在改组方面，实行低成本扩张，先后兼并了舞阳钢铁公司和衡水钢管厂，在很短时间内使这两个企业扭亏为盈。几年来，邯钢以市场为导向，以调整结构、提高质量、降低成本为重点，先后进行20多次大中型技术改造。坚持从严管理，并建立起“模拟市场核算，实行成本否决”的经营管理机制。邯钢近几年走出困境、实现振兴，成为国有企业一面红旗的过程，就是将“三改一加强”紧密结合并成功运用的过程。邯钢的经验，体现了社会主义市场经济发展的要求，符合建立现代企业制度的方向，应当深入学习和推广。又如，吉林化纤集团也成功地走出了一条“三改一加强”的路子。几年来，吉化公司完成了股份制改造，进行了建立现代企业制度试点，他们以资本为纽带，把改革同改组结合起来，通过资本运营，实现投资主体多元化，成功地进行了大规模的联合和兼并，形成具有较强竞争力的跨地区、跨行业、跨所有制和跨国经营的大企业集团，资产总量迅速扩大。吉化公司还抢抓机遇，科学决定，不断加快技术改造步伐，坚定不移地实施创新发展战略，把追求最佳经济效益作为技术改造的出发点和落脚点，在现有基础上创新，在创新中发展。同时，吉化公司坚持不懈地抓管理，努力构建严格的内部管理机制，坚持以人为本，大力提高企业整体素质。向管理要质量，向管理要效益，靠严格管理造就一支训练有素，特别能战斗的职工队伍，适应了市场激烈竞争的需要。通过“三改一加强”，吉化公司经济实力不断增强，经济效益显著提高。

大量事实充分说明，“三改一加强”是行之有效的方针。国有企业要在发展社会主义市场经济新形势下再创新优势，就必须通过改革建立新的机制，通过改组优化组织结构，通过改造推进企业技术进步，通过加强管理充分发挥各种生产要素的作用，全面提高国有企业的整体素质，使企业有一个好机制、好产品、好装备、好队伍、好班子。这些才是国有企业的根本出路和希望之所在。

三、贯彻“三改一加强”方针需要着力抓好的工作

当前,国有企业改革已进入攻坚阶段,发展处于关键时期。我们必须认真学习、全面贯彻党的十五届四中全会精神,充分认识坚持“三改一加强”的方针的重要性和紧迫性,以高度的责任感和使命感,锲而不舍地努力,切实做好企业改革、改组、改造和加强企业管理的各项工作,并把它们有机结合起来,务求国有企业改革和发展取得新的突破。

第一,进一步深化企业改革,建立和完善现代企业制度。建立现代企业制度,是发展社会化大生产和市场经济的必然要求,是国有企业改革的方向。这方面在党的十四届三中全会《中共中央关于建立社会主义市场经济体制若干问题的决定》和十五大报告中已经有过明确论述,有关部门和地方也进行了不同类型企业的改革试点。要坚持从我国国情出发,总结实践经验,全面理解和把握产权清晰、权责明确、政企分开、管理科学的要求。在实际工作上,要突出抓好以下几个环节。一是继续推进政企分开。政府对国家出资兴办和拥有股份的企业,通过出资人代表行使所有者职能,按出资额享有资产受益、重大决策和选择经营管理者等权利,对企业的债务承担有限责任,不干预企业日常经营活动,使企业真正成为适应市场的法人实体和竞争主体。企业依法经营,照章纳税,对所有者的净资产承担保值增值责任。二是积极探索国有资产管理的有效形式。要按照国家所有、分级管理、授权经营、分工监督的原则,逐步建立国有资产的管理、监督、营运体系和机制,建立与健全严格的责任制度。对国有大中型企业实行规范的公司制改革。进一步明确股东会、董事会、监事会和经理层的职责,形成各负其责、协调运转、有效制衡的公司法人治

理结构。三是面向市场着力转换企业经营机制。要逐步形成企业优胜劣汰、经营者能上能下、人员能进能出、收入能增能减、技术不断创新、国有资产保值增值等机制。这些工作做好了,国有企业同市场经济结合才会取得实质性进展。

第二,推进战略性改组,调整和优化国有企业组织结构。要区别不同情况,继续对国有企业实施战略性改组。对极少数必须由国家垄断经营的企业,在加快适应市场经济要求的同时,国家给予必要支持,使其更好地发挥应有的功能;竞争性领域中具有一定实力的企业,要吸引多方投资促进其发展;对产品有市场但负担过重、经营困难的企业,通过兼并联合等形式进行资产重组和结构调整,盘活存量资产;产品没有市场、长期亏损、扭亏无望和资源枯竭的企业,以及浪费资源、技术落后、质量低劣、污染严重的小煤矿、小炼油、小水泥、小火电等企业,要实行破产、关闭,以确保优势企业生产能力的发挥。对严重超过市场容量的生产能力,要坚决进行调整和压缩。这方面决心要大,同时也要研究制定行之有效的政策措施,以加快调整步伐。同时,要坚持“抓大放小”,积极发展大型企业和企业集团,放开搞活中小企业。要着力培育实力雄厚、竞争力强的大型企业和企业集团,有的可以跨地区、跨行业、跨所有制、跨国经营。要发挥这些企业在资本运营、技术创新、市场开拓等方面的优势,使之成为国民经济的支柱和参与国际竞争的主力军。在放开搞活中小企业方面,思路可以更宽一些,步子可以更大一些,同时切实加强引导和规范操作。对于量大面广的国有小企业,要从实际出发,继续采取改组、联合、兼并、租赁、承包经营、股份合作制和出售等多种形式放开放活,不要搞一个模式。要防止“刮风”,不能“一卖了之”,防止国有资产流失。要积极扶持中小企业特别是科技型企业,使它们向“专、精、特”的方向发展,有关方面要在信息咨询、市场开拓、筹资融资、贷款担保、技术、人才培训等多方面给予支持和服务。

第三,加快国有企业技术创新,推动技术进步和产业升级。这是国有企业在新形势下再创新优势、增强实力和竞争力的根本措施。当今世界有实力、有竞争力的大公司、大企业集团,都是靠自己的先进技术和独特的产品来建立市场竞争优势的。企业间的竞争,尤其是国际市场上的竞争,说到底是技术创新和产品开发能力的竞争,谁掌握了技术创新和产品开发的主动权,谁就能在市场竞争中占据制高点、掌握主动权。我们必须把加强国有企业技术创新和进步放在十分突出的地位。国有企业技术进步和产业升级的方向与重点是:以市场为导向,用先进技术改造传统产业,围绕增加品种、改进质量、提高效益和进口替代,加强现有企业技术改造;在信息、生物工程、新材料、环境保护等新兴产业和高技术产业占据重要地位,掌握核心技术,占领技术制高点,发挥先导作用。

当前,中央在决定进一步扩大内需、加大实施积极的财政政策力度的同时,明确地把加强国有企业技术改造作为重要任务,从今年增发的 600 亿元长期国债中,拿出相当部分作为技术改造贷款的贴息资金。这样,可以带动 2000 亿元左右贷款资金投入企业技术改造,为国有企业技术进步提供了难得的机遇。在实际操作中,要集中必要力量,加大对重点行业、重点企业、重点产品和重大技术装备制造的技术改造投入,并向老工业基地倾斜。抓好这项工作关键,是要选准企业、项目和产品,坚决不搞低水平重复生产和单纯数量扩张。对有市场、有效益、符合国家产业政策的技术改造项目,给予贷款贴息支持;对这类技术改造项目的国产设备投资,实行税收鼓励政策。加快企业技术改造不是短期的任务,而是加快我国现代化建设的战略举措。这里最重要的,是要真正使企业成为技术进步和产业升级的主体,形成以企业为中心的技术创新体系,大力促进科技成果向现实生产力的转化。

第四,加强和改善企业管理,提高科学管理水平。科学管理是企业的振兴之道,所有国有企业必须高度重视和切实加强科学管理。要坚持从严治理企业,苦练内功,向管理要市场,向管理要质量,向管理要效益。要适应发展市场经济的新形势,加强管理创新。在加强和改善企业管理中,特别要加强企业发展战略的研究。企业要适应市场,制订明确的发展战略、技术创新战略和市场营销战略,并根据市场变化适时进行调整。要健全和完善各项规章制度,强化管理基础工作,彻底改变无章可循、有章不循、违章不纠的现象。要建立各级、各个环节的严格责任制度,加强考核和督促检查,确保各项工作有人负责。要完善劳动合同制,推进职工全员竞争上岗,严格劳动纪律,严明奖惩,充分发挥职工和积极性的创造性。狠抓管理薄弱环节,重点搞好成本管理、资金管理、质量管理。要建立健全全国统一的会计制度,真实反映企业经营状况。要加强对企业经营活动的审计和监督,坚决纠正做假账、违反财经纪律、营私舞弊、挥霍浪费等现象。要广泛采用现代管理技术、方法和手段。认真总结过去行之有效的管理经验,根据新情况不断赋予新的内涵。积极推广先进企业的管理经验,进一步引进国外智力和借鉴国外企业现代管理方法。

继续认真做好国有企业职工下岗分流、减员增效和再就业工作。当前,企业管理搞不好的一个重要原因是人员过多,管理费用高,不把富余人员减下来,成本很难降下来,企业效益也难以提高。要认真贯彻落实党中央、国务院关于做好国有企业下岗分流、减员增效和实施再就业工程的各项政策。特别是要抓紧建立和完善社会保障体系,充分发挥社会中介组织的作用,为企业减员增效创造必要的条件。

总结前阶段实践经验,全面贯彻“三改一加强”的方针,必须切实加强领导。在目前经济体制转轨和经济结构大调整时期,企业的情况千差万别,遇到的矛盾和问题各不相同,必须针对不同企业存在的具体问题和薄弱环节,因企制宜,因势利导。要区别不同情况,分类指导,对症下药,各有侧重,重点突破。切实防止“一刀切”和形式主义,务必扎实工作,注重实效。

总之,坚持“三改一加强”相结合,是搞好国有企业改革和发展的重要指导方针。我们要认真学习和贯彻落实党的十五大和十五届四中全会的《中共中央关于国有企业改革和发展若干重大问题的决定》精神,大胆探索,锐意进取,不断总结经验。这样,就一定会成功地走出中国特色国有企业改革和发展的新路子,夺取国有企业改革和发展的新胜利。

中国加入 WTO:对外开放进入新阶段*

（2002 年 5 月）

伴随新世纪帷幕的拉开,我国社会主义现代化建设进入了新的发展阶段,振兴中华的伟业掀开新的壮丽画卷。在全国人民高举邓小平理论伟大旗帜,按照“三个代表”重要思想要求昂首阔步的胜利进军中,新世纪开端之年,我国正式加入了 WTO。这是我国现代化进程中具有历史意义的一件大事,标志着我国对外开放进入新的阶段。加入 WTO 后,既有机遇,也有挑战。正确认识加入 WTO 问题,切实抓住和用好新机遇,积极迎接和应对新挑战,对于在新世纪里顺利实现国家现代化和民族振兴的宏伟目标,有着极为重要的意义。

一、全面认识和因应加入 WTO

中国加入 WTO,是适应当今世界经济发展潮流的必然选择,也是加快改革开放和现代化建设的重大战略决策,完全符合实践“三个代表”重要思想的要求和我国人民的根本利益。我们认为,加入 WTO 有利有弊,总起来看利大于弊,同时只有做好工作,才能真正实现利大于弊。面对加

* 本文刊载于《国务院部委领导论中国加入 WTO:机遇 · 挑战 · 对策》一书,中国言实出版社,2002 年 5 月出版。

入 WTO 的新形势,我们的基本方略应当是:既要紧紧抓住新机遇,又要积极迎接新挑战;既要充分享受加入世界贸易组织的权利,又要认真履行加入世界贸易组织的义务;既要敢于开放国内市场,又要善于保护自己;既要更加向世界开放,又要更加向世界走去。

适应加入 WTO 以后的新形势、新任务,最为重要的是,必须提高认识,统一思想,正确因应。从当前一些人们的精神状态看,迫切需要端正以下几种思想认识。

一种是,只看到加入 WTO 是大好事,盲目乐观。确实,加入 WTO,有利于我们按照国际通行规则办事,改善我国经济发展的外部环境。我们可以和 WTO 成员平起平坐,按照 WTO“游戏规则”和成员做出的承诺,给予我国永久性最惠国待遇等。这有利于我们扩大出口,有利于实施“走出去”战略,也有利于利用国外市场、资源、资金、先进技术和管理经验,加快我国经济结构调整和提高经济效益。简而言之,有利于我国更好地发展社会生产力特别是先进生产力,更好地发展社会主义先进文化,更好地提高全体人民的生活水平。但世界上从来就没有免费的午餐,加入 WTO 也是一把“双刃剑”。权利和义务是对等的,市场开放是双向的。我们享有权利得到好处,就必须付出一定代价。加入 WTO 后的短时期内,我们有些竞争力不强的行业和企业难免会受到一定冲击,有些企业可能还会倒闭,下岗和失业人员有可能增多,农民增收难度也可能加大,人才竞争会更加激烈。还可能会出现其他一些意想不到的困难。因此,对于加入 WTO 可能带来的矛盾和问题,应当有足够的估计,任何盲目乐观、麻木不仁的情绪,都是要不得的。

另一种是,认为加入 WTO 对我们的冲击太大,消极悲观。这也是不对的。应当指出,加入 WTO 对我国的冲击并不是那么不得了。我们不仅具备各种条件,而且做了充分准备,完全有信心、有能力加以应对。我们加入 WTO 的谈判之所以进行了 15 年,就是始终确保我国权利和义务的平衡,坚持以发展中国家的身份加入 WTO。我们在很多方面争取到了优惠和差别待遇。例如,对农业方面支持和其他一些领域市场开放的过渡期等。无论从关税减让,还是从非关税措施,以及在敏感的服务贸易领域市场准入等方面,我们都没有做出超出发展中国家水平的承诺。我国实行改革开放政策 20 多年了,开放的领域逐步扩大,许多行业的竞争力明显提高,我们已经积累了比较丰富的参与国际经济合作与竞争的经验。我国经济实力显著增强,外汇储备充足,完全能够应对进一步扩大开放带来的矛盾和问题。同时,加入 WTO 后,有的地区、有的行业、有的企业、有的产品,受到的冲击会大一些,而有的则是直接受益。我们要做具体分析,也就是说,影响不都是负面的。对于已经出现和可以预见的问题,我们也有办法加以解决。更为重要的是,加入 WTO 后,主动权仍然掌握在我们手里。对外开放的广度、深度是有步骤进行的,而不会由别人牵着鼻子走。加入 WTO 后,某些方面会产生短期的、局部的阵痛,但这可以换来长远的、全局的发展。从已经加入 WTO 的 100 多个发展中国家来看,还没有一个国家因加入 WTO 而导致经济崩溃的,相反,不少国家由此逐步发展和壮大起来。

还有一种是,认为中央会拿出所有的应对办法,等待观望。这种态度也是要不得的。我国加入 WTO 后享有的权利,履行的义务和承诺,中央确定的方针政策,都是明确的,关键是要结合本地区、本单位的实际,加以贯彻落实,有的需要进一步具体化。加入 WTO 后面临许多新情况、新问题,无论是用好机遇,还是迎接挑战,都需要靠全国上下同心协力,充分发挥各个方面的智慧和积极性。任何消极等待的态度和做法,都是不对的,有害的。

现在,摆在各地区、各方面的任务,就是一心一意地用好新机遇,一心一意地迎接新挑战,使我国国民经济的整体素质、国际竞争力和综合国力都迈上一个新台阶。这是最基本的工作,也是最重要的工作。

一是务必打好时间差。加入 WTO,是我国对外开放的新起点。2002 年是我国加入 WTO 后的第一年,各行业扩大开放的时间表已经启动。我们在谈判中花了很大气力赢得了过渡期，还必须花更大气力用好过渡期。机不可失，时不我待。各地区、各部门、各企业都应以只争朝夕、奋发有为的精神状态，紧张地行动起来，扎扎实实地抓紧做好工作，一天都不能耽误。否则，就要陷入被动。

二是着力提高国际竞争力。这是一项艰巨而紧迫的任务。最重要的是，要大力提高产品质量和服务质量。产品质量和服务质量问题，是关乎企业生死存亡的大问题。过去如此，现在更是如此。商品和服务质量差，是我国目前普遍存在的突出问题。这个问题不下大力气解决，不仅实施扩大内需的方针会受到严重影响，而且参与国际竞争更是无从谈起。要大力调整产业结构，千万不能再搞重复建设。要坚持依靠科技进步，推进产业优化升级，发展规模经营，实现集约型增长。尤其重要的是，必须坚持走可持续发展之路。我们要提高综合竞争力，需要经济社会协调发展，发展经济绝不能浪费资源、破坏环境。这方面我们付出过代价，务必牢牢记取。最根本的，还是要靠深化经济体制改革。通过改革，使经济体制、机制、管理等各个方面，适应日趋激烈竞争形势的要求。在改革方面，我们还有许多深层次问题没有解决，还要打若干个攻坚战。只有坚持改革，并不断取得新的突破，才能显著提高各方面适应市场经济发展和参与国际竞争的能力。特别是国有企业要加快建立现代企业制度，转换经营机制，决不能还躺在国家身上"等、靠、要"。

三是深入研究重点领域和敏感行业的应对之策。加入WTO后，受到冲击和影响较大的是农业。我国人口80%是农民，主要是从事粮食生产，目前粮食的生产成本高于国际市场价格。而调整农业结构是一个较长时期的过程，不是一朝一夕就能见效的。我们面对的是国外劳动生产率很高的现代化大农业，国外粮食等一些农产品具有明显的竞争优势。2002年我国农产品平均关税降到18.5%，小麦、玉米、大米和棉花四种产品的进口关税配额1700多万吨，植物油和食糖的配额也不小，矛盾相当突出，应当加紧研究采取相应措施。当然，加入WTO对各地区农业和不同类型的农产品的影响也是不一样的。由于受到农业自然禀赋和生产规模等条件的限制,我国一些农产品如粮食等,在国际竞争中处于弱势地位,而一些劳动密集型的农产品如水果、蔬菜、花卉、畜产品等,则具有明显的价格优势。我们需要从实际出发,因地制宜,发挥优势,扬长避短,采取有力措施,妥善应对加入 WTO 给我国农业带来的挑战;同时,千方百计抓住机遇,为我国有优势的农产品进入国际市场创造条件。银行、保险、证券、电信、分销等服务贸易领域,都是国外企业家觊觎已久的。我们已承诺了开放时间表。总体上看,这些领域扩大开放对我们是有利的,这样可以加快引进管理经验和人才。但这些都是重要的敏感领域,必须审慎对待,加紧研究制定有效的应对措施。工业领域特别是汽车、石化、钢铁、电子等行业也会受到较大冲击,同样要深入研究因应之策。有些企业必须以加入 WTO 为契机,进行脱胎换骨的改造和重组。当然,在具体工作中,要做好充分准备,特别要做好职工安置工作,十分注意维护社会稳定,尽量减少负面影响。

总之,对加入 WTO 带来的利和弊、机遇和挑战,一定要有全面的、正确的认识,既不要缩小,也不能夸大;既不要盲目乐观,也不要消极悲观;既要看到严峻的挑战,更要看到历史性机遇。关键是要振奋精神,自强不息,应对得当,扎实工作。工作做得好,应对得好,就完全可以趋利避害,化挑战为机遇,变压力为动力,把改革开放和现代化事业顺利推向前进。

二、更加勇敢地扩大对外开放

加入 WTO,是我国对外开放的一个里程碑。我们在这个新的起点上,既要更加积极地进一步打开国门,向世界开放,也要更加勇敢地走向世界,继续推进全方位、多层次、宽领域的对外开放,更好地实施引进来战略和走出去战略。

根据 WTO 规则要求和我国现实的情况,在“引进来”和“走出去”方面,应着力抓好以下四个方面:

一是遵守规则,履行承诺。WTO 要求所有成员共同遵守基本规则和履行义务,主要包括实行非歧视原则,统一实施贸易制度、确保贸易政策透明度、逐步取消非关税措施、实施与贸易有关的投资协议等。这些是 WTO 的基本游戏规则。加入 WTO,信守这些规则就是履行基本义务。同时,我们要恪守开放国内市场的承诺,做到“言必信,行必果”。包括:逐步降低关税,到 2005 年我国进口关税总水平降低到 10%左右;减少非关税措施,到 2005 年取消现行的一些对进口配额许可证措施;逐步放开允许外资进入的领域,特别是涉及电信、银行、保险、证券、音像、分销等部门的服务贸易。这些方面,我们既然允诺扩大开放,就要义无反顾,直面挑战。

二是着力提高利用外资质量和水平。我国是在世界经济不景气、国际资本急于寻找出路的时候加入 WTO 的。这是争取更多利用外资的良好机遇。目前,属于全球 500 强的企业已有 400 多家进入我国,其中 250 家在我国有直接投资,很多企业把研发中心和地区总部移到我国,还有更多的企业准备进入。我们要紧紧抓住这一历史机遇,使利用外资再上一个新台阶。要着重优化利用外资结构,吸引外资要着眼于改造和提升传统产业,引进先进技术、现代化管理经验和各类人才。但是,对于那些危害国家安全、破坏生态环境的外资项目,必须坚决加以拒绝。现在,一些地方利用外资搞重复建设的不少,要坚决加以制止。有人说,外资是境外人的钱,搞重复建设不要紧;有人说,利用外资项目比已有的企业技术水平高,不算重复建设。这些看法是不全面的,失之偏颇,如果付诸实践,将会为害不浅,必须坚决加以纠正。同时,一定要规范招商引资行为。招商引资不能搞“大跃进”“大呼隆”;政府不能为企业越俎代庖,不能层层加码下硬指标,更不能越权减免税收。这些错误做法,表面上看热热闹闹,实际上吸引不了好的境外投资者,还会损害自己和国家的利益与形象。吸引外资的关键,是要在改善投资环境,特别是软环境上下大功夫。要坚决清理和取缔对外商企业的各种乱收费行为。要大力改善服务,提高办事效率。对外商逐步实行国民待遇。

三是千方百计扩大外贸出口。我国加入 WTO 带来最直接的好处之一,就是可以享受所有世贸成员无条件的、永久性的最惠国待遇和国民待遇,一些国家对我国向其出口的歧视性限制被取消。要不失时机,努力扩大出口。要积极实施市场多元化战略,绝不能"把鸡蛋放在一个篮子里。"确保现有市场,开拓新兴市场,特别要向俄罗斯、印度等国家的市场进军。大力调整和优化出口产品结构,注重提高产品质量和服务水平。

加入 WTO,并不意味着我们取得了直入国际市场的"通行证"。开拓世界市场,必须坚持以质取胜。一定要使我们的产品质量有明显的提高。产品质量是企业的生命,只有产品质量好,才能长期稳固地占领和扩大国际市场。我们既要充分发挥劳动力便宜等比较优势,也要十分注意讲究质量,重视信誉,改善售后服务,努力增加产品的附加值。

必须尽快学会利用 WTO 打官司,保护我国的正当利益。我们要利用 WTO 的争端解决机制,应对好外国对我国出口的不合理制裁行为。只要有 WTO 成员违反非歧视性、国民待遇、最惠国待遇等原则,不利于我国出口和企业走出去的,就要及时起诉。对我国的各种反倾销和反补贴起诉,一定要迅速应诉,有力回应。要高度注意外国对我国采取贸易保护的新动向。近来一些国家针对我国加入 WTO,已经开始设置一些新的贸易壁垒,通过提高技术标准等办法,抵消我国加入 WTO 后得到的权益,限制我国产品进口。对于这些,都要采取有针对性的应对措施。

四是大力实施走出去战略。要鼓励有条件的各类企业到境外,特别是周边国家和地区投资兴业,带动国内技术、设备、材料和劳务出口,就地开发利用资源。对外投资要采取灵活多样的方式,可以是境外加工贸易、承包工程、劳务合作,也可以独资或合资合作;可以建新厂,也可以收购当地企业;可以办生产型企业,也可以办营销型企业。各部门、各方面都要为各类企业“走出去”提供必要的支持，包括抓紧解决对境外项目行政审批手续繁琐、用外汇难问题，加快与一些国家签订双边投资保护协定和避免双重征税协定等。

三、善于在扩大开放中维护国家权益

加入WTO后，我们无疑要进一步扩大开放，但绝不是不要保护自己。世界各国实践表明，越是开放，越是要注意保护自己。我们主张实行“开放式保护”，就是要在进一步发展开放型经济的同时，从我国实际情况出发，借鉴国际经验，在WTO规则允许的框架内，以各种合法的、符合国际惯例的手段，保护国内产业特别是幼稚行业，正确把握市场开放的程度、步骤，以维护国家利益和安全。显然，这里讲的“开放式保护”，绝不是保护落后，也不是排斥开放和竞争，更不是要回到过去的封闭状态。

必须正确认识和处理对外开放与维护国家利益的关系。既要扩大开放，又要加强保护。加入WTO确实意味着我国将更加向世界和各国开放，更加向外国企业家和投资者开放，但并不是要“全面地融入世界经济”，也绝不是允许外商无条件地长驱直入。加入WTO绝不是要放弃国家利益和安全，WTO也没有这样的要求。进一步扩大开放必须充分考虑我们的国情和利益。我们在强大的国际经济竞争对手面前，必须善于实行自我保护。在这个问题上，决不能太天真了。过分天真，就会吃大亏。

实行“开放式保护”，是国际上通行的做法。可以说，所有WTO成员都不例外。有些国家高喊反对保护，实际上是为了打入别国的市场，而对自己则是保护得紧紧的。最近，美国总统布什宣布对进口钢材提高关税水平，就是明显地保护美国钢铁工业的措施。这一举动尽管受到欧盟、日本、韩国和我国的强烈反对，但美国仍然一意孤行。欧盟近日也随之制定钢铁进口限额，保护自己的利益。日本早就加入WTO，但长期以来对农业、林业、渔业实行保护措施,至今对大米市场仍施加保护,就是为了维护日本农民利益。印度采取了多种措施保护国内市场和产业,至今只允许政府官员坐国产车。韩国也明确提出实行开放式保护,并对国民进行“身土不二”的教育,即韩国人的吃、穿、用、行等都应该用韩国的产品;2001 年韩国国内销售汽车 100 多万辆,进口车仅有几千辆。正因为各国都在开放市场的同时,也在千方百计地保护自己,所以即使在 WTO 成员之间,贸易摩擦和贸易战也接连不断。我们一定要借鉴别国的经验和做法,善于进一步在扩大开放中,积极采取合理措施维护国家利益和安全。

我们要学会在 WTO 规则的框架内保护自己。有人认为,加入 WTO 后,我国就完全丧失了自我保护的能力。这是一个认识上的误区。应当指出,WTO 规则中规定了在很多情况下允许自我保护,遵守规则有很大的弹性。各方面要认真研究 WTO 的规则,充分行使我们作为发展中国家的各项权利。我们已争取到的保护权利还有很多没有用起来,有一些权利还不会用。比如对农业的补贴,在“黄箱”政策中,允许我国补贴额可以达到农产品总价值的 8.5%,而我们现在还不到 2%,仍有很大的空间可以利用。还要看到,WTO 有些规则和协议存在着各种例外,有些甚至还是新一轮谈判的内容,有很大的余地。

要运用多种方式保护自己。无论是 WTO 规则允许的情况,还是国际的通行做法,实行自我保护的方式和手段是很多的。包括:运用反倾销、补贴、保障措施;建立市场和产业安全保护体系,以及进口敏感商品的预警机制;运用技术手段,主要是加强进口商品检验检疫和疫情监控;建立产品认证认可制度,采取质量、安全卫生和环保标准等非关税措施;在政府不便干预的情况下,还可以发挥行业协会的作用等。就拿对农业的保护来说,WTO 规则允许的手段就起码有四种:一是关税配额;二是进口专营;三是运用技术手段;四是对转基因产品实行标识制度。把这些条款和手段用好了,就可以把对我国农业冲击减小到最低限度。实行“开放式保护”,对各方面工作提出了更高要求,每一项工作都必须做深做细,落到实处。

四、关键在于进一步转变政府职能

我国加入WTO,对政府的经济管理提出了新的要求。尽快实现管理经济工作方式的转变,是应对加入WTO后新形势的迫切需要,也是完善社会主义市场经济体制的重要内容。我国加入WTO签订的25个主要协议中,有23个是对政府行为的约束和规范。我们能不能抓住新机遇,迎接新挑战,实现新发展,关键在于提高管理经济工作的水平,切实转变政府职能,转变工作方式。

一是进一步转变思想观念。目前,一些领导干部的思想观念还没有完全摆脱传统计划经济模式的羁绊,往往还习惯于用行政手段和指标管理经济;有些思想观念和做法与WTO规则的要求不相适应。加入WTO以后,面对新形势、新要求、新任务,一定要进一步解放思想,坚持与时俱进,自觉地跳出陈旧、落后的思维模式,增强按市场经济规律和WTO规则要求管理经济的观念意识。要转变思想观念就必须加强学习,全面了解WTO规则、知识和我们的入世承诺。领导干部一定要带头学习,带头转变观念。“以其昏昏,使人昭昭”,是不行的。

二是改进政府管理经济的方式和行为。按照发展社会主义市场经济和WTO规则的要求,转变政府职能和工作方式,规范政府行为,是我们面临的一项重要任务。WTO规则要求,所有成员的法律、政策必须遵守非歧视性原则、市场开放原则、公平竞争原则和透明度原则。目前,我们的一些政府职能和行为,不符合这些原则的要求。比如,一些地方仍然存在政企不分、政事不分的问题。一方面,有些政府部门和领导干部直接干预企业生产经营活动,热衷于行政审批事项,忙于直接进行招商引资等,管了许多不该管也管不好的事;另一方面,政府该管的事情,如市场监管、严格执法、社会保障体系建设和公共服务等，却没有管或者没有管好。地方保护、行业垄断问题仍然较为严重，对各类市场主体没有做到一视同仁。政策法规不透明、行政审批多、办事效率低、服务质量差现象较为普遍。一些地方和部门滥用权力，随意发号施令。所有这些，都妨碍着公平竞争和市场开放，也容易滋生腐败，必须切实加以改变。

三是加强市场监管，建立和维护市场经济新秩序。这是社会主义市场经济条件下政府的重要职能，也是我国加入 WTO 承诺的重要内容。经过近两年的努力，整顿和规范市场经济秩序工作取得了初步成效。但是，经济秩序混乱问题仍然相当严重，这是当前政府管理经济工作中的一个薄弱环节。加入 WTO 以后，在这方面的要求更高了。要继续大力整顿和规范市场经济秩序，狠狠打击制售假冒伪劣商品的违法犯罪行为；切实依法加强对知识产权的保护；加紧建立和完善信用体系，在全社会形成诚信为本、操守为重的良好风气；坚决打破地方保护和行业垄断，建立统一、开放、公平竞争的国内市场。

四是善于运用法律手段管理经济。目前，有一些法律、法规和部门规章尚待修订，必须继续加紧做好这方面工作。经过修订，有关法律、法规和部门规章要尽早颁布实施；有些涉及 WTO 规则和我国对外承诺的法律、法规，国内还存在空白，要加紧研究制定；对不符合 WTO 运行规则的，要抓紧清理、废止。各地区、各部门制定的有关涉外经济法规、规章，必须与国家的法律法规要求保持一致，自觉维护国家法律、政策的权威性、统一性。同时，有些现行的法律法规，还存在操作性差的问题，缺乏实施细则，没有办法跟别人打官司。这方面的工作也要跟上，避免以后吃大亏。

五是大力提高领导干部和公务员队伍素质。这是应对入世挑战最紧迫的任务。从中央到地方，都应高度重视学习，分期分批对各级领导干部和全体公务员进行培训，使所有政府工作人员都做明白人，熟悉和掌握 WTO 规则。要大力培养各类专业人才，特别是大力培养熟悉 WTO 规则和精通国际经贸的人才,包括国际贸易专家、法律专家、谈判专家、反倾销调查专家。同时,要加紧进一步研究制定政策措施,留住和用好各类人才。要坚持不拘一格用人才,包括吸引海外留学人员回国,从境外招聘高水平的专业人才。

积极推行公有制多种有效实现形式*

（2003 年 11 月）

党的十六届三中全会通过的《中共中央关于完善社会主义市场经济体制若干问题的决定》（以下简称《决定》）提出，要"坚持公有制的主体地位，发挥国有经济的主导作用。积极推行公有制的多种有效实现形式"。并且强调，要"使股份制成为公有制的主要实现形式。"这是我们党总结 25 年特别是近 10 年来经济体制改革实践经验作出的重大决策，是对公有制实现形式认识的又一重要发展。

一、公有制的实现形式可以而且应当多样化

公有制是社会主义经济制度的基础，是国家引导、推动经济和社会发展的基本力量，是实现最广大人民根本利益和共同富裕的根本保证。发展壮大国有经济，国有经济控制国民经济命脉，对于发挥社会主义制度优越性，增强我国的经济实力、国防实力和民族凝聚力，具有关键性作用。在发展社会主义市场经济的新形势下，必须毫不动摇地巩固和发展公有制经济，充分发挥国有经济的主导作用。而理论和实践都表明，推行公有

* 本文发表于《求是》杂志 2003 年第 21 期。

制的多种有效实现形式，是坚持公有制主体地位和发挥国有经济主导作用的必然选择。

第一，从所有制与所有制实现形式的关系看，一种所有制可以有多种实现形式。所有制与所有制的实现形式是两个既相互联系、又不相同的概念。所有制是指对生产资料占有、使用、处置并获得收益等一系列经济权利和经济利益关系的总和，而所有制的实现形式则是指在一定的所有制前提下财产的组织形式和经营方式。所谓财产的组织形式，包括独资、合资和各类资本相互融合等形式，在企业形态上体现为业主制企业、合伙制企业和股份制企业等。所谓经营方式，包括经营资产的直接经营方式和经营资本的间接经营方式。对于经济利益主体而言，拥有经济权利重要，使经济权利得到实现更重要。在市场经济条件下，所有者既可以通过控制一定所有制赋予的全部权利来实现自己的利益，也可以通过权利的分割和部分权利的有偿转让来实现自己的利益。体现在所有制实现形式上，所有者控制全部权利，就形成了独资企业的资本组织形式和经营资产的直接经营方式；所有者有偿让渡了部分权利，比如经营权，就形成了股份制等资本组织形式和经营资本的间接经营方式。可见，相对于所有制，所有制实现形式具有相对独立性。同一种所有制可以有多种实现形式，不同所有制也可以采取同一种实现形式。比如在资本主义国家，有业主制、合伙制、有限责任公司、股份有限公司等多种资本组织形式和经营方式，但并没有改变资本主义私有制的实质。这一切都说明，公有制可以而且应该适应时代发展、经济环境变化和科学技术进步的新情况，采取多种有效实现形式，以促进自身发展和壮大。

第二，推行公有制多种有效实现形式，才能消除传统经济体制下公有制的弊端，促进生产力发展。在传统经济体制下，我国公有制实现形式单一。在资本组织形式上，追求“一大二公”、纯而又纯，国有制企业占绝大多数；在经营方式上，国有国营、政企不分，政府直接干预企业具体的生产经营活动。这样做的结果，造成了企业吃国家的“大锅饭”，职工吃企业的“大锅饭”，对投资经营成果和公有资产保值增值缺乏严格、有效的责任制，经营者和劳动者动力不足，企业效益低下，严重阻碍了公有制经济发展。历史的经验告诉我们，在我国社会主义初级阶段，社会生产力水平低而且发展不平衡，同时，由于社会生产力水平的多层次性和所有制结构的多样性，公有制实现形式单一化的路子走不通，公有制实现形式可以而且应当多样化，一切反映社会化大生产规律的组织形式和经营方式都可以大胆利用。通过推行公有制的多种实现形式，才能实现责权利相结合，形成有效的激励机制，调动企业经营管理者和职工的积极性、创造性，使公有资本发挥更大的作用，引导和促进社会生产力发展。

第三，实行社会主义市场经济，要求推行公有制多种有效实现形式。企业作为独立的市场主体参与竞争，是社会主义市场经济运行的必要前提。我国是社会主义国家，不能通过搞私有化培育市场主体，发展市场经济。广泛推行公有制的多种有效实现形式，大力发展混合所有制经济，实现投资主体多元化和利益多元化，使国有企业成为自主经营、自负盈亏、自我约束、自我发展的市场主体，才能顺应市场经济规律，形成企业优胜劣汰、管理者能上能下、人员能进能出、收入能增能减、技术不断创新、国有资产保值增值等机制，使公有制企业充满活力，在竞争中不断发展壮大。提出通过推行公有制的多种有效实现形式，实现公有制经济与市场经济的有效结合，是我们党在理论上和实践上的一个伟大创举。这不仅对公有制经济改革和发展具有重要的指导意义，也是对社会主义市场经济理论的重大贡献。

第四，实践证明，推行公有制多种有效实现形式是公有制经济发展壮大的必由之路。党的十五大以来，我们按照建立现代企业制度的改革方向，逐步对国有企业进行了股份制改造。据统计，截至 2002 年底，已有 3468 家重点企业完成了公司制改造，改制面接近 80%。近五年来，国有及国有控股企业在境内外新增上市公司 442 家，累计筹资 7436 亿元。

改制企业积极吸纳非国有资本参股，投资主体呈现多元化，包括集体资本、中外私人资本等在内的非国有资本，占全部注册资本的比例已达42%。企业法人治理结构逐步完善，大部分企业成立了股东会、董事会和监事会，有的企业还建立了独立董事制度，国有大中型企业经营机制发生了明显转变。国家在抓好国有重点企业改革的同时，继续采取改组、联合、兼并、租赁、承包经营、股份合作、出售等形式，放开搞活国有中小企业。改革促进企业生产经营状况明显改善，市场竞争力不断增强，大大推动了国有经济发展。2002 年底，国有及国有控股工业企业实现利润达到 2636 亿元，比 1997 年增长了 2. 3 倍。国有企业资产由 1997 年的 12. 5 万亿元增加到 2002 年的 15. 46 万亿元，增长 23. 7%。在美国《财富》杂志年度世界 500 强企业评选中，1997 年中国内地只有 3 家入选，并且没有一家工业企业，2002 年则有 11 家企业入选。改革的实践说明，股份制等多种形式对公有制经济发展具有明显推动作用和广阔前景。

二、努力使股份制成为公有制的主要实现形式

实行经济体制改革以来，我们对公有制多种实现形式进行了不懈的探索。早在改革开放初期，邓小平在谈到国有企业改革时，就提出了探索公有制新的实现形式的要求。他强调："用多种形式把所有权和经营权分开，以调动企业积极性，这是改革的一个很重要的方面。这个问题在我们一些同志的思想上还没有解决，主要是受老框框的束缚。其实，许多经营形式，都属于发展社会生产力的手段、方法，既可为资本主义所用，也可为社会主义所用，谁用得好，就为谁服务。"①随着改革实践的发展，我们

---

① 《邓小平文选》第 3 卷，人民出版社 1993 年版，第 192—193 页。

党对公有制多种有效实现形式特别是股份制的认识不断深化。党的十四届三中全会提出，随着产权的流动和重组，财产混合所有的经济单位越来越多，将会形成新的财产所有结构。党的十五大报告提出，公有制实现形式可以而且应当多样化，一切反映社会化生产规律的经营方式和组织形式都可以大胆利用；股份制是现代企业的一种资本组织形式，资本主义可以用，社会主义也可以用。党的十五届四中全会指出，国有大中型企业尤其是优势企业，宜于实行股份制的，要通过规范上市、中外合资和企业相互参股等，改为股份制企业，发展混合所有制经济。党的十六大报告提出，除极少数必须由国家独资经营的企业外，积极推行股份制，发展混合所有制经济。十六届三中全会讨论通过的《决定》进一步提出，“要适应经济市场化不断发展的趋势，进一步增强公有制经济的活力，大力发展国有资本、集体资本和非公有资本等参股的混合所有制经济，实现投资主体多元化，使股份制成为公有制的主要实现形式”。这是对我们党以往有关论断的继承和发展，是探索公有制和市场经济相结合有效形式的重要成果，反映了我们对这个问题认识的进一步深化。

股份制是社会化大生产和市场经济发展到一定阶段的必然产物，是企业赢得市场竞争优势的一种有效组织形式和运营方式。马克思说过，股份企业“是发展现代社会生产力的强大杠杆”，“它们对国民经济的迅速增长的影响恐怕估价再高也不为过”。① 实行股份制有利于所有权和经营权分离，提高企业和资本的运作效率；有利于把分散的社会资本集中起来，迅速扩大企业的生产和经营规模。股份制企业的治理结构比较合理，既有利于保证经营者拥有充分的经营自主权，又有利于保证所有者对经营者实行有效监督，保证所有者的利益不受侵害。由于股份制具有多方面的优越性，现代大中型企业一般都采取了有限责任公司和股份有限公司的形式。如目前美国《幸福》杂志所列世界500家最大工业企业中，

① 《马克思恩格斯全集》第12卷，人民出版社1962年版，第609、610页。

绝大多数是职业经理管理控制的上市公司。股份制是现代企业的一种资本组织形式,在不同社会制度的国家都可以用。在资本主义国家,股份制企业主要是私人资本联合形成的。我国是社会主义国家,始终坚持公有制主体地位和发挥国有经济的主导作用,要适应经济社会化、市场化不断发展的趋势,积极推行股份制,鼓励各类资本交叉持股、相互融合,大力发展国有资本、集体资本和非公有资本等参股的混合所有制经济。

关于使股份制成为公有制的主要实现形式,可以作以下几点分析。

第一,推行股份制能够放大国有资本功能,增强国有经济的控制力、影响力和带动力。充分发挥国有经济的主导作用,是我国的社会主义性质决定的。国有经济在国民经济中的主导作用主要体现在控制力上。通过发展股份制,国有资本可以吸引和组织更多的社会资本,扩大国有资本的支配范围,放大国有资本的功能。据统计,到 2002 年底,3468 家由重点企业改制形成的股份制企业,国家投入资本 7710 亿元,但全部注册资本却达到了 13304 亿元,国有资本支配范围扩大了将近一倍。在股份制企业中,国有资本控股可以采取两种形式:一种是绝对控股,即国有股占绝对多数,比如占 50%以上;另一种是相对控股,国有股所占比重虽然低于 50%,但却取得了对该公司的有效控制权。在股权高度分散的情况下,有时国有股占 20%—30%甚至再低一些,就可以取得控制权。无论是绝对控股还是相对控股,国家实际上都掌握着公司的主要人事、收益分配和重大决策的控制权,用部分国有资本控制着企业全部资本的运用,起到了“四两拨千斤”的作用,从而可以有效地体现国家宏观政策导向,引导国民经济沿着良性轨道运行。

第二,推行股份制有利于国有资本流动重组,实现国有资产保值增值。股份制企业提供了一种明晰的财产组织形式,便于国有资本通过资本市场在不同行业和企业间流动。国有资本既可以通过股权转让,退出市场前景暗淡、资本回报率低的行业和经营管理不善的企业,避免国有资产闲置甚至像冰棍融化那样越化越小;也可以通过在资本市场上购买股票,或通过兼并、联合、资产重组等方式进入那些市场前景看好、利润丰厚的行业和经营管理较好的企业,“借鸡生蛋”“搭车快行”。这样,就可以克服原来国有独资公司那种凝固的、僵化的资产结构,由经营资产过渡到经营资本,优化国有资本配置,提高国有资本运营效率,实现国有资产保值增值,并带动整个国民经济的发展。

第三,推行股份制有利于国有企业转换经营机制,成为独立的法人实体和真正的市场主体。社会主义市场经济体制的基本特点,是在国家宏观调控下发挥市场在资源配置中的基础性作用,要求国有企业成为适应市场经济发展要求的、自主经营的市场主体和法人实体,参与市场竞争,优胜劣汰。由单一国有资本组成的企业,经营责任不明确,权责利脱节,经营管理机制不活,缺乏有效监督和制约,效率和活力不足,难以成为真正的市场主体。通过对国有企业实行股份制改造,实现投资主体多元化,国有资产监督管理机构或授权投资机构代表国家拥有股权,依法派股东代表和董事进入企业,行使所有者职责。企业拥有包括股东投入资本和借贷形成的企业财产,实行所有权与经营权分离,自主经营,自负盈亏,对出资者承担资产保值增值责任,国家不再直接干预企业的生产经营。同时,在公司内部建立规范的法人治理结构,形成股东会、董事会、监事会和经营管理者之间各负其责、协调运转、有效制衡的关系。这样,既保证了国有资本所有者权益,又实现了政企分开,使企业真正实现经营机制转变,以市场主体身份参与竞争,实现国有资产保值增值,谋求企业不断发展。这些年的实践表明,股份制在经济生活中发挥越来越突出的作用,成为搞活搞好国有企业的重要途径。实行了规范化股份制改造的国有企业,经营机制都发生了脱胎换骨的变化,获得了良好的经济效益和快速发展。普遍推行股份制,大力发展混合所有制经济的地方,经济都快速发展,实力显著增强。这也充分说明,使股份制成为公有制的主要实现形式是一种正确的选择。

三、大力发展公有资本控股或参股的股份制经济

总的来看，经过不断深化改革，我国国有企业经营机制已经发生了重要转变，国有经济发展壮大。但是，目前还有一部分国有企业不适应发展市场经济的要求，经营机制不活，技术创新能力不强，债务和社会负担沉重，富余人员过多，经济效益不理想，生产经营困难。我们要按照十六届三中全会《决定》的要求，继续积极推进国有企业改革和发展。在改革过程中，要注意抓住以下几点。

第一，积极推行股份制，发展混合所有制经济。除极少数必须由国家独资经营的企业外，其他国有企业都应按照《决定》的要求，推进国有资本和其他各类所有制资本交叉持股、相互融合，实现投资主体多元化，推行股份制。一是进一步对现有国有企业进行规范的股份制改造。目前，国有大中型企业改革存在两种情况。第一种情况是，应该进行股份制改造而未改。对这类企业，要按照建立现代企业制度的要求，加快改革步伐，鼓励国有资本、集体资本和中外私人资本等参股，把它们改造成规范的现代股份制企业。第二种情况是，已经进行股份制改造但很不规范，特别是相当多的企业仍存在国有股过大的问题。据统计，2001 年全国上市公司中第一大股东持股额占公司总股本超过 50%的近 900 家，占全部上市公司总数的近 80%。大股东中国有股东和法人股东占压倒多数，相当一部分法人股东也是国有资本控股的。这就说明我国上市公司的股权集中度很高，并且主要集中在国家和国有法人手中，因此，难以真正形成规范的法人治理结构，难以实现企业经营机制的根本转变。对这类企业，要通过吸引社会资本、境外资本参股等途径，改变国有股权过于集中的状况，真正实现投资主体多元化，促进经营机制转换。进一步发展具有国际竞争力的、国有资本控股或参股的大公司大企业集团。

二是国家今后新建企业，要注重采用股份制的资本组织形式和经营方式。国家投资新建企业，原则上都应采取股份制形式，除了国家出资外，要多方吸引社会投资，组成国有资本控股或和其他所有制资本共同参股的股份制企业。这方面，一些地方已经进行了探索。如上海、浙江近年来在基础设施和社会发展项目建设中吸引非公有资本参股，收到了明显的社会经济效果。最近，浙江为建设总投资118亿元的杭州湾大桥，组建了由国有资本、私人资本共同参股的股份公司，其中私人资本股份占50%以上，社会上反应也是积极的。要大力鼓励和支持这样的探索。

三是结合调整国有经济布局和结构，发展国有资本控股或参股的股份制企业。我国国有企业数量多、大小不一、类型各异，重要程度不同。要根据企业所处行业、在经济发展中的地位和经营状况，分别采取控股、参股形式进行重组改造。对关系国家安全和国民经济命脉的重要行业和关键领域，国有资本一般要保持控股；需要由国有资本控股的企业，可以区别不同情况，实行绝对控股或相对控股；进一步推动国有资本更多地投向关系国家安全和国民经济命脉的重要行业和关键领域。对其他行业和领域的企业，通过资产重组和结构调整，在市场公平竞争中优胜劣汰，要鼓励和引导非国有资本投资经营，形成国有资本、集体资本和非公有资本等多元投资的公司制企业，国家可以控股，也可以不控股。同时，要借鉴国际经验，探索国有资本对企业的多种控制方式。对国家投资的企业，根据不同情况可以实行绝对控股，也可以实行相对控股，国家按公司法原则行使股权管理；还可以通过"黄金股"等特别股权制度安排，对企业做出的损害公众利益的决策具有一票否决权，但不直接参与和干预企业一般决策；此外，可以通过特许经营制度等委托经营方式进行控制，国家投资并控制主要的经营资产，特许和委托经营者按合同经营，提供服务。

第二，完善公司法人治理结构，转换企业经营机制。当前由于一些国有企业国有股过大现象比较普遍，虽已改为股份制的企业实际上国家仍然负有无限责任，企业治理结构不规范，经营机制没有发生实质性变化。此外,一些存续公司控制上市公司的模式,也存在着不少弊病。在实行股份制改革过程中,要按照“产权清晰、权责明确、政企分开、管理科学”的要求,在实现投资主体多元化的基础上,进一步明确出资人和经营者的权利、责任、义务,实行政企分开,使企业成为适应市场的法人实体和市场主体。规范公司股东会、董事会、监事会和经营管理者的权责,完善企业领导人员的聘任制度。股东会决定董事会和监事会成员,董事会选择经营管理者,经营管理者行使用人权,并形成权力机构、决策机构、监督机构和经营管理者之间各负其责、协调运转、有效制衡的机制。企业要面向市场,真正形成企业优胜劣汰、经营者能上能下、人员能进能出、收入能增能减、技术不断创新、国有资产保值增值等机制。

第三,建立健全现代产权制度,深化国有资产管理体制等方面改革。广泛推行股份制,发展混合所有制经济,要求加快推进经济体制其他方面的改革,与之相互促进、相互配合。一是建立健全现代产权制度。要依法保护各类产权,健全产权交易规则和监管制度,推动产权有序流转,保障所有市场主体的平等法律地位和发展权利。通过建立归属清楚、权责明确、保护严格、流转顺畅的现代产权制度,维护公有财产权,巩固公有制经济的主体地位,促进各类资本的流动和重组,推动股份制经济发展,加快国有经济布局和结构的调整优化。二是加快推进国有资产管理体制改革。坚持政企分开、政府公共管理职能和国有资产出资人职能分开。国有资产管理机构要依法履行好出资人职能,维护所有者权益,维护企业作为市场主体依法享有的各项权利,督促企业实现国有资产保值增值,防止国有资产流失。要探索国有资产监管和经营的有效形式,促进国有资本的优化配置。三是尽快培育形成现代市场体系。特别是要加快建立规范的资本市场和产权交易市场,以更好发挥市场在资源配置中的基础性作用,促进资本在不同所有制和不同地区、行业、企业之间的流动重组,提高资源的配置和利用效率。

除了对国有大中型企业实行规范的股份制改造外,还要用多种形式放开搞活国有中小企业。要以明晰产权为重点深化集体企业改革,发展多种形式的集体经济。

积极推行公有制的多种有效实现形式,特别是大力发展公有资本控股或参股的股份制,公有制经济必将在改革中进一步发展壮大,国有经济的主导作用必将得到更好发挥,从而促进全面建设小康社会目标的实现。

中国经济体制改革回顾与前瞻*

（2008 年 9 月）

改革开放是决定当代中国命运的关键抉择，是我们党在新的时代条件下带领人民进行的新的伟大革命。正是这场历史上从未有过的大改革、大开放，使一个面向现代化、面向世界、面向未来的社会主义中国巍然屹立在世界东方，使中华民族大踏步赶上时代前进潮流、迎来伟大复兴的光明前景。今年是改革开放 30 周年，全面回顾中国经济体制改革取得的辉煌成就，认真总结经过艰辛探索积累的丰富经验，深入研究面临的新形势和重大任务，对于坚定不移地继续推进改革开放，沿着中国特色社会主义的伟大道路奋勇前进，夺取全面建设小康社会和整个现代化事业的新胜利，具有十分重要的意义。

一、中国经济体制改革的伟大历史性成就

改革开放 30 年来，我们党带领人民探索出了一条具有中国特色的经济体制变革道路。在 30 年中，从农村到城市、从东部地区到中西部地区、从经济领域到政治、文化、社会各个领域，全面改革的进程势不可当地展

* 本文刊载于《中国经济体制改革 30 年回顾与展望》一书，人民出版社，2008 年 12 月出版；并发表于 2008 年 10 月 15 日《人民日报》。

开，使我国成功地实现了从高度集中的计划经济体制到充满活力的社会主义市场经济体制、从封闭半封闭到全方位开放的伟大历史转折，使我国经济社会发生了历史性的巨大变化。

30年来，按照建设中国特色社会主义的总要求和社会主义市场经济改革的大方向，不断进行理论创新和大胆探索，全面推进和深化改革，在各个重要领域和关键环节都取得了重大进展。

确立了社会主义初级阶段基本经济制度。调整和完善所有制结构，确立我国社会主义初级阶段的基本经济制度，是整个经济体制改革的关键。概括地说，就是从改革前"一大二公"的单一公有制转变到实行以公有制为主体、多种所有制经济共同发展的基本经济制度。30年来，我国所有制的结构变化十分明显。根据国家统计局测算，从1978年到2007年，我国公有制经济和集体经济，在国内生产总值中的比重由94.7%下降到60%左右，非公有制经济比重由5.3%上升到40%左右。但从国民经济总体来看，公有制经济仍然保持主体地位；在关系国计民生的关键性行业和支柱产业中，国有经济仍居于支配地位；在一些重要行业，国有经济以股份制经济形式通过控股等保持着相当的控制力。快速发展的非公有制经济，对经济快速增长、扩大社会就业、活跃城乡市场、增加财政收入等，发挥着愈益明显的作用。

实现了资源配置方式的转换。我国经济体制改革的核心，是处理好计划和市场的关系。计划和市场都是经济运行的调节手段。改革前，长期实行高度集中的计划经济体制，计划是经济运行和资源配置的唯一手段。党的十一届三中全会以后，经济体制改革按照市场取向的目标持续推进。1992年党的十四大确定把"建立社会主义市场经济体制"作为我国经济体制改革的目标。随后，"国家实行社会主义市场经济"被郑重地载入《宪法》。经过30年改革，我国在资源配置方式上基本实现了由国家计划配置为主向市场配置为主的转变。这对增强经济活力、促进经济持续快速健康发展已经并将发挥重要作用。

基本建立适合农村生产发展要求的农村经济体制。农村改革是我国经济体制改革的突破口。彻底废除人民公社体制。1978年底,“大包干”首先在安徽兴起,并逐步向全国推开。到1984年,全国农村基本上确定了以家庭承包经营为基础、统分结合的双层经营体制。全面推进市场取向的改革。党的十四大之后,农村改革全面向社会主义市场经济体制转变。党的十六大以来,经济改革进入了统筹城乡发展的新阶段。2006年在全国范围内全面取消“农业四税”,终结了中国延绵2600多年的种地交“皇粮国税”的历史。同时,相继进行了以乡镇机构、农村义务教育管理体制和县乡财政管理体制改革为主要内容的农村综合改革,并取得了明显进展。农村改革的伟大实践,为建立我国社会主义初级阶段的基本经济制度和社会主义市场经济体制探索了成功之路。

国有企业改革取得了重大突破。国有企业改革是我国经济体制改革的中心环节。30年来国有企业体制和经营机制改革不断深化。大部分国有企业改制为多元股东持股的公司制企业,一批国有企业公开发行股票并在境内外上市;国有经济布局和结构调整取得重大进展,极大激发了企业的活力,增强了国有经济的控制力和影响力;逐步建立了中央政府和地方政府分别代表国家履行出资人职责,享有所有者权益,管资产和管人、管事相结合的国有资产管理体制。

新型宏观调控体系不断健全。宏观经济体制改革是经济体制改革的重要组成部分。一方面,打破了高度集中的传统宏观管理体制,实现简政放权,发挥市场机制、竞争机制的作用;另一方面,逐步建立适应社会主义市场经济要求的宏观调控体系。党的十四大以后,宏观经济体制改革主要是,转变政府职能,完善宏观调控体系,相继推进投资、财税、金融、外汇、价格等体制的重大改革。在金融体制改革方面:建立了多元化银行体系,国有商业银行改革迈出重大步伐,资产质量和盈利能力明显提高。资本市场基础性制度得到加强,实施了上市公司股权分置改革。保险业改革和发展深入进行。利率市场化改革持续推进。实施了人民币汇率形成机制改革,外汇管理体制改革全面推进。建立了中央银行调控体系,金融监督管理得到加强。在财税体制改革方面:从实行“划分收支、分级包干”,到实施了分税制改革,调动了中央与地方两个积极性,增强了中央宏观调控能力。中央对地方的转移支付制度不断完善。税收体制改革取得重大进展。在投资体制改革方面:简化投资项目审批程序,逐步扩大企业和地方政府的投资决策权限。建立了建设项目法人责任制、投资项目资本金制、招标投标制、工程监理制和合同管理制。初步形成了投资主体多元化、投资决策分层化、投资方式多样化、融资渠道多元化、建设实施市场化和投资管理间接化的新格局。在计划体制改革方面:大幅度缩小和改进生产、流通、价格、外贸等方面指令性计划,指导性计划逐步成为计划的主要形式,不断扩大市场机制的作用。同时健全国家计划和财政政策、货币政策等相互配合的宏观调控体系。

全面构建现代市场体系。经过30年改革,基本形成了多层次、多门类的商品市场体系和多种市场流通渠道、多种经营方式并存的商品市场格局。各类要素市场的培育和建设不断推进。土地市场的市场化定价机制初步建立,产权市场逐步建立,资本市场取得长足发展,货币市场、保险市场都有了很大发展。市场化的价格改革不断深化。绝大多数商品和服务价格实现了市场定价。统一开放、竞争有序的现代市场体系不断健全和完善,促进市场在资源配置中发挥基础性作用。

收入分配制度改革不断深化。党的十一届三中全会以后,随着农村和城市经济体制改革的不断推进,收入分配制度逐步由平均主义向按劳分配转变。确立了以按劳分配为主体、多种分配方式并存的分配制度,并健全劳动、资本、技术和管理等生产要素按贡献参与分配的制度。妥善处理初次分配和再分配中效率和公平的关系,既有利于提高经济效率,同时促进社会公平正义,充分发挥各方面的积极性,大大促进了社会生产力发展。

基本形成中国特色的社会保障制度。社会保障制度是社会主义市场经济体制的重要支柱。经过 30 年的改革,城镇基本养老保险制度已经建立并不断完善。覆盖范围从企业职工扩展到城镇个体工商户、灵活就业人员等各类从业人员,参保人数不断增加。城乡基本医疗保障体系初步形成。建立了城镇职工和城镇居民基本医疗保险制度;普遍建立新型农村合作医疗制度。失业保险、工伤保险、生育保险制度不断完善。建立了城乡居民最低生活保障制度为重点的城乡社会救助体系。社会保障制度的建立和完善,充分发挥了社会稳定器和安全网的作用。

坚定不移地推进对外开放。对外开放是我国经济体制改革的重要组成部分。30 年来,我国对外开放取得重大进展,全方位、宽领域、多层次的对外开放格局基本形成。我国加入世贸组织后,涉外经济体制改革进一步深化,放开外贸经营权,大幅度降低关税,取消进口配额、许可证等非关税措施,提高贸易和投资的自由化、便利化程度。实施走出去战略取得重要进展,在推动我国企业开拓国际市场,加强与各国特别是发展中国家的合作中发挥了重要作用。

总之,30 年来正是在波澜壮阔、大气磅礴的改革开放推动下,我国在经济政治文化社会等各个领域、各个方面都取得了巨大进步,创造了举世瞩目的辉煌成就。社会生产力获得大解放大发展。在伟大的改革开放推动下,我们这样一个人口众多、贫穷落后的发展中大国,以世界上罕见的速度快速发展起来,工业化、信息化、城市化快速推进,产业结构不断提升,科技进步和自主创新能力明显提高,经济实力、综合国力显著增强,城乡面貌日新月异。1979 年到 2007 年,我国国内生产总值从 2165 亿美元增长到约 3 万亿美元,按可比价格计算,增长了近 14 倍,年均增长 9.8%,远远高于同期世界经济平均 3%左右的增长速度,经济总量跃升至世界第四位。财政收入增长了 40 多倍。主要产品产量大幅增加,粮食、棉花等主要农产品和百余种工业产品产量位居世界第一。中国大踏步赶上时代进步潮流。由于实行改革开放,我国成功地抓住了在世界范围内蓬勃兴起的新科技革命浪潮这一历史时机,顺应国际产业大转移、资本大流动的全球化趋势,积极扩大对外经济合作与交流。从1979年到2007年,我国对外贸易额从109亿美元增加到21738亿美元,成为世界第三大贸易国;累计吸收国外直接投资7745亿美元,吸引外资规模连续14年名列发展中国家首位。改革开放把一个封闭和半封闭的中国融入全球化;又使一个开放的中国成为推动全球化的重要力量,成为世界经济增长的重要引擎。城乡人民生活水平显著提升。30年来,在改革开放促进经济的大发展的基础上,全国人民生活实现了从温饱不足发展到总体小康的历史飞跃。农村贫困人口从2.5亿减少到2000多万。城乡居民收入大幅增加,生活水平显著提高。政治、文化和社会建设全面进步,人们的精神面貌、整个社会的面貌都发生了巨大变化。政治局面安定,社会长期稳定,人民安居乐业。同时,我国国际地位和影响力不断提升。改革开放的伟大成就不仅表现为我国经济社会已经发生的巨大变化,而且还在于构筑了符合我国国情、有利于持续发展的体制基础,为实现国家现代化和中华民族伟大复兴提供有力的体制保障。更加重要的是,在改革开放的伟大实践中,形成了包括邓小平理论、“三个代表”重要思想以及科学发展观等重大战略思想在内的中国特色社会主义理论体系。这是最重要、最可宝贵的政治和精神财富,是全国各族人民团结奋斗、加快推进国家现代化、实现民族伟大复兴的共同思想基础。

二、深化对经济体制改革丰富经验的认识

30年经济体制改革的伟大实践,积累了极为丰富的经验。以下九个方面经验尤为宝贵。

(一)坚持立足基本国情,坚定走中国特色社会主义道路

党的十七大报告指出,改革开放以来我们取得一切成绩和进步的根

本原因，归结起来就是：开辟了中国特色社会主义道路，形成了中国特色社会主义理论体系；高举中国特色社会主义伟大旗帜，最根本的就是要坚持这条道路和这个理论体系。这是总结改革开放伟大历史进程得出的根本结论。党的十一届三中全会以来，我们党正确分析国情，作出我国还处于并长期处于社会主义初级阶段的科学论断。正是对我国现在处于社会主义初级阶段这一基本国情的清醒认识和准确把握，才成功地开拓了中国特色社会主义的伟大道路。中国特色社会主义道路之所以完全正确、之所以能够引领中国发展进步，关键在于我们既坚持了科学社会主义的基本原理，又根据我国实际和时代特征赋予其鲜明的中国特色。我们实行社会主义的改革开放正是建设中国特色社会主义的具体体现和生动实践。一方面，在改革中坚持社会主义，坚持四项基本原则，坚持通过解放和发展生产力完善社会主义制度，确保了改革开放沿着社会主义的正确方向前进；另一方面，又在社会主义道路上实行改革开放，对原来僵化、缺乏活力的旧体制进行全面的变革，使之更好地体现社会主义制度的优越性，增强社会主义的吸引力。把改革定位于社会主义制度的自我完善和发展，因而在保持社会主义基本制度的前提下，改革生产关系和上层建筑中不适应生产力发展的环节和方面，其宗旨就是为了发挥社会主义制度优越性，创造出比资本主义更加先进的生产力。同样，开放也是为了发展，是为了学习国外先进的经验，更好更快地发展生产力。正是以发展生产力和强国富民为目的，把坚持改革开放与坚持四项基本原则有机统一起来。改革开放的伟大实践充分证明：中国特色社会主义是当代中国共产党人认识世界改造世界的强大思想武器，是指引中华民族实现伟大复兴的科学世界观和方法论，是引领我们不断推进中国发展进步的伟大旗帜。因此，在当代中国，真正坚持科学社会主义，就必须坚持中国特色社会主义道路。

（二）坚持不断解放思想，鼓励大胆探索和实践

解放思想、实事求是是我们党的思想路线，是适应新形势、应对新挑

战、认识新事物、完成新任务、发展中国特色社会主义的一大法宝。只有坚持解放思想,一切从实际出发,敢于破除迷信,坚决冲破不合时宜的观念束缚,尊重群众首创精神,鼓励大胆探索、实践和创新,与时俱进,才能使社会主义现代化事业充满生机和活力。邓小平同志曾经深刻指出:“一个党,一个国家,一个民族,如果一切从本本出发,思想僵化,迷信盛行,那它就不能前进,它的生机就停止了,就会亡党亡国。”改革开放的伟大历史进程,始终是解放思想的过程、理论创新的过程、实践创新的过程。30 年来的一条基本经验,就是以思想大解放和观念大转变,推进改革开放大突破,推进中国经济社会大发展。在改革开放之初,我们开展“实践是检验真理的唯一标准”大讨论,恢复了实事求是的思想路线,打破了“两个凡是”僵化思想的束缚,从而开启了改革开放的伟大事业,闯出了一条中国特色社会主义的正确道路。1992 年邓小平同志提出“社会主义也可以搞市场经济”的重要思想和“三个有利于”的判断标准,打破了姓“资”姓“社”的僵化思维模式,极大地推进了社会主义市场经济的改革和发展,成功地实现了把社会主义与市场经济结合起来的伟大创举。可以说,没有思想解放,就没有改革开放和社会主义现代化建设的巨大成就,就没有中国特色社会主义的重大发展。社会实践永无止境,解放思想永无止境。在今后整个社会主义现代化事业中,都要坚持解放思想、实事求是、与时俱进,当前特别要更加自觉地把继续解放思想落实到坚持改革开放、推动科学发展、促进社会和谐上来,使中国特色社会主义道路越走越宽广。

(三)坚持市场取向,实行社会主义市场经济的改革不动摇

实行市场取向改革,发展社会主义市场经济,是中国特色社会主义关键支柱和鲜明标志。30 年的改革开放,正是坚持社会主义市场经济改革方向、建立和完善社会主义市场经济体制的历程。在 1984 年党的十二届三中全会《决定》中,提出了实行有计划商品经济的论断,并指出商品经

济的充分发展,是社会经济发展的不可逾越的阶段,这是推进市场取向改革的重要论断。1992 年党的十四大进一步明确确立了社会主义市场经济体制的改革目标。1993 年党的十四届三中全会的《决定》,围绕建立社会主义市场经济体制作出了专门规划和部署。2003 年党的十六届三中全会的《决定》,又进一步提出了完善社会主义市场经济体制的奋斗目标,强调要更大程度地发挥市场在资源配置中的基础性作用,增强企业活力和竞争力,健全国家宏观调控体系,完善政府社会管理和公共服务职能,健全现代市场体系,为全面建设小康社会提供强有力的体制保障。这一系列重大决定使我国改革坚定地沿着社会主义市场经济的方向不断前进和深入发展。同时,改革开放的丰富实践也充分证明,只有坚持社会主义市场经济的改革方向,在社会主义条件下发展市场经济,使经济活动遵循价值规律、市场规律的要求,才能不断解放和发展社会生产力,增强综合国力,提高人民生活水平,才能更好地实现国家现代化。当前和今后一个时期,整个改革仍处于攻坚阶段,改革任务繁重而艰巨,必须把坚持社会主义基本制度同发展市场经济有机结合起来,坚持社会主义市场经济的改革方向,从制度上更好地发挥市场在资源配置中的基础性作用,着力构建充满活力、富有效率、更加开放、有利于科学发展的体制机制。

(四)坚持体制机制创新,着力建设成熟的市场经济制度

体制创新和制度建设是经济体制改革的重要内容,也是从根本上实现由计划经济向社会主义市场经济体制转变的必然要求。改革不在体制创新和制度建设方面取得实质性重大进展,社会生产力发展中的体制性机制性障碍就不可能被彻底消除,社会主义市场经济体制也不可能真正建立和完善起来。邓小平同志十分重视改革开放过程中的体制创新和制度建设。他多次指出,我们的改革是一场革命,是对体制的革命;不改革,不进行体制创新,很多问题的解决就没有出路。改革开放 30 年来,我们始终着眼于制度建设和体制创新,并取得重大进展和成效。主要包括:着眼

于完善基本经济制度，毫不动摇地巩固和发展公有制经济，毫不动摇地鼓励、支持、引导非公有制经济发展，大力发展国有资本、集体资本和非公有资本等参股的混合所有制经济，使股份制成为公有制的主要实现形式，推进建立归属清晰、权责明确、保护严格、流转顺畅的现代产权制度；着眼于建立健全现代企业制度，不断深化国有企业公司制、股份制改革；着眼于完善宏观调控体系，不断推进财政、税收、金融、投资等体制改革和制度建设；着眼于完善按劳分配为主体、多种分配方式并存的分配制度，不断深化收入分配体制改革，健全劳动、资本、技术、管理等生产要素按贡献参与分配的制度；着眼于完善社会保障体系，不断推进基本养老保险制度、基本医疗保险制度、失业保险制度、最低生活保障制度等改革和建设。邓小平同志曾指出，制度问题更带有根本性、全局性、稳定性和长期性。这些制度建设不仅有利于巩固改革开放的成果，而且为今后又好又快发展提供了体制保障，有利于推动未来经济社会持续健康稳定发展。制度建设和体制创新是一个永无止境的过程，在今后的改革开放进程中，仍然需要抓住根本，注重制度建设和体制机制创新，使社会主义市场经济体制和各方面形成一整套更加成熟、更加定型的制度。

（五）坚持实行渐进式方略，有领导分步骤全面推进改革

“摸着石头过河”，是渐进式改革方略的形象表述。邓小平曾明确指出，对改革实践中的东西，“对的就坚持，不对的赶快改，新问题出来抓紧解决”。实行渐进式改革方略，是辩证唯物主义认识论的生动体现，也是实践是真理唯一标准的充分运用。这不仅是因为改革无先例可循，无经验可鉴，通过渐进式改革可以积累经验，探索路子，以利于推进更大的改革；而且还在于渐进式改革可以避免社会出现大的震动，也可以使人民得到看得见的利益和好处，从而为进一步改革提供良好的社会环境和强大动力支持。30 年来渐进式改革的成功表现在多个方面和领域。例如，改革先从农村起步，再逐步向城市推进。我国改革是从农村拉开序幕

的，农村家庭联产承包责任制经过1979年在安徽、四川的试点后，逐步扩大在全国范围内推行。农村改革取得的明显成效，对城市改革产生了很好的示范效应。从1984年开始，改革在城市逐步展开并不断走向深入。又如，价格改革先在一段时期内实行价格“双轨制”，再逐步并轨后实行市场价格。我国的价格改革经历了一个由计划内价格与计划外价格并行的价格“双轨”到市场价格“单轨”的过程。对外开放也是先行试验，取得成功经验后再逐步深入推进。先在东南沿海一带开放，再推向沿海、沿边和内陆地区开放；由经济特区先行试验，再向全国逐步形成开放型经济体系。实践雄辩地证明，我国采取渐进式改革方略是十分必要、完全正确的。

（六）坚持统筹兼顾，协调推进各领域体制改革

中国特色社会主义是社会主义市场经济、社会主义民主政治、社会主义先进文化和社会主义和谐社会协调发展的伟大事业。中国改革是一个巨大的系统工程，不仅仅是经济体制改革，还包括政治、文化和社会等体制改革。在经济体制伟大变革向纵深推进的过程中，需要协调推进政治体制、文化体制和社会体制的改革。正如党的十七大报告所指出的，把推动经济基础变革同推动上层建筑改革结合起来，把发展社会生产力同提高全民族文明素质结合起来，把提高效率同促进社会公平结合起来。改革开放以来，在不断推进经济体制改革的同时，稳步推进政治体制改革。发展社会主义民主政治，建设社会主义法治国家，不断深化行政管理体制改革，为改革开放提供制度保证和法制保障。在不断推进经济体制改革的同时，积极推进文化体制改革。我们党在各个改革时期都相应制定了文化改革的政策措施，有力地促进文化事业和文化产业协调发展，大力发展社会主义先进文化，建设社会主义精神文明，提高全民族文明素质，为经济社会发展提供了强大的精神动力和智力支持。在不断推进经济体制改革的同时，积极推进社会体制改革。坚持以人为本，以解决人民最关

心、最直接、最现实的利益问题为重点,推进科技、教育、卫生等体制改革,大力发展社会事业,着力完善就业、收入分配和社会保障制度,保障和改善民生,通过实现社会公平来促进社会和谐,为改革开放和经济发展提供和谐稳定的社会环境。协调推进经济、政治、文化和社会体制改革,是我国改革取得巨大成功的宝贵经验,也是改革继续健康推进的重要保证,我们一定要继续坚持,更加自觉地协调推进完善和发展中国特色社会主义的各项改革。

(七)坚持以开放促改革,做到改革与开放相互促进

邓小平曾精辟指出,对外开放也是改革。改革是为了发展,开放也是为了发展,改革开放都是为发展服务。改革需要开放的推动力量,开放需要改革的体制保障,两者相辅相成,相互结合,相互促进,是我国改革开放成功的重要经验。实践证明,哪些地方开放得早,改革同开放结合得好,那里经济体制改革的步伐就大,发展就快;哪些地方的改革不断深化,制度有所创新,那里的对外开放就搞得好。最早设立的深圳等经济特区和以后陆续增加的开放城市和地区,不仅开放走在前面,而且在推进社会主义市场经济体制建设方面也先试先行,提供了丰富经验。30 年来,我们在不断深化改革的同时,也不断扩大开放,以开放带动改革。开放是改革与发展的结合环节。随着对外开放不断扩大,原有体制的弊端也愈益显露出来,迫切要求加快改革。我国对外贸易迅速发展和吸收外资不断增加,直接推动着政府调节经济方式、政企关系、企业治理结构、外贸和外汇管理体制的变革,促进商品市场和各类生产要素市场的形成和发展。涉外经济法律法规的建立健全,成为社会主义市场经济法律体系建设的推动力量和重要内容。与此同时,外贸、外资、外汇等管理体制改革又不断拓展对外开放的广度和深度。放开外贸经营权控制,使更多企业得以参与国际竞争,促进了对外贸易的发展。随着改革的深入推进,社会主义市场经济体制不断完善,将为“引进来”和“走出去”创造越来越好的外部

环境，从而使我国对外开放不断提升到更高的水平。

（八）坚持牢牢把握大局，正确处理改革发展稳定关系

改革、发展、稳定三者的关系，是关系我国现代化事业全局的重大关系。始终正确认识和处理这三者关系，是中国改革开放取得巨大成功的一条宝贵经验。坚持改革是动力、发展是目的、稳定是前提，坚持把改革的力度、发展的速度和社会可承受的程度统一起来，并把不断改善人民生活作为处理改革发展稳定关系的重要结合点，在社会稳定中推进改革发展，通过改革发展促进社会稳定。发展是硬道理，是党执政兴国的第一要务。发展，对于全面建设小康社会、加快推进社会主义现代化，具有决定性意义。30 年来，我们党坚持以经济建设为中心，把发展放在首位，坚持聚精会神搞建设，一心一意谋发展，不断解放和发展社会生产力。邓小平同志指出，“我们所有的改革都是为了一个目的，就是扫除发展社会生产力的障碍。”离开发展，改革就失去了意义。围绕经济社会发展中的问题不断进行改革，为发展开辟了广阔的空间，提供了强大动力和保障。无论是改革还是发展都需要有一个稳定的社会政治环境。没有稳定，什么事都干不成。在社会政治稳定中推进改革发展，在改革发展中实现社会政治稳定。总之，正确处理改革、发展、稳定三者关系，才能把握大局，保证经济社会顺利发展；否则，就会吃苦头，付出代价。这是我国社会主义现代化建设正反两方面经验教训的深刻总结。在今后推进现代化建设事业中，仍然必须妥善处理改革、发展、稳定关系，使三者相互协调、相互促进。

（九）坚持加强和改善党的领导，为推进改革提供坚强政治和组织保障

党的领导是顺利推进改革的根本保证。这是总结我国改革开放 30 年来的伟大实践得出的最重要结论。中国共产党是中国特色社会主义事业的领导核心。从根本上说，改革开放取得的巨大成就是因为有中国共

产党这样一个坚强领导核心的结果，是始终坚持党的领导、不断加强和改善党的领导的结果。党的十一届三中全会以后我国经济体制改革不断深化的整个进程，始终是在党的正确领导下进行的。只有坚持党的领导，才能保证市场经济同社会主义基本制度的有机结合，才能保证改革沿着正确的方向前进，才能保证广大人民群众能够共享改革的成果。要坚持党的领导，必须改善党的领导。30年来，我们党不断加强自身建设，以适应改革开放的需要，以保持党始终成为推进改革开放事业顺利发展的坚强领导核心。坚持大力加强党的思想建设、组织建设、作风建设和制度建设，进行保持共产党员先进性教育，不断提高党的凝聚力和战斗力；坚持立党为公、执政为民，不断改革和完善领导方式和执政方式，不断提高党的执政能力，保持和发展党的先进性；加强党风廉政建设，反对和防止腐败。这些有力地保障了改革开放的顺利进行。在今后的改革开放和社会主义现代化事业进程中，必须毫不动摇地坚持党的领导，并以改革创新精神全面推进党的建设，使党始终成为中国特色社会主义事业的坚强领导核心。

三、坚定不移地继续推进经济体制改革

改革开放30年来，中国发生了历史性的巨大变化，但我国仍处于并将长期处于社会主义初级阶段。进一步解放和发展生产力，进一步促进社会公平正义，实现全面建设小康社会和国家现代化的宏伟目标，必须坚定不移地继续推进改革，加快完善社会主义市场经济体制，不断推进社会主义政治体制、文化体制和社会体制改革。

党的十七大提出了全面推进中国特色社会主义事业总体布局。改革开放和现代化建设进入了一个新的阶段，体制改革面临着新的形势和任务。我们要高举中国特色社会主义伟大旗帜，深入贯彻落实科学发展观，

继续解放思想，坚持实事求是、与时俱进，坚持社会主义市场经济改革方向，注重制度建设和体制创新，统筹规划、精心部署。需要重点抓好以下几个方面的改革工作。

（一）进一步完善基本经济制度，深化国有企业和国有资产管理体制改革，鼓励、支持、引导非公有制经济发展

要坚持和完善公有制为主体、多种所有制经济共同发展的基本经济制度。建立健全现代产权制度，坚持平等保护物权，进一步形成各种所有制经济平等竞争、相互促进的新格局。继续对国有大型企业进行公司制股份制改革，进一步完善国有资本有进有退、合理流动的机制。加大垄断行业改革力度，加快推进公用事业改革。完善各类国有资产管理体制和制度。探索国有资本有效的经营形式，提高资本的营运效率。推进集体企业改革，发展多种形式的集体经济、合作经济。继续破除各种体制障碍，进一步促进非公有制经济发展。

（二）继续深化农村改革，加强农村制度建设和创新

主要改革任务：一是稳定和完善农村基本经营制度。以家庭承包经营为基础、统分结合的双层经营机制，是党的农村政策的基石，必须毫不动摇地坚持。现有土地承包关系要保持稳定并长久不变。要健全严格的农村土地管理制度。完善土地承包经营权权能，依法保障农民对承包土地的占有、使用、收益等权利。二是加快农村综合改革步伐。深化乡镇机构改革，建立精干高效的农村行政管理体制。完善与农民政治参与积极性不断提高相适应的乡镇治理机制。深化农村义务教育改革，建立和完善农村义务教育经费保障机制。三是推进农村金融体制和制度创新。强化中国农业银行、中国农业发展银行和中国邮政储蓄银行为“三农”服务的功能，充分发挥农村信用社为农民服务的主力军作用。在加强监管的基础上，规范发展多种形式的新型农村金融机构。四是建立促进城乡经

济社会发展一体化制度，促进公共资源在城乡之间均衡配置、生产要素在城乡之间自由流动。坚持走中国特色城镇化道路，促进大中小城市和小城镇协调发展，形成城镇化和新农村建设互相促进、协调发展机制。五是健全农业支持保护制度。完善农业投入保障制度和农业补贴制度。理顺比价关系，充分发挥价格对农业增产和农民增收的促进作用。

（三）完善现代市场体系，加快建立统一、开放、竞争、规范的市场经济新秩序

积极发展资本、土地、劳动力、技术等要素市场。大力发展资本市场，规范发展股票市场，积极发展企业债券市场，稳步发展期货市场。规范发展土地市场，改革征地制度，完善土地收益分配制度，形成有效的土地资源占用约束机制。建立城乡统一的劳动力市场，引导劳动力合理流动。完善资源和要素价格形成机制。要深化价格改革，理顺资源价格体系，完善反映市场供求关系、资源稀缺程度、环境损害成本的生产要素和资源价格形成机制。加快社会信用体系建设。加强信用信息征集、使用、公开、保护等制度及相关法律法规建设，健全信用监管和失信惩戒制度。规范市场经济秩序。加快建立政府监管、行业自律、舆论监督、群众参与的市场监管体系，建立保护知识产权、打击侵权盗版行为的长效机制。积极发展市场中介组织。

（四）深化财税、金融、计划体制改革，完善宏观调控体系

一是深化财税体制改革。围绕推进基本公共服务均等化和主体功能区建设，完善公共财政体系。健全中央和地方财力与事权相匹配的体制，加快形成统一规范透明的财政转移支付制度。实行有利于科学发展的财税制度，改革资源税费制度，建立健全资源有偿使用制度和生态环境补偿机制。二是深化金融体制改革。继续深化银行业改革，促进国有银行加快建立现代银行制度。继续推动资本市场改革和发展，优化资本市场结

构，多渠道提高直接融资比重。深化保险业改革。继续推进利率市场化。进一步完善人民币汇率形成机制。加强和改进金融监管，防范和化解金融风险。三是深化投资、计划体制改革。重点是扩大企业投资权限，规范各类投资主体行为，健全和严格市场准入制度，完善政府投资体制。要完善国家规划体系，发挥国家发展规划、计划、产业政策在宏观调控中的导向作用。

（五）进一步改革涉外经济体制，提高开放型经济水平

把“引进来”和“走出去”更好结合起来，拓展对外开放广度和深度。进一步完善对外开放的制度保障。完善涉外经济法律法规，形成稳定、透明的涉外经济管理体制，创造公平和可预见的法治环境。加快转变外贸增长方式，促进加工贸易转型升级。创新利用外资方式，优化利用外资结构，发挥利用外资在推动自主创新、产业升级、区域协调发展等方面的积极作用。鼓励有条件的企业“走出去”，创新对外投资和合作方式，加快培育我国的跨国公司和国际知名品牌。积极开展国际能源资源互利合作，推进区域和次区域经济合作；完善公平贸易政策，推进贸易和投资自由化便利化，实施自由贸易区战略。适应开放型经济的要求，更好地处理国内发展与对外开放的关系，防范国际经济风险，维护国家经济安全。

（六）深入推进收入分配制度改革，增加城乡居民收入

一是坚持和完善按劳分配为主体、多种分配方式并存的分配制度，健全劳动、资本、技术、管理等生产要素按贡献参与分配的制度。初次分配和再分配都要处理好效率和公平的关系，再分配要更加注重公平。二是逐步提高居民收入在国民收入分配中的比重，提高劳动报酬在初次分配中的比重。这是对国民收入分配格局的重要调整，不仅有利于理顺国家、企业和个人三者的分配关系，而且有利于合理调整投资与消费关系。三是加大个人收入分配调节力度，合理调整收入分配格局。着力提高低收

入者收入。建立企业职工工资正常增长机制和支付保障机制,逐步提高扶贫标准和最低工资标准。要通过采取多种措施,创造条件让更多群众拥有财产性收入。通过税收等手段切实对过高收入进行有效调节。取缔非法收入。要规范垄断行业的收入分配,规范垄断性企业资本收益的收缴和使用办法,合理分配企业利润。

(七)加快建立覆盖城乡居民的社会保障体系,保障人民基本生活

健全的社会保障体系,是人民生活的"安全网"和社会运行的"稳定器",必须加快完善社会保障体系。一是完善基本养老保险制度。要促进城乡职工基本养老保险制度规范化,完善社会统筹与个人账户相结合的企业职工基本养老保险制度,促进机关、事业单位基本养老保险制度改革,积极探索建立农村养老保险制度。二是完善基本医疗保险制度。要全面推进城镇职工基本医疗保险、城镇居民基本医疗保险、新型农村合作医疗制度建设,把基本医疗保险制度覆盖城乡全体居民。三是完善最低生活保障制度。在城市要继续健全最低生活保障制度,做到应保尽保。在农村要将符合条件的贫困人口全部纳入最低生活保障范围。四是支持加快发展社会救助和慈善事业。这是中国特色社会保障体系的重要组成部分。五是积极发挥商业保险的补充作用,支持商业保险的发展。六是逐步提高社会保险的统筹层次,制定全国统一的社会保险关系转续办法,以促进劳动人口在全国范围内的流动就业。

(八)加快行政管理体制改革,加强政府自身建设

行政管理体制改革是完善社会主义市场经济体制和发展社会主义民主政治的必然要求,必须坚定不移地继续推进。主要任务,一是加快政府职能转变。这是深化行政管理体制改革的核心和关键。要加快推进政企分开、政资分开、政事分开、政府与市场中介组织分开。全面正确履行政府职能,改善经济调节,严格市场监管,更加注重加强社会管理和公共服

务。二是推进政府机构改革。紧紧围绕政府职能转变和理顺政府职责关系,进一步优化政府组织结构,规范机构设置,健全部门间协调配合机制。减少行政层次,降低行政成本。积极推进地方政府机构改革,加快推进事业单位分类改革。三是加强依法行政和制度建设。坚持用制度管权、管事、管人,健全监督机制,强化责任追究。要加快建设法治政府,规范行政决策行为,完善科学民主决策机制。要推进政府绩效管理和行政问责制度,提高政府执行力和公信力。要健全对行政权力的监督制度,完善政务公开制度,加强政风建设和廉政建设。

现在,我国改革开放和现代化建设处于关键时期,改革任务十分繁重而艰巨。对此,我们要有清醒的认识。要围绕改革的重点和难点,鼓励大胆探索,勇于变革创新;要不为任何风险所惧,不被任何干扰所惑,增强战胜各种困难的勇气和信心。改革开放一直是在不断解决矛盾和克服困难中前进的,和过去相比,今后应对困难的条件更好了,经验更多了。因此,我们完全有信心有能力继续推进各项改革,不断完善社会主义市场经济体制,保持经济社会发展良好势头,实现全面建设小康社会和社会主义现代化的奋斗目标。

建立促进城乡经济社会发展一体化制度*

（2008 年 11 月）

建立促进城乡经济社会发展一体化制度，对于推进改革创新、打破城乡二元结构、加强农村制度建设，对于加快农村发展、促进农民富裕、实现全面建设小康社会奋斗目标，具有重大意义。

一、建立促进城乡经济社会发展一体化制度的重要性和紧迫性

正确处理工农、城乡关系，历来是中国革命和建设的重大问题。党的十一届三中全会以来，我们党全面把握国内外发展大局，不断推进经济体制改革和扩大对外开放，农村经济社会发展取得了举世瞩目的成就。目前，我国改革发展进入关键阶段。面对新形势新任务，加快建立促进城乡经济社会发展一体化制度，既十分重要，又相当紧迫。

建立促进城乡经济社会发展一体化制度，是从根本上消除城乡二元结构的必然要求。30 年来，我国改革开放不断深入，中国特色工业

---

* 本文刊载于《〈中共中央关于推进农村改革发展若干重大问题的决定〉辅导读本》；发表于《求是》杂志 2008 年第 20 期。

化、城镇化、现代化加快推进。但由于历史条件的制约,特别是长期形成的城乡分割二元体制没有根本消除,工农关系不协调、城乡关系失衡的局面尚未根本改变。针对这种情况,党的十六大以来,中央科学把握世界各国现代化发展的一般规律,深刻总结新中国成立以来特别是改革开放后我们党处理工农、城乡关系问题的经验,提出了统筹城乡经济社会发展的重大战略,把解决好"三农"问题作为全党工作的重中之重,作出了我国总体上已到了以工促农、以城带乡发展阶段的重要判断,制定了工业反哺农业、城市支持农村和多予少取放活的基本方针,规划了建设社会主义新农村的总体任务,并出台了一系列强农惠农政策,工农、城乡关系出现了积极的变化。在此基础上,党的十七大进一步提出要形成城乡经济社会发展一体化新格局,明确了构建新型工农、城乡关系的方向和目标。实现这一目标,关键在于建立起科学、合理、有效的制度保障,因为制度才具有根本性、全局性、稳定性和长远性。中央在这次《决定》中强调,要"建立促进城乡经济社会发展一体化制度"。这是落实加快形成经济社会发展一体化新格局要求的重大举措,也是贯彻统筹城乡经济社会发展战略方针的具体部署。只有从体制改革、制度建设上着手,建立统筹城乡发展、构筑支持农业农村发展的保障体系,才能从全局上、根本上突破城乡分割的体制和结构。只有在统筹城乡改革和发展上取得重大突破,才能给农村发展注入新的动力和活力,促进城乡共同发展和协调发展。这个重大举措和部署充分反映了我们党对中国特色社会主义发展规律的深刻认识和把握,充分彰显了我们党对逐步缩小乃至最终消除工农、城乡差别的信心和决心,充分体现了时代进步的要求和全国人民的愿望。

建立促进城乡经济社会发展一体化制度,是深入贯彻落实科学发展观的必然要求。科学发展观,是党中央立足社会主义初级阶段基本国情,总结我国发展实践,适应新的发展要求提出来的,是对党的三代中央领导集体关于发展的重要思想的继承和发展,是我国经济社会发展的重要指导方针，是发展中国特色社会主义必须坚持和贯彻的重大战略思想。当前，农业基础仍然薄弱，最需要加强；农村发展仍然滞后，最需要扶持；农民增收仍然困难，最需要加快。贯彻落实科学发展观，就必须统筹城乡改革，加快农村经济社会发展，促进城乡基本公共服务均等化，形成城乡良性互动、协调发展。坚持以人为本，要求我们着眼于城乡全体居民，让占人口大多数的农民群众平等参与现代化进程、共享发展改革成果，走共同富裕的道路。实现全面协调可持续发展，要求我们着眼于所有城镇乡村，重视把农村的事情办好，进一步解放和发展农村生产力，促进农村繁荣和全面发展。只有广大农民的生活不断得到改善，农民各项权益得到充分尊重和保障，发展才能真正体现以人为本；只有尽快改变农村经济社会发展严重滞后的状况，发展才能真正做到全面协调可持续。因此，建立促进城乡经济社会发展一体化制度，是深入贯彻科学发展观的重大举措。全面推进城乡经济建设、政治建设、文化建设、社会建设，促进现代化建设各个环节、各个方面相协调，是实现科学发展、又好又快发展的内在要求和重大任务。

建立促进城乡经济社会发展一体化制度，是加快构建社会主义和谐社会的必然要求。促进社会和谐，必须在发展的基础上统筹兼顾各方利益关系，正确处理各种社会矛盾，保障社会公平正义。当前，农村安定和谐面临许多压力，存在一些不稳定因素。农村富余劳动力转移压力加大，农民养老等社会保障不健全，农村基层民主政治和政权建设需要加强，一些农民权益受到侵犯。促进城乡经济社会发展一体化，深化农村改革，加快农村发展，改善农村民生，抓住了维护和实现社会公平正义的关键，抓住了解决经济社会发展不平衡和影响社会和谐稳定问题的关键。我们统筹城乡经济社会发展，必须从法律、制度、政策上努力营造社会公平正义的环境，从收入分配、劳动就业、社会保障、公民权利保障、基本公共服务等方面采取措施，着力解决农民最关心、最直接、最现实的利益问题，切实保障农民的经济、政治、文化、社会权益，使广大农民安居乐业、生活富足,使广大农村安定有序、充满活力。只有这样,才能调动各方面的积极性,激发全社会的创造活力,形成全体人民各尽所能、各得其所而又和谐相处的局面。

建立促进城乡经济社会发展一体化制度,是全面建设小康社会的必然要求。党的十六大以来,我国经济社会发展取得了重要进展,经济实力大幅提升,社会建设全面展开,人民生活显著改善,为实现全面建设小康社会的伟大事业奠定了扎实基础。但应看到,城乡发展很不平衡,农业基础薄弱,生产力水平较低,农民增收的难度很大,农村公共事业发展滞后,公共服务水平较低,城乡面貌反差较大。近年来,随着我国工业化、城镇化的快速推进,农村土地、资金、人才等要素的流失也在加快,城乡二元结构矛盾更加突出。这些矛盾和问题,有的是长期历史发展中积累下来的,有的是在现实发展中形成的,解决起来难度较大。全面建设小康社会,最艰巨最重要的任务在农村;加快推进现代化,必须妥善处理工农、城乡关系。只有统筹城乡改革发展,从制度上构筑经济社会发展一体化新格局,才能不断强化农业基础,加快农村经济发展,保持农民持续增收,促进农村全面进步,也才能确保到 2020 年实现全面建设小康社会的奋斗目标。

二、建立促进城乡经济社会发展一体化制度的基本要求和主要方面

建立促进城乡经济社会发展一体化制度,是一个复杂的社会系统工程,需要认真研究解决一系列矛盾和问题,既要立足现实,又要着眼长远。至关重要的是,必须大力推进改革创新,打破城乡分治的体制、拆除城乡分割的樊篱,形成城乡平等对待、城乡统筹指导、城乡协调发展的制度环境。基本要求是:加快形成统筹城乡发展的体制机制,特别是尽快在城乡

建设规划、产业布局、基础设施建设、公共服务、劳动就业一体化等方面取得突破，促进公共资源在城乡之间均衡配置、生产要素在城乡之间自由流动，促进城乡经济社会发展融合、良性互动。为实现这一基本要求，需要着力在五个环节上实现突破。

统筹土地利用和城乡建设规划。这是实现资源合理配置、促进城乡经济社会发展一体化的重要前提。国家规划是引导经济社会发展和资源配置的重要依据和手段。过去长期受城乡二元结构的制约，重城市发展规划、轻乡村发展规划，而且城乡发展规划相互脱节。这就造成农业、农村与工业化、城镇化的推进基本上是相互隔离的，不仅导致农村发展滞后、城乡差距拉大，而且也使得城市建设无序扩展，降低了土地资源配置效率。因此，必须切实改变城乡分割的行政管理体制，理顺规划体系，通盘考虑和安排城市发展和农村发展，统一制定土地利用总体规划和城乡建设规划。在制定统一的城乡发展规划中，按照自然规律、经济规律和社会发展规律，明确区分功能定位，合理安排城市或县域范围内城镇建设、农田保护、产业聚集、村落分布、生态涵养等空间布局。这样，不仅可以节约集约利用土地等资源，而且可以使城乡发展紧密衔接、相互促进。

统筹城乡产业发展。这是促进城乡经济社会发展一体化的重要环节。要从体制、规划、政策上解决城乡产业分割问题，顺应城乡经济社会发展不断融合的趋势，统筹规划和整体推进城乡产业发展，引导城市资金、技术、人才、管理等生产要素向农村合理流动。按照一、二、三产业互动、城乡经济相融的原则，促进城乡各产业有机联系、协调发展。要以现代工业物质技术装备改造传统农业，以现代农业的发展促进二、三产业升级，以现代服务业的发展推动产业融合，促进三次产业在城乡科学布局、合理分工、优势互补、联动发展。要积极推进农业专业化生产、集约化经营和区域化布局，引导农村工业向城镇集聚，鼓励乡镇企业转型升级，加快农村服务业发展，引导劳动密集型产业从城市向农村的转移和扩散，着力形成城乡分工合理、区域特色鲜明、生产要素和资源优势得到充分发挥的产业发展格局。

统筹城乡基础设施建设和公共服务。这是改变农村面貌、促进城乡经济社会发展一体化的着力点。我国城乡经济发展差距大,基础设施和公共服务差距更大。目前,农村饮水、电力、道路、通信等公共设施落后,上学、看病和社会保障等问题突出。各级政府要着眼于建立城乡基本公共产品和公共服务统一的制度,统筹城乡基础设施建设和公共服务,创新管理体制和运行机制,加大资源整合力度,着重改变农村基础设施滞后和公共服务不足的状况,逐步实现基本公共服务均等化。要针对目前城乡基础设施差异大、功能布局不合理、设施共享性差等突出问题,切实把城市与农村作为一个有机整体,着眼强化城市与农村设施连接,加大农村基础设施投入力度,特别要增加对农村饮水、电力、道路、通信、垃圾处理设施等方面的建设投入,实现城乡共建、城乡联网、城乡共用。推进城乡环境综合治理。加强农村防灾减灾能力建设。要巩固和发展城乡义务教育制度,健全覆盖城乡的公共卫生体系和基本医疗制度,加快健全覆盖城乡居民的社会保障体系,积极解决好农村教育、卫生、文化、社会保障、住房等关系农民群众切实利益问题,全面提高财政保障农村公共事业的水平,使广大农民学有所教、劳有所得、病有所医、老有所养、住有所居,共享改革发展成果。

统筹城乡劳动就业。这是改善人民生活、促进城乡经济社会发展一体化的重要条件。我国城乡劳动力资源丰富,是促进经济长期持续较快发展的有利条件。同时,就业压力大、就业形势严峻,将是我国今后较长时期面临的一个重大课题。因此,必须把扩大城乡就业放在经济社会发展的突出位置。要坚持实施积极的就业政策,坚持劳动者自主择业、市场调节就业、政府促进就业的方针,多渠道扩大城乡就业。特别是要通过深化改革,加快建立城乡统一的人力资源市场,将农民就业纳入整个社会就业体系,形成城乡劳动者平等就业制度,引导农民有序流动就业,鼓励农民就地就近转移就业，支持农民工返乡创业。要健全覆盖城乡的就业服务体系，完善人力资源市场信息发布制度，强化就业服务机构为劳动者提供免费就业服务的责任，同时要做好农村劳动力就业培训，增强其外出适应能力、就业能力和创业能力。要加强农民工权益保护，进一步完善和规范劳动力市场的服务与管理，逐步实现农民工劳动报酬、子女就学、公共卫生、住房租购等与城镇居民享有同等待遇。要建立健全农民工社会保障制度，扩大农民工工伤、医疗、养老保险覆盖面，抓紧制定农民工养老保险关系转移接续办法，同逐步实现城乡各项社会保障制度的相互衔接。

统筹城乡社会服务和管理。这是保持社会和谐稳定、促进城乡经济社会发展一体化的重要基础。随着改革开放不断深入和社会主义市场经济不断发展，我国的经济体制、社会结构、利益格局等发生深刻变化，城乡融合趋势加快、人口流动加速。这种空前的社会变革，既给我国经济社会发展带来巨大活力，也增加了社会服务和管理的难度和复杂性。要适应城乡经济社会发展一体化的需要，大力推进社会服务和管理创新，改变城乡分割、条块分割的管理方式，着力转变职能、理顺关系、优化结构、提高效能，逐步形成城乡社会服务和管理一体化的体制，形成城市工作与农村工作对接、良性互动的新格局。积极稳妥推进户籍制度改革，在统筹考虑农民工权益、城镇化进程和城市承载能力等多方面因素的基础上，放宽中小城市落户条件，使在城镇稳定就业和居住的农民有序转变为城镇居民。同时，要推进流动人口服务和管理法制化、规范化、信息化建设，将流动人口纳入整个社会服务和管理体系，为他们创造良好的工作与生活环境。

这五个方面的统筹，既是促进城乡经济社会发展的重要任务和抓手，又是重要举措和制度建设。在实际工作中，最根本和最重要的是，必须切实转变思想观念和传统做法，注重推进体制机制创新，从各方面建立健全统筹城乡发展一体化的制度。

三、促进城乡经济社会发展一体化制度需要把握好的几个问题

促进城乡经济社会发展一体化，目的在于适应工业化、城镇化、现代化发展的新形势，构建平等、和谐的工农、城乡关系，加快农村发展，逐步缩小城乡差距，发展中国特色社会主义事业。因此，必须把加强"三农"工作作为统筹城乡发展的基本着眼点和立足点，坚持合理调整国民收入分配格局，坚持工业反哺农业、城市支持农村和多予少取放活方针，加快建立健全以工促农、以城带乡长效机制，推动农村经济社会又好又快发展。

一要建立覆盖城乡的公共财政制度。完善公共财政制度，加强公共产品和服务体系建设，这是促进城乡经济社会协调发展的关键性、制度性建设。特别要尽快形成有利于加强"三农"的国民收入分配格局，巩固和完善强农惠农政策，健全农业投入保障制度。要调整财政支出、固定资产投资、信贷投放结构，保证各级财政对农业投入增长幅度高于经常性收入增长幅度，切实把国家基础设施和社会事业发展的重点转向农村，不断缩小城乡公共服务差距。要大幅度增加国家对农村基础设施建设和社会事业发展的投入，大幅度提高政府土地出让收益、耕地占用税新增收入用于农业的比例，大幅度增加对中西部地区农村公益性建设项目的投入。并且要积极利用财政贴息、补助等手段，引导社会资金投向农村。要通过深化农村金融改革，加大对农村金融政策支持力度，引导更多信贷资金投向农村。同时，要采取有力的政策措施，加快形成以工业支持农业、城市支持农村的良好机制。这样，才能不断增加农业发展的物质技术基础，不断增强农村的实力和后劲。

二要发展壮大县域经济。县域涵盖城镇与乡村、兼有农业与非农

产业,既是功能相对完备的国民经济基本单元,又是统筹城乡发展的重要载体。要充分发挥县(市)在城乡发展一体化中的重要作用,统筹配置县域范围内各种生产要素,有效集成各项支农惠农政策,着力建设现代农业,壮大二、三产业。要着眼于发挥县域的资源优势和比较优势,明确县域主体功能定位和生产力布局,科学规划产业发展方向,积极培育特色支柱产业。引导城市企业与县域企业加强合作,支持劳动密集型、资源加工型产业向县域集聚,鼓励农产品加工业特别是精深加工业向主产区集中。鼓励有条件的县(市)自主或联合建立技术研发机构和公共技术服务平台。要扩大县域发展自主权,增加对县的一般性财政转移支付,加强对县域发展的支持,从根本上说,要深化财税体制改革,做到财权与事权相匹配,增强县域经济活力和实力。完善地方行政管理体制,扩大省直管县财政体制改革试点,优先将农业大县纳入试点;有条件的地方可依法探索省直管县(市)的体制。这方面改革探索,要根据各省经济社会发展和行政区划的实际状况,综合考虑各种因素,因地制宜作出决策。搞好这方面改革,有利于发挥县(市)级政府积极性和促进县域经济发展,也有利于深化行政管理体制改革,减少行政层次,提高行政效率,促进城乡发展一体化。

三要构建城镇化和新农村建设互促共进机制。城镇化与新农村建设"双轮驱动",是中国特色现代化建设道路的重要特点,必须从战略上协调好二者的关系。城镇化是现代化的必然趋势,必须坚定不移地推进。要坚持走中国特色城镇化道路,促进大中小城市和小城镇协调发展。充分发挥大中城市对农村的辐射带动作用,促进城市资金、技术、人才、管理等生产要素向农村流动,推进城市教育、医疗、文化等公共服务向农村延伸,现代文明向农村传播。大力发展小城镇,依法赋予经济社会发展快、人口吸纳能力强的小城镇适当的行政管理权限,把小城镇建设成为人口、产业、市场、文化、信息适度集中的经济社会发展平台,发挥其承接城市、带动乡村的桥梁纽带作用。同时,必须深刻认识到,我国人口规模巨大,即使将来城镇化达到较高水平，仍然会有大量人口继续在农村生活。世界上有不少国家在推进工业化、城市化过程中，由于忽视农业和农村发展而导致农业衰退、农村凋敝，城市特别是大城市人口过度膨胀，付出了沉重的代价。这个教训必须汲取。因此，我们在推进城镇化的同时，一定要把农村建设好，创造良好的人居环境。要坚持把发展现代农业、繁荣农村经济作为社会主义新农村建设的首要任务，加强农村基础设施和公共服务体系建设，健全农村市场和农业服务体系，注重保持乡村特色、民族特点、地域特征，保护秀美的田园风光和优秀的乡土文化，努力把现代文明引向农村，逐步实现农村现代化。

四要积极稳步促进城乡经济社会发展一体化。形成城乡经济社会发展一体化新格局，是发展中国特色社会主义的重大任务，各地要积极推进。但也要看到，我国地域辽阔，各地自然条件、资源禀赋和经济社会发展水平差异很大，存在的矛盾和问题各不相同。促进城乡经济社会发展一体化，必然是起点有差距、进程有快慢、水平有高低、重点有不同，不可能有统一的模式。同时还要看到，我国城乡差距的缩小需要有一个过程，不可能一蹴而就。必须坚持科学规划，因地制宜，分类指导，有步骤、有重点地加以推进。最重要的是，要牢牢把握我国社会主义初级阶段的基本国情和当前我国发展的阶段性特征，适应我国农村经济社会发展新形势，顺应亿万农民过上美好生活的新期待，在统筹城乡发展上迈出更大步伐，努力开创农村改革发展新局面，奋力夺取全面建设小康社会的新胜利。

三、行政体制改革

大力建设服务型政府*

（2006 年 11 月 1 日）

党的十六届六中全会通过的《决定》，明确要求："建设服务型政府，强化社会管理和公共服务职能。"这是我们党在新的历史条件下，着眼全局，审时度势，郑重提出的一个重要任务。深刻领会和认真贯彻这一重要精神，对于全面贯彻科学发展观，加快政府职能转变和管理创新，构建社会主义和谐社会，具有重大的意义。

一、建设服务型政府是构建社会主义和谐社会的必然要求

构建社会主义和谐社会，是我们党适应我国改革开放和现代化建设进入新阶段的客观要求，从全面建设小康社会、推进中国特色社会主义事业全局出发作出的一项重大战略决策，体现了广大人民群众的根本利益和共同愿望。构建社会主义和谐社会的历史任务，对政府改革和建设提出了新的更高要求，其中一个重要方面，就是要建设服务型政府。所谓服务型政府，有着丰富和深刻的内涵，它的本质要求，就是坚持一切从人民群众的根本利益和现实需求出发，全心全意为人民群众服务；从构建社会

* 本文发表于《求是》杂志 2006 年第 21 期。

主义和谐社会的要求看，就是要以解决民生问题为根本着眼点和根本目的，在发展经济的基础上，不断提高人民物质文化生活水平，特别要大力发展社会事业和公共事业，为人民群众提供更多更好的公共产品和公共服务，不断加强社会管理和建设，切实维护社会公正、社会秩序和社会稳定。明确提出建设服务型政府，反映了我们党对中国特色社会主义事业发展的新认识，也反映了我们党对执政能力、执政方式的新认识。实现这方面的任务，必将为落实科学发展观、促进经济社会和人的全面发展、构建社会主义和谐社会提供重要保障。

建设服务型政府，从根本上说是由人民政府的性质决定的。我们的政府是中国共产党领导的人民政府，全心全意为人民服务是我们党的一贯思想和根本宗旨，是各级政府的神圣职责和全体公务员的基本准则。诚然，在不同经济发展阶段和发展水平上，人民对物质文化的需求和社会活动不同，政府为人民服务的任务、目标和着力点也会不同。同时，由于社会经济管理体制和管理方式不同，例如在原来计划经济体制和现在社会主义市场经济体制的不同条件下，政府的职能和履行职责的途径、形式和方法也会不同。政府必须根据这些变化着的情况，正确、充分和有效地履行职责，提高为人民服务的水平。

建设服务型政府，对在新的历史条件下构建社会主义和谐社会有着特殊重要的意义。各级政府拥有人民赋予的权力，掌握着大量公共资源，处于经济社会管理者的特殊地位，在构建社会主义和谐社会进程中承担着重要职责。同时，我国已进入全面建设小康社会的发展阶段，工业化、城镇化、市场化、国际化进程加快，改革开放继续深化，经济发展、经济体制、社会结构、利益格局和思想观念都发生了深刻变化。这种空前的社会变革，使我国经济社会发展呈现一系列新的鲜明特征，其中包括：随着经济持续较快发展和生活水平不断提高，人民群众的物质文化需求日益多样化，选择性不断增强，对公共产品和公共服务的需求全面快速增长；随着社会主义市场体制逐步完善，市场在资源配置中的基础性作用愈益增大;随着对外开放向广度和深度推进,我国社会经济与世界的联系更加密切,有机遇,也有挑战。这些都给我国发展进步带来巨大活力,也必然会带来这样那样的社会矛盾和问题,深层次的矛盾逐步显现,影响社会和谐的问题会增多。新形势、新任务更加要求政府必须全面履行职能。要继续搞好经济调节,加强市场监管,促进经济持续较快发展,这样才能使社会物质财富不断增加,为增进全体人民福祉、构建社会主义和谐社会创造物质基础;同时,政府必须履行公共服务和社会管理职能,为社会提供更多更好的公共产品和公共服务。这些本来是政府应尽的职责,但是过去由于种种原因,我国经济发展与社会发展存在一条腿长、一条腿短的问题,社会事业发展明显滞后,社会体制和政策不完善,社会管理水平不高。目前,公共产品供给短缺和公共服务能力不强,已经是一个相当普遍和十分突出的问题。只有加强服务型政府建设,注重发展社会事业和解决民生问题,为经济发展和人民群众生产生活创造良好的环境和条件,使全体人民共享改革发展成果,才能促进社会公平正义,增强社会创造活力,保持社会安定有序,有效推动社会主义和谐社会建设。

建设服务型政府,是推进政府自身改革和建设,为构建社会主义和谐社会服务的重要举措。我国现在仍处于体制改革攻坚的关键时期,行政管理体制的一些弊端没有根本消除,社会主义市场经济体制还不完善。多年来,特别是近几年来,在政府自身改革和建设方面采取了一系列措施,包括全面履行政府职能,深化行政审批制度改革,推进科学民主决策,推行依法行政,加强行政监督,加快社会事业发展,努力解决损害群众利益的各种问题,加大反腐倡廉力度等。这些都取得了明显成效。但是,政府职能转变的任务依然繁重和艰巨,特别是社会管理和公共服务职能薄弱。目前,政府及其部门仍然管了许多不该管、管不了也管不好的事;一些政府部门权责脱节、有权无责,有的部门之间职责不清、推诿扯皮,办事效率不高;有的工作脱离实际、脱离群众,随意决策,存在着严重的主观主义、形式主义、官僚主义;有些地方片面追求经济增长速度,忽视社会全面发展，甚至存在损害人民群众切身利益的问题。这些都影响了政府职能的正常发挥。更有一些政府工作人员违法违规，滥用权力，贪污腐败，失信于民，损害政府在人民群众中的形象，也影响和谐社会建设。如果不进一步加强政府自身的改革和建设，就不能适应构建社会主义和谐社会的要求。

总之，无论是人民政府的根本性质和宗旨，还是经济社会发展阶段性特征和构建社会主义和谐社会的客观进程，以及目前政府自身的状况，都要求加快推进政府职能转变和管理创新。我们要提高认识，增强自觉性和主动性，提高使命感和责任感，大力加强服务型政府建设。

二、围绕构建社会主义和谐社会建设服务型政府

概括地说，主要有以下三个方面。

（一）以发展社会事业和解决民生问题为重点，逐步形成惠及全民的基本公共服务体系。这是建设服务型政府的一项基本任务。基本公共服务的属性在于它的公共性、普惠性和社会公平。公共服务的范围比较广，根据经济社会发展的水平高低和政府建设的能力大小而定，但基本上都包括公共教育、公共卫生、公共文化等社会事业，也包括公共交通、公共通信等公共产品和公用设施建设，还包括解决人的生存、发展和维护社会稳定所需要的社会就业、社会分配、社会保障、社会福利、社会秩序等公共制度建设。这些公共服务产品和公共服务的提供，是政府调控社会群体之间收入差距、促进社会公平正义、保障社会安定有序的有效制度性手段和机制。在我国现阶段，按照逐步形成惠及全民的基本公共服务体系的要求，必须既不断增加公共服务的总量，向社会提供更多更好的公共服务，又着力优化公共服务的结构和布局。《决定》明确提出，要以发展社会事业和解决民生问题为重点，优化公共资源配置，注重向农村、基层、

欠发达地区倾斜，逐步形成惠及全民的基本公共服务体系。这是为解决我国基本公共服务总量不足和在城乡、区域之间分配严重不均衡问题而提出的目标和举措，具有重大的现实意义和历史意义。为实现这个目标，要着重抓好以下几个方面的工作：一要大力发展教育、卫生、文化、体育等各项社会事业。坚持教育优先发展，促进教育公平；加强医疗卫生服务体系建设，提高人民健康水平；加快发展文化事业和文化产业，满足人民群众文化需求。二要实施积极的就业政策，完善就业服务体系。促进就业再就业，加强劳动保护，发展和谐劳动关系，实现经济发展和扩大就业良性互动。三要健全社会保障制度，保障群众基本生活。逐步建立社会保险、社会救助、社会福利、慈善事业相互衔接的覆盖城乡居民的社会保障体系，着力解决困难群众的基本生活问题，这也是构筑社会安全网的需要。四要完善收入分配制度，规范收入分配秩序。加强收入分配宏观调节，在经济发展的基础上，更加注重社会公平，促进走共同富裕道路。五要加强生态环境保护，促进人与自然和谐。加快建设资源节约型、环境友好型社会，实现可持续发展。六要强化市场监管，整顿和规范市场经济秩序。包括整顿生产和流通秩序，加强食品、药品、餐饮卫生监管，保障人民群众健康安全。七要继续加强道路、通信、供排水等公共设施建设，不断改善城乡居民生活条件。当前，我国城乡之间、地区之间经济社会发展不协调，公共产品和公共服务差距大，必须扩大公共产品和公共服务的覆盖范围，更加注重向农村、基层、欠发达地区倾斜，向社会贫困群体倾斜，保障这些地方人们的基本公共服务需求。这样做，不仅是各级政府义不容辞的职责，也是促进经济社会协调发展、缓解社会矛盾、维护社会公平所必需的。提高公共服务水平、有效利用提供公共服务来调节社会利益关系、促进社会公平正义，是衡量政府行政能力和管理水平的一个重要标志。

（二）加强和改进社会管理，完善社会管理体系，保持社会安定有序。这是建设服务型政府的一个重要目标，也是促进经济社会协调发展的重要举措。在我国社会结构和利益格局发生深刻变化的情况下，传统的社会管理体制和管理方式已不适应新形势下社会发展的需要。必须适应新形势新任务，创新社会管理体制，整合社会管理资源，提高社会管理水平。要建立政府与各类社会组织分工协作的社会管理机制，依法加强对社团、行业组织和社会中介组织等的规范管理，促进各类社会组织健康发展，充分发挥他们在提供服务、反映诉求、规范行为等方面的作用。要加强城乡社区建设，建立健全新型的基层社会管理体系，加快推动基层社会管理和服务由传统的条块分割的“单位体制”向属地化、社会化的现代社区体制转变，充分发挥城乡基层自治组织协调利益、化解矛盾、排忧解难的作用。要统筹协调各方面利益关系，建立健全科学有效的利益协调机制、社会纠纷调处机制和权益保障机制，综合运用法律、政策、经济、行政等手段和教育、协商、调解等方法，预防和化解矛盾。要完善应急管理体制机制，有效应对各种风险。建立健全分类管理、分级负责、条块结合、属地为主的应急管理体制，形成统一指挥、反应灵敏、协调有序、运转高效的应急管理机制，有效应对自然灾害、事故灾难、公共卫生事件、社会安全事件，提高保障公共安全和处置突发事件的能力。要加强安全生产工作，坚持安全第一、预防为主、综合治理的方针，完善安全生产体制机制、法律法规和政策措施，加大投入，落实责任，严格管理，强化监管，维护安全生产秩序，坚决遏制重特大安全事故，保障人民群众生命财产安全。要建立健全社会治安防控体系，完善社会治安综合治理机制，依法打击各种犯罪活动，增强人民群众的安全感。总之，要通过健全有效覆盖全社会的管理体系，更好地履行政府的社会管理职能。

（三）创新公共服务和社会管理方式，在服务中实施管理，在管理中体现服务。这是建设服务型政府的一个关键环节。要以提高公共服务效率和质量为中心，整合各类相关资源，努力做到以最低廉的行政成本提供更多、优质、高效的公共服务。方便、快捷是社会和公众对公共服务的基本要求，也是衡量公共服务水平的重要标准。让人民群众更广泛地参与社会管理,是创新公共服务和社会管理制度的重要方面。要进一步完善决策机制,健全深入了解民情、充分反映民意、广泛集中民智、切实珍惜民力的决策机制,推进决策科学化、民主化,建立社情民意反映制度,建立与群众利益密切相关的重大事项社会公示制度和社会听证制度。推行政务公开,是提高政府效能和防止腐败的根本性措施。要把政务公开,提高政府工作和权力运作的透明度,作为政府管理创新的一项基本制度。各类行政管理和公共服务事项,除涉及国家秘密和依法受到保护的商业秘密和个人隐私外,都应向社会公开。坚持以人民群众关心的事项和容易滋生腐败的领域作为政务公开的重点。要建立健全政务信息发布制度,加大政务信息发布力度,提高政务信息质量,及时发布政务信息,畅通人民群众了解公共信息的渠道,保障人民群众依法管理国家和对社会事务、管理经济和文化事业的知情权、参与权、表达权和监督权,为群众生活和参与经济、政治、文化及社会活动创造便利条件。要加快电子政务建设,充分利用现代信息和通信技术,推进公共管理和服务的信息化、现代化。深化电子政务应用,推动应用系统互联互通,搞好信息共享和业务协同,逐步建立全国统一的电子政务网络。要通过创新服务和管理方式,拓宽服务领域,提高行政效能,改进服务质量,增强政府权力运作的透明度,提高人民群众对政府的满意度。

三、深化改革,完善政策,加快建设服务型政府

建设服务型政府,关键在于深化改革,创新体制机制,完善政策。要以改革创新为动力,以社会和公众需求为导向,建立中国特色的公共服务和社会管理模式。为此,必须从更新思想观念、转变政府职能、完善政策体系、健全公共财政制度、加强公务员队伍建设等方面,采取有力的措施。

(一)牢固树立以人为本的施政理念。这是建设服务型政府的根本

要求。在发展经济的基础上,不断满足人民群众日益增长的物质文化需求,促进社会和谐进步,是政府改革和建设的基本任务。因此,必须全面贯彻落实科学发展观,牢固树立以人为本、执政为民的理念。推动经济建设、政治建设、文化建设、社会建设各项工作的根本出发点和落脚点,都应坚持以人为本,注重解决民生问题,努力提高人民群众物质文化生活水平和健康水平,切实保障人民群众权益,实现好、维护好、发展好最广大人民的根本利益,做到发展为了人民、发展依靠人民、发展成果由人民共享,促进经济社会和人的全面发展。由于长期受传统观念的影响,一些政府工作人员往往更多地是从行使权力的角度来看待施政问题,存在重权力轻责任、重管理轻服务现象。建设服务型政府,就必须强化服务和责任的意识,推动政府从"权力本位"向"责任本位"转变,从偏重行政控制向科学化的公共治理转变。适应经济发展阶段和经济体制的变化,更新管理理念,高度重视加强和改进社会管理。这样,才能有效加强社会主义和谐社会建设。

(二)深化行政管理和社会管理体制改革。这是建设服务型政府的关键。要按照转变职能、权责一致、强化服务、改进管理、提高效能的要求,深化行政管理体制改革,优化政府机构设置,更加注重履行社会管理和公共服务职能。至关重要的,是继续推进政企分开、政资分开、政事分开、政府与中介组织分开,进一步规范政府权力。继续深化行政审批制度改革,认真贯彻行政许可法,进一步减少和规范行政审批事项,该取消的审批项目坚决取消,该下放的项目尽快下放,以利于把更多的精力用于公共服务和社会管理。各级政府要充实公共服务和社会管理部门,配备社会工作专门人员,完善社会管理岗位设置,做到权责一致。要加快社会管理体制改革,既要增强社会活力,又要保持社会稳定。推进政事分开,支持社会组织参与社会管理和公共服务。坚持在社会公共事务管理中,实行政府主导与社会组织协同、公民参与相结合,建立公共产品和服务供给的社会参与机制,把那些适合或可以通过市场和社会提供的公共服务,以适当的方式交给社会组织、中介机构、社区等基层组织或企业承担，引进竞争机制，降低服务成本，提高服务效率和质量。要推进社区建设，健全社区管理和服务体制，完善基层服务和管理网络，把社区建成管理有序、服务完善、文明祥和的社会生活共同体。

（三）健全公共服务和社会管理政策体系。这是建设服务型政府的基础性工作。目前我国的公共政策体系不完善，特别是促进经济社会全面发展、有效协调社会利益关系、解决各类社会矛盾等方面的政策还不完善。要以构建社会主义和谐社会作为完善公共政策的基本目标和内容。制定和完善基本公共服务标准，特别是在城乡居民最低生活保障、社会救助、医疗卫生、教育和文化发展等公共服务方面，都应当制定与经济社会发展水平相适应的基本标准。要适应社会结构、社会利益格局的发展变化，建立健全有效调节社会利益关系的机制和政策。与完善公共政策体系相适应，还要采取更有力的支持公共服务和社会发展的经济政策，包括产业政策、财政税收政策、投融资政策、金融政策、收入分配政策和价格政策等。同时，加快推进社会事业和社会管理制度改革，建立健全合理的长效机制，真正使公共服务和社会管理政策得以有效落实。

（四）完善公共财政体制和制度。这是建设服务型政府的重要保障。在现代社会，公共财政是公共体系运作的血液，是政府有效提供公共服务的经济基础。必须按照不断强化公共服务和逐步实现基本公共服务均等化的要求，深化财政体制改革，健全公共财政体制。合理调整改善财政支出结构，把更多的财政资金投向公共服务领域，特别要加大财政对教育、卫生、文化、就业再就业、社会保障、生态环境保护、公共基础设施建设、社会治安等方面的投入，形成有力的可持续的财政支持体系。进一步明确中央和地方的事权，健全财权与事权相匹配的财税体制，建立规范化、法制化的财政转移支付制度。我国城乡和地区之间发展差距较大，为了有效调节和保障城乡之间、地区之间基本公共服务均衡发展，必须加大财政转移支付的力度，特别要加大国家对革命老区、民族地区、边疆地区、贫困地区以及粮食主产区、矿产资源开发地区、生态保护任务较重地区的转移支付,加大对人口较少民族的支持。县和县级以下政府承担着向全国众多人口提供公共服务和社会管理的任务,其中几乎包括了全部的农村人口,财政资金转移支付应当重点向县乡级倾斜,着力解决县乡财政困难,以增强基层政府提供公共服务的能力。在经济发展和财力增加的基础上,逐步增加国家财政投资规模。同时,鼓励社会力量在教育、科技、文化、卫生、体育、社会福利等领域兴办民办非企业单位,以不断增强公共产品和公共服务的供给能力。

(五)坚持依法行政和开展绩效评估。这是建设服务型政府的内在要求。各级政府及其部门必须坚决维护宪法和法律的权威,严格依照法定权限和程序行使权力、履行职责、接受监督,切实将政府管理经济社会行为纳入依法运转的轨道。现在,一些政府机关和政府工作人员不能依法行政,损害人民群众的合法权益;有些地方违反国家法律法规和政策,在土地征收征用、城市建设拆迁、企业重组改制和破产、环境污染等方面损害群众利益;有的地方提出不切实际的高指标,搞劳民伤财的"形象工程",不仅影响了当地经济持续发展,而且引发了不少社会矛盾;有的讲排场、比阔气,肆意挥霍国家资财,奢侈浪费严重;有的多头执法、执法不公,甚至执法违法。这些既不符合建设服务型政府的要求,也影响了政府的执行力和公信力。要切实提高依法行政、依法办事水平,做到职权法定、依法行政、监督有效、高效便民。继续加强行政立法工作,特别要更加重视公共服务和社会管理方面的立法。进一步明确行政执法权限,提高执法水平。完善行政复议、行政赔偿和补偿等制度。

建设服务型政府,推进政府管理创新,还要树立正确导向,开展绩效评估。要科学确定政府绩效评估的内容和指标体系,把实现社会发展目标、公共服务水平、社会稳定和谐以及降低行政成本、勤政廉政等情况作为评估的重要内容,形成正确的政绩导向,促进树立与科学发展观相适应的政绩观,建立行政问责制。

（六）加强政府公务员队伍建设。建设服务型政府，提高政府为人民服务的水平，关键在于提高政府工作人员特别是领导干部的素质。这就要求加强思想建设、制度建设、作风建设、能力建设。各级政府和每个政府工作人员都必须深刻认识到，我们手中的权力是人民赋予的，必须全心全意为人民服务，真正做到权为民所用、情为民所系、利为民所谋。面对新形势、新任务，要进一步解放思想，与时俱进，勇于推进公共服务和社会管理创新。各级政府都要健全规范权力和有效监督权力的制度，并认真遵守和落实，做到用制度管理、按制度办事、靠制度管人，使权力得以正确、合理、有效地运行。每一名政府工作人员都要树立良好的思想作风、工作作风，做到求真务实、勤政高效、廉洁自律。要加强基本理论和现代政府知识的学习，增强全面和正确履行政府职能的能力，努力提高公共服务和社会管理的水平。这样，才能不断推进服务型政府建设。

行政管理体制改革30年回顾与前瞻*

（2008年12月1日）

在全国隆重纪念改革开放30周年之际，回顾总结30年来我国行政管理体制改革的伟大历程和宝贵经验，研究探讨继续推进改革需要解决的重点问题，对于我们深刻认识改革开放的伟大成就，深入贯彻落实科学发展观，深化行政管理体制改革，具有重要意义。

一、30年来行政管理体制改革的重大进展

1978年底召开的党的十一届三中全会，开启了我国改革开放和社会主义现代化建设的历史新时期。30年的大改革大开放，使我国成功实现了从高度集中的计划经济体制到充满活力的社会主义市场经济体制、从封闭半封闭到全方位开放的伟大历史转折，经济和社会发展取得了举世瞩目的巨大成就。在这个过程中，按照建设中国特色社会主义的总体目标，根据上层建筑适应经济基础、解放和发展生产力的根本要求，坚持不懈地推进行政管理体制改革，并不断取得新突破和重大进展，有力地促进了改革开放和现代化建设事业的发展。纵观30年的历史进程，我国行政

* 本文系作者在全国深化行政管理体制改革研讨会上的主旨演讲；发表于《求是》杂志2009年第2期。

管理体制改革大体经历了三个阶段。

从1978年党的十一届三中全会召开到1992年党的十四大之前，主要是冲破高度集中的计划经济体制和行政管理模式，这一时期为行政管理体制改革积极探索的阶段。改革开放之前，我国实行高度集中的计划经济体制和行政管理模式，国家统得过多、管得过死，严重压抑了广大企业和干部群众的积极性与创造性，制约了社会生产力发展。实行改革开放决策之后，邓小平同志就十分重视行政管理体制改革与创新问题。他特别强调了三点：第一，“党和行政机构以及整个国家体制要增强活力，就是说不要僵化，要用新脑筋来对待新事物”；第二，“要真正提高效率”；第三，“要充分调动人民和各行各业基层的积极性”。按照这些要求，全国逐步展开了以简政放权为重点的经济体制和行政管理体制改革。主要是：废除人民公社“政社”体制，推进乡镇基层政权建设；扩大企业生产经营自主权，放宽地方和城市经济社会管理权限；积极推进政府机构改革，合并一些职能交叉重叠的机构，撤销一些工业经济管理部门，精简人员和编制；推进干部队伍革命化、年轻化、知识化、专业化，废除实际存在的领导职务终身制，提出并开始探索建立国家公务员制度。1982年和1988年两次政府机构改革，都迈出了重要步伐。在1982年的改革中，国务院各类机构由100个减为61个，其中部委由52个裁并为43个，人员编制由5.1万人减为3.8万人。在1988年的改革中，除了继续简政放权，解决机构臃肿、人浮于事等问题以外，还对一些经济管理部门进行了调整，提高了工作效率，同时开始提出了转变政府职能这个关键性问题。通过这些改革，初步摆脱了与高度集中的计划经济体制相适应的行政管理模式的羁绊，激发了社会经济活力，促进了生产力解放和发展。

从1992年党的十四大召开到2002年党的十六大之前，主要是按照发展社会主义市场经济的要求全面推进改革，这一时期为行政管理体制改革取得重大进展的阶段。党的十四大确立了建立社会主义市场经济体制的目标。随着经济体制改革加快推进和取得实质性进展，行政管理体制改革也随之向适应建立社会主义市场经济体制的要求转变。改革的重点是,加快实行政企分开、转变政府职能。一是着力推进国有企业改革,培育市场体系,推进计划、投资、财政、金融、商贸等宏观经济部门和专业部门的管理体制改革,撤并了一些部门管理的国家局。二是下放权力,减少行政审批事项,各级政府都较多地减少了对企业生产经营活动的直接干预和管理,实行党政机关与所办经济实体脱钩。三是逐步调整政府部门之间关系,明确划分职责权限,解决了一些长期存在的部门职责交叉、权责不清、多头管理等问题。四是着力理顺中央与地方关系,明确中央与地方管理权限,特别是实行了分税制。五是进一步精简机构编制。在1998年进行的政府机构改革中,国务院组成部门由40个减为29个,人员编制减少一半。总体上看,这一时期的行政管理体制改革努力与建立社会主义市场经济体制相适应,在一些重点领域和关键环节取得了重大突破和实质性进展。

从2002年党的十六大召开到现在,主要是推进服务型政府和法治政府建设,这一时期为行政管理体制改革全方位深化的阶段。党的十六大以后,我们党提出了科学发展观、构建社会主义和谐社会等一系列重大战略思想。行政管理体制改革也随之全方位推进。重点围绕构建有利于推动科学发展、促进社会和谐的体制机制,着力进行制度机制创新和管理方式创新。主要包括:更加注重以人为本,促进经济社会全面协调可持续发展和人的全面发展;更加注重发展社会主义民主政治,大力推进科学民主决策,完善决策信息和智力支持系统,增强决策透明度和公众参与度;更加注重转变和全面履行政府职能,强化社会管理和公共服务职能,加快以改善民生和公共服务为重点的社会建设,增强社会创造活力;更加注重规范政府行为,全面推进依法行政,加快建设法治政府;更加注重改进管理方式,大力推进政务公开和电子政务,探索实行行政绩效管理制度。2008年的国务院机构改革,取得了新突破。一是政府职能转变取得明显进展,共取消、下放、转移职能60余项,同时加强了90余项职能。二是理顺部门关系取得重要突破，在探索实行职能有机统一的大部门体制方面迈出新步伐，集中解决了在宏观调控、资源环境、市场监管、文化卫生等方面70余项部门职责交叉和关系不顺的问题。三是部门责任得到明显强化，通过制定和完善“三定”规定，在赋予部门职权的同时，规定了相关部门应当承担的责任，共明确和强化了200多项责任，力求做到有权必有责、权责对等。四是机构编制得到有效控制，涉及调整变动的机构近20个，正部级机构减少了6个，国务院行政编制总数没有突破。

经过30年的不懈努力，我国行政管理体制改革取得重大进展。主要标志为：一是摒弃了高度集中的计划经济体制和行政管理模式，基本建立了与发展社会主义市场经济相适应的行政管理体制。二是转变政府职能取得实质性进展。企业作为市场竞争主体地位得到确立，市场配置资源的基础性作用明显增强，新型宏观调控体系逐步健全，社会管理和公共服务职能不断加强。三是政府组织结构不断优化。建立了以宏观调控部门、市场监管部门、社会管理和公共服务部门为主体的政府机构框架，机构设置和职责体系趋于合理。四是依法行政全面推进。2004年国务院颁布《全面推进依法行政实施纲要》，提出经过10年左右时间努力，基本实现建设法治政府的目标，依法行政成为各级政府的基本准则，政府立法工作不断改进，行政执法体制逐步健全，对行政权力的规范、制约和监督进一步加强。五是管理方式创新取得重要进展。科学民主决策水平不断提高。普遍建立重大问题集体决策制度、专家咨询制度、社会公示制度和听证制度，政务公开制度逐步完善。六是政府自身建设不断加强。服务政府、责任政府、法治政府、廉洁政府建设迈出重要步伐；公务员管理法律法规体系逐步健全，中国特色的国家公务员制度基本建立；政风建设和廉政建设不断推进，公务员队伍整体素质和能力明显提高。所有这些，都为建立和完善中国特色社会主义行政管理体制奠定了重要基础。

二、认真总结行政管理体制改革的宝贵经验

30年来,我国行政管理体制改革不仅取得了显著成效,而且在实践中积累了宝贵经验,主要有以下五个方面。

一是坚持以人为本、执政为民、依靠人民。全心全意为人民服务是党和政府的根本宗旨,做到一切为了人民、一切依靠人民,是推进各项改革的根本出发点和动力所在。要推进30年来的行政管理体制改革,始终着眼于推进经济和社会发展,不断提高人民群众物质文化生活水平,促进人的全面发展;坚持尊重人民群众的主体地位,维护人民群众的各项权益;充分体现广大人民群众的利益和诉求,使全体人民共享改革发展成果;高度重视发挥人民群众的积极性、主动性和参与性,增强社会经济活力和创造力。实践证明,行政管理体制改革只有符合人民利益,反映人民呼声,紧紧依靠人民,建设人民满意的政府,才能得到广大人民群众的真心拥护和有力支持。

二是坚持解放思想、实事求是、与时俱进。行政管理体制改革既是对原有行政权力结构和利益格局的重大调整,也是一场深刻的观念变革和思想革命,必须以解放思想为先导,把创新精神贯穿于改革的全过程和每个环节。随着经济社会发展和经济体制、政治体制改革不断深入,行政管理体制改革也必须及时跟进,做到与之相适应。实践证明,30年来行政管理体制改革在理论和实践上的每一个进步,都是坚持解放思想、与时俱进的结果。只有不断解放思想,切实更新观念,一切从实际出发,敢于冲破不合时宜的观念和做法,大胆探索,勇于实践,不断创新,才能排除各种困难和障碍,使行政管理体制不断适应改革发展和对外开放的新形势,也才能坚持从中国国情出发,不盲目照搬国外模式,同时又善于研究借鉴国际上公共治理方面有益成果,顺应时代发展和变革的潮流。

三是坚持把握大局、统筹兼顾、协调推进。行政管理体制是国家体制的基本组成部分，是经济体制、政治体制、社会体制以及其他体制的结合点，并且有着密切的联系。政府机构设置和职能调整，涉及国家经济、政治、文化和社会生活的各个方面，涉及中央与地方、政府与社会、政府与企业、整体利益与局部利益等一系列重要关系。因此，行政管理体制改革必须放到党和国家发展的大局中统筹谋划，服从并服务于促进经济社会发展的需要，做到与完善社会主义市场经济体制进程相适应，与建设社会主义民主政治和法治国家相协调。同时，还要正确处理改革与发展稳定的关系，正确处理政府机构与党委、人大、政协机构设置的关系。只有这样，行政管理体制改革才能有效推进，保障中国特色社会主义各项事业协调发展。

四是坚持发挥两个积极性，统筹中央与地方关系。行政管理体制改革涉及行政权力关系的调整和政府组织结构的变动，必须在中央的统一领导下进行。同时，我国地域辽阔，各地情况差异性很大，发展很不平衡，因而也必须注意充分发挥地方的积极性。中央制订改革方案，既需要从全局出发，统一部署，也要充分考虑各地特点，分类指导，鼓励和支持地方探索试验；地方要认真贯彻落实中央的决策和部署，并结合本地实际，敢于实践，勇于创新。实践证明，只有充分发挥中央和地方两个积极性，行政管理体制改革才能顺利推进。

五是坚持审时度势、积极稳妥、循序渐进。行政管理体制改革是深化整个改革的重要环节，是建立和完善社会主义市场经济体制、发展社会主义民主政治的必然要求，同时也是一个渐进式的改革过程，不能企求毕其功于一役。推进行政管理体制改革，要有长远目标和总体规划，明确改革的路径与方向，又要确定每个时期的重点任务；既要充分利用各方面的有利条件，正确把握有利时机，坚决果断地推进改革措施，在一些重要领域迈出较大步伐，又要全面分析面临的矛盾和风险，充分考虑各方面的承受能力，积极稳妥实施。凡属于涉及全局性的重大改革举措，都应先行试点，取得经验后再加以推行。既要毫不动摇地坚持改革方向，又要提高改革决策的科学性，增强改革措施的协调性。

以上五条，是我们对30年来行政管理体制改革基本经验的认识。这些经验归结起来，就是坚定不移地走中国特色社会主义道路，始终不渝地坚持中国共产党的领导，坚持以邓小平理论和“三个代表”重要思想为指导，深入贯彻落实科学发展观，积极探索和遵循党的执政规律，正确认识和把握改革开放发展规律，妥善处理和协调各方面改革关系。我们要认真总结经过艰辛探索积累的丰富经验，继续深化和自觉运用这些成功经验，不断把行政管理体制改革引向深入。

三、深化行政管理体制改革的重点任务

当前，我国改革发展正处于关键阶段。要更好地推进改革开放和社会主义现代化建设，就必须把加快行政管理体制改革放在更加突出的位置。党的十七大和十七届二中全会站在新的历史起点上，作出了加快行政管理体制改革、建设服务型政府的战略部署，明确提出“到2020年建立起比较完善的中国特色社会主义行政管理体制”的总体目标，为继续深化行政管理体制改革指明了方向。综观未来发展趋势，推进行政管理体制改革需要充分考虑到“四个方面的要求”：即充分考虑深入贯彻落实科学发展观的要求，充分考虑完善社会主义市场经济体制和提高对外开放水平的要求，充分考虑发展社会主义民主政治和依法行政的要求，充分考虑建设创新型国家的要求。全面推进体制机制创新、制度创新和管理创新，努力建设服务型、现代化政府。为此，要着重研究解决以下六个问题。

（一）进一步转变和正确履行政府职能。这仍然是深化行政管理体制改革的核心。要坚持以人为本的施政理念，实施人本管理，以服务人民

为根本宗旨，以广大人民群众为根本依靠力量，切实保障人民群众各项权益，积极解决群众最关心、最直接、最现实的利益问题。要围绕推动科学发展、促进社会和谐，在政府职能方面实现四个根本性转变。一是政府职能要向大力创造良好发展环境转变。在宏观环境方面，主要是制定和执行宏观调控政策，搞好基础设施建设和公共服务，加强对生态环境和资源保护，注重运用经济手段、法律手段并辅之以必要的行政手段管理和调节经济社会活动。在微观环境方面，要强化市场监管职能，健全行政执法、行业自律、舆论监督、群众参与相结合的监管体系，创新监管方式，提高监管能力，维护统一开放、竞争有序、安全健康的市场秩序。二是政府职能要向有效提供优质公共服务转变。要更新管理理念，强化服务意识，做到在服务中实施管理、在管理中体现服务，不断提高公共服务水平。随着经济社会的持续发展，要以不断满足人民群众对公共产品、公共服务日益增长的需求为着眼点，着力解决公共产品供给短缺、公共服务能力不强等问题，推进城乡、区域基本公共服务均等化；加快完善公共财政制度，扩大公共产品和公共服务的覆盖范围，切实保障农村、基层和欠发达地区人民群众基本公共服务的需要。实行更加有力的政策措施，推进教育、卫生、文化等社会事业加快发展。三是政府职能要向注重维护社会公平正义转变。维护社会公平正义，是社会文明进步的重要标志。要正确认识和处理效率与公平的关系，当前和今后一个时期，更加注重社会公平和社会管理，强化政府促进就业和调节收入分配的职能，整顿和规范收入分配秩序，建立科学合理的收入分配调节机制；加快完善社会保障体系，调节社会利益关系，大力发展社会保险、社会救助、社会福利等事业。更加注重突发事件应急管理体系建设，健全社会矛盾疏导调处和安全预警机制，构筑社会安全网，维护社会和谐稳定。四是履行政府职能要向实行科学化的公共治理转变。公共治理相对于传统的公共管理而言，它更强调以规范的、民主的、法治的行政方式来管理公共事务。推行这种管理模式，符合建设服务型、现代化政府的要求。要树立新的公共治理理念，由以行政控制为主向以服务公众为主转变，由“全能型政府”向“有限型政府”转变；逐步完善公共治理机制，建立健全政务公开、公众参与、科学评价和责任追究制度；建立健全公共治理结构，改进公共治理方式，综合运用现代管理方法和科技手段，不断推进政府管理创新。

（二）进一步简政放权和规范市场、社会秩序。经过多年努力，我们在简政放权方面取得了很大进展，但现实中仍然存在一些政府不该管、管不了也管不好的现象，同时又存在着一些政府该管而没有管或者没有管好的问题，需要继续认真研究解决。要着眼于增强经济社会发展活力和提高效率，充分调动企业事业单位和各方面的积极性、创造性，从制度上更好地发挥市场在资源配置中的基础性作用，继续深化企业改革、深化行政审批制度改革、深化事业单位改革，完善现代市场体系，切实推进政企分开、政资分开、政事分开、政府与中介组织分开。要适应人民群众政治参与和社会活动参与积极性不断提高的新形势，更好地发挥公民和社会组织的作用，鼓励、支持、引导公民和社会组织依法有序参与社会公共事务管理，扩大基层民主。在进一步调整政府与市场、企业、社会组织权责关系的同时，更加注重提高政府科学管理水平，正确有效履行政府职责，不断加强和改善宏观调控，有效实施监管，克服和纠正“市场缺陷”“市场失效”“社会无序”等现象，引导和规范市场主体行为，维护社会正常秩序。要正确认识和处理简政放权与加强管理的关系，做到活而不乱、管而不死。要注重发挥国家法令政策、行政规制、行政指导和行政合同在行政管理中的积极作用，引导社会经济发展既充满活力、富有效率，又规范有序、持续稳健运行。

（三）进一步优化行政组织结构。机构是职能的载体，职能配置需要科学的机构设置来履行。在优化行政组织结构中，关键是要实现政府组织机构及人员编制向科学化、规范化、法制化的根本转变。要根据经济社会发展变化和全面履行政府职能的需要，科学规范部门职责，合理调整机构设置，优化人员结构，既要解决有些部门机构臃肿、人浮于事的问题，也要解决有些部门编制过少、人员不足的问题，做到职能与机构相匹配、任务与人员编制相匹配。要按照精简、统一、效能的原则和决策权、执行权、监督权既相互制约又相互协调的要求，继续探索实行职能有机统一的大部门体制，精简和规范各类议事协调机构及其办事机构，健全部门间协调配合机制，继续解决机构设置过多、职责分工过细、权责脱节等问题。要严格执行机构编制审批程序和备案制度，加快政府机构编制管理科学化、规范化、法制化进程。

（四）进一步推进制度创新和管理创新。制度具有全局性、根本性、稳定性的作用。推进制度和管理创新，主要是加快实现行政运行机制和政府管理方式向规范有序、公开透明、便民高效、权责一致的根本转变，这是建设人民满意政府的重要环节。做到规范有序，就要继续全面推进依法行政，完善有关法律法规体系，规范政府的立法行为；健全科学民主决策体系，规范政府的决策行为；完善行政执法体制，规范政府的执法行为；进一步健全行政监督制度，切实用制度管权、管事、管人。做到公开透明，就要进一步完善政务公开制度，建立健全信息发布制度，提高政府信息质量，及时、全面、真实地发布政务信息，畅通人民群众了解公共信息的渠道；要实行民主管理，保障人民群众依法管理国家和社会事务、管理经济和文化事业，保障人民群众的知情权、参与权、表达权和监督权；要加快“阳光政府”建设，提高政府工作透明度，让权力在阳光下运行，同时加快电子政务建设，充分利用现代信息技术，推进公共管理和服务信息化。做到便民高效，主要是规范和发展行政服务性机构，改进和完善政府各类审批制度和办事制度，简化程序，减少环节，提高政府效能，为社会、企业和群众提供更加方便、快捷、有效的服务。做到权责一致，就要强化责任意识，推动政府从“权力本位”向“责任本位”转变，坚持有权必有责、用权受监督、违法要追究；要建立科学合理的绩效管理制度，推行行政目标责任制，健全并认真实施质询、问责、经济责任审计、引咎辞职、罢免等制度。通过多方面推进管理制度创新，努力实现政府管理现代化。

（五）进一步理顺政府职责关系。既要重视在横向上理顺同级政府各部门之间的职责关系，也要重视从纵向上理顺不同层级政府之间的职责关系。理顺各级政府的职责关系，关键是做到财权与事权相对应、权力与责任相统一。要合理划分不同层级政府的职权，根据各自不同的地位和功能确定权力与责任，突出管理和服务重点，形成责任明确、各有侧重、相互衔接、高效运行的职责体系。要研究探索不同层级政府关系的调整方式，综合运用立法规范、政策指导、行政协调、司法裁决以及财政转移支付等方式，逐步实现各层级政府关系调整的规范化、制度化和程序化。积极探索减少行政层级。在我国的行政区划和治理结构中，县级行政区域是一个重要的层次，在国民经济和社会发展中起着重要作用。要扩大县域发展自主权，推进省直接管理县财政体制，依法积极探索省直接管理县的体制。同时，加快推进乡镇机构改革。继续发挥大中城市作用，赋予符合条件的小城镇相应的行政管理权限。要调整和健全垂直管理体制，完善市场经济条件下的中央与地方关系，规范垂直管理部门与地方管理的事权范围和权责关系，建立健全协调配合机制。

（六）进一步加强公务员队伍建设。公务员队伍是政府管理的主体，其素质和能力直接影响政府的执行力和公信力。要进一步完善公务员管理配套制度和措施，实现公务员队伍管理的制度化、规范化、法制化。严格规范公务员行为，健全公务员激励、约束机制和进入、退出机制，强化对权力运行的监督和制约。建设爱岗敬业、忠于职守、素质优良、作风过硬、勤政廉政的公务员队伍。要按照党的十七大作出的继续大规模培训干部、大幅度提高干部素质的战略决策，切实把干部教育培训放在先导性、基础性、战略性地位抓紧抓好，充分发挥干部教育培训机构的作用，努力提高干部教育培训的针对性和实效性，为改革开放和社会主义现代化建设提供强有力的人才保证和智力支持。

深入研究和推动行政管理体制改革，促进行政管理学创新和发展，是摆在我们面前的一项重要任务。我们要高举旗帜，勇于创新，为建立和完善中国特色社会主义行政管理体制、形成和发展中国特色社会主义行政管理学作出不懈的努力。

加快行政管理体制改革的几个问题*

（2009 年 9 月 5 日）

一、充分认识加快行政管理体制改革的重要性和紧迫性

深化行政管理体制改革是党和政府的一项重要任务。改革开放以来，党中央、国务院一直高度重视行政管理体制改革，在不断深化经济体制改革的同时，持续稳步地推进行政管理体制改革。在转变政府职能、优化组织结构、推进依法行政、改进管理方式等方面取得了重大进展。当前，应对国际金融危机的任务仍然很繁重，国内外形势不断发生变化，我国改革开放和社会主义现代化建设事业进入新的阶段，面对新的任务和新的问题，现行行政管理体制还存在许多不相适应的方面，有些方面甚至严重不适应，成为制约经济社会发展的障碍。进一步深化行政管理体制改革，势在必行。

第一，加快行政管理体制改革，是贯彻落实科学发展观的根本要求。科学发展观的核心是以人为本。我们的政府是人民的政府，坚持以人为本，就是要以为人民服务、对人民负责为根本宗旨，以为人民谋利、替人民解忧为神圣职责，坚持发展为了人民、发展依靠人民，切实保障人民

---

* 本文系作者撰写的研究报告；选入作者著《行政体制改革论》一书，人民出版社，2013 年 7 月出版。

群众的各项权益。科学发展观还要求我们,要坚持全面、协调和可持续的发展,统筹各方面的关系,协调各方面的利益。现在,还存在许多不符合科学发展观要求的做法和现象。有的地方片面追求经济增长,不顾长远利益掠夺性开发自然资源,破坏生态环境;有的地方为了局部发展不顾全局利益;有些干部对人民群众的呼声和诉求不闻不问,甚至不惜损害人民群众的利益。这就不仅背离科学发展的目标,而且引发社会矛盾和冲突,损害党和政府的形象。这些现象和问题的存在,固然与一些领导干部的思想观念和素质能力有关,但从根本上说是体制机制的问题。只有加快行政管理体制改革,才能从体制和制度上防止和减少这些问题的发生;只有加快行政管理体制改革,才能全面提高各级政府推动科学发展的能力。

第二,加快行政管理体制改革,是全面深化改革的关键环节。行政体制是国家体制的基本组成部分,是经济体制、政治体制、社会体制及其他体制的结合点。行政管理体制改革涉及政治、经济、社会等方方面面的体制和制度,与这些领域的改革紧密联系在一起。行政管理体制改革的步伐和成效直接影响到其他各方面改革的进展。不加快行政管理体制改革的步伐,其他改革也难以深化。行政管理体制改革也是政治体制改革的一项重要内容,涉及政治领域改革的方方面面。邓小平同志说过:“只搞经济体制改革,不搞政治体制改革,经济体制改革也搞不通。”只有不断深化行政管理体制改革,才能更好地加强和改善党的领导,更好地发展社会主义民主政治,更好地落实依法治国基本方略。现在,许多领域的改革进展缓慢,在很大程度上就是因为行政管理体制改革比较滞后,受到行政管理体制的掣肘。我们必须从党和国家事业发展的大局出发,加快推进行政管理体制改革,带动和促进各个领域改革的全面深化。只有加快行政管理体制改革,才能更好地推进经济体制改革,进一步解决经济领域的深层次问题;也才能更好地推进政治体制、文化体制、社会体制改革,不断解决政治、文化、社会发展领域的问题,使各个方面改革与发展协调推进。

第三，加快行政管理体制改革，是继续有效应对国际金融危机的迫切需要。2008 年下半年以来，发端于美国的国际金融危机不断蔓延深化，对全球经济造成严重冲击，也对我国经济产生重大影响。如何有效应对这场空前的危机，是对各国政府行政能力的重大挑战，也是对各国公共治理模式的一次比较和检验。为应对危机，党中央、国务院审时度势，果断及时决策，围绕保增长、保民生、保稳定的政策目标，采取了一系列有力措施，取得了重要成效。事实证明，我们的公共治理模式是具有明显优越性的。但是，我们也要清醒地看到，国际金融危机对我国的影响仍在持续，经济企稳回升的基础还不牢固，保持经济平稳健康增长的势头还需要克服不少困难，调结构、促就业、惠民生的任务还相当艰巨，影响社会稳定的潜在因素依然不少。应对危机仍将继续考验各级政府。我们不仅要继续有效应对危机的冲击，更要采取有力措施，在世界经济复苏中走在前面，为后危机时期的发展抢占先机，争取主动权，把这次国际金融危机变为我国促进科学发展的重大机遇。这就需要进一步加快行政管理体制改革，创新公共治理模式，全面提高政府行政能力。

经济体制改革是一场革命，行政管理体制改革是更深刻的革命。深化行政管理体制改革涉及面广，牵动利益关系的调整，会遇到相当多的困难和阻力。我们必须有高度的使命感、责任感和紧迫感，以更大的决心、魄力、勇气和更有力的举措，切实把行政管理体制改革不断引向深入。

二、近几年来我国行政管理体制改革取得重要进展

党的十六大以来，党中央对行政管理体制改革作出一系列重大部署。国务院在每年的《政府工作报告》中都要用较大篇幅部署行政管理体制改革工作，每年都召开廉政工作会议研究加强政府自身建设问题。在各方面共同努力下，我国的行政管理体制改革取得重大进展。

（一）政府职能转变取得新进展。一是继续推进政企分开、政资分开、政社分开、政府与中介组织分开，市场在资源配置中的基础性作用进一步增强，政府全面履行职能的能力不断提高。二是大力推进财税、金融和投资体制等方面的改革，新型宏观调控体系逐步健全，经济和法律手段在经济调节和市场监管中的作用显著增强，政府管理经济的方式进一步转变。三是以贯彻实施行政许可法为契机，大力推进行政审批制度改革，国务院分四批取消、调整 1992 项行政审批，各级地方政府共取消、调整 22000 多项行政审批，均占原有审批项目总数一半以上。四是政府履行市场监管、社会管理和公共服务的职能明显增强，注重关注和改善民生，注重维护和促进社会公平正义，教育、卫生、科技、文化、体育等社会事业加快推进，统一、公开、公平、公正的现代服务体制逐步建立。

（二）政府机构改革不断深化。按照精简、统一、效能的原则和决策权、执行权、监督权既相互制约又相互协调的要求，2003 年和 2008 年先后进行了两次政府机构改革。2003 年机构改革保持了政府机构总格局相对稳定，重点解决了行政管理体制中的一些突出矛盾和问题。2008 年的国务院机构改革，在探索实行职能有机统一的大部门体制方面迈出重要步伐，集中解决了 70 余项部门职责交叉和关系不顺问题，明确和强化了 200 多项责任，建立了以宏观调控部门、市场监管部门、社会管理和公共服务部门为主体的政府机构框架，机构设置和职责体系趋于合理。地方政府机构改革全面推进，除中央批准四川因地震灾情适当推迟上报改革方案外，全国 30 个省级政府改革方案已获中央批准，正在组织实施。同时，事业单位分类改革试点积极稳妥推进，乡镇机构改革取得明显进展。

（三）法治政府建设全面推进。2004 年，国务院制定并发布了《全面推进依法行政实施纲要》，确立了用 10 年左右时间基本实现建设法治政府的目标。各级政府大力推进行政法规、规章的废、改、立工作，政府立法工作机制逐步完善，立法质量显著提高。从 2003 年 1 月 1 日到 2009

年6月30日,国务院向全国人大及其常委会提交法律议案51件,制定行政法规176部。2005年12月到2006年12月,对限制非公有制经济发展的规定进行了清理,31个省(自治区、直辖市)、国务院44个部委局共审核法规、规章、规范性文件及其他文件1649759件,修改1039件,废止4184件。2007年2月到2008年4月,对12695部现行行政法规、规章进行了清理,有1898部被废止和宣布失效,占现行有效规章总数的14.95%。2005年7月,国务院办公厅印发了《关于推行行政执法责任制的若干意见》,行政执法体制逐步健全,绩效评估和行政责任追究得到加强,广大公务员依法行政的能力和水平进一步提高。

(四)决策机制进一步完善。国务院按照决策科学化、民主化的要求,对《国务院工作规则》两次进行了修订,都把科学民主决策作为政府工作准则的第一条。公众参与、专家咨询和政府决策相结合的决策机制进一步完善,行政决策程序更加规范,同时,通过建立健全决策跟踪反馈和责任追究制度,完善行政决策的监督制度和机制,使决策权和决策责任更趋统一。

(五)应急管理体系基本建立。近年来,国务院颁布了《突发事件应对法》,出台了《国家突发公共事件总体应急预案》、25件专项预案、80件部门应急预案和31个省(自治区、直辖市)总体预案,全国应急预案体系初步建立。分类管理、分级负责、条块结合、属地为主的应急管理体制已经形成,应急管理机制已经建立,统一高效的应急信息平台已经搭建,政府处置突发事件、保障公共安全的能力进一步提高。

(六)政府自身建设成效明显。国务院颁布了《政府信息公开条例》,健全了政府信息公开工作制度,推进电子政务建设,政务公开机制日趋完善,内容更为规范,形式更加丰富,监督保障更加有力,有效保障了公民、法人和其他组织的知情权、参与权和监督权。颁布了《公务员法》,促进了公务员队伍管理的科学化、民主化和制度化。公务员队伍的结构不断优化,素质和能力明显提升,政府的执行力、公信力得到增强。

在这些年的生动实践中，我们获得了重要的思想启示和宝贵经验。概括起来就是：深化行政管理体制改革必须从根本上摆脱计划经济模式下形成的政府管理模式，最重要的就是由过去的管制型政府转为建设服务型政府，坚持以人为本、执政为民，尊重人民群众的主体地位，维护人民群众的各项利益，发挥人民群众的积极性、主动性和参与性；就是由过去单纯采用行政性手段管理转为以规范的、民主的、法治的行政方式管理公共事务，建立健全公共治理结构，改进公共治理方式；就是由过去传统型政府转为创新型政府，大力推进管理创新、制度创新、机制创新，做到上层建筑与经济基础相适应，行政管理体制改革与完善社会主义市场经济体制相适应，与建设社会主义民主政治和法治国家相协调。推进行政管理体制改革，既要正确把握有利时机，坚决果断地推出改革措施，又要全面分析面临的矛盾和风险，充分考虑各方面的承受能力，积极稳妥实施。我们要认真总结和运用经验，不断把行政管理体制改革引向深入。

三、推进行政管理体制改革的重点任务

加快行政管理体制改革，要按照深入贯彻落实科学发展观的要求，紧紧围绕着2020年建立比较完善的中国特色社会主义行政管理体制这一目标，着眼于建设服务型政府、法治政府、廉洁政府和现代化政府，重点抓好以下几个方面的工作。

（一）加快政府职能转变。这是深化行政管理体制改革的核心。只有政府职能转变取得实质性进展，才能保证和促进其他方面的改革顺利进行。一是继续推进政企分开、政资分开、政事分开、政府与市场中介组织分开，在更大程度上发挥市场在资源配置中的基础性作用，增强企业和整个社会经济活力与效率。政府决不能直接干预企业微观活动，不能以政代企、直接包办代替企业的招商引资和投资决策。在应对国际金融危

机的特殊条件下，加强宏观调控、支持企业应对危机影响是必要的，但决不能认为行政管理可以回到计划经济的老模式，又变成“无所不管”的全能型政府。近来，一些地方政府包办企业投资决策，造成盲目投资和重复建设，这种现象必须坚决纠正和防止。二是正确处理计划与市场的关系，有效发挥计划和市场这“两只手”的作用。2008 年以来，根据应对国际金融危机的新形势，中央加强宏观调控的目的，就是要更好地发挥计划、市场这“两只手”的作用。在特殊困难的情况下，要重视发挥计划手段的引导、调控作用，主要是适时调整宏观调控的方向、重点和力度，国务院陆续制定应对国际金融危机的“一揽子”计划，包括出台十个产业调整和振兴计划，这是十分必要的。同时，我们也充分发挥市场手段的作用，择机推出一些重要的市场化改革措施，包括加大垄断行业的改革力度，在信贷、税收、出口和市场准入等方面进一步加大对民营企业支持力度。三是进一步突出政府职能的重点。政府职能转变的根本目标是充分满足人民群众的物质文化需要和公共服务需求，促进经济社会和人的全面发展，这就要求我们必须始终坚持以人为本的理念，随着经济增长而不断增加公共产品与公共服务的总量，全面提高人民群众的物质生活、文化生活和公共服务水平；政府要在加强经济调节和市场监管的同时，更加注重社会管理和公共服务，把财力物力等公共资源更多地向社会管理和公共服务倾斜；更加注重促进社会公平正义，推进和谐社会建设。

（二）加快完善行政运行机制。这是深化行政管理体制改革的基础方面。行政运行机制包括决策、执行、监督制约等方面。完善行政运行机制，就要进一步理顺决策、执行、监督之间的关系，切实做到决策科学民主、执行坚决有力、监督透明公正，全面提高政府决策力与执行力。要实行科学民主决策，政府决策要做到程序依法规范、过程民主公开、结果科学公正。努力提高科学决策、民主决策、依法决策水平，加强政府决策咨询工作，做好重大问题前瞻性、对策性研究，发挥咨询研究机构、专家学者、社会听证在决策过程中的作用。要进一步健全经济监测和预警机制，增强科学预见性。重大决策和重大事项要严格遵守科学民主的决策程序,使人民及时了解政府的各项重大决策,以赢得广大人民群众的充分信任和坚决支持。建立并落实决策责任制度,对违反程序决策造成重大损失的严格追究责任。要建立健全决策权、执行权、监督权既相互制约又相互协调的权力结构和运行机制,理顺职责关系,进一步优化政府组织结构,规范机构设置,实行职能有机统一的大部门体制,形成权责一致、行为规范、运转协调的行政运行机制。

(三)加快法治政府建设步伐。这是深化行政管理体制改革的重要环节。法治是经济发展、社会稳定的基石,在应对国际金融危机冲击的特殊时期,更要加快法治政府建设,充分发挥法律的规范、引导、教育、预防和惩治功能,把政府行为、企业行为和社会公众行为统一到法律规定和法治精神上来。一是进一步加强政府立法工作。把促进科学发展、保护人民利益作为立法工作的根本标准。社会立法要体现改善民生的要求,经济立法要注重为保持经济平稳较快增长、加快发展方式转变和结构调整、深化重点领域和关键环节改革提供有力支持;要对相关法规、规章进行重点梳理,做好法规的立、改、废工作;要加强对国际金融危机发展趋势的法律分析和法律对策研究。二是严格规范行政执法。要完善执法程序,坚决克服有法不依、执法不严、多头执法、执法不公甚至执法违法等现象。三是强化对行政行为的法律监督。要自觉接受立法机关的监督,接受人民法院依据行政诉讼法的规定对行政机关实施的监督,健全行政复议体制,完善行政补偿和行政赔偿制度,加强对行政收费的规范管理,改革和完善司法、执法财政保障机制。

(四)加快推进效能政府建设。这是深化行政管理体制改革的重要目标。效能政府是现代政府的重要标志。提高行政管理水平,关键是要提升政府效能,用最小的行政成本实现最大的行政效果。近年来,我国政府效能建设迈出了重要步伐,但还存在许多办事效率低下的现象,一些部门权责交叉、相互掣肘的现象仍然存在;有些工作人员办事拖拉,仍然存在不给钱不办事、给了钱乱办事,甚至给了好处也不办事的现象;会议、文件仍然偏多,铺张浪费、行政成本高;一些地方、部门有令不行、有禁不止的现象还较为严重。因此,要采取更加有力的措施在提高政府效能上下功夫。要全面推行政府绩效管理制度,建立科学的政府绩效评估体系和经济社会发展综合评价体系,建立和完善绩效审计制度,大力开展机关效能建设。加快建立以行政首长为重点的行政问责制度,做到有责必问,有错必究。完善政务公开制度,让人民更好地了解政府、监督政府。当前特别要把公开透明原则贯穿于落实扩内需、保增长政策的全过程之中,项目实施和资金管理使用不得搞暗箱操作,保证每个环节都透明运行。加快推动电子政务公共服务,增加服务内容,扩大服务范围,提高服务质量,逐步建立电子政务公共服务体系。加大监察督察力度,减少行政运行成本,按照节约原则和公正透明原则改革公务消费制度。建立行政成本考评机制,大力建设节约型政府。

(五)加快建设廉洁政府。这是深化行政管理体制改革的重要任务。我们的政府是人民的政府,廉洁从政是对各级政府及其公务员的基本要求。必须切实建设廉洁政府。一要加强对行政权力的监督,将权力运行的每一个部位、每一个环节都置于有效的监督之下。国内外历史经验证明,权力不受制约和监督,必然导致滥用和腐败。要加快完善各种监督制度,包括人大监督、政协的民主监督、司法监督、舆论监督、群众监督以及政府系统内部的监督。各级政府都要主动接受各方面的监督。二要建立结构合理、配置科学、程序严密、制约有效的行政权力运行机制。特别要解决权力过分集中和缺乏制约的问题,从根本上加强制度建设。要规范财政转移支付、土地和矿产资源开发、政府采购、国有资产转让等公共资源管理,进一步改革行政审批制度,推进行政审批公开,加快建立行政审批电子监察系统,加强对行政审批权运行的监控。三要坚持反腐倡廉。坚决反对腐败,要严厉惩治腐败分子,坚决查处利用行政审批权、行政执法权等搞官商勾结、权钱交易、商业贿赂的腐败案件。加大教育、监督、改革、制度创新力度,更有效地预防腐败,加强廉洁从政教育。

(六)加快公务员队伍建设。这是深化行政管理体制改革的重要保证。公务员作为依法履行公职的特殊人员,承担着管理国家和社会公共事务的职能,深化行政管理体制改革必须进一步加强公务员队伍建设。一是加强学习。广大公务员必须不断优化知识结构,丰富知识储备,提高工作技能。要学习宪法和法律法规,做知法懂法用法的明白人;学习党和政府的路线方针政策,自觉践行科学发展观;学习各种专业知识,成为"多面手",做"复合型"人才,实现从经验型向知识型、专家型转变。二是解放思想。实践没有止境,解放思想也没有止境。要大力弘扬与时俱进的精神,着眼于对实际问题的理论思考,着眼于新的实践和新的发展,深入总结实践经验,找到解决实际问题的新方法、新路径,掌握谋划发展的新本领。三是甘于奉献。群众心里都有杆秤,群众在我们心中有多重的分量,我们在群众心中就有多重的分量。只有让群众满意了,群众才会对我们满意。对人民要满怀深厚感情,时刻把人民的利益放在高于一切、重于一切、大于一切的位置,想人民之所想,急人民之所急,忧人民之所忧,真正做到亲民、爱民、为民。要大兴求真务实之风。讲实话、办实事、求实效,精心把改革和建设的每一件事情做好,切实解决目前我们队伍中不同程度上存在的心态浮躁、作风漂浮和弄虚作假等问题。四是清正廉洁。群众看干部,很重视他们的廉洁。每个公务员都要做到进不失廉,退不失行,一身正气,两袖清风,始终保持谦虚谨慎、艰苦奋斗的作风,自重自爱,自警自省,防微杜渐,秉公用权,克己奉公,自觉接受人民的监督,树立廉洁公正的良好形象。

深化行政改革　促进科学发展*

（2010年4月18日）

科学发展观是以胡锦涛同志为总书记的党中央，继承党的三代中央领导集体关于发展的重要思想，准确把握国内外形势变化和我国发展的阶段性特征，提出的发展中国特色社会主义必须坚持和贯彻的重大战略思想。科学发展观，第一要义是发展，核心是以人为本，基本要求是全面协调可持续，根本方法是统筹兼顾。走科学发展之路，是贯彻落实科学发展观的根本要求和重要体现。

一、促进科学发展必须深化行政改革

发展是当代中国的主题，发展必须是科学发展，这反映了我们党对社会主义现代化建设规律的深刻认识。近几年来，在科学发展观的指导下，党和政府坚持以人为本，着力推动经济社会发展转入科学发展的轨道，取得了重要进展，行政改革和政府自身建设成效明显，为取得国民经济社会发展的重大成就以及成功应对国际金融危机和各种重大应急事件提供了有力保障。这些是人们的共识。但应该看到，当前经济社会发展中仍然

---

* 本文系在首届中国行政改革论坛上的主旨演讲，刊载于《行政管理改革》杂志2010年第5期；以《从实现科学发展的高度深化行政体制改革》为题发表于2010年5月24日《人民日报》。

存在不少违背科学发展要求的做法和现象,突出表现为:一是有些地方仍然片面追求经济建设规模和增长速度,盲目上项目、铺摊子,忽视优化结构、提高质量和效益,依然走粗放型发展经济的老路,生产要素投入多、经济效益和效率不够高,资源消耗过度、环境破坏严重;二是不少地方仍然偏重于经济发展,对教育、卫生、文化等社会事业发展和社会保障体系建设重视不够,公共服务体系特别是基本公共服务体系建设滞后;三是城乡、地区发展仍然不协调,总体上看,城乡、地区发展差距还呈扩大之势;四是收入分配仍然不合理,部分社会成员之间贫富差距悬殊;五是在一些地方人民群众的合法权益得不到有效维护,甚至有的地方不惜损害人民群众利益,一味追求所谓的"政绩"。这些问题,使经济社会发展付出的代价过大,这样的发展也难以为继。

上述问题的存在,原因固然是多方面的,但症结在于体制机制不合理。这里既有原来计划经济体制的弊端尚未完全革除的老问题,也有改革进程中产生的一些新问题。解决这些问题,关键是要进一步解放思想,进一步深化改革开放,破除一切影响和制约科学发展的思想观念,破除一切影响和制约科学发展的制度规定,破除一切影响和制约科学发展的体制机制。如果没有体制机制上的重大突破,就难以从根本上实现科学发展。为了推动科学发展,不仅要深化经济体制改革,还必须深化政治体制、社会体制、文化体制等各方面体制改革,特别是要深化行政体制改革。因为行政体制与各方面体制密切相关,是连接各方面体制的重要环节,行政体制改革的进展和成效直接影响着经济体制、政治体制、社会体制、文化体制等其他各方面的体制改革进程。

行政改革,包括行政理念、行政体制、行政机制、行政方式、行政管理等方面的改革与创新。只有进一步转变行政理念,才能坚持以人为本,始终把实现好、维护好、发展好最广大人民的根本利益作为一切工作的出发点和落脚点,尊重人民主体地位,发挥人民首创精神,保障人民各项权益,走共同富裕道路,促进人的全面发展。只有进一步改革行政体制机制,才能合理界定和健全政府职责体系,政府才能正确履行职能,优化组织结构,理顺权责关系,规范行政权力运行;也才能创新发展模式、提高发展质量、落实“五个统筹”,形成有利于转变经济发展方式的机制和利益调节机制,有效维护社会公平正义,促进经济社会集约发展、全面发展、协调发展、可持续发展。只有进一步创新行政管理方式,才能使行政行为更加公开透明、规范有序、便民高效,建立起体现科学发展要求的综合评价体系、政绩评价考核制度和奖惩制度。只有进一步加快推进行政领域改革,才能带动和促进经济、政治、社会、文化等其他各个领域改革不断深化,从多方面构筑有利于科学发展的体制机制和制度环境,全面提高科学发展的能力。总之,我们应当从全面贯彻落实科学发展观、从根本上实现科学发展的高度,更加重视研究和促进行政改革。

二、深化行政改革必须着力抓住重要环节

要为促进科学发展提供体制保障,就必须坚持社会主义市场经济的改革方向和完善中国特色社会主义行政管理体制的总体目标,全面推进行政改革。我认为,当前和今后时期,应着力抓好以下几个重要环节:

第一,着力加快政府职能转变和定位。转变政府职能是深化行政改革的核心,也是贯彻落实科学发展观、促进科学发展的关键。政府应正确全面履行职能,不能错位,不能越位,也不能缺位。从目前的情况看,政府职能转变滞后是制约科学发展的重要原因。突出问题是:一些地方政府及其部门仍然管了不少不该管也管不好的事,行政审批事项还过多;有些地方政府并没有把该由企业管的事交给企业、该由市场管的事交给市场,仍然代替企业招商引资,直接干预企业投资和生产经营活动,仍然忽视市场和竞争机制作用,不计生产成本,不讲经济效益;政府的市场监管、社会管理和公共服务这三个方面职能还比较弱。促进科学发展,必须加

快政府职能转变和定位，使政府的职能和定位与科学发展的方向和要求相一致。

转变政府职能的基本方向，就是进一步加强和改进宏观调控和市场监管，从制度上更好发挥市场在资源配置中的基础性作用；就是更加注重社会管理和公共服务，促进社会公平正义，加强和谐社会建设。要遵循社会主义市场经济规律，完善宏观调控体系和制度，着力提高宏观调控和管理水平。在当前应对国际金融危机影响、加快经济结构战略性调整和转变经济发展方式的情况下，尤其要加强宏观调控和政策引导，包括发挥国家规划、计划、产业政策和信息服务的导向作用，完善市场准入制度和标准规范，纠正盲目扩大建设规模和片面追求增长速度，而忽视结构、质量和效益的现象，正确运用政府和市场这"两只手"，加快淘汰落后产能，防止一些行业产能过剩，促进自主创新和技术进步，鼓励发展战略性新兴产业，促进城乡、地区协调发展。企业是市场的主体，是优化结构、节约资源、提高效益的基础，必须使企业充分行使生产经营和投资的自主权。要更加注重完善市场体系，加强市场监管，维护公平竞争的市场秩序，充分发挥市场机制对经济发展方式转变的有力推动作用。要强化社会管理和公共服务职能，关键是进一步深化改革，增加投入，优化政府组织结构和人员结构，全面加强社会建设，更加注重保障和改善民生，特别是在扩大和促进就业、卫生、教育、社保、住房等方面加大工作力度，完善制度机制。要切实加强和改进公共危机管理，提高政府应对突发事件的能力。全面履行政府各项职能、促进科学发展的一个重要举措，是改革和建立有利于发展方式转变、科技进步和资源能源节约的财税制度，建立能够充分反映市场供求关系、资源稀缺程度、环境损害成本的资源要素价格形成机制。要进一步优化财政支出结构，创新公共服务供给机制，更大力度地支持经济结构调整和自主创新，支持社会管理和社会建设。

第二，着力理顺行政层级体系和权责关系。合理、协调的行政层级体系是国家行政权力顺畅运行的重要基础，也是促进科学发展的重要保障。目前影响科学发展的一个突出问题,是中央和地方的关系以及地方各级政府之间的关系还没有完全理顺,主要表现为:各级政府的财权事权不对称,权责脱节;有的地方各自为政,地方保护主义比较严重。这些既影响了行政效率,也妨碍了科学发展。深化行政改革,必须正确认识和处理好各级政府之间的关系。首先,要科学、清晰地界定中央政府和地方政府的职能与责任。中央政府要着眼于促进全国科学发展,加强经济社会发展的宏观调控、引导和管理,制定好战略规划、政策法规和标准规范,并切实维护国家法制统一、政令统一和市场统一。地方政府要确保中央方针政策和国家法律法规的有效实施,搞好对本地区经济社会事务的统筹协调,强化执行力和执法监管职责,维护市场秩序和社会安定,注重加强社会建设和公共服务,促进经济社会协调发展。要健全中央和地方财力与事权相匹配以及权责统一的体制,特别要调整和完善现行的分税制度。其次,要科学界定和明确省以下地方不同层级政府职能与权责关系,充分发挥地方各级政府的积极性。再次,要在明确和减少行政层级上取得突破。近几年来,中央提出扩大县域发展自主权、推进省直接管理县(市)财政体制改革,在有条件的地方依法探索省直接管理县(市)的行政体制改革。不少地方在这些方面都进行了积极探索,应及时总结经验,加以正确引导。此外,还要认真研究和正确处理中央和省级政府一些部门实行垂直管理体制的做法,及时解决存在的问题。

第三,着力完善行政决策科学化民主化。行政决策水平直接影响到发展的成效,对贯彻落实科学发展观、促进科学发展至关重要。目前,一些地方政府和领导干部在决策时,不尊重市场经济发展规律,不考虑经济增长质量和效益,不顾及群众的呼声和利益,往往造成严重的经济损失和社会后果。解决这些问题,必须推行行政决策的科学化民主化。行政决策要更加注重科学性、有效性,增强公信力。要制定科学的决策规则和决策程序,以规范行政权力的运行。要完善社会听证制度和公示制度,为公众参与行政决策提供制度保障。要完善专家咨询制度,保证专家咨询的规范性、独立性和公正性。要建立决策中有论证、执行中有监督、执行后有评价、决策失误有追究的全程制约机制。

第四，着力推行行政绩效管理制度。行政绩效评价考核对于科学发展具有导向作用，评价考核内容是否科学、规则和程序是否合理、结果如何使用，直接影响到有关政府和行政人员对发展的行为。当前，要加快建立体现科学发展要求的综合评价体系，加强和改进对各级政府和领导干部的政绩考核。要按照全面、协调、可持续发展的要求，把经济增长质量和效益、资源节约和环境保护、精神文明和生态文明建设、社会管理和公共服务、民生改善、民主法治、公平正义、综合竞争力等指标作为行政绩效考核的重要内容。要积极推进行政绩效管理制度建设和统计制度改革。要保障人民群众参与行政绩效考核，把人民群众满意不满意作为评判政绩的重要标准。要健全和严格执行行政问责制度，对那些违背科学发展要求、造成严重损失和危害的，应切实严肃追究行政责任。这样，才能促使政府和行政人员一心一意谋求科学发展。

第五，着力创新行政管理方式。这是建设为民、务实、高效、廉洁政府的重要环节，也是各级政府和行政人员增强科学发展能力的重要途径。要树立现代行政管理理念，善于运用市场机制、社会力量，善于利用现代科学技术，创新管理手段，推行电子政务，优化管理流程，使行政管理富有成效。要把刚性管理与柔性管理结合起来，更加注重以人为本的柔性管理；要把直接管理与间接管理结合起来，更加注重运用经济手段和服务手段实施间接管理；要把经济管理与社会管理结合起来，更加注重关注民生的社会管理；要把政府治理与社会治理结合起来，更加注重公民参与的社会治理。要大力建设“阳光政府”，推进政务公开，完善政务公开制度，扩大政务公开范围，保障公众对公共事务的知情权、参与权、表达权和监督权，创造条件让人民群众更好地了解政府、监督政府。当前，特别要完善财政预算制度，推进预算公开透明，把公共资金的来源、分配、管理、使用、审计等情况置于群众和社会监督之下。这样，既可以保证公共资金的使用更加合理、更有效益,又可以有效地减少浪费、防止腐败。

第六,着力加强法治政府建设。依法行政是建设法治政府的必然要求,也是实现科学发展的有力保障。目前,一些地方和部门行政行为缺乏规范,有法不依、执法不严、执法不公甚至执法违法。要进一步加强行政立法、执法和监督工作,加强行政程序制度建设,依法科学规范行政运作和行政行为,全面推进依法行政。要进一步把促进科学发展、保护人民合法权益作为立法工作的根本标准。要严格规范行政执法,加强执法监督和检查,坚决克服行政执法中的违法违规现象。要强化对行政行为的法律监督,使各级政府部门和人员自觉依法办事,确保推进科学发展的各项任务和举措得到有效执行。

三、需要深入研究的几个重大问题

深化行政改革、促进科学发展,任重道远。这将贯穿改革开放和社会主义现代化建设的全过程。随着中国特色社会主义事业的不断推进,随着国内外形势的发展变化,有大量的问题需要我们去研究、去探讨。就当前来说,我认为,以下四个方面的重大问题需要深入研究、探讨。

第一,关于实现深化行政管理体制改革总体目标的战略与路径。党的十七届二中全会通过的《关于深化行政管理体制改革的意见》,提出了深化行政管理体制改革的总体目标,就是到2020年建立起比较完善的中国特色社会主义行政管理体制。实现这一总体目标,需要科学认识我国社会主义初级阶段的基本国情,深入研究中国特色社会主义行政管理体制的基本特征,准确把握行政改革的特点和规律,努力按照协调推进经济建设、政治建设、文化建设、社会建设和生态文明建设的新要求,科学制定推进行政改革的整体战略和长远规划,确定推进改革的主要内容、策略方法和战略步骤。要坚持紧迫性和可能性相统一,既要增强推进改革的紧迫感，抓住有利条件，把握有利时机，坚决果断地推进改革，又要考虑推进改革的时机和条件，充分估计改革的难度和风险，注意处理好发展改革稳定的关系，积极稳妥地推出改革措施。当然，推进行政改革既需要智慧，也需要勇气，在某些关键时刻，胆略、意志、勇气尤为珍贵。要坚持全面推进和重点突破相统一，既要把握全局，统筹部署，全方位地推进改革，又要有步骤地前进，合理确定每个时期的各项任务，突出重点，克服难点，选择重点领域和关键环节着力实现突破。要坚持理论和实践相统一，既要积极进行理论探索和创新，用科学发展观及相关理论成果指导改革实践，又要鼓励大胆实践探索和创新，用改革实践经验丰富和发展理论，以指导和推动新的实践。要把握改革进程的阶段性，提高改革决策的科学性，增强改革措施的协调性。这样，才能确保深化行政体制改革的目标如期顺利实现。

第二，关于正确处理行政改革与其他改革的关系。随着我国改革事业的全面深入推进，各个领域的改革越来越紧密地联系在一起，任何一项改革都难以单独深入。行政体制改革涉及政治、经济、社会、文化等方面的体制，如何妥善处理好行政改革与其他改革的关系，是需要认真研究的问题。一方面，不能以行政领域的改革代替其他领域的改革；另一方面，行政领域的改革又不能脱离其他领域的改革。要把行政体制改革放到党和国家工作的大局中统筹谋划，服从并服务于促进经济社会发展的需要，行政体制改革还必须与完善社会主义市场经济体制的进程相适应，与发展社会主义民主政治和建设法治国家相协调。同时，要坚定不移地推进经济体制改革、文化体制改革、社会体制改革，积极稳妥地推进政治体制改革，努力形成各方面体制改革良性互动、协调前进的局面。为此，必须深入研究行政体制改革与经济体制改革、政治体制改革、文化体制改革、社会体制改革的相互关系，把握好各方面改革相互适应、相互促进的规律性。

第三，关于提高政府自身建设的科学化水平。党的十七届四中全会通过的《中共中央关于加强和改进新形势下党的建设若干重大问题的决定》,站在时代和全局的战略高度,提出了在新形势下提高党的建设科学化水平的要求。同样,科学发展必须科学行政。要适应新形势和新任务,深入贯彻落实科学发展观,促进科学发展,政府建设也必须大力提高科学化水平。这里,包括在政府建设中进一步树立科学思想、弘扬科学精神、掌握科学方法、强化科学管理、完善科学制度,尊重和运用科学规律,把加强行政能力建设建立在更加自觉运用客观规律的基础之上。要把行政能力建设与作风建设结合起来,不断提高行政的决策力、公信力和执行力。我们应当深入学习和研究政府建设的科学理论,认真研究和总结我国多年来政府自身建设的丰富经验,积极研究和借鉴世界各国的有益做法,把握政府建设的特点,为提高政府建设的科学化水平建言献策。

第四,关于探索中国特色社会主义行政学理论。我国的行政改革需要有科学的理论,包括科学的行政学理论作指导。现在国外主流的现代行政学诞生和发展于西方国家,其理论体系和观点反映的也主要是西方发达国家的经济、政治、社会和文化观念与制度。尽管各国之间行政管理的某些方面有共同性,我们可以研究借鉴,但由于基本国情、社会制度和思想文化的差异,绝不能盲目照搬西方行政学理论。我们要认真总结新中国建设60多年特别是改革开放30多年行政管理体制变革的实践和经验,还要深入研究我国过去长期历史上行政管理体制的演变进程和行政文化;同时,广泛研究其他发达国家、发展中国家、转型国家的行政管理理论和实践,吸收和借鉴世界上一切科学的行政管理理念、管理制度与行政经验,研究和吸收现代行政学有益的理论观点和方法。在进行综合分析研究的基础上,博采众长,提出符合我国基本国情和现阶段经济社会发展特征的行政学理论,指导我们的行政管理和行政改革实践。因此,研究和探索中国特色社会主义行政学理论,是我国行政理论工作者肩负的一项光荣使命。我们应为此作出辛勤和不懈努力。

当前,中国特色社会主义伟大事业蓬勃向前发展,深化行政改革方面的许多重要问题摆在我们面前。显然,任何一个重要问题都没有简单的答案。着眼于贯彻落实科学发展观、促进科学发展,深入、系统地研究问题,推动行政改革的不断深化,是我们面临的重要任务。我们应当以中国特色社会主义理论体系为指导,坚持解放思想,勤于思考,勇于创新,敢于实践,为深化行政改革、促进科学发展作出积极贡献。

转变政府职能　为加快经济发展方式转变提供制度保障*

（2010 年 7 月 1 日）

加快经济发展方式转变是我国经济和社会领域的一场深刻变革，关系改革开放和社会主义现代化建设全局，具有现实的紧迫性和长期的战略意义。从根本上实现经济发展方式转变，不仅要靠思想教育和舆论引导，更要靠深化改革和制度创新来推动。而加快政府自身改革，进一步转变政府职能，则是加快经济发展方式转变的强大动力和制度保障。

一、政府在推动经济发展方式转变中负有重大责任

我国在制定“九五”规划时就明确提出转变经济增长方式问题，党的十七大又进一步提出了加快转变经济发展方式的战略任务。多年来，我国经济发展方式转变不断有所进展，但从总体上看，问题仍比较突出。集中表现为：一是发展结构不合理，主要是产业层次低，城乡、地区发展不协调，社会事业发展滞后，投资消费关系失衡；二是经营方式粗放，投入多、消耗高、效益低，付出的资源和环境代价过大。我国经济发展方式存在的

* 本文发表于《求是》杂志 2010 年第 12 期。

问题，既同我国经济发展的阶段性有关，也同我国经济发展内外部环境的变化有关，更同政府职能转变滞后有关。政府的职能和行为决定着政府管理的基本方向和主要形式。政府作为公共权力行使者、政策措施制定者、经济活动管理者、国有资产所有者、改革创新组织者所具有的特殊地位，决定了政府对经济发展方式具有广泛的、重要的影响和作用。要加快经济发展方式转变，就必须加快政府职能转变。

从国际发展经验来看，经济发展方式既受特定发展阶段以及资源禀赋条件等客观因素决定，也受发展观与发展战略导向、管理体制和政策安排等因素影响。经济发展方式转变既可以是自发的渐进的历史过程，也可以是政府自觉推动的战略性转变过程。对于不同的国家来说，需要根据自己的国情采取合适的推动经济发展方式转变的形式。西方发达国家经济发展方式转变大多属于市场推动的过程，但政府也实施了一定的干预，通过制定发展战略和政策，完善各种法律和制度，规范市场进入标准和市场主体行为，保证市场竞争的有序进行；政府大力投资于科技、教育、卫生和其他公共领域以改善劳动者的素质，加速人力资本的积累；通过税收、财政转移支付等经济手段调节社会分配。对西方发达国家政府在推动经济发展方式转变过程中的作用和经验，我们还需要深入研究和分析，借鉴其有益之处。

中国特色社会主义市场经济模式，体现了社会主义国家决策高效、组织有力、能够集中力量办大事的优势，我们要发挥这个比较优势来推动经济发展方式的转变。随着经济发展规模的扩大和市场化程度的提高，影响经济发展的因素在逐渐变化，经济发展方式转变的部分任务将逐步由市场自行解决。当前，我国市场经济仍处在发育和完善的阶段。在这样的情况下，转变经济发展方式，包括调整产业结构，协调内需与外需关系、投资与消费关系、城乡关系、区域关系，协调经济发展与社会发展、节约能源资源和保护生态环境，还需要发挥政府宏观调控和管理的重要作用。从我国现阶段的实际情况来看，需要自觉发挥社会主义市场经济模式比较优势的功效,来加快推动经济发展方式的转变。

形成有利于科学发展的体制机制,完善有利于加快经济发展方式转变的制度安排,需要把政府职能转变放在更加突出的位置。国际金融危机以后,我国经济发展一度陷入严重困难,实际上是经济发展方式受到了冲击。当前,经济发展中许多粗放经营、结构失衡等深层的矛盾和问题都同政府职能转变不到位密切相关,迫切需要加快突破一些影响和制约经济发展方式转变的关键环节和制度。经济社会生活中潜在的风险也要求强化政府社会管理和公共服务职能。因此,只有进一步转变和正确履行政府职能,才能有力地推动经济发展方式转变。

二、加快转变政府职能,着力形成有利于经济发展方式转变的制度和环境

从根本上来说,加快政府职能转变,就是要合理界定和健全政府职责体系,正确行使政府职能。具体来说,就是进一步加强和改进宏观调控与市场监管,从制度上更好地发挥市场在资源配置中的基础性作用;就是更加注重社会管理和公共服务,促进社会公平正义和维护良好社会秩序。当前,应着力抓好以下几个方面:

第一,加强和改善宏观调控,从制度上保障市场在资源配置中发挥基础性作用。要遵循社会主义市场经济规律,完善宏观调控体系和制度,着力提高宏观调控和管理水平,为加快发展方式转变提供有力的制度保障和营造良好的环境。在当前应对国际金融危机冲击、加快经济结构战略性调整的情况下,尤其要加强宏观调控和政策引导,包括发挥国家规划、计划、产业政策和信息服务的导向作用,完善市场准入制度和标准规范,纠正片面追求增长速度而忽视结构、质量和效益的现象,淘汰落后产能和防止产能过剩,促进自主创新和技术进步,鼓励发展战略性新兴产

业，促进城乡、地区协调发展。要增强宏观调控的前瞻性、科学性、针对性，健全宏观调控制度。宏观管理还要体现出中央的决策权威，确保中央政令畅通和宏观调控决策有效。同时，要坚持社会主义市场经济的改革方向，更大程度地发挥市场在资源配置中的基础性作用，以利于提高资源使用效率和效益。创造一个有效率的市场环境更具有基础意义，要完善市场体制和竞争机制。企业是市场的主体，是优化结构、节约资源、提高效益的基础，必须使企业充分行使生产经营自主权。目前的问题是：各级政府及有关部门仍然管了不少不该管也管不好的事，行政审核事项还过多，有些地方政府仍然代替企业招商引资，决定建设项目，直接干预企业的生产经营活动，不计生产成本，不讲经济效益。因此，必须切实推进政企分开、政资分开、政事分开，让企业真正做到自主经营、自负盈亏，促进和保护公平竞争，发挥好市场机制对经济发展方式转变有力的推动作用。这是进一步转变政府职能的关键所在。

第二，加快财政税收和价格体制改革，着力形成有利于经济发展方式转变的财税制度和价格机制。财政、税收、价格手段是促进科学发展、转变经济发展方式最直接最有效的经济手段。要实行有利于发展方式转变、科技进步和资源能源节约的财税制度，加快建立健全资源有偿使用制度和生态环境补偿机制，深化资源性产品价格改革和环保收费改革，加快建立能够充分反映市场供求关系、资源稀缺程度、环境损害成本的资源要素价格形成机制。建立公共财政体制，重点是要优化财政支出结构，创新公共服务供给机制，使财政资金更多地支持经济结构调整和创新，支持社会建设和改善民生，更多地向节能减排、劳动就业、社会保障、教育、医疗卫生等公共服务领域倾斜，并建立长效机制和制度保障。

第三，健全优化经济结构的政策体系，鼓励依靠自主创新促进发展。坚持扩大国内需求特别是消费需求的方针政策，促进经济增长靠消费、投资、出口共同拉动，靠第一、第二、第三产业协调带动，靠科技进步和智力开发支撑推动。特别是要推进生产要素组合方式和生产结构调整，逐步实现从低成本扩张模式转向高技术含量、高附加值扩张模式，从高消耗、高污染增长模式转向低碳化、绿色化清洁生产、可持续增长模式。调整产业政策，大力推动工业结构调整和技术升级，加快改造传统产业，淘汰污染严重的产业，发展现代农业和第三产业，尤其是要加快发展现代服务业，选准和推动战略性新兴产业发展，实现产业结构优化升级和战略调整。建立统筹城乡发展的制度体系，有序推进城镇化和新农村建设。统筹城乡发展，为城镇化与社会主义新农村建设互相促进、协调发展创造条件。这不仅是保持经济平稳较快发展的内在要求，更是我国经济发展的长期战略选择。有序推进城镇化和新农村建设是扩大内需的持久动力，也是转变经济发展方式的重要载体。为此，要建立和完善统筹城乡的土地利用和建设规划制度、产业布局和产业协调制度、基础设施建设管理和公共服务制度、人力资源开发和劳动就业制度、社会保障和社会管理制度、资源开发和环境保护制度等，为实现城乡发展一体化创造条件。

第四，深化收入分配制度改革，强化政府的再分配职能。当前，收入差距持续扩大已引起社会的强烈关注。因此，强化政府的再分配职能，加大收入分配制度改革的力度，是当前加快转变经济发展方式的重要环节。既需要通过发展经济做大社会财富这个“蛋糕”，又要通过合理的收入分配制度把“蛋糕”分好，让全体人民合理分享改革发展的成果，这是政府的重要职责，是促进社会公平正义和维护国家长治久安的重要举措。总的方向和原则是，国民收入初次分配和再分配都要处理好效率与公平的关系，再分配应更加注重公平。要加强政府对收入分配的调节职能，提高居民收入在国民收入分配中的比重，提高劳动报酬在初次分配中的比重，改变企业“利润侵蚀工资现象”，建立企业职工工资正常增长机制和支付保障机制，维护劳动者权益。深化垄断行业的收入分配制度改革，完善对垄断行业工资总额和工资水平的双重调控政策。要扩大社会保障的覆盖面，提高社会保障的统筹层次，重点解决低收入阶层的失业、医疗、养老等问题。创造条件让更多的群众拥有财产性收入，倡导健康的财富理念，积极推动社会慈善事业发展。要通过扩大转移支付、强化税收调节、整顿分配秩序，努力扭转收入分配差距扩大的趋势。

第五，完善政绩考核评价机制，建立促进经济发展方式转变的激励约束制度。推动科学发展，加快经济发展方式转变，树立正确的政绩观和科学的政绩评价导向具有关键意义。政绩考核评价既要看经济增长的速度，更要注重经济增长的质量和效益，注重资源节约和生态环境保护，还要注重社会进步和公共服务水平提高。要坚决改变片面追求经济增长速度和经济总量扩张的考核评价制度，切实把节约能源资源和保护环境、推动社会全面进步，促进社会公正、公平和改善民生，加强就业、社会保障、教育、卫生和公共服务建设，作为重要标准纳入考核评价指标体系中，并实行政府绩效评价和行政问责制。这样，才能引导各级政府把更多的精力和资源投入经济结构调整、促进经济发展方式转变，形成有利于一、二、三产业协调发展、城乡和区域协调发展的机制，形成有利于改善民生、加强社会建设和公共服务的机制。

三、政府在推动经济发展方式转变中需要处理好的几个关系

政府要有效行使职能，做到“既不越位，也不缺位”，在加快转变经济发展方式中有更大作为，必须处理好以下四个关系。

要处理好政府与市场的关系。促进经济发展方式转变，既要重视发挥政府这只看得见的手的作用，又要发挥市场这只看不见的手的作用。两手都要用，都要硬，都要发挥应有的作用。关键是在实际工作中要把两者结合好，还需要结合具体发展阶段和发展领域有所侧重。当前，产业结构调整的一个突出问题，就是如何淘汰落后过剩产能和促进产品升级换代。为此，政府既要重视运用经济手段引导资源配置，又要辅之以必要的

法律手段和行政手段,消除各种制约和影响资源优化配置和提高资源利用效率的体制机制,健全统一、公平、公开竞争和优胜劣汰的机制,从而为推动经济发展方式转变提供政府科学管理和市场公平竞争的制度保障。

要处理好政府投资与民间投资的关系。近年来,为应对国际金融危机冲击造成的外需严重下滑,政府增加投资以扩大国内需求,这是完全必要的,实践效果也是好的。在经济企稳向好之后,政府投资力度可以作适当调整,要更多地考虑促进民间投资,以激发经济增长的内生动力和活力。最近,国务院制定了鼓励和促进民间投资健康发展的政策措施,各地各部门应认真贯彻落实。要进一步明确界定政府投资范围,进一步解决民间投资准入难的问题。要拓宽民间投资的领域和范围,深化传统垄断行业和领域改革开放,鼓励和引导民营企业通过参股、控股、资产收购等多种方式参与国有企业改制重组,支持有条件的民营企业通过联合重组等方式壮大实力。建立健全民间投资服务体系,为民间投资创造良好的政策环境和社会环境。

要处理好中央政府与地方政府的关系。正确发挥中央政府与地方政府两个积极性,需要合理和清晰划分中央与地方的职能和事务,健全财力和事权相匹配的体制。各级政府要按照加快职能转变的要求,结合实际,突出管理和服务重点。中央政府要加强经济社会事务的宏观调控、引导和管理,进一步减少和下放具体管理事项,把更多的精力转到制定战略规划、政策法规和标准体系上,维护国家法制统一、政令统一和市场统一。地方政府要确保中央方针政策和国家法律法规的有效实施,加强对本地区经济社会事务的统筹协调,强化执行和执法监管职责,维护市场秩序和社会安定,促进经济社会事业协调发展。要加快省直管县体制改革,探索地方政府层级改革的路径。进一步改革和完善财政转移支付制度,把保持中央财政调控能力与扩大地方财力结合起来。加快投资体制改革,适当简化和下放投资项目审批权,中央政府集中力量解决涉及国家全局和长远发展的重大问题,强化投资活动监管。要完善引导全社会投资活动的体制与机制,推进政府投资项目管理方式的创新。

要处理好经济发展与改善民生的关系。保障和改善民生既是发展的根本目的,也是发展的强大动力;既是拉动消费最有效的手段,也是实施扩大内需战略和推动经济发展方式转变的重大举措。要更加注重改善民生、加强社会建设,坚持把公共资源配置更多地向民生领域倾斜,扩大公共服务,加快社会事业发展,让经济发展成果惠及全体人民,切实增强经济社会发展的协调性。当前,特别要围绕促进就业考虑经济和社会发展,确定政府投资和引导社会投资方向。同时,要下更大决心集中财力建立与我国现阶段国情相适应的社会保障体系和制度。

推进行政体制改革*

（2010年10月）

党的十七届五中全会通过的《中共中央关于制定国民经济和社会发展第十二个五年规划的建议》要求："加快改革攻坚步伐，完善社会主义市场经济体制"，并对推进行政体制改革作出了重要部署。我们要深刻领会《建议》的精神，认真贯彻执行。

一、充分认识推进行政体制改革的重要意义

行政体制是国家体制的重要组成部分。改革开放以来，行政体制改革不断深化，并取得显著成效，为经济社会发展取得重大成就提供了重要的体制保障。这说明，不断变革的行政体制总体上是基本适应经济社会发展要求的。同时，也要看到，行政体制仍然存在不少问题。尤其重要的是，我国经济社会发展面临新的形势和任务要求推进行政体制改革。

（一）加快转变经济发展方式、推动科学发展的迫切要求

加快转变经济发展方式，是"十二五"经济社会发展的主线，是关系

---

* 本文刊载于《〈中共中央关于制定国民经济和社会发展第十二个五年规划的建议〉辅导读本》一书，人民出版社，2010年10月出版。

国家发展全局的重大任务。贯彻这条主线,迫切要求全面深化包括行政体制在内的各项改革。我国经济社会发展取得了举世瞩目的巨大成就,但经济发展方式转变仍然滞后,成为经济社会生活中的突出问题。主要表现是:有些地方仍然片面追求经济建设规模和增长速度,忽视优化结构、提高增长质量和效益,资源消耗过度,乱占耕地、乱采矿产资源和破坏生态环境现象屡禁不止;不少地方对教育、卫生、文化等社会事业发展和社会保障体系建设重视不够,公共服务体系特别是基本公共服务体系建设滞后;城乡、区域发展差距呈扩大之势,城乡和部分社会成员收入差距过大;一些地方人民群众的合法权益得不到有效维护。这些问题固然有多方面的原因,但都是与改革不到位,特别是与行政体制改革相对滞后有关。只有加快重要领域和关键环节的改革步伐,同时不断深化行政体制改革,加快转变政府职能和管理方式,才能促进经济发展方式的根本性转变。

(二)全面深化改革开放、完善各方面体制的重要组成部分

改革开放是经济社会发展的强大动力,是发展中国特色社会主义、实现中华民族伟大复兴的必由之路和成功之路。当前,我国改革开放仍处于关键时期,必须继续全面深化改革开放,不断完善经济、政治、文化、社会等各个方面的体制。行政体制改革既是整个体制改革的重要组成部分,又对其他改革起着体制支撑和保障作用。只有推进行政体制改革,才能从制度上更好发挥市场在资源配置中的基础性作用,并形成有利于科学发展的宏观调控体系;才能为进一步扩大对外开放创造良好的体制制度环境,不断提高对外开放水平;也只有推进行政体制改革,全面正确履行政府职能,推行依法行政,加强社会管理和公共服务,才能促进社会体制和文化体制的完善,才能促进社会主义民主政治发展和法治国家建设。

（三）加强政府自身建设、建设服务型政府的基本途径

各级政府拥有人民赋予的公共权力，受人民委托掌握和控制着大量的公共资源，是社会公共事务的组织者和管理者，在经济社会发展中承担着重要职责。经过持续的行政体制改革，我们在政府自身建设方面取得了明显成效。但是，面对新形势新任务和人民群众的新期待，政府自身建设仍存在一些亟待改进完善的方面。例如，政府职能转变还不到位，对微观经济主体干预过多，政府结构不尽合理，行政运行机制和管理制度不完善，一些行政人员的综合素质和行政能力不高，依法行政意识不强。要从根本上解决这些问题，不断提高行政能力和公信力，推进服务型政府建设，必须进一步深化行政体制改革，加强政府自身建设。

（四）贯彻落实既定改革部署、实现行政体制改革总体目标的必然要求

党的十七届二中全会通过的《关于深化行政管理体制改革的意见》，提出了到 2020 年建立起比较完善的中国特色社会主义行政管理体制的奋斗目标。通过改革，实现政府职能向创造良好发展环境、提供优质公共服务、维护社会公平正义的根本转变，实现政府组织机构及人员编制向科学化、规范化、法制化的根本转变，实现行政运行机制和政府管理方式向规范有序、公开透明、便民高效的根本转变。近几年来，通过推行一系列改革措施，我们朝着实现这一总体目标迈出了坚实的步伐，并取得了重要进展。但是，对照这个总体目标的要求，我国现行的行政体制依然有不小的差距。现在到 2020 年只有 10 年的时间，深化行政体制改革的时间紧、任务重。因此，我们必须增强改革的紧迫感和使命感，继续推进行政体制改革，努力实现中央提出的三个“根本转变”，如期建立起比较完善的中国特色社会主义行政管理体制。

二、推进行政体制改革的主要任务

（一）进一步转变政府职能，着力推进政企分开

转变政府职能是我国行政体制改革的核心。尽管多年来政府职能转变取得了很大进展，但这个问题还没有得到根本解决。目前，政府职能缺位、越位、错位现象依然存在，有些地方还相当突出。主要表现为：政府仍然管了不少不该管也管不好的事，行政审批事项仍然过多；一些地方政府仍然没有把属于企业的权力交给企业、没有把该由市场管的事交给市场，直接干预微观经济运行和市场行为；政府的市场监管、社会管理和公共服务等职能还比较薄弱。因此，今后一个时期仍然要把转变政府职能作为推进行政体制改革的核心，加快建设服务型政府。要深化行政审批制度改革，下放和规范审批权力，减少政府对微观经济活动的干预。要进一步完善宏观调控体系和制度，包括发挥国家规划、计划、政策、信息服务的导向作用和市场准入制度、标准规范的规制作用；要进一步完善市场体系，加强市场监管，维护公平竞争的市场秩序；要更加注重强化社会管理和公共服务职能，完善体制、政策，全面加强社会建设，注重保障和改善民生，特别是在促进就业、卫生、教育、社保、住房等方面加大工作力度，提高公共服务水平。转变政府职能的关键，是必须加快推进政企分开，让企业真正成为市场主体，充分行使投资决策和生产经营自主权，真正做到自主经营、自负盈亏。

（二）优化政府结构、行政层级、职能责任，理顺行政关系

合理的政府结构、行政层级、职能责任，是国家行政权力顺畅、高效运行的重要条件和基础。为适应经济社会发展以及政府职能转变的新要求，需要认真解决政府结构、行政层级和职能责任关系方面存在的一些问题。首先，要继续优化政府结构。合理界定政府部门职能，明确部门责

任，确保权责一致。对职能相近、管理分散的机构进行合并，坚定推进大部门制改革。对职责交叉重复、相互扯皮，长期难以协调解决的机构进行合并、调整，以利于权责统一、提高整体效能。对职能范围过宽、权力过分集中的机构进行适当分设，以改变部门结构失衡和运行中顾此失彼的现象。其次，要逐步减少行政层级。近几年，中央提出在有条件的地方探索省直接管理县（市）的体制。这是减少行政层级的重要举措，有些地方进行了有益的尝试，应鼓励继续进行探索，并及时总结经验，加以正确引导。还要认真研究和正确处理中央和省级政府一些部门实行垂直管理体制的做法，及时解决存在的问题。再次，要妥善处理中央政府和地方政府的权限、职能与责任。同时，要合理界定省以下地方不同层级政府职能与权责关系，充分发挥地方各级政府的积极性。

（三）健全科学决策、民主决策、依法决策机制，提高决策水平

正确决策是各项工作成功的重要前提。健全科学决策、民主决策、依法决策机制，要合理界定决策权限，规范决策行为。推进政务公开，增强公共政策制定透明度和公众参与度。凡是涉及经济社会发展的重大决策，都应当坚持调查研究和集体决策制度，并充分听取社会各界的意见。凡是与人民群众利益密切相关的重大事项，都应当实行社会公示或者听证。要做好重大问题前瞻性、对策性研究，发挥咨询研究机构、专家学者、社会听证在决策过程中的作用。要完善决策信息系统和决策智力支持系统，建立健全专家咨询制度。完善和落实社会听证制度和公示制度，为公众参与行政决策提供制度保障。要制定严格的决策规则和科学的决策程序，形成决策前有调研、决策中有论证、执行中有监督、执行后有评价、决策失误有追究的全程制约机制。

（四）改进行政复议和行政诉讼，加快建设法治政府

建设法治政府是落实依法治国基本方略、加强社会主义民主法制建

设的必然要求。多年来，为加强法治政府建设，我国先后制定和实施了一系列法律制度，包括行政复议和行政诉讼制度。同时，也要看到，由于多种原因，行政法制还不完备，各种矛盾特别是行政争议增加，人民群众对行政复议和行政诉讼工作期待也不断增强，现行行政复议和行政诉讼制度的一些内容与新形势不相适应。必须加快建设法治政府，用法律法规调整政府、市场、企业的关系，依法管理经济和社会事务，推进政府工作制度化、规范化、程序化。要改进行政复议和行政诉讼体制机制。更加全面准确地定位行政复议的功能，依法纠正违法或不当的行政行为。创新行政复议体制机制，使之更加便民、高效。行政诉讼是人民群众监督政府的一种重要形式，要正确对待和认真做好行政应诉工作。强化行政诉讼解决争议的功能，避免“案了事未了”；降低诉讼门槛、拓展受案范围，有效解决“告状难”的问题；完善证据制度，科学分配举证责任；完善诉讼程序，避免司法不公；加大生效判决和裁定的执行力度，有效解决“执行难”的问题。同时，还要处理好行政复议与行政诉讼之间的衔接问题。

（五）提高行政效率，降低行政成本

这是现代政府的重要特征，也是建设人民满意政府的必然要求。近些年来，由于采取了一系列措施，行政效率有所提高，行政成本得到一定程度的控制，但与建设现代化、高效能政府和人民群众满意政府的要求还有不小差距。必须采取标本兼治措施，进一步解决这个方面存在的问题。从根本上说，是要在切实优化政府组织结构、减少行政层级、理顺权责关系的同时，要加强电子政务建设，改进政府管理方式，优化政府工作流程，创新公共服务提供模式。要认真实行公共建设项目的公开招投标制度，严格规范招标程序，调整完善并切实执行政府采购制度。要按照节俭、高效、廉洁的原则，通过核定标准、加强监督、改革制度等措施严格控制各种职务消费。要改革财政预算制度，特别是要推行财务公开，把政府财政资金的来源、分配、管理、使用、审计等情况置于群众和社会监督之下，以有

效地减少浪费,遏制腐败现象的发生。

(六)加强行政问责制,完善政府绩效评估制度

随着改革开放的不断深入和社会法治意识的不断提高,迫切需要健全以行政首长为重点的行政问责制度,明确责任范围,规范问责程序,加大责任追究力度,提高政府执行力和公信力。近些年来,不少地方政府在这方面作了许多有益的探索,应认真总结经验,逐步全面推行。政府绩效评估制度,是引导政府及其公务员树立正确导向、尽职尽责做好各项工作的一项重要制度,也是实行行政问责制的前提和基础。要建立科学合理的政府绩效评估指标体系和评估机制,促进树立与科学发展观相适应的政绩观。为此,要积极推进政府绩效评估制度建设和统计制度改革。

三、推进行政体制改革需要把握好的几个方面

当前,我国改革仍处于攻坚阶段。推进行政体制改革是一项艰巨而复杂的系统工程。要完成今后五年的改革任务,需要把握好以下几个方面。

(一)统筹规划部署,配套推进改革

行政体制改革是整个改革的重要内容,与经济、政治、文化、社会等方面的体制改革都有密切关系,不可能单独深入,而必须与其他方面的改革一起统筹规划部署,协调推进。要把行政体制改革作为全面深化改革的关键环节,深入研究行政体制改革与经济体制改革、政治体制改革、文化体制改革、社会体制改革的相互关系,把握好各方面改革相互适应、相互促进的规律性。"十二五"期间,行政体制改革要和其他方面的改革紧密

配合，服务于科学发展为主题和加快转变经济发展方式为主线这个大局。

（二）坚持总体目标，明确重点任务

行政体制改革是一项长期的历史任务，需要不断探索、不断突破、不断前进。推进行政体制改革，要按照建立完善的中国特色社会主义行政体制的总体目标，以明确改革的方向和路径，防止改革左右摇摆或急于求成，避免走弯路。同时，行政体制改革又是一个阶段性和连续性相统一的过程，每一个时期都有一个时期的改革重点任务。因此，改革必须有长远目标下的近期目标，在总体规划下体现一个时期的重点安排，做到长远目标和近期目标相结合，全面推进和重点突破相结合。"十二五"时期，要把握改革总体目标，突出重点任务，采取有力措施。

（三）鼓励探索试验，充分尊重群众首创精神

我们党和政府的许多重大政策和做法都源于人民群众的创造、源于基层的创造。在推进行政体制改革的进程中，我们也要尊重和充分发挥群众首创精神，鼓励和支持地方和部门进行改革试验，为全国性的改革积累经验。目前，很多地方和部门在行政体制改革方面进行了积极探索，如推行大部门制体制改革、实行省直接管理县（市）、向社会公开政府财政预算，等等。要深入调研和客观评价这些改革措施的效果，研究解决改革过程中出现的问题，以使改革措施得到完善和推广。

（四）重视总结经验，努力提高推进行政体制改革的科学化水平

在新中国成立以后的行政体制改革实践中，包括30多年的改革开放实践中，我们既有很多成功的经验，也有一些教训。这些经验和教训是一笔宝贵的精神财富，必须认真加以总结。从中可以使我们更好地认识我国行政体制改革的规律，可以促进理论创新，推进中国特色社会主义行政理论发展。我们要坚持理论和实践相统一，既要鼓励和支持各地各部门

积极进行实践探索和创新,勇于推进行政体制改革,又要高度重视总结实践经验,大胆进行理论探索和创新,以求用科学理论指导和推进新的改革实践,不断提高行政体制改革科学化水平。

积极稳妥推进大部门制改革[*]

（2011 年 6 月 16 日）

党的十七大提出，要“加大机构整合力度，探索实行职能有机统一的大部门体制”。这对推进行政体制改革提出了新要求。党的十七届五中全会进一步强调，要“坚定推进大部门制改革”，充分体现了中央进一步整合机构设置、优化政府组织结构的决心。在“十二五”开局之际，我们要深刻领会党中央的战略部署，提高认识，总结经验，积极稳妥推进大部门制改革。

一、推进大部门制改革具有重要意义

实行大部门制，就是在行政机构设置中，把多个部门分别承担的相同或者类似的职能归并为一个部门履行，减少部门职责交叉事项和多头管理，变部门之间协调为部门之内协调。这既可以精简机构，又可以减少部门间的协调困难，还可以提升政府的公共行政效能和水平。

推进大部门制改革，是完善社会主义市场经济体制的必然要求。经过30 多年的改革开放，我国基本建立起社会主义市场经济体制，为经济社

---

* 本文发表于《求是》杂志 2011 年第 12 期。

会发展注入了强大的活力。但毋庸讳言,制约科学发展的行政体制机制因素还相当突出。主要是:机构设置中部门过多、管理分散,部门职责交叉、政出多门,权责脱节,既不利于政府职能的正确行使,也不利于市场作用的充分发挥,妨碍资源优化配置和经济社会健康发展。“十二五”时期,促进科学发展,加快经济发展方式转变,对完善行政体制提出了更高的要求,迫切需要加快推进政企分开、政事分开、政资分开、政府与中介组织分开。推进大部门制改革,有利于加强和改善宏观调控,减少对微观经济的干预,可以为完善社会主义市场经济体制打开更广阔的空间。

推进大部门制改革,是实现中国特色行政体制改革目标的重要任务。党的十七届二中全会通过的《中共中央关于深化行政管理体制改革的意见》郑重提出:到 2020 年建立起比较完善的中国特色社会主义行政管理体制。通过改革,实现政府职能向创造良好发展环境、提供优质公共服务、维护社会公平正义的根本转变,实现政府组织机构及人员编制向科学化、规范化、法制化的根本转变,实现行政运行机制和政府管理方式向规范有序、公开透明、便民高效的根本转变,建设人民满意的政府。推进大部门制改革是实现上述“三个转变”、建立完善中国特色社会主义行政管理体制的重要任务。大部门制是一种合理设置机构、优化职能配置的政府组织模式,有助于克服行政体制机构重叠、职能交叉,权责脱节、职责不清,推诿扯皮、效率低下等弊端,能够形成统一、规范、透明、高效的行政运行机制和政府管理制度,从而顺利实现到 2020 年建成中国特色行政体制的既定改革目标。

推进大部门制改革,是适应加强和创新社会管理的迫切需要。伴随经济体制的深刻变革,我国经济结构战略性调整不断推进,以公有制为主体的多种所有制经济共同发展,由此带来了各种群体利益关系和利益格局的新变化,特别是产生了许多新的社会阶层、新的社会需求、新的社会心态、新的社会矛盾等。比如,在城乡人口流动大潮中我国有两亿多农民工,加强城乡统筹,切实解决农民工问题,就需要加强综合部门的协调管理与服务。社会结构演变,对政府加强和改进社会管理提出了新课题,对政府治理能力和保障能力提出了新要求,需要行政改革提供体制支撑。实行大部门制改革有利于加强与创新社会管理,从而有利于加快健全中国特色社会管理体系。

推进大部门制改革,是实现政府管理科学化的必由之路。实行大部门制改革,不仅可以优化政府组织结构和行政运行机制,而且可以推进决策科学化、民主化、规范化,提高决策水平,还可以整合公务员队伍、优化人员结构,因而是推进政府管理科学化的过程。可以说,大部门制改革是加强政府自身改革和建设的必由之路。从国际上看,发达国家无论大小,一般都是实行大部门制,政府部门大都保持在 15 个到 20 个之间。实行这一体制的国家,行政成本较低,行政效率较高。我国推进大部门制改革,有利于建设高效、节约、责任型政府,提高政府管理科学化水平。

总之,推进大部门制改革,无论是对建立健全社会主义市场经济体制,加快传统行政模式向现代行政模式转变,还是促进上层建筑更加适应经济基础,推动科学发展,都具有十分重要的意义。

二、大部门制改革进展情况与存在的问题

党的十七大以后,从中央到地方都进行了大部门制改革的探索,并取得积极进展,成效初步显现。实践已经并将继续证明,实行大部门制是正确的选择,是我国行政体制改革的基本方向。

从中央层面来看。以 2008 年 3 月 15 日十一届全国人大一次会议批准的国务院机构改革方案为标志,在半年多的时间里就完成了国务院机构改革的任务。首先,进一步调整了国家发改委、财政部、中国人民银行等部门的宏观调控职能,建立了比较健全的协调机制和宏观调控体系。其次,整合和加强了能源管理职能,设立了高层次议事协调机构国家能源

委员会,组建了统管能源事务的国家能源局。再次,把有关部门部分和全部相同及相近的职能加以整合,组建新的大职能部门。整合国家发改委、国防科工委、信息产业部、国务院信息办的工业与信息职能,组建了工业和信息化部;整合建设部、交通部、民航总局的有关职能,组建了交通运输部;整合人事部、劳动和社会保障部的职能,组建了人力资源和社会保障部;整合环保职能,组建了环境保护部;集合住房与城乡建设管理职能,组建了住房和城乡建设部。此外,梳理了一些政府机构行政职能关系,对一些国家局的设定和归口进行了符合实际的大部门制改革。这次改革共调整了 15 个机构,减少了 4 个正部级机构,为大部门制改革进行了积极探索,积累了重要经验。

从地方层面来看。3 年多来,各级地方政府按照中央部署,进行了以大部门制为取向的新一轮机构改革,合理地调整机构设置和综合部门设置。全国省级机构改革从 2008 年 10 月中央批复上海市改革方案开始,到 2010 年年初基本完成。各地积极探索成立大部门,多数省份的政府组成部门有所减少,有的省整合力度较大。全国市、县级从 2009 年年中开始启动大部门制改革,到 2011 年初副省级、地级市已完成改革工作,县级改革也大体进入完成阶段,但要全部完成改革任务还要一定时间。全国乡镇机构改革在 2009 年 3 月开始,共有 34600 多个乡镇参加改革,预计到 2012 年结束。各级地方机构改革都以大部门制改革为抓手,进行了有益尝试。

总的看来,大部门制改革在全国进展顺利,初步实现了精简机构和整合部门职能的目标,在一定程度上缓解了以往多部门之间职责重叠、交叉等问题,优化了政府结构和运行机制,提高了行政效率和政府管理水平。特别是一些地方政府大胆创新部门设置,丰富了改革实践。一是,中央政府改革积极稳妥,及时、有力地应对汶川地震等特大自然灾害和国际金融危机的巨大冲击,证明了改革所取得的初步成效。二是,一些省市机构改革整合部门职能收效明显。例如,海南省组建大旅游部门、重庆市组建大农业部门,都受到社会好评。三是,一些城市探索大部门制有实质性突破。例如,深圳市将民防委办公室、安委会办公室、地震局、核应急办、应急指挥中心等机构整合成为“大应急办”,运行顺畅;广州市整合原市容环卫局、市政园林局、市建委、市爱卫办、市城管局的有关职能,成立了广州市城市管理委员会和城市综合执法局,由“多龙管水”走向“一龙治水”。四是,有的县级实行大部门制力度更大。如广东省佛山市顺德区,把 41 个党政机构整合为 16 个,这项改革已在佛山市各区推行。

但是,我们也要看到,大部门制改革尚处于探索之中,在实践中也遇到了一些问题。其一,改革牵涉多个部门权责关系,推进难度较大。由于思想认识上的差异,有的上级部门对撤并其下属系统机构施加压力,有的改革由于权力关系的制约而推迟,导致改革进程放缓。其二,已进行大部门制改革的,还没有完全实现从“物理组合”到“化学反应”。有的机构虽然划归到一起,但融合程度不到位,“名合而实不合”,一些部门在新体制下仍然保持了独立性;有些新组建部门还处在磨合期,工作机制没有能够相应建立起来,有些大部门职能作用还没有发挥出来。同时,不少公务员素质和能力也难以适应大部门的需要。其三,已经实行大部门制的,职责分工尚未完全落实到位,应该整合的机构职能有些还没有完全到位。这些问题,需要深入研究,认真加以解决。

三、积极稳妥推进大部门制改革的思考

“十二五”时期,是全面建设小康社会的关键时期也是深化改革开放、加快转变经济发展方式的攻坚时期。当前,积极稳妥推进大部门制改革,为科学发展和社会进步提供体制性保障,任务十分艰巨。我们要继续解放思想,以更大的决心和勇气推进改革创新,争取大部门制改革取得积极进展。

提高大部门制改革重要性的认识，增强改革的自觉性和坚定性。政府组织机构是政府履行职能的载体。只有完善政府组织机构设置，才能有效发挥政府整体功能和提高行政水平。推进大部门制改革，是上层建筑更好适应经济基础的迫切要求，是建设现代化政府、服务型政府和人民满意政府的关键之举。我们要切实提高对大部门制改革重要意义的认识，从深化行政体制改革和推进国家现代化的高度看待大部门制改革，正确认识改革中遇到的各种矛盾，以更大的决心和勇气继续推进这项改革。

加强大部门制改革顶层设计，增强改革的系统性和整体性。推进大部门制改革，是一个系统工程，涉及体制改革的全局，需要整体把握，系统思考，深化战略研究，精心设计谋划。特别要把握好大部门制改革与其他改革之间的关系，加强统筹协调，搞好总体部署。一是紧紧围绕建设服务型政府和理顺职责关系，按照精简统一效能的原则和决策权、执行权、监督权既相互协调又相互制约的要求，从全局和战略上研究大部门制改革的目标，做到阶段性目标与长远目标相结合。二是加强改革的配套设计，明确改革优先顺序和重点任务，整体设计与分步实施相结合，全面推进与重点突破相结合，妥善处理改革牵涉到的各种利益关系。三是认真研究总结国外国内经验，特别是近几年我国推进大部门制改革的新鲜经验，深入分析“十二五”时期和未来 10 年有条件实行大部门制改革的领域，在更大的范围推进这项改革。四是先易后难，有计划、有步骤地推进改革。要充分考虑需要与可能，把推进大部门制改革的进取精神与严谨求实的科学态度结合起来，积极稳步地加以推进。

深化大部门制改革理论研究，增强改革的前瞻性和指导性。对于大部门制改革理论，我国理论界和实际部门已进行了一些探索，对改革起到了一定的理论支撑和实践指导作用。但总体看来，由于我们对大部门制理论与实践研究的时间比较短，研究深度和广度还有限，对于它的基础条件、支撑条件还缺乏深入的理解，还不能完全满足实践发展的需要。当前，迫切需要研究适合我国新阶段实际情况的机构改革的特点和规律，迫切需要研究中央与地方各级政府的行政职能和组织结构，政务管理部门、社会事务管理部门、经济事务管理部门的总体数量及相互关系，决策部门、执行部门、监督部门的法律关系等。同时，还需要对改革中涉及的一些重点难点问题，进行深入的理论研究和实践总结。大部门体制反映了现代行政管理体制发展的趋势，但也受到一国经济社会发展水平和行政管理传统的深刻影响与制约，要在准确把握我国国情的基础上，深入研究国外做法，汲取对我们有益的经验。当然，对国外成功经验，我们既要学习与借鉴，也要做到有扬弃。

强化大部门制改革法制建设，保障改革的持续性和稳定性。探索实行职能有机统一的大部门制，是行政体制和政府管理的创新，推进大部门制改革并巩固其改革成果，都需要法制保障。如果没有法制做保障，仅靠行政力量是很难持续推进的。即使仅靠行政力量在比较短的时间内能够推进，但改革成果也很难长期保持下去。这方面过去是有深刻教训的。例如，真正实现中央与地方行政管理体制的规范化和制度化，还应适时修改宪法和组织法，尽快制定相应的《中央与地方关系法》，对中央政府与地方政府的职责权限作出更加明确细致的规定，使适当的集权与必要的分权具有法定性的保障。因此，加强大部门制改革的法制建设，保障改革措施的持续性、稳定性，应当成为下一步改革的重要任务。

突出大部门制改革重点难点，增强改革的突破性和实质性。推进大部门制改革的关键在于两个方面：一是要抓住转变政府职能这个核心，实现组织机构从“硬件压缩整合”到“软件更新升级”；二是要建立健全部门间的协调配合机制，理顺上下部门、平行部门间和部门内部的关系。这两个方面是改革的重点，也是难点。从公共行政理论来看，机构职能的合理配置是行政体制的基础，科学的机构设置是全面履行政府职能的保证。在大部门制改革过程中，既要考虑职能的科学配置，又要考虑机构的科学设置。因此，最大限度地避免政府职能交叉、多头管理、责任不清的问题，就需要进一步转变职能，加大对机构整合的力度，建立健全上下部门、平行部门间和部门内部协调配合机制，特别是需要完善工作流程机制。“十二五”期间，应当围绕三个方面进行大部门制改革。一是围绕服务经济发展方式转变、加快经济结构战略性调整、实施绿色发展和创新驱动战略进行机构的整合和职能的界定，包括继续完善大交通、大能源管理等改革；二是围绕服务和改善民生、建立健全基本公共服务体系进行机构的整合和职能的界定，包括完善大市场监管、大食品安全、大社会保障部门等改革；三是围绕加强和创新社会管理等方面进行机构整合和职能的界定，包括加快社会工作、应急管理等改革。当前，应重点从机构设置、人员编制、队伍素质等方面入手，切实加强和充实政府的社会管理与公共服务部门。

推进行政体制改革　促进发展方式转变*

（2011 年 7 月 10 日）

在我国开始实施国民经济和社会发展"十二五"规划之际，我们在这里举办第二届中国行政改革论坛，深入探讨发展方式转变与行政体制改革问题，具有重要的现实意义和长远意义。下面，我主要就深化行政体制改革、促进发展方式转变，讲一些认识，与大家一起交流。

加快转变经济发展方式，关系改革开放和社会主义现代化建设全局，具有极大的现实紧迫性和长远战略意义。国家"十二五"规划纲要提出：加快转变经济发展方式，是推动科学发展的必由之路，是我国经济社会领域的一场深刻变革，是综合性、系统性、战略性的转变，必须贯穿经济社会发展全过程和各领域，在发展中促转变，在转变中谋发展；并进一步提出了在今后五年里确保转变经济发展方式取得实质性进展的五个方面的基本要求。这是中央统揽我国发展全局作出的重大决策。

党中央一直十分重视经济发展方式转变问题。早在 1995 年 9 月党的十四届五中全会上就明确指出，实行经济增长方式从粗放型向集约型的根本性转变，是关系社会主义现代化建设全局的重大问题。党的十五大、十六大也都对转变经济增长方式作出了重要部署。党的十

* 本文系作者在第二届中国行政改革论坛上的主旨演讲；发表于《行政管理改革》杂志 2011 年第 8 期。

七大进一步提出加快转变经济发展方式，促进经济增长实现“三大转变”。可以说，转变经济发展方式一直是我们党经济发展战略的核心和重点。

多年来，我国在转变经济发展方式方面做了大量工作，也不断取得新进展，为经济总量和发展水平的大幅跃升，发挥了重要的作用。但从总体上看，转变发展方式进程缓慢，甚至有些方面的问题越来越突出。集中表现为：一是投资与消费关系严重失衡，而且投资结构和消费结构很不合理；二是经营方式粗放，投入多、消耗大、成本高，能源资源和环境代价过大；三是区域、城乡发展不协调，收入分配差距持续扩大；四是社会建设明显滞后，许多与民生密切相关的问题相当突出。这些问题使我国经济社会发展积聚着越来越大的风险和隐患。现在，我国处于下中等收入向上中等收入跨越的历史阶段，制约经济社会发展的深层次矛盾会进一步显现。如不加快转变发展方式，搞得不好，就有可能落入“中等收入国家陷阱”，来之不易的改革发展成果也会付诸东流。这是我们必须坚决加以避免的。我国经济发展方式存在的问题有多方面的原因，既同我国经济发展处于的阶段性矛盾和国外发展的环境变化有关，也同传统的发展理念束缚有关，但从根本上看，是体制机制仍存在许多弊端。因此，加快转变发展方式，既需要转变发展观念和发展思路，更需要靠深化体制改革，尤其需要推进行政体制改革。

理论和实践都表明，经济发展方式能否实现根本性转变，很大程度上取决于行政体制改革能否取得实质性新进展。不推进行政体制改革，不排除行政体制机制障碍，发展方式难以根本转变，也谈不上加快转变发展方式。政企不分、政事不分、政资不分的问题不彻底解决，现代企业制度和现代产权制度就不能完全建立；一些行政性垄断和地区块块分割现象不解决，统一开放有序的现代市场体系就不可能真正形成；不进一步转变政府职能，社会建设和社会管理滞后的状况就难以根本扭转；不改变以行政手段为主的管理方式，就不可能建立健全有效的宏观调控体系，也难以充分发挥市场在资源配置中的基础作用，经济社会发展中的不稳定、不协调、不可持续的种种问题就会更加突出。总之，只有加快推进行政体制改革，才能为加快转变发展方式提供强大动力和体制保障。

“十二五”期间，围绕加快转变经济发展方式，行政体制改革应着重抓好以下几个方面。

一、加快政府职能根本性转变和正确履行职能

转变政府职能是深化行政体制改革的核心，也是推进发展方式转变的关键。最重要的是，要彻底摆脱传统的计划经济观念与做法的羁绊，使政府职权由无限型向有限型、管治型向服务型转变，主要是实现向创造良好发展环境、提供优质公共服务、维护社会公平正义的根本性转变。要按照政府、企业、市场、社会的不同功能定位，进一步合理、明晰地界定政府职能和权限，加快推进政企分开、政事分开、政资分开，真正把属于企业、市场、社会的权力交给企业、市场、社会。这方面要加快推进法制化、规范化、制度化建设。要依法规范行政行为，深化行政审批制度改革，简化和规范审批手续，切实减少对微观经济活动和社会活动的直接干预。特别是要坚决改变目前一些地方政府仍然存在的由政府及其部门代替企业招商引资、决定建设项目的做法，改变政府对社会管理事务包揽过宽过多而又管不了、管不好的状况。在继续行使好经济调节职能的同时，更加注重强化市场监管、社会管理和公共服务的职能，着力完善体制和政策，规范市场秩序和社会秩序，更加重视保障和改善民生，提高社会管理和公共服务的水平。要加强和改进宏观调控职能，强化市场软环境建设，提高促进可持续发展和构建和谐社会的行政能力，加快建设服务型政府、法治政府和现代化政府。

二、加快完善宏观调控和管理体系

政府作为公共权力行使者、政策措施制定者、经济活动管理者、国有资产代表者、改革创新组织者所具有的特殊地位，决定了政府对经济发展方式具有多方面的、重要的影响和作用。要加快经济发展方式转变，就必须合理、有效地发挥政府的作用。特别是在加快经济结构战略性调整、协调重大经济关系、保障和改善民生方面，政府应该有更大的作为，尤其要加强宏观调控和政策引导，发挥国家规划、计划、产业政策、社会政策和信息服务的导向作用。要坚持构建扩大内需长效机制，促进经济增长向依靠消费、投资、出口协调拉动转变；坚持把科技进步和创新放在更加突出位置，推动发展向主要依靠科技进步、劳动者素质提高、管理创新转变；坚持完善保障和改善民生的制度安排，推动发展向更加注重和谐社会建设转变。财政、税收、价格、投资和收入分配等政策，是促进发展方式转变的直接和有力的手段，要加快这些方面体制改革步伐，完善相关政策和制度，特别要形成转变发展方式的调控合力。要加快财政税收体制改革，优化财政支出结构，财政资金更多地支持社会建设和改善民生，建立向节能减排、劳动就业、社会保障、教育、医疗卫生、文化等公共服务领域倾斜的长效机制。要围绕推进基本公共服务均等化和主体功能区建设，完善财政转移支付制度。改革和完善税收制度，完善有利于产业结构升级和社会全面发展的税收政策。逐步健全地方税体系。现行的由地方政府把土地70年使用权的收益变成土地出让金一次性征收，短期内花掉的做法，既不利于抑制房价上涨，也不利于城市可持续发展，应在全国推行房地产税制度。要着眼于建设资源节约型、环境友好型社会，加快建立健全资源有偿使用制度、生态环境补偿机制和资源环境产权交易机制，加快建立能够灵活反映市场供求关系、资源稀缺程度、环境损害成本的资源性产品价格形成机制。全面改革资源税,开征环境保护税,深化资源性产品价格和要素市场改革,特别要理顺煤、电、油、气、水、矿产资源类产品价格体系,完善重要商品、服务、要素价格形成机制。要加快金融体制改革,完善多层次资本市场体系建设。投资是决定发展方式的最重要手段,要围绕调整经济结构和转变发展方式,加快投资体制改革,优化投资结构,强化政府投资监管,坚决改变一味新建项目、忽视现有企业技术改造以及忽视社会建设投资的现象。收入分配秩序混乱,收入差距持续扩大,既影响扩大内需和经济持续发展,也会造成贫富悬殊和社会不安定,政府应加大收入分配调节力度,在规范初次分配秩序和加强再分配调节这两个方面采取更加有力的举措。研究和解决分配问题,应当包括当年收入分配、财产分配和公共物品、公共服务的分配,这样才能有效地解决收入差距持续扩大的问题,使改革发展成果惠及全体人民,更好地走共同富裕道路。

三、加快推进行政管理制度和方式创新

行政管理水平直接影响发展方式转变。要着力加强管理制度和管理方式创新。首先,要规范和健全决策制度。应按照科学决策、民主决策、依法决策的要求,合理规定决策权限,规范行政权力的运行,切实改变那种依然存在的只靠拍脑袋决策、越权决策、不按程序决策的行政行为。重大项目建设、重大政策出台,都要充分考虑是否符合转变发展方式的要求,并广泛听取社会各界的意见。完善和落实社会听证制度和公示制度,为公众参与行政决策提供制度保障。建立健全专家咨询制度,发挥咨询研究机构、专家学者、社会听证在决策过程中的作用,完善决策信息系统和决策智力支持系统。要制定严格的决策规则和科学的决策程序,建立决策前有论证、执行中有监督、执行后有评价、决策失误有追究的全程制约机制。其次,树立现代行政管理理念,广泛利用社会力量,善于运用现

代科学技术,创新管理手段,优化管理流程。要把直接管理与间接管理结合起来,更加重视运用经济手段、法律手段、技术手段实施间接管理;把经济管理与社会管理结合起来,更加重视能源资源节约、生态环境保护和涉及民生的社会管理;把政府管理与社会治理结合起来,更加重视社会协调和公民参与。这样,有利于社会管理体制机制创新,也有利于发展方式的转变。再次,坚持推进政府组织机构改革,使行政权力的运行与转变发展方式的需要相一致。要进一步加强市场监管和社会管理、公共服务部门,以强化这些方面的职能作用。特别是坚定推行职能统一的大部门制。这对于解决机构重叠、职能交叉、权责脱节、资源浪费、效率低下等问题,对于加快由传统行政模式向现代行政模式转变,提高公共行政效能和水平,加快转变发展方式,都具有重要意义。要完善决策、执行、监督既相互制约又相互协调的权力运行机制。坚持按照政事分开、事企分开、管办分离的要求,积极稳妥地分类推进事业单位改革,以激发事业单位的活力,有效发挥促进发展方式转变的作用。

四、加快健全行政绩效评估和问责制度

建立健全科学、管用、有效的激励和约束机制,是加快转变发展方式的制度性保障。要全面推进政府绩效管理制度和行政问责制度。有什么样的评估标准和考核制度,就有什么样的行政理念和行政行为,也就会有什么样的发展方式。应当围绕转变发展方式,加快完善行政绩效评估标准、指标体系和评估机制、具体办法。坚决改变那种助长片面追求 GDP 增长速度的政绩标准和考核评价制度,切实把经济增长质量和效益、节约能源资源和保护环境、推动社会全面进步、保障和改善民生,加强就业、社会保障、教育、卫生和公共服务,促进社会公平正义,作为行政绩效重要标准和考核评价指标体系,以有效引导和督促各级政府和工作人员树立正

确的政绩观，真正把更多的精力和资金资源投入结构调整，实现科学发展、节约发展、和谐发展。为此，要加快推进统计制度改革，建立信息公开制度。加强行政绩效监督检查，特别是要让广大群众参与政府绩效考评，充分听取人民群众的意见。要注重运用绩效考评结果，严明奖惩办法。加快建立转变发展方式方面的责任制度，加大责任追究力度，增强行政的执行力和公信力。国家应通过完善法制，以制度规范行政绩效评估和行政问责，以加快建设效能型政府和责任政府。

从多年来的经验教训看，转变经济发展方式要取得更大进展，必须正确处理好以下四个重要关系。

一要处理好政府与市场的关系。我们实行的中国特色社会主义市场经济体制，具有有效运用政府和市场两者长处的优势，应充分发挥这个体制的比较优势来推动发展方式转变。既要高度重视政府的作用，也要高度重视市场的作用。政府宏观调控和管理的主要任务，是保持经济总量平衡，抑制通货膨胀，促进重大结构优化，维护社会公平正义，为转变发展方式和保持经济平稳较快发展创造良好的环境和条件。同时，要加强市场体系建设，特别是注重完善和规范市场准入标准和维护市场秩序，加快形成统一、公平、公开竞争环境和制度，以利于在更大程度上和从制度保障上发挥市场在资源配置中的基础性作用。总之，促进发展方式转变，既要重视发挥政府这只“看得见的手”的作用，又要发挥市场这只“看不见的手”的作用。要根据区别不同领域、不同行业的实际情况充分和有效发挥“两只手”各自应有的作用，在实际工作中一定要把两者结合好。

二要处理好中央与地方的关系。正确发挥中央与地方两个积极性，才能把中国的事情办好。在新的历史条件下，如何正确认识和处理中央和地方的关系，是一个亟待认真研究解决的重大课题。中央与地方权责关系不清、权责不统一，已严重影响发展方式的转变。要进一步合理和明确划分中央与地方的职能与事权，健全财力和事权相匹配的体制。总的讲，中央要坚持加强全国经济社会发展的宏观引导、调控和管理，减少和下放具体管理事项，把更多的精力转到制定战略规划、法规政策和标准体系上，维护国家法制统一、政令统一和市场统一；地方要确保中央政令畅通，在坚决贯彻执行中央方针政策和国家法律法规的前提下，搞好对本地区经济社会发展的统筹协调，强化执行力和执法监管职责，维护市场运行秩序和社会和谐安定，促进地方经济社会协调发展。要围绕加快转变发展方式，进一步改革和完善财政转移支付制度，把保持中央财政调控能力与扩大地方财力恰当地结合起来，以做到财权与事权相统一。在扩大地方权力的同时，中央要加大行政监察力度。同时，要根据中央和地方权责相对称以及集中和分散相协调的原则，完善中央部门垂直领导和双重领导的行政体制，积极探索合理的行政层级，加快省直接管理县的体制改革。

三要处理好各类规划之间的关系。"完善国家规划体系"，这是党的十七大明确提出的要求，是推进行政体制改革的重要内容。要正确规范各级各类发展规划功能，特别是合理规范国家规划与地方规划、整体规划与专项规划、中长期规划与年度计划以及理顺它们之间的关系。从我国各级各类规划的性质和功能看，中央和地方各级制定的整体性规划、中长期规划和年度计划，都要经过同级人大会议审议批准，因而都具有法律效力，都应当贯彻执行，以体现规划和计划的权威性、指导性。应当说，多年来国家和地方各类规划的制定都是很认真的，下了很大的功夫，总体看也是好的。然而，由于行政体制和各类规划制定程序、批准权限不同，地方各级人大会议通过各级地方规划在前，全国人大会议通过全国规划在后，各级整体性规划需要同级人大批准，专项规划由同级政府或者相关部门批准，这样就实际上形成两个规划体系，以致造成地方性规划与全国性规划脱节、不少地方规划往往偏离国家整体规划的要求，不少专项规划与整体规划脱节、年度计划与中长期规划脱节，严重影响了各类规划在指导转变发展方式中发挥应有作用。因此，应当深入研究、深化改革，切实完善各类规划性质、功能及其相互关系，以有效发挥各类规划的应有作用。

四要处理好行政体制改革与其他改革的关系。行政体制改革是国家整个体制改革的关键环节，涉及政治、经济、社会、文化等各方面的体制改革。必须妥善处理行政体制改革与其他方面改革的关系。一方面，不能以行政体制改革代替其他体制改革；另一方面，行政体制改革又不能脱离其他体制改革。要把行政体制改革放到党和国家工作的大局中统筹谋划，使行政体制改革服从并服务于经济社会发展，与转变经济发展方式的要求相一致，与完善社会主义市场经济体制相适应，与发展社会主义民主政治和建设法治国家相协调。也就是说，我们要大力推进经济体制改革，积极稳妥推进政治体制改革，加快推进文化体制、社会体制改革，努力形成各方面体制改革良性互动、协调推进的新局面。

“十二五”时期，转变经济发展方式任务繁重，推进行政体制改革意义重大。必须按照中央要求，以更大决心和勇气坚定推进行政体制改革，更加重视改革顶层设计和总体规划，明确改革优先顺序和重点任务，深化综合配套改革试验，争取在重要领域和关键环节不断取得突破性进展，为促进科学发展、加快转变经济发展方式和实现国家现代化提供良好的体制保障。

加强绩效评估制度研究　推进服务型政府建设*

（2012 年 10 月 13 日）

建设服务型政府，是现代政府制度的重要标志，也是当今世界公共行政变革的普遍趋势。所谓服务型政府，一般是指能够以人为本，务实、公正、透明、高效地为公众和社会提供既多又好的公共产品和公共服务的政府，体现着鲜明的价值取向和行为导向。建设服务型政府对行政理念、行政能力、行政方式、行政水平提出了更高、更新的要求，其中一个重要的方面，就是实施和健全政府绩效管理和评估制度。健全绩效评估制度，是提高政府行政绩效、推进服务型政府建设的有效途径和重要措施。建立科学的绩效评估制度，有利于促进确立人民至上的行政理念，形成以服务为核心的政府行为导向；有利于推进政府体制创新，建立有效运作的行政机制，提高政府服务管理水平；有利于促使政府全面履行职能，更好地满足公众和社会的服务需求；有利于明确行政责任，提高行政效能，增强政府的公信力和执行力；有利于增强公务员的法治意识和责任意识，提升公务员素质和能力。因此，我们有必要全面、深入地研究政府绩效评估制度问题，以推动现代服务型政府建设。

中国政府十分重视服务型政府建设和政府绩效评估工作。实行改革开放以来特别是近 10 年来，顺应世界公共行政变革和发展趋势，以建设

---

* 本文系作者在国际行政院校联合会亚太区域研讨会议上的主旨演讲（节录）。

中国特色社会主义行政体制为基本目标，坚持改革创新，从理论到实践进行了积极探索，不断加强服务型政府和绩效评估制度建设，取得了重要进展和明显成效。

一是坚持推进行政体制创新，不断探索绩效管理制度。从上个世纪80年代起，围绕建设人民满意的政府，以优化政府结构、提高行政效能、降低行政成本、扩大公共服务为重点，多次进行行政体制和政府机构改革，精简机构和工作人员，积极探索政府绩效管理的内容、方法、制度，推行多种形式的目标管理责任制，提倡实行多种类型的政府绩效评估模式，着力提高绩效管理质量和水平。2008年，国家还把建设服务型政府、完善绩效评估制度，作为深化行政体制改革的基本目标和重要任务，明确要求"推行政府绩效管理和行政问责制度，建立科学合理的政府绩效评估指标体系和评估机制"，从而有力地推进了现代服务型政府建设。

二是普遍重视政府绩效评估，工作力度不断加大。为加强政府绩效管理工作的综合指导和组织协调，国务院建立了政府绩效管理工作部际联席会议制度，选择了一批省级政府和中央部门开展绩效管理试点工作。截至去年底，全国已有23个省（直辖市、自治区）设立了绩效管理领导机构和办事机构。许多地方政府和部门结合自身实际，在已实行的目标考核制度、社会评议制度、效能管理制度的基础上，研究借鉴国外绩效管理的各种有益理念和做法，不断完善绩效评估体系和具体办法，为促进政府职能转变、建设服务型政府发挥了重要作用。

三是注重绩效评估结果的运用，建立相应激励和约束机制。各级政府及部门十分重视发挥绩效评估的导向和激励约束作用，将绩效评估结果作为对领导班子、干部政绩和公务员业绩考核的重要依据。对绩效评估不达标者，进行严格责任追究。绩效评估结果的实际运用，不仅促进了各级政府注重工作质量、提高行政服务管理水平，而且对领导干部和广大公务员全面提高素质和能力发挥了有效的激励约束作用。

四是加强绩效评估制度建设，扩大和完善公共服务体系。各级政府及部门依法履行职责,不断减少和规范行政审批事项与行为,管理制度不断健全。"阳光政府"建设大为加强,政务公开范围逐步扩大。政府信息公开制度趋于完善,公民参与机制初步建立。公共服务体系建设明显加强,以就业、教育、卫生和社会保障为重点的民生事业不断发展,公共服务能力显著提升。公务员队伍为公众和社会服务的意识强化,加快了服务型政府建设的进程。

同时,我们也清醒地看到,我国政府绩效评估制度建设仍处于探索阶段,还存在一些不足。主要问题是:绩效评估制度化程度不够高,评估体系不健全,缺乏科学的绩效评估标准;绩效评估主体单一,主要是政府自行评估,社会和公众参与不够,评估活动开放度较低;绩效评估理论研究不够,基础较为薄弱,对实践指导不够有力。我们要继续推进政府绩效管理和评估制度建设,加快建设人民满意的服务型政府。

建设服务型政府是我国政府坚定不移的目标。我们要坚持从中国国情和基本经济、政治制度出发,认真总结和吸收国内外的有益理念和做法,积极探索建立中国特色的政府绩效管理和评估制度。为适应新时期政府管理创新的要求,更好地推进政府绩效评估制度建设,需要着重抓好以下几个方面:

(一)建立和完善政府绩效管理和评估法律法规体系。这是加强绩效管理和评估制度建设的基本保障。要加快研究制定有关法律法规,通过健全法制,明确绩效评估的功能、地位,确定绩效评估的范围、内容、程序、形式和具体操作流程,使评估工作有法可依、有章可循。同时,要建立和完善绩效评估制度体系,包括完善政府综合绩效评估制度、政府部门绩效评估制度、公共政策绩效评估制度,健全预算绩效评估制度、绩效审计制度,以及创新公务员绩效考核制度等,以使绩效管理和评估得以规范化、制度化、常态化。

(二)建立和完善科学的政府绩效管理和评估指标体系。这是加强绩效管理和评估制度建设的基础工作。要坚持以人为本这一施政和绩效管理的根本理念与价值取向，围绕促进经济社会全面、协调、可持续的科学发展，着眼于建设勤政、公正、务实、高效、清廉、节约的现代化政府，优化政府结构，提高行政效率，降低行政成本，促进社会公平，强化服务功能，统筹规划设计能够体现现代服务型政府要求的评估标准和指标体系。这一标准和体系既要科学反映政府绩效的基本内涵、主要原则，又要体现不同行政层级、部门、区域、人员的特点和要求，以全面、准确、充分反映各方面绩效和业绩状况。从总体看，我国政府绩效评估体系应有利于建立开放性和竞争性的公共资源配置模式，通过有效的绩效信息收集和提供，引导公共资源有效配置和合理流动，特别要提高预算的约束性和公共财政利用效率，保障服务型政府目标的有效实施。

（三）建立和完善多元的政府绩效管理和评估机制。这是加强绩效管理和评估制度建设的关键所在。既要充分发挥各级政府自我绩效评估的功能，加强行政绩效管理；又要重视发挥各级人大机关对政府绩效评估的作用，扩大政府绩效管理和评估的民主化。同时，还要完善公民评议政府绩效的机制，大力推进政务公开，拓宽人民群众参与监督与评估政府绩效的形式与渠道。要鼓励和支持多元主体参与评估，提高政府绩效评估的公民参与度与社会公信度。此外，要建立相应的激励机制和约束机制，落实绩效管理责任，实行严格的问责制度。

（四）建立和完善有效的绩效管理和评估方法。这是加强绩效管理和评估制度建设的重要方面。要在绩效评估中广泛应用信息化手段，把绩效评估信息化同电子政务建设结合起来，充分利用计算机和互联网技术，建立健全政府绩效评估的信息系统，完善资料收集、储存和分析，不断提高绩效管理信息化水平。改进绩效评估方式，进一步做好政务信息公开，保障信息搜集和反馈渠道的畅通，正确引导公众和社会评议，促进"阳光政府"建设。政府绩效管理和评估涉及经济学、政治学、社会学、行政学、统计学和信息科学等多方面知识，需要加强绩效管理和评估人才的培养和引进。要提倡解放思想，勇于实践，不断探索创造中国特色的绩效评估方式和方法，提高绩效评估的科学化水平。

建设服务型政府，完善绩效评估制度，既是世界各国政府的共同责任，也是国际行政科学研究的重要任务。行政院校和行政研究机构工作者承载着光荣的使命。我们要不断提升绩效管理和评估理论研究水平，全面、系统地研究政府绩效评估制度，特别要深入研究“为什么评估、评估什么、谁来评估、如何评估和怎样运用评估结果”等问题。

加快建立中国特色社会主义行政体制*

（2012 年 11 月）

行政体制是国家体制的重要组成部分，行政体制改革是政治体制改革的重要内容。党的十八大报告对深化行政体制改革，加快建立中国特色社会主义行政体制，提出了明确的任务。这是着眼于党和国家事业发展全局，坚定不移沿着中国特色社会主义道路前进、全面建成小康社会作出的重要决策部署。我们一定要认真学习领会，切实贯彻执行。

一、加快建立中国特色社会主义行政体制的重大意义

（一）这是坚持和发展中国特色社会主义，推动上层建筑适应经济基础的必然要求

马克思主义认为，上层建筑与经济基础是辩证统一的关系。一方面，经济基础决定上层建筑，有什么样的经济基础，就要求建立什么样的上层建筑。经济基础发展变化，上层建筑也要随之不断变化。另一方面，上层建筑对经济基础具有巨大反作用，上层建筑适应经济基础，就会促进经济

---

* 本文刊载于《十八大报告辅导读本》一书，人民出版社，2012 年 11 月出版；《光明日报》2012 年 11 月 2 日全文转载。

基础的发展、巩固;反之,就会影响、制约经济基础的发展、壮大。邓小平同志曾经指出:行政管理属于上层建筑,总是要不断改进的。党的十八大报告明确指出:“行政体制改革是推动上层建筑适应经济基础的必然要求。”这从马克思主义基本原理和发展中国特色社会主义的高度,阐述了深化行政体制改革的必要性。改革开放以来,我国经济基础发生着广泛而深刻变化,适应经济基础的变化,行政体制改革不断推进,为改革开放和现代化建设提供了重要保障。但总的看,我国现行行政体制与经济社会发展变化还很不适应,必须通过深化行政体制改革,加快建立与发展社会主义市场经济和发展中国特色社会主义民主政治相适应的中国特色社会主义行政体制,使行政体制与经济体制、政治体制、文化体制、社会体制以及其他体制相协调,这是发展中国特色社会主义伟大事业的重要任务。

(二)这是全面深化改革开放,形成更加成熟制度体系的关键环节

改革开放是推动我国经济社会发展的强大动力,是实现国家现代化和中华民族伟大复兴的必由之路和成功之路。30多年来,我们党有领导有步骤地推进了经济体制、政治体制、文化体制、社会体制以及其他方面体制的改革,形成了全方位对外开放的格局,各个领域改革开放都取得了重大进展。但总的看,当前改革开放仍处于攻坚时期,制约经济社会发展的一些体制机制问题仍然存在,必须加快推进重要领域和关键环节的改革,不断完善经济、政治、文化、社会等各个方面的体制和制度。这是全面建成小康社会的强大动力,也是形成更加成熟的中国特色社会主义制度体系的迫切要求。邓小平同志1992年在“南方谈话”中指出:“恐怕再有三十年的时间,我们才会在各方面形成一整套更加成熟、更加定型的制度。在这个制度下的方针、政策,也将更加定型化。”行政体制改革既是整个体制改革的重要组成部分,又对整个改革开放起着重大作用。只有继续推进行政体制改革,才能更好地为其他体制改革和进一步对外

开放创造行政体制制度环境，促进经济、社会、文化等各领域体制改革持续深化，以利于在各方面形成一整套更加成熟、更加定型的制度和方针政策。

（三）这是加快转变经济发展方式，全面建成小康社会的重要部署

党的十八大报告提出了到 2020 年实现全面建成小康社会目标的新要求。过去 10 年，我国在全面建设小康社会道路上迈出了重要步伐，经济社会发展取得了举世瞩目的巨大成就，但经济发展方式转变仍然落后，成为经济社会生活中的突出问题。主要表现是：经济结构调整进展缓慢，经济增长质量和效益不高；教育、卫生、收入分配、社会保障等社会建设和社会管理领域矛盾较多；公共服务体系特别是基本公共服务体系建设滞后；城乡、区域发展差距较大。这些问题固然有多方面的原因，但都与行政体制存在缺陷和弊端有关。只有深入推进行政体制改革，加快建立中国特色社会主义行政体制，才能促进经济发展方式的加快转变，胜利实现全面建成小康社会。

（四）这是实现行政体制改革总体目标的迫切需要

党的十七届二中全会对深化行政体制改革作出了全面部署，提出了到 2020 年建立起比较完善的中国特色社会主义行政管理体制的总体目标。近几年来，通过采取一系列改革措施，我们朝着这个总体目标迈出了坚实步伐，取得了重要进展。但是，对照这个总体目标要求，我国现行的行政体制还有不小差距，包括政府职能转变不到位，对微观经济主体干预过多，社会管理和公共服务比较薄弱；政府结构不合理，职责关系不顺；政府管理方式需要改进，行政效率有待提高。从现在到 2020 年只有 8 年时间，深化行政体制改革的时间紧、任务重。必须增强推进改革的紧迫感和使命感，加快深化行政体制改革步伐，确保既定的行政体制改革总体目标的顺利实现。

二、今后一段时期推进行政体制改革的重点任务

党的十八大报告提出了今后一段时期行政体制改革的目标要求，这就是："要按照建立中国特色社会主义行政体制目标，深入推进政企分开、政资分开、政事分开、政社分开，建设职能科学、结构优化、廉洁高效、人民满意的服务型政府。"按照这一目标要求，加快建立中国特色社会主义行政体制，要着重抓好以下方面的改革。

（一）继续简政放权，加快政府职能转变

转变政府职能是行政体制改革的核心，也是处理好政府与市场关系的关键。政府职能转变的基本方向和目标，是实现三个方面的转变，即推动政府职能向创造良好发展环境、提供优质公共服务、维护社会公平正义转变。为此，一要深化行政审批制度改革，继续简政放权。加快推进政企分开、政资分开、政事分开、政社分开，切实减少对微观经济活动的干预，更大程度更广范围发挥市场在资源配置中的基础性作用。要遵循社会主义市场经济规律，加强和改进国家宏观调控，完善宏观调控体系，着力提高宏观调控和管理水平。二要进一步加强和改进市场监管，不断完善市场体系，创造良好市场环境，维护公平竞争的市场秩序。三要更加注重社会管理和公共服务，从体制、法制、政策、能力、人才和信息化方面全面加强社会建设，创新社会管理，保障和改善民生，提高公共服务水平；营造既有活力又有秩序的社会环境，切实维护社会公平正义，促进和谐社会建设。

（二）稳步推进大部门制改革，健全部门职责体系

大部门制是一种合理设置机构、优化职能配置的政府组织模式。实

行大部门制改革，不仅可以优化政府组织结构和行政运行机制，有效克服行政体制中机构重叠、职能交叉，权责脱节、职责不清，推诿扯皮、效率低下等弊端，而且有利于推进决策科学化、民主化、规范化，提高决策水平，有利于整合公务员队伍，优化人员结构。因此，稳步推进大部门制改革是完善社会主义市场经济体制的客观要求，也是实现政府管理科学化的重要途径。党的十七大提出，要"加大机构整合力度，探索实行职能有机统一的大部门体制"；党的十七届五中全会进一步强调，要"坚定推进大部门制改革"；党的十八大报告更加明确要求，要"稳步推进大部门制改革，健全部门职责体系"，这体现了中央对深化行政体制改革、优化政府组织结构的决心。推进大部门制改革，要对职能相近、管理分散的机构进行合并，对职责交叉重复、相互扯皮、长期难以协调解决的机构进行合并调整，以利于权责统一、提高整体效能。同时，要对职能范围过宽、权力过分集中的机构进行适当分设，以改变部门结构失衡和运行中顾此失彼的现象。建立健全部门职责体系，是政府全面正确履行职能的基础。要科学划分、合理界定政府各部门职能，包括综合部门与专业部门、专业部门与专业部门的职责关系，明确各部门责任，确保权责一致。要进一步理顺部门关系，健全部门间协调配合机制。

（三）优化行政层级和行政区划设置

党的十八大报告提出，要"优化行政层级和行政区划设置，有条件的地方可探索省直接管理县（市）改革，深化乡镇行政体制改革"。按照这一要求，必须适应经济社会发展以及政府职能转变的新要求，认真解决我国当前行政层级和行政区划方面存在的一些问题。一要进一步优化行政层级。合理、协调的行政层级是国家行政权力顺畅、高效运行的重要条件和基础。要合理确定中央与地方政府的职能与责任，健全中央和地方财力与事权相匹配的体制。要科学界定和明确省以下不同层级地方政府职能与权责关系，充分发挥地方各级政府的积极性。近几年，一些省实行省直接管理县(市)的改革,这是减少行政层级、提高行政效率的重要探索。但由于我们国家大,各地发展不平衡,也由于历史的和当前的情况不同,这方面的改革要积极而慎重地进行,不搞一个模式,不能一刀切。要坚持从实际出发,因地制宜决策,有条件的地方可以继续进行探索,要及时总结经验,加以正确引导。二要进一步优化行政区划设置。行政区划是国家行政管理的基础,区划设置是否科学合理直接关系行政管理的效能。近些年来,我国经济体制改革、政府职能转变以及城市化发展对行政区划设置提出了新要求,要按照有利于促进科学发展、有利于优化配置资源、有利于提高社会管理水平和更好提供公共服务的原则,合理调整行政区划。要简化行政管理层级,适时适度地调整行政区规模和管理幅度。通过优化行政区划设置,合理配置行政资源,提高行政能力与效率。三要深化乡镇行政体制改革。乡镇政府等基层政权组织是国家政权的基石,乡镇行政体制直接关系到农村经济发展和社会稳定。要按照因地制宜、精简效能、权责一致的原则,转变政府职能,优化机构设置,精简机构人员,创新服务方式,提高行政效率,建立行为规范、运转协调、公正透明、廉洁高效的基层行政体制和运行机制。探索对经济总量较大、吸纳人口较多的县城和小城镇,赋予其与经济总量和管理人口规模相适应的经济社会管理权限。同时,各级机构都要严格控制机构编制,减少领导职数,降低行政成本。这是深化行政体制改革的重要方面。

(四)创新行政管理方式,提高政府公信力和执行力

这是加快建立中国特色社会主义行政体制的重要方面。一要树立现代行政理念,创新服务和管理模式。善于运用市场机制、社会力量,善于利用现代信息技术,推行电子政务,优化管理流程,创新公共服务提供方式,使行政管理富有成效。二要全面推行依法行政,着力建设法治政府。进一步加强行政立法、执法和监督工作,加强行政程序和行政监督制度建设,规范政府行为,推进政府建设和行政工作法治化、制度化。三要大力

推进政务公开。完善政务公开制度,扩大政务公开范围,保障公众对公共事务的知情权、参与权、表达权和监督权,创造条件让人民群众更好地了解政府、监督政府、支持政府。四要提高科学决策水平。健全科学决策、民主决策、依法决策机制,合理界定决策权限,规范决策行为。完善决策信息系统和决策智力支持系统。五要加快电子政务建设。充分利用现代信息和通信技术,推进公共管理和服务的信息化、现代化。六要推进政府绩效管理。加快完善行政绩效评估标准、指标体系和评估机制、评估方法,有效引导和督促各级政府和工作人员树立正确的政绩观。加快推进统计制度改革,建立信息公开制度。加强行政绩效监督检查,特别是要让广大群众参与政府绩效考评,充分听取人民群众意见。要注重运用绩效考评结果,严明奖惩办法,加快完善责任追究制度。这样,才能有效提高政府的公信力和执行力。

(五)推进事业单位分类改革

事业单位改革与行政体制改革相互联系、相互制约。分类推进事业单位改革既是政府自身改革的延伸,也是转变政府职能、建设服务型政府的重要举措。理顺政府与事业单位之间的关系,是深化行政体制改革、转变政府职能的重要任务。要按照到 2020 年建立起功能明确、治理完善、运行高效、监管有力的管理体制和运行机制,形成基本服务优先、供给水平适度、布局结构合理、服务公平公正的中国特色公益服务体系的总体目标,遵循“分类指导、分业推进、分级组织、分步实施”的工作方针,科学划分事业单位类别,创新体制机制,尤其要着力深化事业单位管理体制改革,探索建立多种形式的法人治理结构,深化人事管理制度、收入分配制度、社会保障制度等改革,构建公益服务新格局。要在清理规范基础上完成事业单位分类,基本完成承担行政职能事业单位和从事生产经营活动事业单位的改革,在从事公益服务事业单位改革方面取得明显进展,进一步优化社会力量兴办公益事业的制度环境。

三、推进行政体制改革需要把握好的几个问题

(一)统筹规划,协调推进

行政体制改革是整个体制改革的重要内容,与经济体制、政治体制、文化体制、社会体制等方面改革都有密切关系,涉及行政权力关系的调整和政府组织结构的变动,涉及国家经济、政治、文化和社会生活的方方面面,涉及中央与地方、政府与社会、政府与企业、整体利益和局部利益等一系列重要关系。因此,行政体制改革需要放到党和国家发展的大局中统筹谋划,在中央统一领导下,与其他方面的改革一起统筹规划部署,整体协调推进。党的十八大报告指出:要“完善体制改革协调机制,统筹规划和协调重大改革”。这对加强体制改革的顶层设计,统筹规划,协调推进各方面改革有着重要意义。要把行政体制改革作为全面深化改革的关键环节,深入研究行政体制改革与经济体制改革、政治体制改革、文化体制改革、社会体制改革的相互关系,把握好各方面改革相互适应、相互支撑的规律性和相互制约、相互影响的复杂性,正确处理好改革发展稳定的关系,提高体制改革决策的科学性、权威性,增强各方面改革措施的协调性、配套性、实效性,确保社会主义改革的正确方向和顺利推进。

(二)明确目标,突出重点

行政体制改革是一项长期的任务,需要围绕目标,不断探索、稳步前进。推进行政体制改革,首先要按照建立完善的中国特色社会主义行政体制的总体目标,明确改革的方向、重点和路径,既要防止改革进展缓慢,又要防止改革急于求成。任何事物的发展都有连续性和阶段性的特点,把握住了连续性,才能把握事物的历史状况和发展趋势;把握住了阶段性,才能明确事物的现状特点和发展重点。行政体制改革也是一个连续

性和阶段性相统一的过程，每一个时期都要有一定的改革任务，突出重点，不断突破。因此，深化行政体制改革必须有长远目标下的近期目标，在总体规划下体现一个时期的重点安排，做到长远目标和近期目标相结合，全面推进和重点突破相结合。

（三）鼓励创新，勇于实践

实践是人类发展的基石，创新是社会进步的灵魂。我们党和政府的许多重大政策和做法都源于人民群众的创新，源于基层的实践。在推进行政体制改革中，要鼓励和支持地方、部门从实际出发，因地制宜，大胆探索，推进创新，为深化改革积累经验。近年来，许多地方和部门在实践中围绕政府组织结构、层级体系、管理体制、运行机制、服务方式等方面进行了积极探索，包括推进大部门制改革、探索省直接管理县（市）改革、创新行政管理方式，等等。有关部门和地方要作深入调查研究和客观评价这些改革措施的效果，认真研究解决改革过程中出现的问题，使那些在实践中被证明是行之有效的改革措施得到完善和推广。

（四）总结经验，注重实效

在30多年改革开放实践中，我们党领导人民创造了很多成功的经验。这些经验是宝贵的精神财富，应当认真加以总结，以更好地把握我国行政体制改革的规律。坚持理论和实践相统一，注重实际效果，既要鼓励和支持地方、部门积极进行实践探索和创新，勇于推进行政体制改革，又要高度重视总结实践经验，大胆进行理论探索和创新，用发展着的科学理论指导和推进新的改革实践，把各方面改革不断推向前进。

以行政体制改革带动其他领域改革*

——接受新华社《财经国家周刊》杂志记者的专访

（2014 年 2 月 3 日）

党的十八届三中全会闭幕不久，2013 年 12 月 11 日，中国行政体制改革研究会会长魏礼群接受了新华社《财经国家周刊》记者庞清辉的专访。

党的十一届三中全会召开的 1978 年，魏礼群从地方调至北京工作，先后在原国家计划委员会、中央财经领导小组办公室和国务院研究室等党中央、国务院宏观经济和重要综合部门工作 30 余年，连续参与了 7 次中国共产党全国党代表大会上政治报告和许多次中共中央全会文件的起草。

打开十八届三中全会通过的《中共中央关于全面深化改革若干重大问题的决定》，魏礼群能清楚地说出哪些条款是新提法，哪些是老提法，能具体地指出某一句话是 18 年前某次会议上提出的，某项改革要求是 20 年前某次会议上提出的。谈起《决定》的内容，魏礼群信手拈来：有些内容是过去提出很多年，但任务没有完成，这次又提出作为必要的强调；有些内容过去反复讲但这次没有提及；还有一些决策这次没有明确写出来，但实际已在实施中。

“这次《决定》的内容，既是全面深化体制改革的整体部署，也是全面

* 本专访发表于新华社《财经国家周刊》杂志 2014 年第 3 期，题目为《行政体制：改革枢纽》。

深化行政体制改革的重要部署。”魏礼群说，改革开放以来，中央对经济体制改革作出过多次全面的决策部署，以往行政体制改革内容多集中于经济体制改革的某一部分，或只散见于经济体制改革有关章节之中。

“目前中国的诸多问题和矛盾，其主要原因是不少体制机制存在弊端，我们现在推动的很多重要经济体制改革都与行政体制有关。行政体制既是整个国家体制的重要组成部分，又是其他体制的联结枢纽，也可以说行政体制改革是各方面改革的结合点和关键环节，必须加快行政体制改革，以深化行政体制改革带动其他领域的改革。”

政府和市场的关系是行政体制改革的核心

《**财经国家周刊**》：你如何看待十八届三中全会《决定》中提出的行政体制改革内容？

魏礼群：《决定》的第四部分“加快转变政府职能”专门阐述了行政体制改革的任务。实际上，《决定》的其他每一个部分都涉及到行政体制改革的内容，行政体制改革几乎贯穿《决定》的全文。无论是其中的政府和市场的关系、政府和企业的关系、政府和社会的关系，还是中央政府和地方政府的关系、地方政府和地方政府的关系，甚至党和政府的关系，都是行政体制改革的重要内容。

《**财经国家周刊**》：行政体制改革的范畴如此之广，为什么把处理政府与市场的关系作为经济体制改革的核心？政府职能转变与推进市场化改革有何关系？

魏礼群：转变政府职能是行政体制改革的重要任务，但不是行政体制改革的全部。通俗地讲，政府职能就是政府被赋予的权限、职责、功能，“政府该干什么，不该干什么”。多年来，突出的问题是政府管了很多不该管、管不了也管不好的事情，处于“越位”“错位”的状态。政府不该管的、不该审批的，政府管了、审批了；同时，政府职能往往又处于“不到位”的状态，比如说市场监管、环境保护、社会建设、公平正义等方面，该管的却没有管好。

我国过去长期实行计划经济，政府用过多行政手段直接配置资源，是不成功的，大量事实已经证明了这一点。只有推进市场化的改革，切实转变政府职能，做到政企分开、政社分开、政事分开，政府不直接干预微观经济社会的活动，才能充分发挥市场功能的长处，也才能更好发挥政府的作用。当然，这方面也要防止误解。不能把市场配置资源的决定性作用理解为全部社会经济领域市场化。该由市场起决定性作用的是资源配置方面，有些社会经济领域就不能搞市场化，比如经济总量平衡、生产力布局、社会治理和生产关系调整，就不能靠市场化。

《财经国家周刊》：为什么把深化行政审批改革作为政府职能转变的突破口？

魏礼群：因为这是使市场在资源配置中起决定性作用的关键，也是更好发挥政府作用的关键。目前行政审批的范围仍过宽，审批的事项还过多，而且不少是暗箱操作，自由裁量权很大，弊端丛生，包括束缚经济活力、降低经济效益，也包括滋生种种严重腐败现象。政府职能存在的突出问题就是权责不统一，有权力审批者不承担责任，需要承担责任者又没有权力办事，权责脱节。据我所知，在各级政府及其部门审批过程中，经常出现该审批的不及时审批，不该审批的由于多种原因，包括人情因素，都很快审批通过了。

2013 年 3 月 17 日，李克强总理在记者招待会上郑重承诺，在未来任期 5 年内，要把国务院仍然存在的 1700 多项行政审批事项精简 1/3。本届政府成立以来，确实是言必信、行必果，说到做到。据公开信息，到 2013 年 10 月底，6 个多月的时间，国务院已经取消、下放了 334 项行政审批等事项。应当说这个力度比较大，社会反响是好的。行政审批制度改革直接影响到行政体制改革乃至整个改革的进程。

应当指出，该取消、下放的要真正放到位。要警惕“明放暗不放”，有的部门名义上下放了不少审批权，但深入分析不难看出，这些下放的审批权里面，有些早就下放过了，早就名存实亡，这次也被算作下放事项，而有些该下放的实权却仍紧紧抓在手里，这是不应该的。还要防止“上放下不放”，应该放给市场、放给企业、放给社会的，国务院放权了，中央部委放了，但是有些到了一些省里、市里、县里被截留了，到不了市场，到不了企业，到不了社会。有的表面上看是减少了审批权，但又搞一些不必要的审核、备案等，实际上如同审批一样。该放开的应该彻底放开。

《财经国家周刊》：如何确保该下放的审批权下放到位？

魏礼群：《决定》在“强化权力运行制约和监督体系”部分中规定：“推行地方各级政府及其工作部门权力清单制度，依法公开权力运行流程”，这是一个很好的理念和决定。要建立各部门行政审批事项目录清单制度。下放审批权的项目要公开，仍需要行政审批的事项也要公开，要公开哪级政府你还在管什么，管的流程什么样。这样才能真正推进行政改革，政府治理也更加透明。

当然，下放权力也要避免一放就乱。下放审批权绝不等于撒手不管、一放了之，如果这样，也会造成经济社会生活的混乱。这方面我们国家过去吃的亏也不少，所以要做到“放管结合”，加强有效服务、协调和监管，避免以往“一放就乱，一乱就管，一管就死”的恶性循环。我认为，下放权力的方向要坚定、决心也要大，但下放什么事权、下放到什么程度，要与政府的监管能力、社会的法治建设相适应，还要大力改进监管办法和方式。要多设路标，少设路障，要抓紧把相关的规则、标准建立起来，明确市场主体运行的方向、边界。目前，我国法治社会还没有建成，许多法律不够健全，执法能力也不够强，很难完全依法办事。因此，要加快建设法治中国、法治政府、法治社会的步伐。积极创造条件，加快向市场、向社会、向企业放权。

《财经国家周刊》：在政府和市场的关系中，政府应当扮演怎样的角色？对政府的要求是不是更高了？

魏礼群：是的。这需要澄清一个误区：政府简政放权，使市场在资源配置中起决定性作用，不是说可以削弱政府在社会经济领域中的作用，也不是说要建立“小政府”“大市场”，更不能认为政府可以无所作为，只是起所谓“守夜人”的作用。政府放开微观活动，而政府应尽的职能更加重要，特别是宏观调控、制定规划、准则和公共服务、社会建设、环境保护、维护公平正义等职能必须加强，绝不可不作为。十八大报告在论述市场和政府关系时，是讲两个“更”字，即“更加尊重市场规律”，“更好发挥政府作用”。十八届三中全会《决定》是把“使市场在资源配置中起决定作用和更好发挥政府作用”两个方面联系起来讲的。政府的职责不仅要引领市场方向，保持宏观经济稳定，还要加强和优化公共服务，保障公平竞争，加强市场监管，维护市场秩序，推动可持续发展，促进共同富裕，弥补市场失灵。可以说，这对政府作用的要求更高了，政府职能责任更大了。市场和政府两者作用不可偏废。

行政体制改革是全面深化改革的纽带

《财经国家周刊》：在你看来，此次十八届三中全会中关于行政体制改革内容的出台，与以前改革方案相比，背景和内容有何不同？

魏礼群：首先，35 年来改革开放的巨大成功，社会生产力的巨大发展，市场经济体制逐步建立，开放型经济基本形成，信息化、现代化迅猛发展，这些都迫切要求生产关系和上层建筑许多环节和方面进行相应的深度调整，迫切需要进行全面深化和推进改革。其次，这次三中全会改革内容不仅是经济体制改革，而且包括了经济、政治、文化、社会和生态文明体制等全面深化改革，并充分考虑了改革的关联性、系统性、整体性。行政体制改革在整个体制改革中既是桥梁，又是纽带，既是经济改革，又是政治改革,起着关键环节的作用,整个改革的每个方面都涉及到行政体制改革,深化行政体制改革势必会带动其他领域改革的深化。

《财经国家周刊》:你如何看待三中全会《决定》提出的改革总体目标,行政体制改革在其中占据什么样的地位?

魏礼群:《决定》明确提出了全面深化改革的总目标,就是发展和完善中国特色社会主义制度,推进国家治理体系和治理能力现代化。应当说,这也是行政体制改革要与之协调的总体目标,这比中央以往确定的行政体制改革总体目标内涵更丰富、要求更高。

《决定》的改革思路涵盖了经济、政治、文化、社会、生态文明、国防体制各个方面,而这些改革都涉及如何处理好政府和市场的关系,其成效在很大程度上都有待于或取决于行政体制改革的深化。《决定》提出了行政体制纵向和横向两方面的改革任务,涉及中央政府与地方政府关系,涉及政府的大部制改革等。此外,《决定》突出了改革创新,包括创新国家治理体系、创新治理制度、创新治理方式等。

《财经国家周刊》:和以前相比,此次全会《决定》在政府和市场关系方面有哪些新特点?

魏礼群:第一,更加强调市场的作用。突出了市场在资源配置中起决定性作用。市场决定资源配置是市场经济的一般规律,市场经济实质上就是市场决定资源配置的经济。这是一个重要理论创新。

第二,更加强调"有效的政府治理"。过去叫"行政管理",这次提出有效治理,对政府的要求更高了。政府作为公共权力行使者,理所当然地应该履行经济社会运行的引导、调控、服务、管理职能。但要求做到"科学的宏观调控,有效的政府治理",就必须完善政府治理体系,创新政府管理方式,提高政府治理能力和治理水平。

第三,更加强调改革的整体性。行政体制改革不仅仅是政府职能的转变,还涉及到各个方面、各个领域,包括健全宏观调控体系、优化政府组织结构和行政区划的调整,还包括财政税收体制改革,加快完善现代市场体系和建立统一开放、竞争有序的市场体系等。

第四，更加强调体制的现代化。例如，提出“推进国家治理体系和治理能力现代化”，这就是着眼于国家制度文明、组织机构和治理能力的现代化。“国家治理”“社会治理”，都是现代化的理念，也是国际通行的概念，“治理”的概念更丰富，更开放。这次更加考虑用国际通行的概念和范畴，是在用国内外相通的语言来讲述中国的故事。

《财经国家周刊》：要落实十八届三中全会的重要精神和举措，你觉得困难在哪里？如何更好地贯彻十八届三中全会的决定？

魏礼群：《决定》写得好，关键还得落实好。要有决心、有信心，也要有恒心，用更大的勇气、智慧和能力来抓落实。我认为尤其要注意以下几点：

第一，要把握好方向，坚持社会主义市场经济的改革方向。社会主义和市场经济怎么样更好结合，这是需要坚持不懈探索的重大课题。我们已经进行了30多年的理论创新和实践探索，也取得了宝贵的经验，但是还有许多未被认识的必然王国。特别是如何既有效发挥市场在资源配置中的决定性作用，又充分发挥社会主义制度的优越性和政府的应有作用，需要深入研究解决不少理论和实践问题。至关重要的是要注意把握好两者作用的领域、范围、程度和结合方式，防止出现偏差。

第二，要进一步解放思想，切实转变观念。这样才能够不断适应新情况、新形势，认真落实好《决定》的各项改革部署。传统的思维、落后的观念不坚决破除，就落实不好已作出的改革决定。

第三，要增强领导改革的本领。《决定》对各级党委政府领导改革的要求更高了，领导干部必须有更高的治国理政素质和本领，才能自觉遵循市场规律，也才能更好地履行政府职能。

第四，要积极稳妥，分类指导。改革方案要经过科学论证，并把握出台时机。要区分情况，分类推进。特别是涉及到全国的重大改革举措，要先作试点，取得经验后再推行。坚持“摸着石头过河”。

第五,要真抓实干,注重实效。空谈误国,实干兴邦。现在有些地方空口号太多,形式主义不少。要提倡扎实干事,切实注重实效。要及时总结经验教训,对的就坚持、推行,发现有问题就马上改正,再作探索。这是我们党长期以来领导改革和建设的一个很重要的经验。

继续深入推进行政审批制度改革*

（2014 年 7 月 30 日）

行政审批是行政管理的一种重要方式，也是政府履行职能的一种重要形式。改革行政审批制度，是转变政府职能、改革行政体制的重点任务，是推进国家治理体系和治理能力现代化的必然要求，也是当前全面深化改革的关键环节。因此，党的十八届三中全会明确提出，“进一步简政放权，深化行政审批制度改革”，并作出了具体部署。我们必须按照中央的部署，坚定不移深化行政审批制度改革，使这项关系全局的改革扎实推进并取得实效。

深化行政审批制度改革意义重大

在以往 30 多年的改革进程中，伴随行政体制改革的逐步深化，行政审批制度改革不断推进，但这项改革远没有完成。无论从当前还是从长远看，继续深化行政审批制度改革都具有十分重要的意义。

使市场在资源配置中起决定性作用的必然要求。市场决定资源配置

* 本文发表于 2014 年 7 月 30 日《人民日报》。

是市场经济的一般规律,完善社会主义市场经济体制必须遵循这条规律。经济体制改革的核心问题是处理好政府和市场的关系。目前,在很多方面市场尚不能起到配置资源的决定性作用,其中一个重要制约因素就是政府以行政审批为主要形式和手段过度干预微观经济事务、不当干预市场运行。因此,需要继续深化行政审批制度改革。

加快转变政府职能、深化行政体制改革的重要抓手。深化行政体制改革包括多方面任务,而转变政府职能是核心。推进行政体制改革必须突出这个核心,把加快转变政府职能作为优先任务。目前,我国政府职能仍然存在越位、缺位、错位以及运行低效、行为不规范等问题,其中很多表现在行政审批上。大量的行政审批事项以及各种名目的管理事项,直接影响政府全面正确履行职能。只有继续简政放权,深化行政审批制度改革,才能加快转变政府职能,深入推进行政体制改革,既充分发挥市场在资源配置中的决定性作用,又更好发挥政府作用。

进一步激发市场和社会活力、促进经济社会持续健康发展的迫切需要。行政审批过多过滥,制约市场力量和社会力量作用的发挥,抑制地方和基层的积极性。只有继续深化行政审批制度改革,简政放权,进一步给市场主体"松绑"、为社会组织"腾位",才能更好地激发市场和社会活力,调动各方面的积极性,促进经济社会持续健康发展。

防治腐败的釜底抽薪之策。行政审批过多过滥,不仅影响市场在资源配置中作用的有效发挥,抑制社会投资创业积极性,增加交易成本,也为权力寻租提供了空间,是滋生腐败的一个重要根源。现实中,一些部门和人员利用手中掌握的行政审批权"吃拿卡要",少数人甚至通过倒卖批文牟取私利,败坏党风政纪,影响党和政府的形象。继续深化行政审批制度改革,进一步取消和下放行政审批事项、规范行政审批行为,可以减少利用审批权进行寻租的机会,从源头上遏制和防治权力腐败。

行政审批制度改革取得显著成效

按照党中央的部署,新一届政府把加快转变职能、简政放权作为开门的第一件大事,把行政审批制度改革作为推进这项工作的突破口,持续发力,取得了显著成效。

取消和下放审批事项数量超过预期。从 2013 年 5 月至 2014 年 1 月,国务院各部门分 4 批共取消和下放行政审批等事项 416 项,其中行政审批事项超过 300 项。按照本届政府任期内将行政审批事项减少 1/3 以上的目标,在不到 1 年的时间内完成任务量已经过半,取消和下放行政审批事项的力度和进度都超出了社会预期。

取消和下放审批事项的“含金量”越来越高。一年来,政府不仅注重取消和下放行政审批事项的数量,而且注重其“含金量”,着力推动那些涉及利益深、对有关主体和经济社会发展影响大的行政审批事项取消和下放。随着改革的深入,在投资项目核准、生产经营活动许可、资质资格认定等方面取消和下放了一批审批事项,啃了不少“硬骨头”。

规范行政审批取得重要进展。国务院各部门对行政审批事项进行了清理和核实,摸清了“底数”。对非行政许可事项进行重新评估和调整,有些纳入行政许可事项,其余的则要逐步取消。强调设立行政审批事项的法律依据和程序,推进取消于法无据的审批事项和各种名目的准行政审批事项,严格控制新设行政审批事项,防止边减边增。对于各部门仍保留的行政审批事项,向社会公开清单,接受社会的评估和监督。各级地方政府和部门按照国务院的要求,也加紧对行政审批事项和各种以“红头文件”设定的管理事项进行清理,促进了行政审批的规范化。

简政放权和深化行政审批制度改革带动了政府职能转变和行政体制改革的深化,激发了市场和社会活力,增强了经济社会发展内生动力,降低了行政成本，减少了寻租和腐败空间，为促进经济持续健康发展和社会和谐稳定发挥了重要作用。实践表明，在党中央的领导下，本届中央政府不仅具有全面深化改革的坚强决心，而且具有全面深化改革的巨大勇气和能力。

不断有新作为新突破

推进简政放权、深化行政审批制度改革开局很好，但改革任务依然繁重而艰巨，必须下更大的决心、用更大的气力，不断有新作为、新突破。

进一步取消和下放行政审批事项。目前，国务院各部门保留的行政审批事项还有约 1300 项，地方政府部门的行政审批事项数量更多。仔细分析已向社会公开的审批事项清单可以看出，进一步取消和下放行政审批事项还有很大空间。应继续做好政府“瘦身”、取消审批权的改革，最大限度地向市场、向社会放权，把市场能自行调节的交给市场，把社会组织能自行承担和自律管理的交给社会组织；同时，坚决把有利于发挥地方政府优势、有利于提高管理服务效率和方便服务的事项下放给地方政府。不仅应进一步减少审批事项的数量，而且应注重取消和下放更多“含金量”高、对市场和社会影响大的审批事项，特别是逐步减少对投资项目的层层审批，以激发社会投资创业的积极性。

严格规范行政审批。目前，行政审批不规范问题很突出，主要表现为行政审批事项的设立不规范和审批实施过程不规范。继续深化行政审批制度改革的一项重要任务，就是必须公开透明和严格规范行政审批事项的设立和实施。应推行各级政府及其部门权力清单制度，并依法公开权力运行流程。保留的行政审批事项一律向社会公开，各部门和地方政府还在实施的审批事项应尽快公布目录清单。在目录之外，一律不得实施行政审批。适应情况的发展变化需要新设的行政审批事项，应遵循法律程序，经过严格论证才能设立。对于一些地方和部门不符合法律规定设立的各种名目的行政管理事项，应切实加以清理和废止。为规范行政审批的实施，应对审批程序、条件和标准、时限等作出明确规定，并向社会公开。

着力优化创新行政审批。优化审批权的配置，对过于分散在不同部门的审批事项进行整合，按照有利于提升管理效果、方便行政相对人的原则进行重新配置，解决多头审批、重复审批问题。改进审批流程，对现有审批流程进行梳理和评估，重新设计工作程序，减少不必要的环节。创新审批方式，特别是利用现代信息通信技术，通过网上审批等新方式提供便捷高效的审批服务。

需要注意的几个问题

做到放管结合。在取消和下放行政审批事项的同时，必须加强和改进政府监管。审批是一次性的源头管理，监管是长期性的过程管理。减少审批、强化监管，对于各级行政机关而言，是由行使权力向承担责任转变、由实施管理向提供服务转变，要求更高、任务更重。在监管对象量大面广、监管事务环节多链条长的情况下，必须完善监管体制机制、创新监管方式和手段，切实加强监管和服务。至关重要的是，多设路标、少设路障，抓紧把规范市场运行、社会组织发展的相关规则、标准、治理体系建立起来。

把握好放权的进度。减少行政审批事项方向要坚定、决心要大，但取消和下放什么事权，下放到什么程度，应综合考虑市场自行调节的外部环境、社会组织的发育成熟程度、政府的监管能力等各方面条件和能力，把握好放权的力度和节奏，提前谋划应对下放权力后的新情况和可能出现的风险，使行政审批制度改革既能带动政府职能转变和行政体制改革，又能与全面深化改革进程和促进经济社会发展客观要求相适应。

加快推进法治建设。推进行政审批制度改革，应运用法治思维和法治方式，遵循法治轨道。坚持法治基本要求，依法清理规范行政审批事项和行为；同时，加快清理、修订相关法律法规进程。特别应强化执法，加快建设法治国家、法治政府、法治经济、法治社会，增强全社会的法治意识，从而真正做到市场、企业、社会活中有序，经济社会持续健康发展。

让社会参与改革。政府取消哪些事项、下放哪些事项、保留哪些事项，下放的事项由谁承接、保留的事项由哪些政府部门负责，需要通过适当形式组织相关群体代表和专家进行讨论和评估。改革方案的执行、审批行为的实施，需要社会各方面通过相应的渠道开展监督。社会广泛参与和监督，有利于行政审批制度改革得到各方面的支持和拥护，沿着正确的方向不断深入，取得预期效果。

积极推进政务公开信息化*

（2015 年 5 月 23 日）

这次研讨会议是政务公开信息化的一次思想盛宴，是贯彻落实党中央、国务院关于政务公开信息化决策部署的一次重要会议。

会议时间虽短，但内容丰富，成果丰硕，达到了预期目的。这次会议有三大突出特点：即新、深、实。

第一，主题新。政务公开信息化已经提出了很长时间，这次理论界、实务界的专家聚集起来深入研讨这个问题，这是抓住了建设服务型政府、创新型政府的一个关键性问题。

第二，讲得深。与会者从国家大局、从时代潮流、从社会转型的高度，研讨政务公开这样的新课题，想得深、讲得深、寓意深。包括对政务公开的概念、内涵、实质的发言，很有见地。

第三，成果实。与会代表从宏观层面和微观层面，讲实际、求实效，踊跃建言献策。

下面，我根据会议讨论的情况，结合我自己多年以来在工作中的体会，讲五个方面的问题，供大家进一步研究参考。

---

* 本文系作者 2015 年 5 月 23 日在政务公开信息化专家研讨会闭幕式上的总结讲话提纲。

一、充分认识推进政务公开信息化的重要性和紧迫性

党的十八大以后,以习近平同志为总书记的党中央高度重视政务公开信息化问题。党的十八届二中、三中、四中全会都对政务公开信息化作出了明确的部署。新一届国务院把政府自身改革、简政放权、转变职能作为行政体制改革的“当头炮”,强调要推进政务公开信息化。国务院还决定把原来的政务信息办公室改成政务信息和政务公开办公室。我认为这改得好,职能整合得好,必将会进一步推进政务公开信息化工作。党中央、国务院为什么这样高度重视政务公开信息化工作呢?

第一,政务公开信息化是现代化、服务型政府的重要制度安排。现代化政府活动要做到公开、透明、开放。我们党和国家明确提出来要建设现代化政府、服务型政府。党的十七大把建设服务型政府作为推进政治体制改革的重要部分。建设服务型政府是建设现代化政府的重要标志。

第二,政务公开信息化是我们国家政权性质和政府职能的内在要求。我们是社会主义国家的政府,人民是国家的主人。人民拥有获得政务公开信息的权利。随着改革开放进程的不断推进,人民的民主意识、法治意识普遍增强,更需要享有对公共事务的知情权、参与权、表达权、监督权。这是我们政权的性质和政府职能决定的。

第三,政务公开信息化是国家治理体系和能力现代化的重要内容。推进国家治理体系和能力现代化一个非常重要的方面,就是实现政府治理体系和治理能力现代化。在这方面很重要的就是完善制度体系,政务公开本身是一个制度体系。用信息化来服务、推动、实现政务公开化,这是推进政府现代化的一个手段。政务公开信息化既有制度要求也有手段保障。推进政府治理体系和治理能力现代化也是现代化政府建设

的重要目标。

第四,政务公开信息化是经济全球化和社会信息化的时代潮流。现在世界潮流是开放的、信息化的,我们加入 WTO,就要顺应 WTO 的规则;我们要参与和影响世界治理体系,就必须顺应世界发展潮流。特别当今世界是互联网、大数据广泛应用的时代。时代潮流,浩浩荡荡,顺之者昌,逆之者亡。

所以,我们要从全局上、战略上、政治上来认识政务公开信息化问题。政务公开信息化的概念、内涵可以讨论,这次会议上,有广义、中义、狭义之分,各种观点都有些道理,可以继续讨论。但我认为有几个观点是无可争议的:

第一,政务公开信息化可以更好地履行政府职能,提高政府的公信力、执行力、服务力,使政府工作更惠民、更有效率。

第二,政务公开信息化是政府的义务,不是恩赐群众,不是在作秀。这是建设现代化政府、服务型政府的内在要求,是社会主义市场经济发展、社会主义民主政治发展的必然趋势。

第三,政务公开信息化不单纯是技术问题,也不仅仅是一个方法问题,而是关系到政府的理念创新、职能创新、制度创新、管理创新、方式创新,不能光从大数据技术角度看政府公开信息化,而要从政府自身全方位变革的角度来把握。

第四,政务公开信息化不是可做可不做的,而是必须做的,形势逼人,时不我待。否则,政府工作就会陷入被动,甚至就会犯错误。

二、全面估量我国政务公开信息化的进展和问题

我们国家实行政务公开信息化,是一个由无到有、由少到多、由低层次到高层次不断推进的过程。上个世纪 80 年代开始,中央要求在一些有

条件的地方,可以在基层探讨政务公开的试点。1997年,中央提出来要在城乡基层政权机关和基层群众性自治组织中实行政务公开和财务公开,让群众参与讨论和决定基层公共事务和公益事业。2000年12月,中共中央办公厅、国务院办公厅专门印发了《在全国乡镇政权机关全面推行政务公开制度的通知》。2004年3月,国务院印发《全面依法推进行政实施纲要》,把行政决策、行政管理和政府信息公开作为推进依法行政的重要内容。2005年中央印发了惩治和预防地方腐败体系实施纲要,提出健全政务公开、厂务公开、村务公开制度。2008年3月,推进政务公开写进了国务院工作条例,近些年加快了政务公开的进程。党的十八届三中全会要求:"完善党务、政务和各领域办事公开制度,推进决策公开、管理公开、服务公开、结果公开"。近30年来我们国家政务公开和信息化是个与时俱进的过程,公开的领域不断扩大,公开的范围不断拓宽,公开的层次不断提高,公开的主体不断增加,公开的制度不断建设,公开的手段不断改进,公开的方式不断创新,积累了许多丰富的经验。

总体来看,我们国家政务公开过程是与改革开放进程相适应的,是与社会主义市场经济发展进程相适应的,是与社会主义民主法治建设进程相适应的,也可以说,与我们党和政府治国理政能力的逐步提高是相适应的。推进政务公开信息化对经济社会发展、对改革开放和现代化建设、对满足广大人民日益增长的物质文化需求、政治需求发挥了重要作用,我们应该给予充分肯定和积极评价。但是,与人民群众的期待相比,与社会主义市场经济发展和民主法治发展要求相比,还有不少问题:第一,部分领导干部和地方政府对政务公开信息化认识不到位,不重视,不主动,不及时,不充分。第二,政务公开的内容比较单一,对政务公开的概念、内涵理解不深不透。有的仅仅把政府工作的信息放在网站上,就作为政务公开了,很多政府信息内容也长期不公开。第三,不少地方政务公开信息形式大于内容。政务公开的含金量不高,特别是社会上对各级财政预算公开感到不太满意。对财政公开、预算公开、财政项目公开,大家还是有很大期待的。第四,政务公开的信息化程度不够,运用信息化的载体、方式不多,有些地方仅仅是一个开始。第五,法治不健全,我国至今还没有一个统一的政务公开法,现在仅仅有一个政府信息公开条例,立法和相关的制度还不相适应。这些问题有的部门、地方突出一些,有的部门、地方好一些。政务信息化建设中存在的问题是,重建设轻运行、重管理轻安全的现象相当普遍,在信息化建设中盲目开发、盲目发展。例如网上审批,有些地方花了巨额投资,还不能使用,因为相应的标准、技术、软件开发跟不上去,乱花钱。因此,我们要用全面的观点、历史的观点、发展的观点看待我国政务公开和信息化的进程与现状。

三、加快政务公开信息化建设的重要原则和需要解决的问题

党的十八届三中全会、四中全会对推进政务公开信息化提出了新的更高要求。三中全会要求做到"决策公开、管理公开、服务公开、结果公开"四个公开,四中全会又加了一个"执行公开",成为五个公开。推进政务公开信息化应遵循的重要原则是:第一,坚持全面推进政务公开,做到公开为常态,不公开为例外。第二,坚持全过程公开,政务各个环节都应公开。第三,坚持规范化公开,制订权力公开清单。第四,坚持政务工作各个领域、重大事项政务公开。第五,坚持政务公开信息化,充分运用互联网信息数据平台。这些对全面推进政务公开的范围、内容、制度、方式、手段都进行了具体规定。我们要结合各地方、部门的实际创新和落实。

最近,上海市不仅提出了 2015 年政府数据资源开放清单,同时还通过"上海市政府数据服务网"公开,并提出了力争通过三至五年时间形成负面清单的开放模式,明确政府不公开的范围,其他所有数据必须公开共享,规定了某些不能公开的之外,各方面的都要公开。国外有些国家实行

政务公开办法的做法可以研究借鉴。我最近看到芬兰《政务公开法》,该法在保密章节中,对保密范围作了具体规定,包括与外国和国际组织的关系;海关、边防、监狱的侦查技术和手段;国家安全和国防信息;国家货币政策的准备过程等,这些方面不能公开。它规定了哪些不能公开,其余皆应公开。对于涉及到国家安全、公民隐私、法人合法权益,不应公开的坚决不能公开。要防范政务公开信息化可能带来的社会经济风险,特别要防止可能危及国家安全、公民隐私和法人合法权益的政务公开。

为了加快推进政务公开信息化,需要抓紧解决以下几个方面问题。

第一,创新思维模式和管理模式。首先,要彻底改变计划经济传统的行政理念,真正按照市场经济规律办事,切实让市场在资源配置中起决定性作用,充分发挥社会力量的重要作用。其次,要彻底改变过去封闭型行政管理模式,树立发散性思维,实行开放型管理。再次,要彻底改变暗箱操作的行政思维方式,不加区别地强调保密不利于推进政务公开。最后,过去政务公开是供给型,政府想公开什么就公开什么,不想公开什么就不公开什么。今后应转为需求导向,老百姓希望知道什么,就尽可能公开什么。

第二,加快推进市场化社会化进程。政府要进一步简政放权,切实减少行政审批事项,特别强调多证合一,把税务、工商、海关、质监部门中相关的多个证件合成一个。现在好几个地方已经开始这样做了,效果很好。

第三,积极推行政务公开信息化。推行政府公开信息化,这是一个历史性的机遇,必须抓住。我们现在存在的问题不少:一是数据不全面、碎片化;二是数据不真实,数据不真实比没有数据更可怕,这会误导决策、误导公众;三是数据不共享,部门封锁、地方封锁,普遍存在信息“孤岛现象”;四是有数据但不会运用;五是信息系统不规范,没有一个科学标准;六是信息不安全,信息安全出现不少漏洞。在推进政务信息化的过程中,要有针对性地解决这些问题,要有超前意识,要树立全局观念。

第四,大力加强政府法治建设。要加快制定政务公开信息化法。坚持用法治思维、法治手段、法治办法来推进政务公开和信息化。据说,我国已有243部法律中,涉及到政务公开的多达769条,但执行得不够好。要做到有法必依,严格执法。推进政务公开信息化立法,可能与现行的保密法、档案法一些规定有矛盾。档案法、保密法是多少年以前制定的,也应当与时俱进加以适当修订。

第五,健全政务公开信息化机制。特别是要形成协同配合机制,加强诚信体系建设,党政军、中央与地方、政府与企业、部门与部门都应该协同配合,任何一个部门、地方单独行动都是不行的,不可能取得成效。同时,要引进第三方评估,促进形成配合协同机制。

四、正确把握政务公开信息化的发展进程

要充分认识政务公开信息化的艰巨性、长期性。这方面工作政策性很强,涉及面广。应该采取坚决、积极、而又稳妥推进的方针。

第一,坚持从中国国情出发,把握政务公开信息化的社会条件。政务公开的实质就是完善中国特色社会主义制度,推进国家治理体系和治理能力现代化。要考虑我们国家的历史文化传统。改革开放以来尽管我国的民主法治建设大踏步推进,但是社会上思想文化素质和参与民主法治建设的意识还有一个不断提高的过程。政务公开既要积极推进,又要加强引导。

第二,坚持中国共产党领导,政务公开与党务公开相统一。我们党是中国特色社会主义事业的领导核心。中国的社会主义制度本质是共产党领导,党领导政府、党领导人大,党领导各方面组织。我们国家的重要决策和管理制度都是由党的领导作出的,政务公开一定要考虑到党务公开的程度和实际情况。十八届三中全会讲到了党务公开、政务公开。

政务公开和党务公开的内容、形式、时机要协调一致。也就是说，政务公开信息化建设要充分考虑到我们国家政治体制安排的特殊性。

第三，坚持全面增强全社会素质，不断提高政务公开信息化的水平。要对党政各级领导干部和广大群众进行政务公开信息化的知识普及教育，不断提升推行政务信息化能力和水平。为了更好推进政务公开信息化，应当着力抓好以下几个方面：一是加强顶层设计。要运用全局思维、全面思维、战略思维、超前思维、底线思维、辩证思维，包括统筹设计国家层面的、地方层面的标准、接口、统计工作。要在调查研究总结经验的基础上，制订在新形势下推进政务公开信息化的规范性文件。坚持从实际出发，分类指导。二是鼓励探索，支持创新。三是广泛研究吸收国外政务公开信息化的有益做法和经验。四是加强政务公开信息化理论研究。对政务公开信息化要进行跨学科、多学科的研究，不仅涉及公共行政学科，还涉及法学、社会学、经济学等学科，要提倡和鼓励跨学科研究。深入研究政务公开信息化的概念、内涵、边界、实质问题；深入研究中国政务公开信息化的特点和规律问题；深入研究政务公开和信息化建设的关系问题；深入研究我国政务公开信息化基本经验和难点问题；深入研究政务公开常态化、规范化机制建设问题。只有从理论上搞清楚，才能提高推行政务公开信息化建设的自觉性和创新性。

中国行政体制改革研究会作为专业化行政改革智库，愿意与政界、学界、商界和企业界加强联系、加强合作，共同推动我国政务公开信息化建设，共同研究中国改革开放和现代化建设中的重大问题，更好地为党和国家决策咨询服务，为社会各界和广大企业服务。

创新和加强监管　提高政府治理水平*

（2015 年 8 月 6 日）

一、对新一轮简政放权改革的基本估计

党的十八大以来，新一届政府在以前改革的基础上，进一步加大行政体制改革力度，紧紧抓住转变政府职能这个关键环节，着力推进简政放权、放管结合，采取一系列措施，取得了显著成效。但这项改革仍处于攻坚阶段，任务相当繁重和艰巨。我认为，在深化简政放权改革、转变政府职能方面，应该说两句话：一句话是，坚定不移搞放权，坚决把该“放”的彻底放开，该“减”的彻底减掉，该“清”的彻底清除，不留尾巴、不留死角、不搞变通；另一句话是，理直气壮抓监管，要做好简政放权的统筹谋划，提高政府治理水平，特别是创新和加强监管，敢于监管、科学监管、善用监管。

二、高度重视创新和加强政府监管

这是健全社会主义市场经济体制的内在要求。在社会主义市场经济

* 本文系作者在国家行政学院召开的简政放权、放管结合座谈会上的发言；发表于《行政管理改革》杂志 2015 年第 7 期。

体制框架中,既要发挥市场对资源配置的决定性作用,又要更好发挥政府的作用,特别是加强对经济社会运行的引导、规范和监管作用。简政放权是要把本来属于市场、公众、企业、社会组织和地方政府的权力交出去,充分尊重它们的权利和发挥它们的应有作用,最大限度地增进经济社会发展活力、创造力和运行效率。同时,放权不等于一放了之,完全撒手不管。没有规矩,不成方圆。简政放权以后,政府监管必须跟进。简政放权,放开放活是改革;实施有效监管,管住管好,也是改革。这二者都是社会主义市场经济体制的内在要求,不可或缺,不能偏废。

这是实现政府治理现代化的重要环节。我国政府改革和建设的重要目标,是推进政府治理体系和治理能力现代化。简政放权,化繁为简,是建设现代化政府的必由之路。实施有效监管是政府治理现代化的重要标志。只有把不该由政府管理的事项转移出去,才能从制度上保障市场在资源配置中发挥决定性作用。同时,政府也才能有更大的力量履行好创造良好发展环境、维护社会公平正义,以及宏观调控、市场监管、社会管理和公共服务的职能,更好建设创新型政府、法治型政府和服务型政府。

这是顺利推进改革发展的迫切需要。当前,我国改革开放和经济社会发展的主流是好的,但存在的突出问题是市场经济本身还不够完善,市场秩序不规范。一些企业和社会组织缺乏诚信意识,不守法经营,各种制造假冒伪劣、侵犯知识产权、坑蒙拐骗、破坏生态环境、危害公共安全等现象屡见不鲜。例如,新型网络投资诈骗活动猖獗,“含铝包子”等有毒食品禁而不绝。其中的重要原因,是对市场主体缺乏监管或者监管力度不够。在继续简政放权的情况下,只有“放”和“管”两个轮子一起转,在降低门槛和打开前门的同时,及时创新和加强事中事后的监管,才能走出以往那种“一放就乱、一管就死”的怪圈。

从国际上市场经济发展的经验教训来看,市场作用不断发挥的历史,也是政府监管不断创新和加强的过程。不论哪个国家在什么时候忽视或放松政府监管,就会发生始料不及的严重问题。2008 年,美国爆发殃及全球的金融危机，一个重要原因是美国政府一度放松了金融监管。最近，我看到担任美国奥巴马政府信息与监察事务办公室主任卡斯·桑斯坦撰写的一部名为《简化——政府的未来》的专著，全面论述了在自由市场经济的美国如何与时俱进地创新政府监管工作。他认为，“没有监管，也不会有自由市场”。作者在书中写道：“2009—2012年，我国开始了政府监管的创新。”我们是实行社会主义市场经济的国家，更需要重视抓好监管，而且也有条件有能力搞好监管。所以，在深化简政放权改革中，必须高度重视实施政府的有效监管，特别要创新政府监管。

三、全面把握政府监管面对的新情况新要求

所谓监管，就是“监视管理”。它同行政审批不同，监管是事中事后的行政行为，是持续的过程管理；行政审批是事前审查管控，是一次性源头管理。不同的历史条件和管理体制，有着不同的监管模式。在我国新的历史条件下，搞好政府监管，一要创新，二要加强。首先要创新，只有创新才能加强，也就是说，政府监管必须立足于创新，着眼于创新，致力于创新，在创新中加强。这是经济社会发展和改革开放新形势、新任务的要求。传统的监管理念、监管制度、监管方式和监管手段，已难以适应时代发展的要求，政府监管必须创新。

之所以要加强监管，这是因为：长期以来计划经济的重事先审批、轻事中事后监管的传统思维与做法影响深远，目前不少部门、地方政府及其工作人员对监管的认识不足、知识不足、能力不足，不愿监管，也不善监管，许多部门、地方的监管制度形同虚设，监管政令成为一纸空文。目前突出的问题有：一是相关部门、地方改革进程不同步，监管难以到位。二是企业和市场主体数量增多，市场规模扩大，有不少市场主体资质参差不齐，登记信息不足甚至失真，使监管任务增加，监管难度加大。三是监管

体制不适应，监管职能分散。四是监管规制依据不足，标准和标准体系落后。五是监管机制不完善，信息沟通不畅，规避监管执法现象较为普遍，绩效评估与问责机制缺失，等等。解决这些问题，既需要创新监管，也需要加强监管。

在新的形势下，创新和加强监管应当注意把握以下几点：一是要有利于市场配置资源决定性作用的发挥。必须明确监管的范围、对象，不是所有取消审批事项都需要政府实施特殊监管措施，要有所为，有所不为。监管不是越多越好，监管过滥也会引发新的问题。凡是该由市场、企业、基层社会组织自行决定的事项，就要由市场、企业、基层组织依法自行决定，政府不必加以干预，不能把事中事后监管当成新的行政直接管控的翻版。二是要有利于改善民生和创新创业。监管体系必须注重保护人民群众的生命安全、身心健康、社会福利和生活环境，必须能够推动经济持续增长、促进创新和增加就业机会。监管方式和措施应尽量减少企业和社会组织负担，以不断提升他们的创新力、竞争力。三是要有利于减少成本，提高效益。监管内容、监管环节、监管方式、监管制度必须考虑改革成本与效益相称，以监管成本较低的代价换取较高的监管成效。四是要有利于发挥中央和地方各级政府的积极性。中央对地方下放权力，必须做到权责统一，同时要因地制宜，因势利导，特别是要充分发挥县级政府的监管、执法的职责作用。

以上概括起来说，就是要树立与社会主义初级阶段的基本国情相适应，与开放、动态、信息化社会环境相适应的政府监管理念、监管体制、监管制度、监管机制、监管手段和监管方法，确保政府监管更好地体现时代性、把握规律性、富有创造性、讲求实效性。

四、加强顶层设计，科学实施监管

要从全局和战略上统筹谋划全面深化简政放权、放管结合的改革任务和目标。按照完善社会主义市场经济体制要求,构建全过程、立体式、开放型、现代化的政府监管体系,有步骤地协同推进放权与监管改革。同一重要事项所涉及的部门、地方,要同步放开、同步下放、同步跟进监管,不能你放我不放、你管我不管。对已经简政放权的,要抓紧清理和制定统一、权威、系统的监管制度。无论是行政审批、投资审批、商事制度改革,还是职业资格许可认定、收费管理和科教文卫体等社会领域,凡是需要加强事中事后监管的,都应当明确监管任务、内容、标准、程序、方法,有的需要重申已有的制度、标准、做法,有的需要根据新情况、新要求更新监管内容、标准和措施。要健全分工合理、权责一致的职责体系,重新明确监管主体、监管职能、监管责任,并公之于众,公开透明,接受社会监督,以做到监管有权、监管有据、监管有责、监管有效,避免出现监管过度或监管真空的现象。对今后还需要进一步简政放权的,应预为之谋,在放权之前就做好创新和加强监管的设计工作。

五、完善监管体制,形成"大监管"合力

一要建立跨部门、跨行业的综合监管和执法体系,把相关部门的监管事项、监管规则都放到统一的综合监管平台,让几个"大盖帽"合成一个"大盖帽",形成监管和执法的合力。二要构建协同共治监管体系。强化行政部门监管,充分发挥相关监管部门的职能作用;同时,广泛吸引公众参与监管,充分发挥社会组织的作用,切实落实企业首负责任,还要重视发挥媒体舆论的监管作用。三要推进社会信用体系建设。各部门、各地方都要加快完善市场主体信用公示系统,推进各部门、各方面信息互联共享,构建以信息公示为基础、信用监管为核心的监管制度,形成一个平台管信用。抓紧建立诚信档案制度、失信惩戒制度。

六、创新监管方式，提高监管效能

一是实施"阳光"监管。凡是不涉及国家秘密和国家安全的，各级政府要把简政放权后的监管事项、监管依据、监管内容、监管规制、监管标准公之于众，有关企业、社会组织也要按时、全面、准确地公布受监管活动的运行状况，监管和执法部门应对信息披露的全面性、真实性、及时性进行监管，对违反信息披露规定的行为及时查处。二是推行"智能"监管。要积极运用互联网、云计算、大数据等信息化手段创新和加强政府监管。要全面开发和整合各种监管信息资源，加快中央部门之间、地方之间、上下之间信息资源共享、互联互通，对被监管事项活动实行全覆盖、立体化、实时性监管。三是创新日常监管。建立"双随机"抽查制度，即随机抽查监管对象、随机指定抽查人员，既抽查公示信息情况，也抽查诚信守法状况。还可以推广权威性的第三方评估，对监管者和监管对象的行为作随机抽查评估，发现问题，提出整改意见，及时发出黄牌警告或出示红牌令其退出市场。

七、加快修法立规，提供法治保障

运用法治思维和法治方式创新和加强监管。现行的许多法律法规中一些条款是以前计划经济色彩较浓情况下制定的。鉴于简政放权的改革已全面展开，国家层面的法律法规修订工作必须抓紧进行，避免改革与法治的"冲突"。应及时修改补充完善相关法律法规，为简政放权之后行使监管执法职能、规范行政监管和执法提供制度引领和保障。特别是要严格执法，加大对违法违规行为的惩处力度，增强监管执法的威慑力、公信力，使监管对象不敢触碰违法运行的红线。

八、推进机构改革，强化综合执法

落实“创新执法体制”的要求，加快推进统一市场监管和综合执法模式，构建“一支队伍管市场”综合执法格局，形成市场监管、执法的合力。已经建立综合监管执法机构的地方，要充分发挥执法力量整合优势，通过市场主体信用信息公示系统归集、公示市场主体登记注册、许可审批、行政处罚等信息，实现内部联合惩戒。为了彻底解决目前多头监管执法和权责交叉的问题，可以适时推进市场监管的大部门制改革。

九、提升队伍素质能力，加强对监管者的监管

着力提高各级政府人员的素质能力，特别是提高责任意识、担当精神、专业能力，使他们能够敏锐识别发现问题、敢于揭露解决问题。既不能包揽过多，胡乱作为，也不能撒手不管，懒惰不为。随着简政放权改革的进一步深化，必须加强地方政府特别是县（乡）镇基层的监管能力建设，适当调整职能机构，充实人员，强化培训，增加技术设备，这样才能适应部分审批权下放和监管权增加的需要。要建立对监管者的监督、评估机制，加强政府内部层级监督和专门监管，对各级各类行政行为实行全方位监督。健全并严格执行监管责任制和责任追究制。

十、深入研究监管理论，制定创新监管战略

深化简政放权，做到放管结合，是推进政府治理现代化过程中广泛而

深刻的变革,是摆在各级政府面前繁重而紧迫的任务。面对新形势新任务,必须深入研究新形势下政府监管的理论问题,包括创新和加强监管的依据、内涵、原则和方法。只有理论创新上取得新进展,才能提高实践的预见性、自觉性、创造性和坚定性。这其中最重要的,是不断深化对政府和市场、政府和社会关系的认识与思考。实行社会主义市场经济,使市场经济制度与社会主义制度有机结合起来,我们虽然进行了30多年的理论探索和实践创新,也取得了丰富的成果与经验,但至今“还有许多未被认识的必然王国”。我们应当继续努力学习,勇于探索,积累经验,在实践中间不断地加深对它的认知,弄清楚它的规律。特别是实行社会主义市场经济又面临互联网时代催生新的经济社会形态的条件下,如何创新和搞好政府监管,也是一个必须深入研究的重大课题。在推进理论创新的同时,还需要抓紧研究制定富有中国特色、科学有效的创新政府监管战略,加快建设现代化创新监管型政府,以切实提高政府治理水平,更好推进国家治理体系和治理能力现代化。建议国务院组织专门力量,抓紧开展这一重大的课题研究,并争取尽早拿出有价值、高质量的成果,以更好服务于中央决策和改革实践。

加强政务大厅建设　深入推进简政放权改革*

（2015 年 9 月 20 日）

经过广泛征集、网上展示、专家评审、网民点赞等程序，全国行政服务大厅典型案例展示活动取得圆满成功。我代表本次活动的主办方、代表中国行政体制改革研究会，对被评为“百优十佳案例”的单位表示热烈的祝贺！这次行政服务大厅评选，是一项服务党和政府中心工作的很有意义的活动，今天的总结交流会议开得很好，对于总结交流推广行政服务大厅建设先进经验、推进简政放权改革，进一步做好“放管服”工作，加快建设服务型政府、阳光政府、效能政府、现代化政府，展示了可贵的正能量，必将产生重要的作用。下面，我根据这次活动展示的典型案例情况，结合本人的调研和思考，就行政服务大厅建设问题，谈几点看法，和大家交流。

一、充分认识加强行政服务大厅建设的重要意义

党的十八大以来，我国改革开放和经济社会发展进入新阶段。以习近平同志为总书记的党中央对完善和发展中国特色社会主义、推进社会主义现代化建设作出了一系列重要部署。习近平总书记深刻把握新时期

* 本文系作者在首届全国行政服务大厅典型案例展示总结交流会上的讲话。

国内外形势变化和治党治国的新要求，明确提出了“四个全面”即全面建成小康社会、全面深化改革、全面推进法治、全面从严治党的战略布局。在新的形势下，各级政府不断深化行政体制改革，加快转变政府职能，而加强行政服务大厅建设具有重要意义。

（一）加强行政服务大厅建设，是建设服务型政府的重要举措。建设人民满意的服务型政府，是我国行政体制改革的一个重要目标。近年来，党和政府强化为民服务理念，拓展公共服务范围，增加对公共服务的财政投入，创新公共服务供给体制机制，不断提高政府服务能力和水平。行政服务大厅是承载政府服务职能的重要平台，是直接面向企业和群众等服务对象的窗口。加强行政服务大厅建设，通过加强作风建设、改善服务态度、优化办事流程、精简办事环节、明确办理要求和办结时限，特别是利用互联网等技术，推行网上服务，可以提高行政服务效率和便捷性，从而更好地履行政府服务职能，为各类市场和社会主体创造良好发展环境、提供优质公共服务。

（二）加强行政服务大厅建设，是深化简政放权改革的重要抓手。本届政府成立以来，把简政放权、放管结合作为全面深化改革的“先手棋”和转变政府职能的“当头炮”，采取了一系列重大改革措施，取得了明显成效。目前，国务院部门取消下放了 586 项行政审批事项，提前完成了本届政府任期内将行政审批事项减少 1/3 的目标；中央层面的投资核准项目减少了 76%；工商登记前置审批事项减少了 85%；国务院部门设置的职业资格许可和认定事项取消了 211 项；中央层面还清理非行政许可审批事项 453 项。各级政府积极贯彻落实党中央、国务院的部署和要求，也采取措施大力推进简政放权、放管结合，取得明显进展。

加强行政服务大厅建设，通过将行政审批等权力集中到大厅并向社会公开权力设置依据、权力实施主体、权力行使环节、权力相联责任，可以推动政府进一步简政放权，把该放的权力坚决放掉、该减的环节彻底减掉。同时，将行政审批等事项集中到大厅，有利于倒逼各职能部门转变以批代管、重审批轻监管的传统思维模式和工作方式,促使更加重视加强监管,努力创新监管,有效履行监管职能。因此,加强行政服务大厅建设是各地各部门推进简政放权、放管结合改革的重要抓手和平台。

(三)加强行政服务大厅建设,是建设法治、廉洁政府的重要途径。法治和廉洁是政府治理现代化的重要标志,也是我国行政体制改革的重要目标。随着行政服务大厅功能的强化,服务内容的扩展,越来越多的行政权力依托大厅运行。通过制定行政权力清单和责任清单、推进政务公开、规范办事流程、推行政府服务的标准化、限制自由裁量权,有利于制约和监督政府部门和人员,规范行政权力运行,推进法治政府建设,也有利于消除权力寻租的空间,从源头上防治腐败,推进廉洁政府建设。

总之,加强行政服务大厅建设,提高行政服务水平,对于落实“四个全面”的战略布局、加快转变政府职能,实现行政体制改革目标,提高政府治理水平,发挥着不可替代的重要作用。

二、科学评估我国行政服务大厅建设的进展和问题

我国的行政服务大厅建设起始于上个世纪 90 年代,是由一些地方自下而上推动扩展开来的,特别是近两年来,各地各部门加大了建设力度。20 多年来,我国行政服务大厅建设总体上可分为四个阶段:一是各部门集中前台受理、分散后台办理;二是各部门集中受理和办理、不同部门相互分割、互不联动;三是部门联动,实行“一口受理、一站办理、一条龙服务”;四是利用互联网实行线上审批和服务。据不完全统计,目前全国 90%以上的省级和市级政府、80%以上的县级政府建立了行政服务大厅,一些国务院部委和很多地方职能部门也建立了行政服务大厅,不少乡镇甚至一些村也建立集中提供行政服务的中心。从这次征集到的案例和有关方面调研的情况来看,各地各部门的行政服务大厅建设处于不同的发

展水平和阶段，呈现出不同的特色，总体上可以说是百花齐放、千姿百态。这次评选出的“百优”“十佳”案例，是全国行政服务大厅的先进典型。随着创新实践的不断发展，我国行政服务大厅建设发挥着越来越重要的作用，主要体现为“三提高”和“两降低”。“三提高”是：提高了企业、群众等获得政府服务的便捷性，提高了办事时效性，提高了行政权力运行规范性；“两降低”即降低了办事成本、降低了腐败风险。行政服务大厅建设水平的提高，促进了政府职能转变，推动了政府管理方式创新，激发了市场和社会活力，增强了政府公信力，也密切了政府和人民群众的联系。

同时，我们也要看到，当前行政服务大厅建设中还存在一些突出问题。

一是发展不平衡。有的地方，行政服务大厅覆盖省、市、县、乡各级政府，甚至延伸到居民社区；有的地方则主要是在城市建设政务大厅，县和乡建设较少。大厅的服务水平更是差异很大。有的大厅只是集中设置了相关职能部门的受理窗口，起着“收发室”“转运站”的作用，真正的审批还是要到相关部门的办公室办理；有的实现了行政审批的“三集中、三到位”，即部门审批权力向一个处室集中、审批处室向政务大厅集中、大厅审批事项向服务窗口集中，审批事项进驻大厅到位、审批授权到位、审批人员到位；有的大厅实行了“一口受理、联合审批”；还有的实行网上审批和服务，积极推进线上线下结合。发展水平不同，成效也大不一样。

二是功能不到位。政务大厅应承担整合各类资源、转变政府职能、优化管理服务、降低行政成本等多种功能，但从现实情况看，不少政务大厅追求形式、流于形式，没有发挥应有作用。一些地方政务大厅建设求大求新，占地面积大、服务窗口多、工作人员多，但办理业务量并不多。有的窗口 3—4 名工作人员值班，一天只办理 1—2 件业务，造成资源的浪费。有的地方对大厅服务窗口授权不到位，企业和群众办一项业务既要跑大厅，还要跑部门办公楼。不少地方和部门耗费巨资建设网上政务大厅，但网络应用只限于发布告示、填写表格等功能，通过网络实施的审批和服务业务比例偏低，建成的政务大厅没有充分发挥作用。

三是管理不规范。在行政服务大厅建设和管理方面，国家层面还没有明确主管部门，也没有出台指导性政策意见和相应的管理制度。对于行政服务大厅的定位、性质、功能、管理模式、人员配置等，没有相对统一、明确的规定。大厅工作人员的身份多种多样，有的是公务员编制、有的是参公编制、有的是事业编制，还有大量借调人员、聘用人员，难以履行政务大厅的职能。

四是标准化程度低。很多地方和部门对行政服务大厅建设和运行的标准化规范不够重视，从大厅建设、人财物管理，到进驻大厅事项的界定、办理要件、办事流程、办理时限和服务质量等，缺乏科学的标准，带有很大的盲目性、随意性。

以上这些问题，我们应高度重视，并加强研究，大胆探索，尽快加以解决。

三、继续推进行政服务大厅建设需要做好的工作

当前，全面建成小康社会进入决胜期，深化改革处于攻坚期，经济社会转型正值关键期。这对行政服务大厅建设提出了新要求，也带来了新契机。现阶段加强行政服务大厅建设，必须紧紧围绕深化行政体制改革、全面推进“放管服”、加快转变政府职能，特别需要做好以下工作。

（一）加强对全国行政服务大厅建设和运行的研究和指导。我国改革开放正站在新的起点上，要全面评估行政服务大厅建设的进展状况，认真总结成功经验，分析存在的问题，提高建设水平。建议在中央层面明确对全国行政服务大厅建设和大厅运行加以归口指导的机构。建议抓紧组织力量深入研究制定全国行政服务大厅建设和运行的指导意见和管理办法，并要通过制定或修订相应的法律法规条款，以明确行政服务大厅的

定位、权限、功能、运行机制和工作规范。

（二）协调处理好行政服务大厅与政府有关职能部门的关系。目前，各地方各部门普遍把行政审批权力及关联事项集中到行政服务大厅办理。由于行政审批需要专业知识和经验，还涉及后续的事中事后监管职责，因此，必须处理好政务大厅审批和相关部门后台工作的关系。要根据审批业务的专业化要求，区别对待不同审批业务。对于专业化要求高的审批业务，在条件不具备时，不能强求全部纳入大厅办理。要建立前台后台沟通协调机制，建立部门之间联动协调机制，实行并联审批、联合审批，实现审管联动、管服联动，加快形成审批与监管既相对分离又相互促进的治理新格局。

（三）推进行政服务大厅工作科学化标准化。要组织有关专家学者和有经验的实际部门工作人员，就行政服务大厅建设和管理、大厅内开展的行政审批、政务服务等工作的内容、要件、流程、收费、质量等，研究制定统一的基本标准。特别是要着力解决广大企业和群众反映强烈的办事难问题，提高政务办理的科学化、标准化、便捷化水平。

（四）加快网上政务大厅建设和创新。要抓住信息技术快速发展和广泛应用的有利时机，充分利用互联网、大数据等技术，重点由建设实体大厅转向建设网上政务大厅，实现互联网+政府管理、互联网+政府服务，加快各级政府、各部门和有关企事业数据互联互通和开放共享，推动资源整合，扩展网上办理服务内容，优化网上服务流程，改进网上服务界面，全面提高政府治理和服务的水平。

（五）加强行政服务大厅工作评估和经验交流。各地各部门行政服务大厅建设和管理水平不同，很多地方勇于创新，形成了一些有特色、有成效的好做法，也存在这样那样的问题。应经常组织开展第三方评估，多开展经验交流，通过互相学习借鉴、共同研究探讨，促进行政服务大厅整体水平的提高，使之更好发挥应有的作用。

加强行政服务大厅建设，提高行政服务水平，是改革开放中涌现的新生事物,已经并正在显示出多方面的正能量,也还有很多问题需要我们深化研究,有很多方面需要我们不断探索。参加今天会议的既有公共管理领域高水平的专家学者,也有在行政服务大厅建设方面走在前列的单位代表,希望大家顺应新形势,继续深化研究,不断创新探索,努力提高建设水平。

我们中国行政体制改革研究会正按照国务院领导的要求,致力于建设成为我国行政改革领域专业化、高质量、一流水平的智库。推进行政理论创新和实践创新,推动行政体制改革,促进服务型、现代化政府建设,是我们的崇高职责和主要使命。这一次,我们研究会与《紫光阁》杂志社、人民网、中国政府网等单位共襄盛举,合作举办了全国行政服务大厅典型案例展示活动,相信会对提高我国行政服务大厅建设和管理水平发挥积极的作用。我们要很好总结本次活动的经验,把这项活动坚持开展下去。今后,我们研究会愿意与大家一道,继续关注和推动行政服务大厅建设。让我们携手前行,共同为建设服务型政府、效能政府、现代化政府,为推进国家治理体系和治理能力现代化,作出应有的贡献。

推行政务服务标准化　促进政府治理现代化*

（2015 年 10 月 12 日）

在国家标准委的指导和支持下，经过长时间的酝酿和筹备，全国政务大厅服务标准化工作组今天正式成立了。作为工作组组长，我对国家标准委给予的信任，对山东省、泰安市及相关部门给予的支持，对各位专家的积极参与，表示衷心的感谢！下面，根据本人的调研和思考，就推进政务服务标准化问题，谈几点看法，与大家分享交流。

一、充分认识推进政务服务标准化的重要意义

党的十八大以来，以习近平同志为总书记的党中央对完善和发展中国特色社会主义、推进社会主义现代化建设作出了一系列重要部署。习近平总书记深刻把握新时期国内外形势变化和治党治国的新要求，明确提出了“四个全面”的战略布局。贯彻落实中央的决策部署，各级政府不断深化行政体制改革，在简政放权、放管结合、优化服务方面连续推出有力举措。推进政务服务标准化，对于更好地深化行政体制改革、正确履行

* 本文系作者在山东泰安召开的全国政务大厅服务标准化工作组成立暨工作交流会上的讲话；发表于《行政管理改革》杂志 2015 年第 12 期。

政府职能、提升政府治理现代化水平具有重要意义。

（一）推进政务服务标准化，是提升国家标准化水平的重要内容。标准是一种得到业界公认、被广泛采用的水平指标和规范。标准化是指通用的规定或技术标准。标准化更是国家治理和国际交往中的重要规则和手段。在现代社会，标准化是管理现代化的重要标志，也是提升管理现代化水平的重要手段。党中央、国务院十分重视标准化工作，2001 年就成立了国家标准化管理委员会，强化标准化工作的统一管理。在各部门、各地区共同努力下，我国标准化事业得到快速发展。习近平总书记高度重视标准化工作，他在浙江工作时就作出重要批示："加强标准化工作，实施标准化战略，是一项重要而紧迫的任务，对经济社会发展具有长远的意义。"并要求"积极实施知识产权和标准化战略"。随着实践的发展，更加证明这些论断的远见卓识。近年来，适应新形势新要求，党和政府把标准化工作放到更加突出的位置。今年 3 月，国务院制定和颁布了《深化标准化工作改革方案》，提出了今后一个时期深化标准化工作改革的总体要求和一系列重要举措，明确要求更好发挥标准化在推进国家治理体系和治理能力现代化中的基础性、战略性作用。标准化涉及经济和社会发展的各个领域，涉及技术、产品、流程和服务等方面，涉及企业、社会组织和政府部门。政务服务是政府部门及其所属机构面向公民、企业、社会组织以及其他政府部门和机构提供的行政性、支持性、公益性服务，关系到经济持续健康发展和社会全面进步。推进政务服务标准化，就是要将标准化的理念、原则、方法引入到行政管理服务部门，通过制定和实施适用于政务服务的标准体系，提高政务服务质量和水平。这是提升我国标准化水平必不可少的重要内容。

（二）推进政务服务标准化，是建设服务型政府的必然要求。建设人民满意的服务型政府，是我国行政体制改革的一个重要目标。政务服务作为主要由政府部门及其所属机构主导提供的公共服务，是政府履行服务职能、表达为民服务理念、体现服务能力和水平的重要体现。政务服务标准化水平低，政务服务的态度、效率、质量就难以提高，建设服务型政府就有可能沦为空谈。推进政务服务标准化，通过对政务服务的主体、态度、条件、流程、效率、便捷性、质量等明确标准，细化规范，量化要求，对每项政务服务"由谁做""怎么做""做到什么程度""达到什么结果"等作出明确、具体、可操作的标准性规定，不仅使政务服务工作的目标、过程和结果清晰明确，而且使工作责任可跟踪、可追溯，从而有利于促进政务服务质量和水平的不断提高，为服务型政府建设提供有力的支撑。

（三）推进政务服务标准化，是解决"放、管、服"工作中突出问题的关键举措。本届政府成立以来，把简政放权、放管结合作为全面深化改革的"先手棋"和转变政府职能的"当头炮"，连续发力、不断加力，出台了一系列重大改革措施，取得了明显成效，极大地激发了市场和社会活力，促进了转变政府职能、转变工作作风、转变管理方式，得到了人民群众和社会各界的普遍好评。但是，当前的简政放权、放管结合、优化服务工作也存在一些问题，其中一个突出方面就是标准化程度低，影响改革成效。例如，对"行政审批事项"等概念缺乏统一界定，各地各部门的"行政审批"有十几种不同的名称，包括审批、核准、备案、许可、认可、认定，还有工程验收等；统计口径也不统一，有的算大项，有的算子项，有的一个大项包括几十个子项。再如，一些企业家反映，现在行政审批事项数量减少了，但让他们头痛的是，审批要件、流程、时限等标准不明确，一个项目报上去，达到同样的条件，有可能批，也可能不批；有可能一个月批下来，也可能一年都批不下来。在监管和服务方面也是如此。同样的行为，有的部门认为符合相关规定，有的则认为违反了规定；办理同样的事，达到同样的条件，有的部门认为可以办，有的部门认为不能办，甚至同一个部门的不同人员处理结果大不一样。由于当事人没有明确的预期，只好找关系、托门子。通过推进政务服务标准化，对提供政务服务的要件、流程、结果等制定明确、细致的标准，可在很大程度上限制相关政府部门和人员的自由裁量权，给当事人较为明确的预期，从而提高政务服务效率和质量，增强“放管服”改革的效果。同时,也有于规范行政权力运行,消除权力寻租的空间,从源头上防治腐败,推进廉洁政府建设。

(四)推进政务服务标准化,是扩大对外交流和提高国家软实力的迫切需要。标准是国家软实力和竞争力的重要体现。目前,推进政务服务标准化作为行政管理改革的重要措施,已在各发达国家广泛应用。加强政务服务标准化建设,有利于向外讲好中国故事,宣介中国特色政治、行政制度和中国特色道路,也有利于广泛参与国际政务服务标准化活动,增强“中国标准”的国际地位,争取中国政务服务标准的话语权。山东省新泰市代表中国县级政府应邀参加了第三届、第四届联合国电子政务理论和实践国际会议,并在会议上作了《中国县级政府行政审批服务标准化建设》的主题发言和核心对话,就得到了国际社会的肯定和好评。

总之,推进政务服务标准化,对于提高政务服务水平、加快政府职能转变、促进政府治理现代化、提升国家的软实力,都具有十分重要的作用,我们应当高度重视。

二、推进政务服务标准化取得的进展和存在的问题

从全世界来看,政务服务标准化始于上个世纪 80 至 90 年代,至今只有 20 多年的发展历史,可以说还是一个新生事物。我国政务服务标准化工作起步较晚,至今不到 10 年的时间,可分为三个阶段:一是创新探索阶段,包括山东省在内的个别地方根据国标委等部门发布的《关于推进服务标准化试点工作的意见》,率先探索开展政务服务标准化试点工作;二是推广试点阶段,在国家标准委的组织指导下,总结先行探索地区的经验,开展政务服务标准化工作试点项目;三是规范推进阶段,国家标准委等部门和一些地方在总结试点经验的基础上,根据行政体制改革和服务型政府建设的需要,组织制定地方性和全国性的政务服务标准,并付诸

实施。

我国开展政务服务标准化工作的时间虽然较短，但在国标委及相关部门和地区的精心组织和大力推动下，取得较快进展。到目前为止，已在全国28个省、自治区、直辖市共建立了93个国家级标准化试点项目，有17个省、直辖市在总结本地国家级或省级政务服务中心标准化试点经验的基础上，陆续制定发布了107项行政服务地方标准，全国政务服务标准化正在加速推进。我们这个工作组以及全国行政审批标准化工作组的成立，正是我国政务服务标准化工作快速发展的一个重要标志。

我国前一个时期推进政务服务标准化工作呈现出三个特点：一是在全国服务业标准化框架内逐步推进；二是地方积极探索和试点与国务院有关主管部门加强指导和组织相结合，共同推进；三是主要依托政务服务中心或政务大厅为平台集中推进，目前全国90多个国家级政务服务标准化示范试点项目的承担单位都是各地各部门的政务服务中心或大厅。正是由于这个原因，我们这个工作组的名称叫做“全国政务大厅服务标准化工作组”。

近年来，政务服务标准化工作的加快推进，对于规范政务服务行为、提高政务服务效率和质量、密切政府和人民群众的联系、强化“放管服”工作成效，发挥了重要作用。同时，也要看到，推进政务服务标准化工作还存在一些困难和问题。

一是政务服务标准化意识不强。受长期粗放式行政管理方式的影响，不少部门和人员缺乏政务服务标准化意识。有的对管理标准化、规范化方面的知识和理论不甚了了，对政务服务标准化工作的意义认识不足。有的认为实行标准化会降低政务服务工作的灵活性，绑住自己的手脚，加大工作责任和压力；有的认为政务服务种类繁多，服务对象千差万别，工作环境复杂多变，对能否推行标准化存在疑虑。

二是政务服务标准化理论研究薄弱。政务服务标准化对于全世界而言都是一个重大的课题，有很多理论问题需要研究。我国政务服务标准化尚处于探索起步阶段，与发达国家相比有较大的差距。虽然一些地区的标准化试点取得了一定的成果，但由于缺乏高水平、权威性强的专业机构对政务服务标准化工作开展深入系统的研究，相关的理论研究成果不多。现有的理论研究，有的是对西方发达国家理论研究的翻版，有的是在地方实践后面“跟跑”，对于如何建立符合我国国情和行政体制改革需要的政务服务标准体系，缺乏富有前瞻性、可操作、管用有效的研究成果，难以为政务服务标准化实践提供有益的理论指导。

三是政务服务标准缺失。过去 10 多年，在各部门、各地方的共同努力下，我国标准化事业总体上得到快速发展。目前已制定国家标准、行业标准和地方标准共计达到 10 万项，覆盖一、二、三产业和社会事业各领域的标准体系已基本形成。与之相比，我国政务服务方面的标准严重不足，各地制定发布的政务服务地方标准加起来刚过 100 项，而政务服务的国家标准更是屈指可数，远远不能满足当前规范和改善政务服务工作的需要。很多地方反映，希望回应企业和人民群众的要求，提高政务服务标准化程度，但无奈的是无标准可依。例如，对于集中了大多数政务服务的各级各地政务大厅，其建设和管理、大厅内服务提供的要件、流程、质量、结果等，都没有统一的国家标准，影响了政务大厅功能的有效发挥。

四是推进政务服务标准化协调机制不完善。政务服务的领域广泛、内容丰富，政务服务标准的制定和实施往往涉及不同部门、不同层级的利益，也需要专业人员和实际工作者共同努力、密切配合，因而需要权威、高效的统筹协调机制才能有效推进。目前，我国尚未建立起这样的推进机制。一方面，没有确定具有足够权威的部门或机构来统筹推进政务服务标准化工作，影响政务服务标准化工作整体规划部署；另一方面，没有形成多部门协同推动政务服务标准化的工作格局和有效协调各相关部门的工作机制，对于涉及多个部门不同利益的政务服务标准，难以促成达成共识，也就难以组织制定和付诸实施。同时，为充分发挥专业人员和实际工作者的作用，使之各展其长、互相配合，共同推动政务服务标准的制定和实施,这方面的机制也需要完善。

对于以上这些问题,我们应高度重视,认真研究,并采取针对性的措施加以解决。

三、推进政务服务标准化的主要任务

当前,我国行政体制改革处于攻坚期,“放管服”工作深入推进。这对政务服务标准化工作提出了迫切要求,也带来了难得契机。今后一个时期,推进政务服务标准化工作,应主要抓好以下几方面:

(一)提高对推行政务服务标准化工作的自觉性。要使推进政务服务标准化取得成效,首先要使各级政府及其工作人员转变观念、端正认识。必须明白,推行政务服务标准化是深化行政体制改革、推进政府治理现代化的必由之路和重要举措,也是一项紧迫的重要任务。因此,要在各级政府部门开展政务服务标准化工作相关知识和实务的教育培训,采取多种方式使政府部门工作人员,特别是从事政务服务工作人员认识到政务服务标准化的必要性、可行性和重要意义,使之树立行政标准化理念,自觉、积极地推动政务服务标准化。同时,要在社会上广泛宣传政务服务标准化工作的意义,为推进政务服务标准化营造有利的舆论氛围和社会环境。

(二)深化政务服务标准化的理论研究和实践创新。要在继续扩大政务服务标准化试点范围的同时,对已有的试点项目和地方开展深入调查研究,全面评估已取得的进展和成效,总结有益经验,分析存在问题,对试点探索的实践成果进行研究、提升,以丰富和发展有关理论。积极探索全面深化行政体制改革形势下标准化工作创新,包括在全国范围内推广普及行政审批标准化,全面清理、取消或调整行政审批等政务事项的标准、规定等。有的专家已提出要抓紧出台全国审批标准化、信息化的改革方案。同时,要充分考量我国全面推进信息化技术迅猛发展的新形势,包括互联网、大数据发展和应用的进程及其要求,将互联网、大数据作为提升政府治理能力的重要手段,打造精准治理、多方协作的政府治理新模式,大力推动政府部门数据共享,推动中央部门与地方政府条块结合、联合试点,实现公共服务的多方数据共享、制度对接和协同配合。加快建立政府部门、事业单位等公共机构的信息标准、数据标准和统计标准体系,推进共性关键标准的制定和实施。充分发挥标准在培育服务市场、提升服务能力等方面的作用。还要注意研究和借鉴国际政务服务标准化方面的最新理论和实践成果。从我国经济社会发展大势和全面深化改革、全面推行法治的大局出发,开展前瞻性研究,努力推进具有中国特色的政务服务标准化理论创新和实践创新,以提升政务服务标准化工作水平。

(三)研究制定推进政务服务标准化的工作规划。政务服务事项繁多,其中很多事项相互关联。一方面,我们必须适应推进政府治理现代化的需要,加快推进政务服务标准化;另一方面,我们又不能指望在短时间内全面建立起政务服务的标准体系。因此,必须坚持总体设计和鼓励探索相结合,在总结各地试点经验的基础上,对政务服务事项进行系统梳理、科学分类,按照改革发展的需要和国家标准化工作总体部署、根据企业和人民群众的要求,分清轻重缓急、主次先后,研究制定推进政务服务标准化工作规划,明确近期、中期、远期工作的总体方向、主要目标、基本原则、重点任务和政策措施,为推进政务服务标准化提供合理可行的总体设计,包括任务书、时间表和路线图。

(四)完善政务服务标准化的协调推进机制。为加大推进政务服务标准化工作的力度,保证推进成效,需要进一步完善推进机制。今年3月国务院发布的《深化标准化工作改革方案》明确提出,要建立由国务院领导同志为召集人、各有关部门负责同志组成的国务院标准化协调推进机制,统筹标准化重大改革,研究标准化重大政策。我们建议,省以下地方各级政府也应建立这种协调推进机制。要充分发挥这种协调机制的作用,更加有效地推进政务服务标准化,切实加强对跨部门跨领域标准制定和实施的统筹协调。各级政府要把推进政务服务标准化工作作为简政放权改革的重要内容,发挥国务院和地方各级政府推进职能转变协调机制的作用。还要强化各级标准化主管部门的职责和权威,以加大协调各有关部门、组织相关专业人员和实际部门的力度并取得实效。

(五)加强政务服务标准化工作的经验交流。全国很多地方和部门开展了政务服务标准化方面的实践探索,这些探索多姿多彩、各具特色,形成了不少富有成效的好做法,也遇到了一些困难和问题。要更多地组织这些试点探索地区和部门开展经验交流,以相互学习借鉴好的做法和经验,共同探讨解决困难和问题的办法,从而更好地推进政务服务标准化工作。

我们这次会议实际上是一次政务标准化工作现场经验交流会。山东新泰市创新的"协同化+标准化"服务模式,在多年政务服务标准化建设实践的基础上,以"程序最简、环节最少、时限最短、收费最低、服务最优"为目标,以"事项进驻、窗口授权、服务指南、政务公开、咨询接待、业务办理、部门协同、服务环境、监督评议"十个方面入手,对政务服务内容、形式、过程进行规范,取得明显成效,很值得研究、总结、推广。

推进政务服务标准化,关系到党和国家的事业发展,关系到建设人民满意的服务型政府、效能型政府、法治型政府和现代化政府,关系到推进国家治理体系和治理能力现代化这一改革总体目标的全面实现。推进政务服务标准化,有很多问题需要我们深化研究和不断探索。我们责任重大,使命光荣。今天,全国政务服务标准化工作组的成立,必将成为我国政府治理现代化进程中的一个重要举措。参加今天会议的既有长期从事政务服务方面理论研究的专家学者,也有从事政务服务标准化工作的实践者。希望大家与我们工作组的全体成员一起,增强使命感和责任感,深入研究思考,勇于创新实践,积极为推进我国政务服务标准化作出自己的贡献。

以行政改革创新促进经济转型发展*

（2015 年 11 月 1 日）

当今世界新兴经济国家都面临经济转型、提升经济增长水平的紧迫任务。然而，由于各国的国情不同，所处的经济发展阶段和水平不一样，各国推进经济转型和经济增长的做法与路径必然也不相同。中国经济经过 30 多年的高速增长正转入发展新常态，转型升级处于爬坡过坎的关键时期。

近两年，中国促进经济转型发展的鲜明特点，是通过深化简政放权改革和创新宏观调控，加快市场化进程和转变经济发展方式，推动经济转向中高速、迈向中高端水平，以实现更高形态、更有效率、更加公平、更可持续的发展。

一是简政放权取得前有未有的进展。2012 年中国共产党第十八次全国代表大会以来，政府以更大的决心和魄力推进简政放权改革，提前两年多实现减少 1/3 行政审批事项的目标。

目前，国务院部门共取消或下放行政审批事项 640 多项；中央层面投资核准事项减少 76%，境外投资项目核准除特殊情况外全部取消；工商登记实行“先照后证”“三证合一”，注册资本由实缴改为认缴，企业年检制改为年报制；分四批取消 211 项国务院部门设置的职业资格许可和认

* 本文系作者在 2015 年新兴经济体智库峰会暨第 80 次中国改革国际论坛开幕式上的主旨演讲；发表于《中国经贸导刊》2015 年 12 月下。

定事项,减少 1/3;中央层面取消、停征、减免 420 项行政事业性收费和政府性基金,每年减少企业和个人负担近千亿元。多数省(自治区、直辖市)政府的行政审批事项减少 40%,有的超过 70%。

简政放权改革有效激发了市场和社会活力与创造力。新增市场主体呈现"井喷式"增长。近两年多时间,全国新增市场主体 2000 多万个,今年上半年平均每天新登记企业 1.11 万户,新登记企业中,90%是小微企业,96.3%是私营企业。各类社会组织也有较快发展。

二是在深化简政放权改革中完善市场监管。简政放权是要把本属于市场、公众、企业、社会组织和地方政府的权力交出去,充分尊重它们的权利和发挥它们的应有作用,但放权不等于一放了之,完全撒手不管。简政放权与市场监管都是现代市场经济体制的内在要求,二者不可或缺,不能偏废。在简政放权的同时,中国政府也着力创新和加强政府监管。

近两年来,国务院确立了"放、管、服"结合的改革思路,在简政放权的同时,强调搞好事中事后监管和优化政府服务。包括及时修订相关法律法规,依法规范和整顿市场秩序,严厉查处经济、金融、财税领域违法行为,努力营造公平、有序的市场竞争环境。政府增加公共产品和公共服务,加强政务服务标准化建设,开展网上服务,推进由"进多个门,办一件事"向"进一个门,办所有事"的服务模式转变。

三是积极适应新形势创新宏观调控。近两年来,中国政府积极适应、引领经济发展新常态,着力创新宏观调控的思路和方式。其一,确立了"区间调控"的宏观调控思路,使经济运行处于合理区间,使经济增长速度、新增就业、居民收入、消费价格等宏观指标都保持在一个较为合理的范围,把宏观经济政策的重点放在调结构、转方式、促改革上。除了重视对经济"量"的调控外,还重视经济"质"的提升,提出了提质增效、结构优化、绿色发展等一系列组合性的宏观调控目标。其二,实施有针对性的宏观调控方式。在"区间调控"基础上,采取"定向调控"、精准调控,对可能滑出合理区间的重要影响变量进行预调、微调,不搞"大水漫灌",而是有针对性地实施“喷灌”“滴灌”。其三,创新宏观政策工具。在综合运用好财政政策、货币政策的同时,注重产业政策和区域政策的结合,供给政策和需求政策的结合,总量平衡和结构调整的结合,长期政策和短期措施的结合。可以说,中国宏观调控能力和水平明显提升。

通过深化简政放权和创新宏观调控的一系列举措,中国经济转型发展不断取得新成效。

第一,整体经济保持平稳较快增长。根据国家统计局 10 天前公布的数据,今年前三季度,全国国内生产总值(GDP)按可比价格计算,比去年同期增长 6.9%,其中,一、二季度都增长 7%,三季度为 6.9%。虽然第三季度经济增长速度略有回落,但经济整体平稳的基本面没有变,稳中有进、稳中向好的态势也没有变。

在今年以来世界经济复苏不及预期、国内经济下行压力加大的情况下,取得这样的成绩实属不易。还要看到,中国的经济增长是在 10 万亿美元经济规模基础上取得的,是在高基数上的增长,现在每增长一个百分点相当于 5 年前的 1.5 个百分点,相当于 10 年前的 2.6 个百分点。也就是说,现在增长一个百分点的绝对量要比过去大很多。其他宏观经济指标也比预期的好。今年前三季度我国新增就业 1066 万人,已超过全年的预期目标。这主要是因为在简政放权、放管结合等改革举措推动下,大众创业、万众创新热情持续高涨。前三季度,居民消费价格同比上涨 1.4%,涨势温和。这些都显示,中国经济转型中宏观经济持续健康发展。

第二,经济结构调整优化取得新进展。从供给结构变化看,今年前三季度第一产业增加值同比增长 3.8%,第二产业增加值同比增长 6.0%,而第三产业增加值增长了 8.4%,占 GDP 的 51.4%,比去年同期提高 2.3 个百分点。从内需结构变化看,前三季度,最终消费支出对 GDP 增长的贡献率为 58.4%,比上年同期提高 9.3 个百分点。

从收入分配结构变化看,国民收入分配继续向居民倾斜。前三季度,全国居民人均可支配收入的增速高于 GDP 增长速度。农村居民人均可支配收入实际增长快于城镇居民人均可支配收入1.3个百分点，城乡居民收入相对差距继续缩小。这些说明，中国经济开始由工业主导型向服务业主导型转变，由依靠过高投资拉动向投资消费协调拉动转变。

第三，创新驱动发展势头良好。在全面深化改革开放和一系列"大众创业、万众创新"政策的推动下，中国的新技术、新业态、新产品、新动力、新经济成长迅速。今年前三季度，高技术产业增速明显快于整体工业，高技术产业增加值同比增长10.4%，高于规模以上工业增速4.2个百分点。"互联网+"、智能设备、新材料、生物医药、节能环保、绿色经济等新兴产业蓬勃发展，信息、文化、健康、旅游等消费需求旺盛，新的经济增长点快速形成。

总之，中国政府一手抓简政放权，着力推动使市场在资源配置中发挥决定性作用，一手抓创新市场监管和宏观调控，努力使政府发挥更好的作用，让市场这只"无形之手"和政府这只"有形之手"共同发力、协调并用。这对于加快经济转型升级，推动经济保持中高速、迈向中高端，发挥着十分重要的作用，这也是中国促进经济转型和可持续发展的重要经验。

同时，我们也清醒地认识到，中国经济转型升级发展还面临不少困难和挑战，目前经济下行压力较大，体制改革还处于攻坚期，结构调整正值阵痛期，动力转换仍在过渡期。我们必须进一步深化简政放权改革，创新市场监管和宏观调控，为经济转型和持续发展释放更多的红利、开拓更大的空间。

第一，进一步深化简政放权，增强市场和社会活力。坚决把该"放"的彻底放开、该"减"的彻底减掉、该"清"的彻底清除，不留尾巴、不留死角、不搞变通。为进一步打开行政审批制度改革的空间，国务院决定对中央指定地方实施的行政审批事项进行清理。

日前，国务院决定第一批取消62项中央指定地方实施的行政审批事项；年底前对没有法律法规依据的此类事项，原则上全部取消。同时，要全面推进负面清单管理。从2018年起，将正式实行全国统一的市场准入负面清单制度。负面清单管理从自贸区扩展到全国,从外资扩展到内资,将有助于破除束缚经济发展和创新的体制机制障碍。

还要加快市场开放,特别是服务业市场开放和改革,扩大电力、电信、石油、金融、文化、旅游、教育、医疗等领域的市场准入。通过负面清单制度对一些重要服务领域的市场准入固定下来,形成对外开放的新格局,以更好推动经济转型升级。

第二,进一步创新和加强市场监管,规范和维护市场秩序。要完善市场监管体制,建立跨部门、跨行业的综合监管和执法体系,把相关部门的监管事项和规则放到统一的监管平台上,推进跨部门、跨行业综合执法,并动员公众、媒体等参与监督,形成"大监管"合力。要创新监管方式,充分利用大数据、云计算、物联网等现代信息技术,建立大数据监管系统,构建互联网+监管模式,实现信息资源的开放共享、互联互通,打破信息孤岛。加强对重点领域的监管,特别要完善金融监管体制,完善消费市场监管,推动建立服务业监管标准,全面推进市场监管的标准化、规范化、制度化、常态化。

第三,进一步创新和加强宏观调控,增强调控的科学性有效性。要继续完善宏观调控思路和方式,坚持"区间调控""定向调控""总量和结构调控结合""近期和长远调控结合""间接调控和直接调控结合"等,及时完善调控政策,不断提高宏观调控的预见性、针对性、实效性。近期内,要继续实施积极的财政政策和稳健的货币政策。要结合国有企业改革和价格体系改革,进一步采取减税降费措施,减轻企业发展负担。加大民生工程建设和公共产品投资力度,加强公私合作项目(PPP)的落地。货币政策总体保持审慎和稳健,加大定向调控力度,实施相机调控。要实施更有力的产业政策、国土政策,并使各项政策工具协同发挥作用。要着力改造和提升传统产业,鼓励运用高技术和先进技术改造提升制造业,提高自主知识产权、自主品牌和高端产品比重,大力发展现代服务业。要主动加强与主要经济体和新兴经济体的宏观政策协调和沟通,寻找利益共同点，积极参与多双边国际经济合作，提升国际话语权，营造有利于国内经济转型发展的外部环境。在中国经济体量越来越大的情况下，加强与国际宏观调控的协调越来越重要。

我们相信，随着中国全面改革开放的深化，中国经济转型的发展道路必将越走越宽广，不断取得更大的成效。

加快推进标准化　提升国家治理现代化水平

——接受《中国标准化(海外版)》杂志记者的专访*

(2016 年 1 月)

记者:改革开放以来,我国经济社会发展取得了举世瞩目的成就,已经成为世界第二大经济体。标准作为生产的依据、贸易的语言、市场的规则和合作的桥梁纽带,在国家建设特别是对外开放过程中发挥了重要作用。您如何理解标准和标准化?如何看待标准化在国家经济建设和全球贸易中的地位和作用?

魏礼群:俗话说,“没有规矩,不成方圆”。我认为,标准就是规矩,就是得到业界公认、被广泛采用的水平指标和行业规范,是衡量产品、服务、工艺、流程、有关主体等质量、水平的尺度,是规范生产、流通、交换、消费等经济行为以及社会行为、管理行为的准则。标准化就是在经济、技术、科学和管理等社会实践中,将特定的水平、行为固定化,用以衡量事物,引领、规范、带动、促进有关主体的行为。在现代社会,标准化是国家治理和国际交往中的重要规则和工具,是管理现代化的重要标志,也是提升管理现代化水平的重要手段。

中国古代的秦朝,秦始皇在治理国家中实行书同文、车同轨、统一度量衡,实际上就是推行标准化,这对于促进当时的经济社会发展、文

* 本文发表于《中国标准化(海外版)》杂志 2016 年第 1 期。

化融合、国家统一发挥了重要作用。近代社会，美国汽车大王福特发明了世界上第一条汽车流水装配线，并将其标准化，大大提升了生产效率，使汽车进入平民百姓家。麦当劳、肯德基等美国快餐品牌之所以能遍布全世界，也是因为采用了标准化的经营和管理。这些事例说明，标准化在经济社会发展等方面具有举足轻重的作用。

在经济建设中，标准化的作用主要表现为：

第一，标准化可以促进技术进步，提高企业生产率和市场竞争力。通过实施标准化，可以改善产品质量管理、优化生产流程，从而保证产品和服务质量水平、提高生产效率。在现代市场经济条件下，标准是企业和产品通向市场的通行证，遵循一定的标准就能够有效进入市场、赢得市场。标准是衡量质量的依据，所以，社会上有“一流企业卖标准、二流企业卖品牌、三流企业卖产品”，“得标准者得天下”的说法。

第二，标准化能够有效规范市场经济秩序，维护国家利益和公众利益。在市场上，产品、服务种类成千上万，市场主体规模和行为千差万别。实施标准化，为衡量这些产品和服务提供了较为公认的尺度，这就为维护市场秩序提供了重要的工具。在实际工作中，规范市场秩序的法律也常常需要通过比对相关标准来执行，在很多时候，标准是法律条文的具体形式。

第三，标准化有助于推动创新发展，提升经济总体素质和水平。标准化是创新技术产业化、市场化的关键环节，使人们能够低成本共享人类科技成果，促进技术进步、生产创新和专业化，降低风险和成本，提高全要素生产率，进而有助于提升经济发展水平。据测算，德国、法国和英国的标准化对本国经济增长的贡献率分别达到了 27%、23%和 12%。

在经济全球化条件下，标准化在全球贸易中的作用更加突出。第一，标准是促进贸易发展的重要因素，标准化影响国际贸易规模。只有符合国际贸易标准的产品才能够顺利进入国际市场，才能扩大国际贸易规模。第二，标准能够促进贸易结构的优化，对提升出口产品的技术含量，促进出口产品结构的优化,具有重要意义。

记者:您如何估价中国标准化工作的现状?

魏礼群:与发达国家相比,中国的标准化工作起步较晚,但改革开放以来特别是近10多年来,我国加快了推进标准化工作的步伐,取得了明显进展。早在1988年12月就制定了《中华人民共和国标准化法》,2001年成立了国家标准化管理委员会,强化标准化工作的统一管理。2015年3月,国务院制定和颁布了《深化标准化工作改革方案》,提出了今后一个时期深化标准化工作改革的总体要求和一系列重要举措。截至目前,中国的国家标准、行业标准和地方标准总数达到10万项,覆盖一、二、三产业和社会事业,各领域的标准体系基本形成。标准化工作在保障产品质量安全、促进经济发展和社会进步、规范提高管理服务水平、服务公共外交和对外经贸合作交流等方面发挥了越来越重要的作用。

同时,也要看到,无论与国际先进水平相比,还是与经济社会发展日益增长的需求相比,中国的标准化工作还有一些差距。一是标准化意识不强。从企业、政府管理者到社会公众,总体上来说,标准化的意识普遍不强。二是标准体系不合理。目前,中国的国家标准、行业标准、地方标准都是由政府主导制定的,由企业主体按照市场规律制定的标准很少,而国际上通行的团体标准缺乏法律地位。三是标准水平落后。中国现行标准体系是上个世纪80年代确立的,很多标准已陈旧老化。现代农业、服务业、社会管理和公共服务、一些新兴业态和领域的标准很少,特别是体现创新、协调、绿色、开放、共享等新发展理念的标准更为缺乏,难以适应经济转型升级、提质增效、推进创新发展、生态建设等需要。四是标准统一性权威性不高。现行国家标准、行业标准、地方标准中,有些彼此重复,甚至相互冲突。五是标准执行不力。

对于这些问题,我们必须有清醒的认识,要高度重视,要把标准和标准化工作提升到国家治理体系和治理能力现代化的高度,要把经济建设、政治建设、文化建设、社会建设以及生态建设纳入科学合理的标准化工作上来，以全面提升我国的标准化水平。

记者：十八届三中全会将“完善和发展中国特色社会主义制度，推进国家治理体系和治理能力现代化”确立为全面深化改革的总目标。您如何看待标准化在国家治理体系和治理能力现代化建设中的作用？

魏礼群：国家治理体系和治理能力现代化是我们全面深化改革的目标。标准和标准化工作要服务于这样的改革目标。国家治理体系内涵十分丰富，包括经济治理、政治治理、文化治理、社会治理、生态建设治理。这些方面都应该有明确的目标要求和科学合理的规范。

从整个世界的发展趋势来看，近年来，标准不断从生产、贸易、服务领域向公共管理领域扩展，从经济建设层面向社会建设、文化建设、生态文明建设以及政府治理等层面延伸，标准化已成为管理现代化的重要途径，成为现代国家治理体系的重要基石。党的十八届三中全会明确将完善和发展中国特色社会主义制度，推进国家治理体系和治理能力现代化作为全面深化改革的总目标，反映了时代进步的潮流，也对现代化建设各项事业提出了新的要求。在推进国家治理体系和治理能力现代化的进程中，标准化工作要发挥基础性、战略性作用。

首先，标准化是国家治理体系现代化的重要组成部分。国家治理体系就是治理国家的一系列比较成熟、比较系统的制度。这些制度有多种形式，包括法律法规、管理规范、行为守则等。标准作为一种公认的尺度和规范，也是一种科学化、市场化、民主化的成熟制度形式，是一种公认的规则和法度。在国家治理中推进标准化，实际上也是推进国家治理的制度化、规范化、法治化。因此，标准化为国家治理确立规范，是现代国家治理体系的一种基础性制度安排，推动标准化也就是推动国家治理的现代化。

其次，标准化是国家治理能力现代化的重要标志。标准化是现代社会产生和采用的一种管理手段，是提升管理效率和有效性的有益工具。无论是经济领域、文化领域、社会领域、生态领域，还是其他领域，大量事实表明,标准化程度越高,其管理能力和水平越高。将标准化原理、方法引入国家治理,是现代科学管理理念与国家治理实践的有效结合,能够大幅提升国家治理水平。因此,可以说,标准化是国家治理能力现代化的重要标志,也是提高国家治理能力的重要抓手。

记者:近两年来,党中央、国务院要求在政府管理和服务中推进标准化。您认为这样做有些什么意义?

魏礼群:政府治理现代化是国家治理现代化的重要组成部分。政府治理标准化很大一部分体现在政务服务标准化上。最近,国家标准委给我一个任务:牵头研究制定政务服务方面的标准化工作。我也去了很多地方考察,参观了很多省市的政务服务大厅,例如:山东的新泰市、广东佛山、顺德及江苏的一些城市等。我认为,当前,在政府管理和服务中推进标准化,具有多方面重要意义。

第一,这是提升国家标准化水平的重要内容。标准化涉及经济和社会发展的各个领域,涉及技术、产品、流程和服务等方面,涉及企业、社会组织和政府部门。政府管理和服务是政府部门及其所属机构面向公民、企业、社会组织以及其他政府部门和机构实施管理、提供服务的行为,关系到经济持续健康发展和社会全面进步。推进政府管理和服务标准化,就是要将标准化的理念、原则、方法引入到行政管理服务部门,通过制定和实施适用于政府管理和政务服务的标准体系,提高管理服务质量和水平。这是提升我国标准化水平必不可少的重要内容。

第二,这是建设服务型政府的必然要求。建设人民满意的服务型政府,是我国行政体制改革的一个重要目标。政府管理和服务标准化水平低,行政效率、管理和服务质量就难以提高,建设服务型政府就有可能沦为空谈。推进政府管理和服务标准化,通过对行政人员的态度、行政管理和服务的条件、流程、效率、便捷性、质量等明确标准,细化规范,量化要求,做出明确、具体、可操作的标准性规定,不仅使政府管理和服务工作的目标、过程和结果清晰明确,而且使工作责任可跟踪、可追溯,从而有利于促进管理和服务的质量、水平不断提高，为服务型政府建设提供有力的支撑。

第三，这是解决现阶段“放、管、服”工作中突出问题的关键举措。当前的简政放权、放管结合、优化服务工作中存在的一个问题，就是标准化程度低，影响改革成效。例如，对“行政审批事项”等概念缺乏统一界定。再如，现在行政审批事项数量减少了，但审批要件、流程、时限等标准不明确。通过推进行政审批和服务标准化，对审批和提供服务的要件、流程、结果等制定明确、细致的标准，可在很大程度上限制相关政府部门和人员的自由裁量权，给当事人较为明确的预期，增强“放、管、服”改革的效果。同时，也有于规范行政权力运行，消除权力寻租的空间，从源头上防治腐败，推进廉洁政府建设。

第四，这也是扩大对外交流和提高国家软实力的迫切需要。标准是国家软实力和竞争力的重要体现。加强政务服务标准化建设，有利于向外讲好中国故事，宣传中国特色政治、行政制度和中国特色道路，也有利于广泛参与国际标准化活动。

记者：您认为，当前在推进政府管理和服务标准化方面的主要任务有哪些？

魏礼群：当前，我国行政体制改革处于攻坚期，“放、管、服”工作深入推进。这对政府管理和服务标准化工作提出了迫切要求，也带来了难得契机。今后一个时期，推进政府管理和服务标准化工作，应主要抓好以下几方面：

一是提高对推行标准化工作的自觉性。首先要使各级政府及其工作人员转变观念、端正认识。要在各级政府部门开展政府管理和服务标准化工作相关知识和实务的教育培训，采取多种方式使政府部门工作人员认识到推进政府管理和服务标准化的必要性、可行性和重要意义，使之树立行政标准化理念，自觉、积极地推动政府管理和服务标准化。同时，要在社会上广泛宣传政府管理和服务标准化工作的意义，营造有利的舆论氛围和社会环境。

二是加强政府管理和服务标准化的理论研究和实践创新。近年来，不少地方开展了政府管理和服务的标准化试点，要在继续扩大试点范围的同时，对已有的试点项目和地方开展深入调查研究，全面评估已取得的进展和成效，总结有益经验，分析存在问题，对试点探索的实践成果进行研究、提升，以丰富和发展有关理论。积极探索标准化工作创新，包括在全国范围内推广普及行政审批标准化。加快建立政府部门、事业单位等公共机构的信息标准、数据标准和统计标准体系，推进共性关键标准的制定和实施。还要注意研究和借鉴其他国家政府管理和服务标准化方面的最新理论和实践成果。从我国经济社会发展大势和全面深化改革、全面推行法治的大局出发，开展前瞻性研究，努力推进具有中国特色的政府管理和服务标准化理论创新和实践创新，以提升政府管理和服务标准化工作水平。

三是研究制定推进政府管理和服务标准化的工作规划。一方面，我们必须适应推进政府治理现代化的需要，加快推进政府管理和服务标准化；另一方面，我们又不能指望在短时间内全面建立起政府管理和服务的标准体系。因此，必须坚持总体设计和鼓励探索相结合，在总结各地试点经验的基础上，对政府管理和服务事项进行系统梳理、科学分类，按照改革发展的需要和国家标准化工作总体部署、根据企业和人民群众的要求，分清轻重缓急、主次先后，研究制定推进政府管理和服务标准化工作规划，明确近期、中期、远期工作的总体方向、主要目标、基本原则、重点任务和政策措施，为推进政府管理和服务标准化提供合理可行的总体设计。

四是完善标准化的协调推进机制。为加大推进政府管理和服务标准化工作的力度，保证推进成效，需要进一步完善推进机制。今年 3 月国务院发布的《深化标准化工作改革方案》明确提出，要建立由国务院领导同志为召集人、各有关部门负责同志组成的国务院标准化协调推进机制，统筹标准化重大改革，研究标准化重大政策。我认为，省以下地方各级政府也应建立这种协调推进机制，充分发挥这种协调机制的作用，切实加强对跨部门跨领域标准制定和实施的统筹协调，更加有效地推进政府管理和服务标准化。

五是加强政务服务标准化工作经验交流，学习借鉴国外的先进经验。1987 年我去德国考察社会市场经济时，我问慕尼黑市长如何管理投资项目，他回答道："我们没有审批，我们制定相关标准，投资项目能否通过，关键在于其环保、质量及投资规模等是否符合城市提出的标准？我们让所有投资者和社会公众都知道：只有各方面符合规定的标准才能进行投资。"这给我留下了深刻印象。还有一点也令我十分惊奇：在德国，自家门前种的树不能随意砍伐，哪些能砍哪些不能砍，政府都有相关的标准及明确的规定。发达国家经过长期的探索，形成了一套完善的管理市场经济的方法，很值得我们学习与借鉴。

当前，全国许多地方和部门开展了政府管理和服务标准化方面的实践探索，这些探索多姿多彩、各具特色，形成了不少富有成效的好做法，也遇到了一些困难和问题。要更多地组织这些试点探索的地区和部门开展经验交流，以相互学习借鉴好的做法和经验，共同探讨解决困难和问题的办法，从而更好地推进政府管理和服务标准化工作。

记者：目前一些发达国家非常重视标准化教育，比如日本和韩国，在中小学阶段就把标准化知识纳入教学里面。上个世纪 60 年代中国人民大学曾开设过几年标准化研究生专业，最近我国有的院校开设了标准化本科和研究生课程和学历教育。您是如何看待标准化教育的？对此您有什么建议？

魏礼群：标准化教育是标准化建设的基础性工程。世界发达国家一般都比较重视标准化教育。20 世纪 90 年代以后，世界上一些国家不仅为专业人员、政府官员、商界人士、标准化协会成员提供标准化教育，而且越来越重视在学校开展标准化教育。不少发达国家从小学开始就在相关活动中进行标准化宣传，培育标准化意识；中学的技术类课程中将标准作为基本学习内容;大学的专业技术课程都把相关标准作为必修课,使受教育者从一开始就能够形成强烈的标准化意识。

与发达国家相比,中国标准化教育存在一些差距,无论在教育体系构建、专业建设、课程设置、教材开发,还是师资队伍等方面,标准化知识尚没有进入国民教育体系,普通群众缺少对标准化的了解。目前,我国仅有为数不多的几所高校开展了标准化教育课程,而面向中小学生的标准化教育还基本处于缺失状态。在社会层面,也没有开展针对社会各界尤其消费者的有针对性的标准化教育和培训。此外,与发达国家比较,我国在专门标准化学术网站建设、标准化教育数据库建设等方面滞后,标准化教育资源和教育环境还很不完善。

为提高中国标准化教育水平,我有这样几点建议:

第一,完善学校标准化教育体系。要加快制定标准化教育总体规划,完善针对不同受众的教学体系。在中小学开设标准化教育课程,加强中小学标准化知识普及,将标准化内容纳入中小学教育课程体系。进一步扩大高校标准化教育范围,鼓励更多高校开设标准化课程和专业;支持有条件的高校和研究机构设立标准化硕士、博士学位授予点和博士后流动工作站,努力形成由本科教育、研究生教育、继续教育等多个教育层次构成的人才培养体系。

第二,加快标准化教材建设和师资队伍建设。要加快编写针对不同受众的标准化教材和读物,开发一套针对小学、中学、大学等不同人群的通用教材及教学方法。要加强标准化师资队伍建设,拓宽标准化教师队伍的来源渠道,吸收有标准化工作经验的专家学者参与标准化教学。

第三,加强标准化学科建设。要明确标准化学科的学科归属,加快推进标准化基础理论研究、标准化国际比较研究、标准化与相关学科关联性研究等,尽快形成标准化学科体系。

第四,把标准化教育纳入社会教育范畴。要在社会范围内,通过各种媒体广泛传播标准化知识和理念,深入开展标准化专题宣传活动。要针对不同的教育对象，尽快建立专门的标准化教育互联网数据库和电子学习平台，使社会各界都能学习到标准化知识，形成人人重视标准、人人遵守标准，违反标准可耻、违反标准追究责任的社会氛围。

第五，开展标准化教育国际交流与合作。要建立和完善标准化对外信息沟通交流机制，借鉴国外先进的标准化教育经验。进一步加强与国际标准化组织的合作，加强对国际标准化教育资源的利用，支持引进和聘用海外标准化高层次人才。

记者：随着中国越来越开放地步入国际市场竞争，标准的重要性被更多的人所认识，标准化人才的缺乏也日益凸显。您如何看待标准化人才培养问题？如何在行政管理人员和公务员的继续教育中推动标准化教育？

魏礼群：上面谈到的标准化教育的最主要目的，是面向大众普及标准化意识和理念。一个人接受了标准化教育，并不一定就是标准化人才。所谓标准化人才，就是经过教育、培训和实践锻炼成长起来的标准化高级专门人才，他们可能是标准化工程师、标准化学科带头人，也可能是标准制定者和管理者。标准化人才是国家标准化教育水平的重要体现，是参与制定国际标准的主力军，对于国家的标准化发展具有引领作用。由于长期以来我国标准化教育相对落后，标准化意识欠缺，目前我国标准化人才缺乏，尤其缺乏能够直接参与国际标准制定、修订工作的国际性人才。

标准化人才所具有的知识综合性、学科交叉性特点，决定了对标准化人才培养不能仅仅是学校的任务，而必须是通过产、学合作和注重实践的途径来完成。为此，除加强学校教育之外，国家要鼓励高校、标准化研究机构、各级标准化中介服务机构和企业共建标准化实习基地，邀请企业的标准化高层管理者开展标准化方面的培训或讲座，探索理论联系实际的标准化人才培养模式。要让具有标准化工作经验的工程师加入到标准化人才培养工作之中。

为了全面推进标准化工作，普遍提升标准化水平，加强对广大公务员特别是各级领导干部进行标准化教育，尤其重要。为此，我有两方面建议：

一方面，要将标准化理论知识和实践方法作为党政领导干部和公务员培训的重要内容。要开发针对各级领导干部和广大公务员的标准化培训教材，开设相应的课程。另一方面，要把标准化知识和运用能力作为干部考核的一项内容，作为技术职称和职务职级干部晋升的重要依据。

记者：作为政务标准化工作小组的组长，政务标准化工作小组下一步的工作计划有哪些？

魏礼群：政务标准化工作小组成立之后，我们制定了一个五年规划和2016年工作计划，现在正在征求有关部门、地方的意见。

我们要按照国家标准委员会下发的任务，总结各个地方的实际做法和经验。明年要组织专家深入各地方政务大厅进行考察，总结经验，发现问题，研究制定标准，提升政务服务大厅的服务水平。在此基础上，我们还要开展专题论坛，深入研究标准化问题，把推进政务服务标准化纳入行政服务改革之中。

四、社会体制改革

加快构建中国特色社会管理体系*

（2011 年 5 月 10 日）

加强和创新社会管理作为一个时代的重大课题，日益凸显其重要性、紧迫性。

近些年来，我国经济社会发展出现了哪些新变化？怎样制定科学之策应对社会领域的新变化？如何完善社会管理格局？社会管理创新的方向在哪里？明确回答这些问题，是加强和创新社会管理、健全中国特色社会管理体系的题中应有之义。

加强和创新社会管理是时代提出的新课题

适应我国经济社会发展的新形势新情况，必须加强和创新社会管理。改革开放以来，我国经济以年均近 10%的速度增长，成为世界经济发展史上的奇迹。2010 年，人均国内生产总值达到 4400 多美元。中国用 30 多年时间走完了西方发达国家上百年走过的道路，工业化、信息化、城镇化、市场化、国际化等人类社会的重大变革，在中国短期内同时展开。发达国家在不同时期渐次出现的许多社会矛盾和社会问题，都在我国相对

* 本文发表于《紫光阁》杂志 2011 年第 5 期。

集中的较短时间里显现出来，有些问题还相当突出，有些问题将会在较长时期内存在。随着社会主义现代化建设进程的加快，特别是随着经济体制、社会结构、利益格局、思想观念等发生深刻变化，新情况、新问题不断产生，社会管理已经并将长期面临新的课题、新的挑战。我国经济社会发展呈现新的阶段性特征，决定了我们必须通过加强和创新社会管理，妥善处理各种社会问题，应对各种社会风险，以推动经济社会持续健康发展。

深入贯彻落实科学发展观，必须加强和创新社会管理。社会管理是维系社会正常秩序、促进和谐社会建设、营造经济社会发展环境的活动。科学发展观的内在要求，是必须搞好社会管理，也只有加强社会管理，才能促进科学发展。从现实情况看，当前我国经济社会发展总体形势是好的，但经济和社会发展"一条腿长、一条腿短"的状况并未根本改变，城乡、区域发展不协调，各社会阶层和群体之间的利益冲突趋于明显，全国刑事犯罪、社会治安案件居高不下，群体事件易发多发。社会管理体制不完善、制度机制不健全，基层社会管理存在着不少空白点和薄弱环节。城乡社区治理思路不够明晰，社会组织、基层自治与行政管理的关系不顺，社会服务需要加强。只有坚持以人为本，用统筹兼顾的方法，加强和创新社会管理，协调各社会阶层、群体、成员间的利益关系，加强对流动人口的服务和管理，促进各类社会组织和基层社区健康发展，才能推动经济社会全面协调可持续发展。

发展中国特色社会主义事业，必须加强和创新社会管理。党的十六大以来，中国特色社会主义事业总体布局扩展为经济建设、政治建设、文化建设、社会建设以及生态建设。这就要求我们，在推动经济发展的同时，更加注重社会建设，着力保障和改善民生，推进社会体制改革，扩大公共服务，促进社会公平正义，推动和谐社会建设。社会建设包括发展教育医疗卫生事业、扩大就业、调整收入分配、健全社会保障体系、完善社会管理等多个方面。社会建设和社会管理是中国特色社会主义事业的重要方面。但是，由于种种原因，人们对社会管理的了解和熟悉程度，远远不如我们对经济管理的了解和熟悉程度。这里十分重要的是,需要正确认识和处理新形势下的人民内部矛盾问题。伟大的实践需要科学的理论支持。这就要求,必须对我国新形势下的社会矛盾状况进行深入分析,研究和把握社会管理规律和特点,完善适合我国国情的社会体制机制,提高社会管理的能力和水平。

实现到2010年全面建成小康社会的宏伟目标,必须加强和创新社会管理。党的十六大提出了我国全面建设小康社会的奋斗目标,党的十七大丰富了全面小康社会的内涵,强调要增强发展协调性、扩大社会主义民主、加强文化建设、加快发展社会事业、建设生态文明等。而创新社会管理模式,对全面建成小康社会具有重大的作用。总的来看,当前我国的社会管理还没有完全摆脱传统计划经济体制下的社会管理模式。在思想观念上,重经济建设、轻社会管理;在管理主体上,重政府作用、轻多元参与;在管理方式上,重管制控制、轻协商协调;在管理环节上,重事后处置、轻源头治理;在管理手段上,重行政手段、轻法制规范和道德自律。这些与我国全面建成小康社会的总体要求是不相适应的。构建与社会主义市场经济发展相适应、与社会主义和谐社会建设相适应的中国特色社会管理模式,具有很大的紧迫性。

准确认识社会管理的内涵

科学认识社会管理的内涵和边界。长期以来,人们对社会的内涵有不同的理解,对管理的内涵有不同的看法。因此,对社会管理的内涵就形成了不同的认识和界定。有人认为,社会与自然界相对,社会管理是对整个人类社会的管理,包括政治、经济、社会、文化等广泛的领域和范围。有人认为,社会是与政治、经济、文化相对应的,社会管理是对人类活动的社会领域的管理。有人认为,社会是指与政府、企业相对应的非政府组织、民间组织等社会性组织,社会管理是指社会组织所进行的社会协调与管理。这些看法都有一定道理,但似乎都不尽然。我认为,在我国社会制度和政治体制下,社会管理是指党委和政府以及其他社会主体运用法律、法规、政策、道德、价值等社会规范体系,直接或间接地对社会领域各方面、各环节进行服务、协调、组织、监控的过程和活动。社会管理的根本目的是维护社会秩序、促进社会和谐,其基本任务包括协调社会关系、规范社会行为、解决社会问题、化解社会矛盾、促进社会公正、应对社会风险、保持社会稳定,创造既有活力又有秩序的经济社会发展环境。

正确把握加强和创新社会管理应遵循的基本原则。原则是根本性的问题。不同的原则会产生不同的观察问题、处理问题的视野和方法。中国特色社会管理所遵循的原则,一方面应当遵循人类社会发展的普遍规律,把加强和创新社会管理放在世界多极化、经济全球化的大背景下,深刻认识和总结世界不同国家和地区社会管理的经验和教训,找到一些共性的原则和有益做法,为我所用。更重要的是,必须遵循中国特色社会主义发展的特殊规律,从中国由传统社会向现代社会深刻变革的大背景出发,根据我国历史传统和现实基本国情,确立中国特色社会管理应遵循的基本原则,深入探讨加强和创新社会管理的理念、思路、任务和举措。

全面总结我国在改革开放实践中积累的新鲜经验。近些年来,不少地方在加强和创新社会管理方面进行了卓有成效的探索和实践。例如,把城镇基本公共服务延伸到流动人口群体,使他们也进入城镇社会管理工作范围;对特殊人群予以特殊关爱,使他们更好地融入社会;实行社会稳定风险评估,从源头上预防和减少社会矛盾;构建大协调工作体系,有效化解社会矛盾;强化基层社区建设,发挥社会组织作用的"枢纽型组织",增强企事业单位社会管理责任;提高公民的社会管理参与度、在社会管理中引进专业社会工作;等等。我们要善于总结升华这些鲜活的经验,从中找到可以推广的思路和做法,为社会管理理论创新和实践创新服务。

不断提升社会管理科学化水平

提高社会管理科学化水平,既要加强社会管理,也要创新社会管理。加强社会管理,关键是要从思想上、工作布局上更加重视社会管理,必须下更大的决心、采取更加有力的措施,切实把加强社会建设和社会管理放在突出重要的位置,全面提高社会管理和服务水平。一要加强法律法规和政策体系建设。加快社会管理领域的立法工作,依靠法律来规范个人、组织的行为,协调社会关系。进一步制定完善有关经济政策和社会政策,健全社会规范体系,弥补社会政策的不足。加快建立和完善个人行为的规范体系,探索建立公民个人信用制度,健全违反社会公共行为准则的惩戒制度。二要加强公共安全体系建设。健全对事故灾难、公共卫生事件、食品安全事件、社会安全事件的预防预警体系建设。加强流动人口服务管理,做好对特殊人群帮教管理和服务工作。完善矛盾纠纷排查调处工作制度和长效机制,提高效率和水平。实行人民调解、行政调解、司法调解有机结合,把矛盾化解在基层、解决在萌芽状态。进一步加大公共安全投入力度。三要加强社会管理能力建设。通过集中培训和基层实践锻炼等途径,切实加强各级政府和社会领域其他组织的社会管理能力建设,着力提高政府社会管理决策能力、处理社会纠纷和维护社会稳定的能力、有效开展群众工作和激发创造社会活力的能力。加强社会管理基层基础建设,健全基层管理和服务体系,提高基层党组织和基层政权的社会管理和依法办事能力,提高基层群众自治组织自我管理、自我服务、自我教育、自我监督能力。加强社会管理信息系统建设,提升社会管理信息化水平,健全社会舆情汇集和分析机制,着力提高社会管理快速反应的能力。四要加强社会管理人才队伍建设。进一步加强高等教育对社会管理人才的培养,强化对社会管理人员的在职培训,为社会管理提供人才保证。积极营造尊重、支持社会管理人才工作良好的社会环境,激励他们的工作热情,发挥他们的工作潜能。搞好社会管理人才的选拔和引进,多渠道、多方位选拔政治素质好、业务素质好的人员,充实加强社会管理队伍。

创新社会管理,第一,要创新管理理念。切实做到以人为本、服务优先,把实现好、维护好、发展好最广大人民的根本利益作为出发点和落脚点,寓管理于服务之中,实行依法管理、科学管理、柔性管理、人性化管理,推动社会管理科学化、规范化和常态化,努力让人民群众切实感受到服务更到位、管理更有序、社会更和谐。要按照发展社会主义民主政治的要求,扩大人民民主,保证人民当家作主,进一步健全民主制度,丰富民主形式,拓宽民主渠道,从各个领域、各个层次扩大公民有序政治参与,依法保障人民的知情权、参与权、表达权、监督权。第二,要创新管理主体。切实从单纯重视政府作用向社会共同治理转变,既要发挥党委、政府的领导和主导作用,又要鼓励和支持社会各方面参与社会管理,发挥多元主体的作用,从传统的社会管理向现代社会治理转变。第三,要创新管理方式。切实从偏重管制控制向更加重视服务、重视协商协调转变,坚持更多地运用群众路线的方式、民主的方式、服务的方式,教育、协商、疏导的方式,化解社会矛盾,解决社会问题。第四,要创新管理环节。切实从注重事后处置向更加重视源头治理转变,把工作重心从治标转向治本、从事后救急转向源头治理,使社会管理关口前移。第五,要创新管理手段。切实从主要重视行政手段向多种手段综合运用转变,在运用行政手段进行社会管理的同时,更多地运用法制规范、经济调节、道德约束、心理疏导、舆论引导等手段,并加强道德建设和思想政治工作。第六,要创新管理制度。切实坚持加强源头治理体系建设、强化动态协调机制建设、推进应急管理制度建设,构建相互联系、相互支持的规范、机制和制度体系。

社会管理格局四位一体、相辅相成

党的十七届五中全会通过的《中共中央关于制定国民经济和社会发展第十二个五年规划的建议》和《中华人民共和国国民经济和社会发展第十二个五年规划纲要》提出，要"按照健全党委领导、政府负责、社会协同、公众参与的社会管理格局的要求，加强社会管理法律、体制、能力建设"。党委领导是根本，政府负责是关键，社会协同是依托，公众参与是基础，四位一体，有机联系，不可分割。这是对我国多年来社会管理实践的科学总结，符合我国现阶段社会管理的客观要求，具有中国特色，体现时代特征。在新的形势下，加强和创新社会管理必须切实加以遵循。

党委领导，就是要发挥党委在社会管理格局中总揽全局、协调各方的领导核心作用。认真贯彻党的路线、方针、政策和工作部署，支持政府依法行政和依法管理，引导各种社会组织、群众组织、自治组织和人民群众积极有序参与社会管理，充分发挥基层党组织和共产党员在社会管理中的作用。合理配置党政部门社会管理职责权限，切实解决多头管理、分散管理、难以形成有效合力的问题。在坚持党的领导的同时，要不断改善党的领导，发挥政治优势，善于舆论引导，充分发挥各种媒体作用，不断提高化解各种社会矛盾、构建和谐社会的能力。

政府负责，就是要强化政府的社会管理职能，做到职能到位，既不越位，也不缺位。凡是公民、法人和其他组织通过自律能够解决的，行业和中介组织能够解决的问题，政府就不去干预，而该由政府管理的事项则应当管住管好。国家要通过制定法律法规、完善社会政策、健全社会管理体系、培育和管好社会组织、畅通公民参与渠道等，来发挥政府在社会管理中的主导作用。要建立和完善社会管理考核机制，研究制定科学的社会管理考核指标，把考核结果作为对政府工作人员奖惩和使用的重要依据。

社会协同，就是要发挥各类社会组织的作用，组织社会力量参与社会管理。基层单位是社会协同管理的基础，要加强以城乡社区为重点的基层基础建设，在基层构建横向到边、纵向到底的社会管理体系，切实把社会问题和社会矛盾解决在基层。各类社会组织是社会协同管理的重要力量，要发挥社会组织的作用，推动包括社会团体、行业组织、中介机构、志愿者团体等在内的各种社会组织发展壮大，坚持鼓励发展和监管引导，提高社会组织在社会管理中的协同能力。要规范发展社会组织，加强社会组织管理和服务体系建设，发挥各类社会组织提供服务、反映诉求、规范行为的作用。企业事业单位负有社会管理的重要责任，要强化各类企事业单位社会管理责任，鼓励和支持它们继续承担有关社会管理和社会服务的责任，包括发挥好各类所有制企业在社区建设、安全生产、处理劳资关系、发展慈善事业、促进社会和谐稳定等方面的作用。

公民参与，就是要充分发挥人民国家人民管理的作用，引导公民依法理性有序参与社会管理。大力培育公民参与意识，履行公民义务，探索公民参与社会管理的机制和途径，拓宽公民参与渠道，为公民参与社会管理创造条件。要提高基层群众自治组织自我管理、自我服务、自我教育、自我监督能力。在加强政法队伍建设同时，加快组建专业社会工作者队伍，大力发展信息员、保安员、协管员、巡防队等多种形式的群防群治力量，真正把社会管理建立在广泛的群众基础之上。积极开展志愿服务活动，健全社会志愿者服务长效机制，努力形成社会管理人人参与、人人共享的良好局面。

加强和创新社会管理的重大意义和主要任务*

（2011 年 5 月 24 日）

社会管理是人类社会必不可少的一项管理活动。作为发展中国家的中国正在进行的是一场人类历史上规模空前的社会变革，社会管理任务更为艰巨和繁重。因此，必须认真贯彻落实中央关于加强和创新社会管理的重大决策，深入研究社会管理领域存在的突出问题及其原因，完善社会管理格局，创新社会管理体制机制，加强和改进群众工作，努力提高社会管理水平，为实现“十二五”时期经济社会发展目标凝聚强大力量。

一、充分认识加强和创新社会管理的重大意义

正确理解和科学界定社会管理的内涵和边界，是当前深入研究加强和创新社会管理的重要前提。我国理论界和实际工作部门对社会和社会管理都有不同的理解和看法。概括起来，大体有三种意见：第一种是，大范围的社会和社会管理，社会即人类社会，与自然界相对应，社会管理是对整个人类社会活动的管理，包括政治、经济、社会、文化等广泛的领域和范围。第二种是，中范围社会和社会管理，社会与经济相对应，社会管理

* 本文系作者在国家发展和改革委员会举办的“发展改革大家谈”上所作的报告；发表于《宏观经济管理》杂志 2011 年第 7 期。

是对人类从事经济活动以外的各类社会活动的管理。第三种是，小范围社会和社会管理，是指经济、政治、文化以外的社会建设与管理，社会管理范围相应较小。显然，大范围社会和社会管理过于宽泛，中范围社会和社会管理也偏宽。中央明确强调的社会管理，是中国特色社会主义经济建设、政治建设、文化建设、社会建设以及生态文明建设总体格局中关于社会建设的一部分。社会管理，是指党委和政府以及其他社会主体运用法律、法规、政策、道德、价值等社会规范体系，直接或间接地对社会领域各方面、各环节进行服务、协调、组织、监控的过程和活动。社会管理的根本目的，是维护社会秩序、促进社会和谐；基本任务包括协调社会关系、规范社会行为、解决社会问题、化解社会矛盾、促进社会公正、应对社会风险、保持社会稳定，创造既有活力又有秩序的经济社会发展环境。只有准确把握社会管理的内涵和边界，才能正确研究和提出社会管理的思路、任务和举措。

党中央、国务院始终高度重视社会管理，为形成和发展适应我国国情的社会管理制度进行了长期探索和实践，取得了重大进展，积累了宝贵经验。特别是党的十六大以来，中央从时代发展和战略高度，更加重视社会管理问题，作出了一系列重要决策和部署。2004 年党的十六届四中全会明确提出，“加强社会建设和管理，推进社会管理体制创新”。2007 年党的十七大强调，要完善社会管理，健全社会管理格局，健全基层社会管理体制，最大限度激发社会创造活力，最大限度增加和谐因素，最大限度减少不和谐因素。2010 年党的十七届五中全会进一步作出“加强和创新社会管理”的战略部署。2011 年 2 月，中央举办了省部级主要领导干部社会管理及其创新专题研讨班，胡锦涛总书记等中央领导同志作了重要讲话，深刻阐述了加强和创新社会管理的重要性和紧迫性，并明确提出了重点任务和要求。2011 年 3 月温家宝总理在十一届全国人大四次会议上作的《政府工作报告》，对加强和创新社会管理作出了明确部署。在《中华人民共和国国民经济和社会发展第十二个五年规划纲要》中，专门用

第九篇分五章全面部署了今后五年“标本兼治,加强和创新社会管理”的重大任务。近些年来,我国在社会管理的理论和实践都有创新。党中央、国务院把社会管理放在现代化建设更加重要的战略位置,是我们党对人类社会发展规律、社会主义建设规律、共产党执政规律认识的新升华,是深入分析我国发展新的阶段性特征作出的重大战略,也是人民群众对党和政府的新期待。我们要按照中央的部署和要求,切实加强和创新社会管理,加快构建中国特色社会主义社会管理体系。

加强和创新社会管理是一个事关国家发展全局的重大决策,具有十分重要的现实意义和长远战略意义。

(一)这是我国发展新的阶段性特征的客观要求

改革开放以来,我国经济总量以年均近 10%的速度增长,2010 年人均国内生产总值达到 4400 多美元,跃居全球第二大经济体。中国用了 30 多年时间走完了西方发达国家上百年走过的道路,工业化、信息化、城镇化、市场化、国际化等人类社会的重大变革在中国短期内同时展开,谱写了宏伟壮观的历史画卷。也正因为如此,发达国家在不同时期渐次出现的许多社会矛盾和社会问题,在我国相对集中的较短时间里显现出来。当前我国既处于发展的重要战略机遇期,又处于社会矛盾凸显期,社会管理领域问题不少,有些问题还相当突出,有些问题也将在较长时期内存在。主要表现在以下几个方面:

第一,人民内部矛盾多样多发。近年来,因各种人民内部矛盾、社会矛盾引发的群众上访和群体性事件已成为影响社会和谐稳定的第一位问题。2010 年,全国信访总量虽然比 2009 年下降 6%,但仍在高位运行,并呈现一些新的特点。一是矛盾主要集中在农村土地征用、城镇房屋拆迁、国有企业改制、涉法涉诉等领域。二是矛盾涉及各行业各阶层。既有农民、城镇居民、离退休人员、个体工商业者、出租车司机等人群。三是触点增多、燃点降低。一些一般性矛盾纠纷因处理不及时、不妥当,容易演化为大规模群体性事件。四是关联性增强，历史遗留问题和改革发展中的问题、经济领域问题和社会领域问题、合理诉求和不合法方式、多数人合理诉求和少数人无理要求、群众自发行为和敌对势力插手利用相互交织。

第二，流动人口和特殊人群管理和服务问题增多。一是流动人口大量增加，给社会管理带来了巨大压力。最为突出的是农民工现象。据统计，我国大约有2.3亿农民工，其中有1.5亿左右在异地"打工"。农村劳动力大范围流动不仅造成了数以千万计的农村"留守儿童""留守老人"，而且导致城市的违法犯罪行为增多。二是老龄人口快速增长，目前全国60岁以上人口已近1.7亿人，到2015年将达到2.1亿人，而相应社会服务明显不适应。三是孤残流浪儿童和有不良行为的青少年增多。据有关部门不完全统计，目前全国有闲散青少年2820万人。闲散青少年违法犯罪呈增加趋势。四是境外来华人员快速增多，近年来每年出入境外国人达5000万人次，目前在我国常住的外国人有近50万。境外来华人员增多促进了我国经济社会发展，同时也使非法入境、非法居留、非法就业问题凸显，给社会管理带来新的课题。

第三，公共安全事故频繁发生。一是安全生产事故增多，2010年全国发生安全生产事故36.3万起、造成7.96万人死亡，其中重大安全生产事故74起，特别重大安全生产事故11起；涉及人员伤亡的道路交通事故21.95万起，发生火灾事故13.17万起，给人民群众生命财产造成重大损失。二是食品药品安全问题突出，毒大米、假酒、假药等时有出现，严重影响人民群众的生命和健康安全。三是自然灾害频发，地震、泥石流、台风、洪涝、干旱、低温雨雪冰冻恶劣天气等自然灾害严重危害人民生命财产安全。

第四，非公有制经济组织和社会组织的管理和服务问题突出。改革开放以来，我国非公有制经济组织、社会组织大量增加，但相关管理服务工作跟不上。一是非公有制经济组织中的党组织和工青妇组织不健全、作用发挥不充分；一些非公有制经济组织片面追求经济效益，没有承担起管理和服务员工的社会责任，导致停工、聚集、上访事件时有发生。二是各类社会组织迅速增多。截至 2009 年底，全国依法登记的社会组织 43.1 万个，专职工作人员 540 万人，兼职工作人员 500 多万人；还有上百万个没有登记就开展活动的社会组织。大多数社会组织在各个领域发挥着积极作用，但发展培育不足、规范引导不够、结构和分布不合理问题也很突出。

第五，信息网络建设管理面临严峻挑战。以数字技术、网络技术为代表的现代信息科学技术突飞猛进和广泛应用，带来了社会生产方式、生活方式的深刻变革，对人们思想观念和行为方式的影响越来越大，互联网已经成为人们丰富文化生活的重要途径，成为社会思想文化的集散地和社会舆论的放大器，成为社会组织动员的重要手段。目前，我国有 4.57 亿网民、8.59 亿手机用户，博客用户超过 2.94 亿，互联网普及率达 34.3%，是世界上使用互联网人口最多的国家。这既为传播先进文化搭建了平台，为文化繁荣开辟了新的空间。同时，也给社会管理带来了不少新情况、新问题。一是现实社会违法犯罪向虚拟社会蔓延，利用互联网和手机等新兴媒体传播淫秽色情信息和进行赌博诈骗等违法犯罪活动猖獗。二是虚拟社会对现实社会的影响日益增强，一些影响较大的公共事件网上网下遥相呼应，导致各种社会矛盾和热点敏感问题快速扩散放大，造成严重后果，影响社会稳定。三是国家信息安全和网络运行安全面临较大风险，网上窃密泄密事件频发，危害国家安全和利益。

以上社会管理领域存在的一些突出问题，如果处理不当、解决不好，就会影响甚至干扰党和国家工作大局，影响和干扰中国特色社会主义事业的发展。搞得不好，已经取得的改革开放成果也可能付诸东流。当前社会管理领域存在的问题，原因是多方面的，既有现阶段经济社会发展水平限制带来的问题，也有工作不到位带来的问题；既有长期的历史遗留问题，也有社会深刻变革带来的现实问题；既有思想观念上的问题，也有体制机制上的问题。这也决定了我们必须通过加强和创新社会管理，妥善处理各种社会问题，应对各种社会风险，以推动经济社会持续健康发展。

（二）这是我国深入贯彻落实科学发展观的必然要求

社会管理是维系社会正常秩序、促进和谐社会建设、营造经济社会发展环境的活动。科学发展观的内在要求，是必须搞好社会管理，唯有加强社会管理，才能促进科学发展。只有坚持以人为本，用统筹兼顾的方法，加强和创新社会管理，协调各社会阶层、群体、成员间的利益关系，加强对流动人口的服务和管理，促进各类社会组织和基层社区健康发展，才能推动经济社会全面协调可持续发展。

（三）这是我国发展中国特色社会主义事业的内在要求

党的十六大以来，中国特色社会主义事业总体布局扩展为经济建设、政治建设、文化建设、社会建设以及生态建设。这就要求我们，在经济发展基础上，更加注重社会建设，着力保障和改善民生，推进社会体制改革，扩大公共服务，促进社会公平正义，推动和谐社会建设。社会建设包括发展教育医疗卫生事业、扩大就业、调整收入分配、健全社会保障体系、完善社会管理等多个方面。社会建设和社会管理是中国特色社会主义事业的重要方面。但是，由于种种原因，人们对社会管理的了解和熟悉程度，远远不如对经济管理的了解和熟悉程度。伟大的实践需要科学的理论支持。这就要求，必须对我国新形势下的社会矛盾状况进行深入分析，研究和把握社会管理规律和特点，完善适合我国国情的社会体制机制，提高社会管理的能力和水平。

（四）这是如期实现全面建成小康社会的迫切要求

党的十六大提出了全面建设小康社会的奋斗目标，党的十七大提出到2020年全面建成小康社会的目标要求，丰富了全面建设小康社会的内涵，强调要增强发展协调性、扩大社会主义民主、加强文化建设、加快发展社会事业、建设生态文明等。而创新社会管理模式，对全面建成小康社会具有重大的作用。构建与社会主义市场经济发展相适应、与社会主义和谐社会建设相适应的中国特色社会管理模式，具有很大的紧迫性。

（五）加强和创新社会管理还是吸取一些国家和地区经验教训的重要启示

一些国家和地区的发展历程表明，国民收入从中等收入向高收入提升的时期，往往是经济关系容易失衡、社会秩序容易失常、人们心理容易失衡的时期。拉美和东南亚一些国家之所以陷入“中等收入陷阱”，除了经济发展模式转型滞后，一个重要原因是大批农民进入城市以后基本享受不到社会保障和公共服务，在农村又失去土地，成为城市的边缘人群，从而形成影响社会稳定的贫民窟问题；由于两极分化、贫富悬殊，不能为经济社会发展提供持续的动力，从而使经济社会停滞不前甚至倒退，进而导致社会矛盾加剧、政局持续动荡。我国正从中等收入向高收入国家迈进，如何防止落入“中等收入陷阱”，这是同样面临的重大挑战。最近，西亚、北非一些国家相继发生骚乱，造成社会剧烈动荡，有的甚至导致政权更迭，就是重要的教训。这些国家经济发展还不错，之所以会爆发严重的社会问题，固然有多方面原因，包括国内高通胀率、高失业率和政治腐败等，其中很重要的原因在于，国家未能实施行之有效的社会管理，包括对互联网和手机疏于管理，一些国家的骚乱就是由一些“热血愤青”在网络和微博中所传播的信息煽动下，短期内搞起来的街头抗议活动，一发不可收拾。网络和手机普及后，信息在民众中传播有了新形式，容易在短期内迅速将民众动员起来，甚至触发社会动乱。当前，我国既要继续发展经济，又要确保社会和谐稳定，必须研究国外经验教训，切实加强和创新社会管理，谨防一切不可预测的风险。

总之,加强和创新社会管理,是继续抓住和用好我国发展重要战略机遇期、推进党和国家事业的必然要求,是维护国家长治久安、构建社会主义和谐社会的必然要求,是维护最广大人民根本利益的必然要求,是提高党的执政能力、巩固党的执政地位的必然要求,对于落实科学发展观、实现全面建设小康社会宏伟目标具有重要战略意义。各部门、各地区一定要把思想认识统一到中央的决策部署上来,必须深刻认识加强和创新社会管理的极端重要性和紧迫性,以强烈的政治责任感和历史使命感,切实把加强和创新社会管理置于更加突出的位置。

二、社会管理既要加强也要创新

在不同国家和不同发展阶段,进行社会管理的内容和要求有所不同。中央明确提出加强和创新社会管理,这是在准确把握我国发展新的阶段性特征、深刻认识我国现代化事业面临的新情况、新任务,以及全面分析社会管理的现状后所作出的重要战略部署。

之所以要加强,这是因为,在我们这样一个有 13.5 亿人口、经济社会快速发展的国家,社会建设和社会管理任务十分艰巨繁重;从现实情况看,当前我国经济社会发展总体形势是好的,但是社会管理工作相当薄弱,经济和社会发展“一条腿长、一条腿短”的状况并未根本改变;各社会阶层和群体之间的利益冲突趋于明显;全国刑事犯罪、社会治安案件居高不下,群体事件易发多发;社会管理体系不完善、制度不健全,基层社会管理存在着不少空白点和薄弱环节;城乡社区治理思路不够明晰,社会组织、基层自治与行政管理的关系不顺,基层社会管理和服务资源没有形成合力。因此,必须切实加强社会管理。

之所以要创新,这是因为,随着 30 多年中国历史上从未有过的大改革大开放,使我国成功实现了从高度集中的计划经济体制到充满活力的社会主义市场经济体制、从封闭半封闭到全方位开放、从人民生活温饱不足发展到总体小康的伟大历史性转变，使我国社会管理环境和因素发生了深刻变化。特别是随着工业化、信息化、城市化、市场化、国际化进程不断加快，社会活力大为增强，经济结构、社会结构和社会组织形式发生深刻变动，社会流动性、开放性、活跃性前所未有，越来越多的人由"单位人"变成"社会人"，人们思想活动的独立性、选择性、多变性、差异性不断增强，社会思想更加活跃更加复杂。在这种情况下，过去行之有效的管理理念、管理制度、管理手段、管理方法已难以完全适应社会管理的需要。当前我国的社会管理还没有完全摆脱传统计划经济体制下的社会管理模式。在工作布局上，重经济建设、轻社会建设；在管理主体上，重政府作用、轻多元参与；在管理方式上，重管制控制、轻协商协调；在管理环节上，重事后处置、轻源头治理；在管理手段上，重行政手段、轻法制规范和道德自律。必须深化认识，推进理论创新和实践创新，全面提高社会管理科学化、专业化水平。因此，社会管理既要加强，又要创新，只有创新社会管理，才能真正做到加强社会管理。

（一）要加强社会管理

加强社会管理的关键，是要从思想上、工作布局上更加重视社会管理，必须真正把加强社会建设和社会管理放在突出重要的位置，采取更加有力的措施，切实改变经济建设和管理与社会建设和管理"一手硬"、"一手软"的现象。要按照中央关于"加强社会管理法律、体制、能力建设"的要求，全面提高社会管理和服务水平。一要加强法律法规和政策体系建设。加强社会管理领域立法工作，依靠法律来规范个人、组织的行为，协调社会关系；完善有关社会政策，健全社会规范体系；加快建立和完善个人行为的规范体系，建立公民个人信用制度，健全违反社会公共行为准则的惩戒制度。二要加强公共安全体系建设。健全对事故灾难、公共卫生事件、食品安全事件、社会安全事件的预防预警体系建设；完善矛盾纠纷排查调处工作制度和长效机制，提高效率和水平；实行人民调解、行政调解、司法调解有机结合，把矛盾化解在基层、解决在萌芽状态。三要加强社会管理能力建设。通过集中培训和基层实践锻炼等途径，切实加强各级政府和社会组织的社会管理能力建设，着力提高政府社会管理决策能力、处理社会纠纷和维护社会稳定的能力、有效开展群众工作和激发创造社会活力的能力；加强社会管理基层基础建设，健全基层管理和服务体系，提高基层党组织和基层政权的社会管理和依法办事能力，提高基层群众自治组织自我管理、自我服务、自我教育、自我监督能力；加强社会管理信息系统建设，提高社会管理信息化水平，健全社会舆情汇集和分析机制，着力提高社会管理快速反应力。进一步加大公共安全投入力度。四要加强社会管理人才队伍建设。加强社会管理人才的培养，强化社会管理人员的在职培训，为加强社会管理提供人才保证；积极营造尊重、支持社会管理人才工作良好的社会环境，激励他们的工作热情，发挥他们的工作潜能；搞好社会管理人才的选拔和引进工作，多渠道、多方位选拔政治素质好、业务素质强的人员，充实加强社会管理的人才队伍。

（二）要创新社会管理

第一，要创新社会管理理念。总的说来，是要树立与社会主义初级阶段的基本国情相适应，与社会主义市场经济体制和我国社会政治制度相适应，与开放、动态、信息化社会环境相适应的社会管理理念，确保社会管理更好地体现时代性、把握规律性、富于创造性。一要树立以人为本、服务为先的理念。始终把实现好、维护好、发展好最广大人民的根本利益作为出发点和落脚点，践行全心全意为人民服务的根本宗旨，坚持人民主体地位，充分尊重人、理解人、关心人，寓管理于服务之中，在服务中实施管理，努力实现管理与服务的有机统一，让人民群众切实感受到服务更到位、管理更有效、社会更和谐。二要树立多方参与、共同治理的理念。现代社会管理既是政府向社会提供公共服务并依法对有关社会事务进行规范和调节的过程,也是社会自我服务并根据法律和道德进行自我规范和自我调节的过程。在社会管理中,一方面要不断提高政府的社会管理能力和成效,另一方面要不断增强政府自我管理的能力和效果。要按照发展社会主义民主政治的要求,扩大人民民主,保证人民当家作主,进一步健全民主制度,丰富民主形式,拓宽民主渠道,从各个领域、各个层次扩大公民有序政治参与,依法保障人民的知情权、参与权、表达权、监督权。三要树立关口前移、源头治理的理念。要及时发现矛盾问题,弄清原因、变化规律,不断增强工作的前瞻性、主动性、有效性,从源头上主动解决问题、减少矛盾,最大限度地实现社会矛盾不积累、不激化。这不仅仅是社会管理部门的责任,也是各级党委和政府、各部门各单位的共同责任。四要树立统筹兼顾、协商协调的理念。正确反映和协调各个方面、各个层次的利益诉求和社会矛盾,既要"左顾右盼",又要"瞻前顾后",使社会管理能够体现维护公平正义的"刚性"、协调各方利益的"柔性"、应对新情况、新问题的"弹性",促进社会动态平衡。五要树立依法管理,综合施策的理念。牢固树立依法管理,加强社会管理领域立法、执法工作,使各项社会管理工作有法可依、有法必依、执法必严、违法必究;同时,要综合运用经济调节、行政管理、道德约束、心理疏导、舆论引导等手段,规范社会行为,调节利益关系,减少社会问题,化解社会矛盾。

第二,创新社会管理主体。要从单纯重视政府作用向社会共同治理转变,既发挥党委、政府的领导和主导作用,又要鼓励和支持社会各方面,包括各类社会组织、社会团体、企事业单位和公民参与社会管理,发挥多元主体的作用,促使传统社会管理向现代社会治理转变。

第三,创新社会管理方式。要从偏重管制控制向更加重视服务、重视协商协调转变,坚持更多地运用群众路线的方式、民主的方式、服务的方式,教育、协商、疏导的方式,化解社会矛盾,解决社会问题。

第四,创新社会管理环节。要从偏重事后处置向更加重视源头治理转变,把工作重心从治标转向治本、从事后救急转向源头治理,使社会管理关口前移。

第五,创新社会管理手段。要从偏重行政手段向多种手段综合运用转变,在运用行政手段进行社会管理的同时,更多地运用法制规范、经济调节、道德约束、心理疏导、舆论引导等手段,加强道德建设和思想政治工作。

第六,创新管理体制。要加强源头治理体系建设、动态协调机制建设、应急管理制度建设,构建相互联系、相互支持的制度体系。

总之,创新社会管理就是要实现从以政府为单一主体、以单位管理为主要载体、以行政办法为主要手段、以管制为主要目的的传统模式,转向政府行政管理与社会自我调节、居民自治管理良性互动、社区管理与单位管理有机结合,多种手段综合运用,管理与服务融合、有序和活力统一的多元治理、共建共享的新模式,使社会管理与发展社会主义市场经济、民主政治、先进文化,以及与建设和谐社会要求相适应。

在加强和创新社会管理中,应当高度重视和坚持做到以下几点:

一是,坚持改革正确方向和思路。加强和创新社会管理,是社会管理领域一场深刻的革命,改革沿着什么方向,按照什么思路进行,事关中国现代化事业的成败。最重要的是坚持两条原则,一条是坚持和加强党的领导,一条是坚持和发展社会主义制度。中国共产党是领导中国现代化事业的核心力量,削弱了共产党领导,就会天下大乱。我们进行的各项改革事业都是对社会主义制度的完善和发展,加强和创新社会管理也是这样。必须从巩固党的执政地位、维护人民根本利益、保证国家长治久安的战略高度来考虑,确保改革创新始终沿着中国特色社会主义方向前进。

二是,坚持继承和创新结合。我国社会管理与基本国情和社会主义制度总体上是适应的,这是一个基本判断,也是加强和创新社会管理的基本出发点。我们要在这个基础上,以中国特色社会主义理论体系为指导,全面认识和科学分析面临的问题,从中国由传统社会向现代社会深刻变革的大背景出发，重视弘扬我国优秀的历史文化传统，发挥长期形成的各种优势，结合现实情况，与时俱进，开拓创新，既继承好的做法，又突破旧的陈规，积极稳妥地处理各种矛盾和问题，彰显中国特色、中国风格的社会管理制度优越性。

三是，坚持尊重实践和创造。尊重实践，尊重群众，善于概括群众的经验和创造，是我们党领导革命、建设和改革的根本方法。多年来特别是近些年来，许多地方在加强和创新社会管理方面进行了卓有成效的探索和实践。例如，把城镇基本公共服务延伸到流动人口身上，使他们也进入城镇社会管理覆盖范围；对特殊人群特殊关爱，使他们更好地融入社会；实行社会稳定风险评估，从源头上预防和减少社会矛盾；强化基层社区建设，发挥枢纽型社会组织的作用；增强企事业单位社会管理责任；提高公民社会管理参与度、在社会管理中引进专业社会工作者，等等。实践是检验真理的唯一标准。我们要善于总结丰富实践中的鲜活经验，敏锐地把握时代发展的脉搏，大力扶持新生事物，积极推广新鲜经验，推动社会管理理论创新和实践创新。

四是，坚持树立世界眼光。“他山之石，可以攻玉”。邓小平讲过，社会主义要赢得与资本主义相比较的优势，就必须大胆吸收和借鉴人类社会创造的一切文明成果，吸收和借鉴当今世界各国包括资本主义国家的一切反映现代社会化生产规律的先进经营方式、管理方法。在加强和创新社会管理中，我们应积极研究借鉴世界不同国家和地区进行社会管理的重要经验和有益做法，或为我所用，或开阔思路。特别是完善法律法规、综合利用各种力量参与社会管理、健全公共服务体系、注重对公民进行爱国主义教育和公民意识教育、充分利用传统文化和伦理关系凝聚人心、运用多种手段缩小贫富差距、大力推行政务公开和电子政务，以及运用疏堵并举、宽严相济办法解决突出问题等，都有借鉴意义。当然，学习借鉴国外经验，要立足我国现实国情，不能照抄照搬，要坚持走中国特色社会主义社会管理道路。

三、加强和创新社会管理需要抓好的重点任务

(一)完善社会管理工作格局

党中央明确提出,要"按照健全党委领导、政府负责、社会协同、公众参与的社会管理格局的要求",加强和创新社会管理。这是建设中国特色社会主义社会管理体系的基本框架。党委领导是根本,政府负责是关键,社会协同是依托,公众参与是基础,四位一体,有机联系,不可分割。这是对我国多年来社会管理实践的科学总结,符合现阶段社会管理的客观要求,具有中国特色,体现时代特征。在新的形势下,加强和创新社会管理必须切实加以遵循。党委领导,就是要发挥党委在社会管理格局中总揽全局、协调各方的领导核心作用。我国社会主义的社会管理,与西方资本主义社会管理有着本质的不同,我们党是执政党,有着广泛、深厚的社会基础和群众基础,也拥有巨大的社会资源。坚持党委领导,是我们的政治优势和制度优势,也是社会管理沿着正确方向前进的根本保证。要合理配置党政部门社会管理的职责权限,支持政府履行社会管理职能,引导社会多方面积极参与社会管理的服务,切实解决多头管理、分散管理、难以形成有效合力的问题。在坚持党的领导的同时,要不断改善党的领导,充分发挥基层党组织和党员服务群众的作用,同时善于舆论引导,充分发挥各种媒体作用,不断提高化解各种社会矛盾、构建和谐社会的能力。政府负责,就是要强化政府的社会管理职能,做到职能到位,既不越位,也不缺位。各级政府要按照转变职能、理顺关系、优化结构、提高效能的要求,健全政府职责体系,该由政府管理的事项应当管住管好,切实发挥政府在社会管理中的主导作用。社会协同,就是要发挥好工青妇等群众组织、基层群众性自治组织、各类社会组织、企事业单位的作用,组织社会力量共同参与社会管理。要加强以城乡社区为重点的基层基础建设,

推动包括社会团体、行业组织、中介机构、志愿者团体等在内的各种社会组织发展壮大，发挥各类社会组织提供服务、反映诉求、规范行为的作用，强化各类企事业单位的社会管理责任。公民参与，就是要充分发挥人民国家人民管理的作用，动员组织群众依法、理性、有序参与社会管理和公共服务，实现自我管理、自我服务、自我发展。要加快组建专业社会工作者队伍，大力发展信息员、保安员、协管员、巡防队等多种形式的群防群治力量，健全群众参与的长效机制，充分发挥群众参与社会管理的基础作用；同时，要加强对群众的教育引导，使广大群众不断增强遵纪守法意识，切实履行公民义务。

（二）加强动态调节和化解机制建设

社会管理不是要消除所有社会矛盾，也不可能消除所有社会矛盾。事物的矛盾法则和矛盾的普遍性规律说明，矛盾存在于人类社会发展的各方面和全过程。在社会发展中旧的矛盾和问题解决了，新的矛盾和问题又会不断涌现出来。加强和创新社会管理，必须构建动态调节和化解机制，形成科学有效的利益协调机制、诉求表达机制、矛盾调处机制和权益保障机制，统筹协调各方面利益关系，切实维护群众合法权益，使社会处于动态平衡、动态优化、井然有序、健康运行的状态。一要建立和完善诉求表达机制。这是及时解决社会问题和社会矛盾、提高社会动态平衡能力的重要条件。要充分尊重和保护人民群众表达诉求的权利，积极引导群众依法合理地表达诉求与维护权益，对群众合理要求一定要妥善处理。要建立方式多样、规范有序、畅通高效的诉求表达渠道。要完善政务公开制度、民主决策制度，提高公众参与程度。要加强和改进信访制度，落实领导干部接访、下访、回访、联系群众制度。二要建立和完善矛盾预警和排查机制。这是有效预防社会问题、社会矛盾积累和激化、促进社会运行动态优化的重要措施。要针对社会管理中的热点、重点和难点问题，进行经常性的分析和排查，按照“见微知著、抢得先机、争取主动、防止激化”的要求，及时发现各种苗头性、倾向性、潜在性问题，千方百计把矛盾消除在萌芽状态。三要建立和完善社会矛盾调解机制。社会矛盾调解是当前有效解决社会难题的主要方式。要构建和完善人民调解、行政调解、司法调解相互衔接的大调解工作机制。建立健全由各级政府负总责、政府法制部门牵头、各职能部门为主体的行政调解工作新机制。建立全程、全员、全面的立体司法调节格局。要充分挖掘民间资源，充分利用乡规民约，调动各种社会力量参与化解调处矛盾纠纷。

（三）加强对流动人口和特殊人群的管理与服务

流动人口和特殊人群的管理与服务工作，是加强和创新社会管理的一项基础性工程，对社会和谐稳定具有十分重要的影响。一要建立覆盖全国人口的国家人口基本信息库。在加快完善居民身份证制度的基础上，融合人口和计划生育、人力资源和社会保障、住房和城乡建设、民政、教育、交通、工商、税务、统计等部门和金融系统相关信息资源，建立一套能够覆盖全部实有人口的动态管理体系，提高对流动人口的管理服务水平。例如，美国以高度电子化和网络化方式管理公民资料，记录公民资料的证件主要是驾驶执照和社会保障卡。几乎所有适龄公民都有驾驶执照，其作用基本上等同于身份证。“社会保障卡”及相对应的社会安全号，该号码终身不变和使用。公民的所有银行账号、税号、信用卡号、社会医疗保障号等都与之挂钩。这些值得研究借鉴。二要积极稳妥地推进户籍管理制度改革。放宽中小城市、小城镇特别是县城和中心镇落户条件，建立城乡统一的户口登记管理制度，积极探索流动人口管理新办法，逐步剥离附着在户籍上的福利和待遇，实现公共服务覆盖人群由户籍人口向常住人口转变。三要对特殊人群实行特殊关爱。按照以人为本、服务为先的要求，真正把由于种种因素造成的困难群体作为最需要帮助的人群来对待，关注民生重点领域的措施向他们倾斜，努力使他们感受到党和政府的温暖，感受到社会的关怀，和谐地融入社会。四要加强社会心理服务工作。在全社会开展个人心理健康知识的宣传，普及相关知识。建立健全个人心理医疗服务体系，积极开展个人心理调节疏导工作，耐心帮助那些因生活和工作等受到挫折而失去信心、法治观念淡薄、对生活没有希望的人重振生活信心，避免他们走向极端。

（四）提高基层社会管理和服务水平

基层基础建设是整个社会管理的根基。当前社会管理方面存在的许多问题，大多与基层基础工作不扎实、不到位有关。因此，要把更多的工作精力和注意力放到基层，把人力、财力、物力更多投到基层，努力在基层构建一个横向到边、纵向到底的社会管理体系，为社会管理创新奠定坚实基础。一要加强基层组织建设。加快街道、办事处的职能转变，强化街道、办事处履行社会管理和公共服务的职能、职责，为人民群众提供更加便捷的公共服务。二要完善基层群众团体和自治组织职能。加强农村村民委员会和城市居民委员会建设，强化城乡社区区域性社会管理职能，发挥好社区内物业管理、业主委员会、专业合作组织、驻社区的各类机构在社会管理中的积极作用。三要整合基层社会管理资源。整合政法、信访、司法、民政以及与群众关系密切的部门职能、职责，实行一个窗口服务群众、一个平台受理反馈、一个流程调解到底、一个机制监督落实，实现社会治安联防、矛盾纠纷联调、重点工作联动、突出问题联治、基层平台联创、工作实绩联考。

（五）健全公共安全体系

随着我国工业化、城镇化进程的不断加快和受极端气候变化影响，社会管理领域面临的突发性公共安全事件，包括自然灾害、事故灾难、公共卫生事件和社会安全事件不断增多，维护社会秩序、保障社会健康运行的公共安全体系受到挑战，需要不断提高预知、预警、预防、应急处理能力，多管齐下加以应对。一要加强食品药品安全监管。完善食品药品安全管理体制机制,全面提高监管水平。健全法制、严格标准,完善监测评估、检验检测体系。建立食品药品质量追溯制度,健全食品药品安全应急体系。特别要完善相关法律法规和严格执法,用重典治乱。二要加强安全生产管理。建立健全安全生产监管体制,完善安全生产相关体系建设,加大公共安全投入,深化安全生产专项治理,落实企业安全生产责任。三要完善社会治安防控体系。充分发挥公安警务力量的主导作用和保安、志愿者的辅助作用。建立健全由街区防控网、社区防控网、单位内部防控网、视频防控网、虚拟社会防控网等组成的治安防控体系。加强群防群治组织、110系统以及区域警务协作的防控组织建设。充分利用现代科技手段,创新安防手段,实现人防、物防与技防的有效结合。四要推进应急管理体制建设。健全和完善突发事件监测预警机制、信息报告和信息共享机制、风险评估和事故调查机制、应急处置救援机制等应急管理机制。完善突发事件的法律、法规和应急预案体系。通过宣传相关知识和普遍加强培训,不断提高全民风险防范和应急处置能力。加快完善应急管理领导体制,建立健全各级各类应急管理机构。

(六)健全非公有制经济组织、社会组织的管理

随着我国经济社会的快速发展,非公有制经济组织和社会组织逐步成为社会管理的重要力量,并将在社会管理和服务中发挥更加重要的作用。要认真研究非公有制经济组织、社会组织进行管理和服务的规律和特点,把社会管理和公共服务职能延伸到非公有制经济组织、社会组织中。这是加强和创新社会管理面临的一个新课题。一要明确非公有制经济组织管理和服务员工的社会责任。推动在非公有制经济组织建立健全党组织、群众组织,指导和帮助非公有制经济组织完善内部治理结构,健全规章制度。建立健全非公有制经济组织经营管理者、工会、员工共同参与的员工工资集体协商机制、正常增长机制、支付保障机制,完善三方协调劳动关系的机制,建立非公有制经济组织与员工的利益共享机制,健全

劳动关系预警和争议处理机制，构建和谐劳资关系。二要推动社会组织健康有序发展。要建立一手积极引导发展、一手严格依法管理的分类发展、分类管理机制，促进社会组织有序、健康发展。重点扶持和壮大经济类、公益慈善类、城乡社区类社会组织和民办非企业单位，提高它们在社会管理中的协同能力。进一步完善法制监督、政府监督、社会监督、自我监督相结合的制度体系。支持工会、共青团、妇联等人民团体依照法律和各自章程开展工作，参与社会管理和公共服务，维护群众合法权益。三要建立健全境外非政府组织在华活动管理机制。遵循积极稳妥、趋利避害、抓住重点、注重策略的原则，明确管理主体，落实管理责任，健全管理机制，既保护其正当交往和合作，又坚决抑制和防范其渗透破坏活动。

（七）改进和完善虚拟社会管理

人类面临的是一个互联网社会。加强和改进虚拟社会管理既是当前一项极为重要而紧迫的工作，也是今后一项长期而艰巨的任务。一要改善信息网络综合管理格局。以促进互联网健康发展为目的，建立党委统一领导、政府严格管理、企业依法运营、行业加强自律、全社会共同监督的综合管理机制，形成法律规范、行政监管、行业自律、技术保障、公众监督、社会教育相结合的互联网管理体系，提高对虚拟社会的管理水平。二要健全网上舆情引导处置机制。坚持及时准确、公开透明、有序开放、有效管理、正确引导的原则，建立舆情监测体系，跟踪舆情动态、研判舆情走势、评估舆情影响，积极主动地引导网上舆论。三要健全网上网下结合的综合防控体系。把虚拟社会与现实社会作为一个整体来考虑，建立网上动态管理机制，加强对网络的实时动态管控，提升网络攻防技术能力和对网上煽动策划指挥、网下串联行动事件的处置能力。四要完善互联网法律法规，依法加强社会管理和服务，依法加强互联网发展和监管。韩国实行网络和手机实名制，提高公众意识。目前法律规定：日访问量超 10 万人以上的网站实行“强制实名制”，违规网站被处罚；手机实行号码一体，个人购号入网需提交身份证,机关、企业购买手机,需提交营业执照或相应代码,从而较好地监管了网络内容。

(八)着力提高全民族文明素质

充满活力与和谐包容的社会秩序,只有成为全体社会成员高度认同、自觉遵守、共同维护的价值规范,才能牢固稳定。必须把提高全民族文明素质作为加强和创新社会管理的基础性工作。要持之以恒地加强社会主义精神文明建设,特别要加强思想道德建设。一要加强社会主义核心价值体系建设。坚持用马克思主义中国化最新成果武装全国各族人民,用中国特色社会主义共同理想凝聚力量,用以爱国主义为核心的民族精神和以改革创新为核心的时代精神鼓舞斗志,用社会主义荣辱观引领风尚,引导人民树立正确的世界观、人生观、价值观,巩固全党全国各族人民团结奋斗的共同思想基础。二要加强道德文化建设。深入推进社会公德、职业道德、家庭美德、个人品德教育,引导人们自觉履行法定义务、社会责任、家庭责任。加快建立和完善个人行为规范体系,重视积极运用伦理关系,通过自律、互律、他律,将个人行为尽可能地纳入共同行为准则的轨道。三要加强诚信文化建设和诚信制度管理。抓紧制定社会信用管理法律法规,建立完善社会诚信行为规范,建立公民个人基本信息制度、个人信息管理制度,建立公民个人和企事业单位失信惩戒机制。四要增强全社会法制意识。要维护社会主义法制尊严,树立社会主义法制权威,坚持公民在法律面前一律平等,依法保障公民权利和自由。加快建设法治政府,深入推进依法行政,严格按照法定权限和程序行使权力、履行职责。加强对权力运行的制约和监督,推进权力公开透明运行,切实防止公共权力对公民合法权益的侵犯。坚持公正司法,充分发挥司法维护社会公平正义的职能。五要加强公民意识教育。以培育现代公民意识为核心,积极开展权利意识、规则意识、责任意识和道德教育,引导人民群众牢固树立社会主义民主法治、自由平等、公平正义观念,依法行使权利、履行义务，不断提高人民群众参与社会公共生活、管理社会公共事务的素质和能力。

更加注重保障和改善民生，是解决社会突出矛盾的根本之策和任务。要把保障和改善民生为重点的社会建设作为加快转变经济发展方式的根本出发点和落脚点，加快发展教育、卫生、体育等各项社会事业，完善保障和改善民生的制度安排，使改革发展成果惠及全体人民。把就业作为民生之本，最大限度地使有劳动能力的人能够实现就业。坚持优先发展教育，更加重视教育公平，满足群众多样化的教育需求。坚持公共医疗卫生的公益性质，努力健全覆盖全国城乡的基本医疗卫生制度，逐步实现人人享有基本医疗卫生服务的目标。加大保障性住房建设和农村危房改造力度，努力解决城乡低收入家庭和各类棚户区家庭的住房问题。加快完善社会保险制度，进一步完善城镇居民养老、医疗、失业、工伤、生育保险制度，健全农村社会保险的各项制度，扩大社会保险覆盖面，提高社会保障水平。建立健全社会救助体系，充分发挥慈善机构在社会管理中的作用。要更加注重促进社会公平正义，这是改善社会管理的基本要求。要完善公共财政体系，加大基本公共服务的投入，重点向农村和中西部地区倾斜、向弱势社会群体倾斜。要合理调整收入分配关系，初次分配和再分配都要处理好效率与公平的关系，再分配更加注重公平，提高居民收入在国民收入分配中的比重，提高劳动报酬在初次分配中的比重，着力提高低收入者的收入，逐步提高最低工资标准，保障职工工资正常增长和支付，规范收入分配秩序，努力缩小城乡、区域、行业和社会成员间收入差距。近年来，党和政府对改善民生和社会建设越来越重视，采取了很多措施，取得了很大成绩，但还需要进一步加大解决问题的力度，以社会建设的加强和民生的改善更好地推进社会管理。同时，要针对困难群众权益易受侵害的实际情况，建立平等保护与特殊保护相结合的制度，保障他们的平等参与。要通过行政体制、司法体制、教育体制、卫生体制、社会保障体制等方面改革，保障行政、执法公正廉洁和促进基本公共服务均等化。

四、进一步加强和改进群众工作

党的群众工作是党的执政能力建设和先进性建设的重要内容，是维护和实现最广大人民根本利益的现实要求，是建设社会主义和谐社会的基本途径。新形势下，我们要不断提高群众工作的能力和水平，探索群众工作的新途径和新办法，增强群众工作的实效。这不仅是密切党群关系、巩固执政地位的需要，也是加强和创新社会管理体制的需要。

（一）重视做好群众工作是我们党的优良传统

党的群众工作，是党的全部工作的基础和重要组成部分。我们党无论在革命战争年代，还是在和平发展时期，都始终注意发动、鼓舞、相信和依靠群众，加强和改进群众工作。毛泽东同志曾经从马克思主义认识论的高度对党的群众工作做了科学的论证，指出："在我们党的一切实际工作中，凡属正确的领导，必须是从群众中来，到群众中去"。邓小平同志也反复强调，"群众是我们力量的源泉，群众路线和群众观点是我们的传家宝。党的组织、党员和党的干部，必须同群众打成一片，绝对不能同群众相对立"。江泽民同志告诫全党，"党的全部任务和责任，就是为人民群众谋利益，团结和带领人民群众为实现自己的根本利益而奋斗"。党的十六大以来，以胡锦涛同志为总书记的中央领导集体更加重视加强和改进党的群众工作，胡锦涛同志指出："我们党的根基在人民、血脉在人民、力量在人民。保持党同人民群众的血肉联系，是我们党无往不胜的法宝，也是我们党始终保持先进性的法宝。"应该说，经过 90 年来的不懈努力，我们党在做好群众工作方面已经取得了宝贵的经验。社会管理的核心是对人的服务和管理，说到底就是做好群众的工作，坚持群众的观点。在新的形势下，加强和创新社会管理应该把群众工作作为一项基础性、经常性、根本性工作来抓。继续发扬我党群众工作的优良传统,汲取和借鉴群众工作的经验,与时俱进地做好联系群众、宣传群众、组织群众、服务群众、团结群众的各项工作,把群众工作渗透到社会管理的各个方面、各个环节,真正实现一切都是为群众谋利益、一切都是为群众服好务的社会管理工作宗旨。

(二)准确把握新形势下群众工作的新特征

在不同历史时期和不同发展阶段,群众工作的环境、对象、内容都呈现新情况和新特征。在当前情况下,群众工作的新特征表现在以下几个方面:群众工作对象更加多样化。随着改革开放的深化和社会主义市场经济体制的完善,我国出现了很多新的经济组织和社会组织,人民群众中也分化出许多新的社会阶层,由过去单一的农村社员和企事业职工发展为农民、市民、公务员、企业员工以及众多个体劳动者、私营企业主、自由职业者等等。这些不同利益诉求的群体都成为群众工作的对象,导致群众反映问题、群众利益需求和群众工作主体的多元化。群众工作内容更加丰富。从工作领域和范围来说,由于社会组织结构变化和人们活动范围扩大,许多问题的解决超出了传统体制的工作范畴,解决难度加大;同时,信息传播的速度和手段发生变化,在信息化迅速发展的背景下搞好舆论和政策引导,对做好党的群众工作也是个全新的课题。从群众工作手段来说,需要更多地运用以利益驱动为杠杆的经济手段、以诚实守信为核心的伦理手段、以契约为主体的法律手段来开展社会动员和协调指导工作,使党的群众工作更趋于法制化、理性化和平等化。群众工作环境越来越复杂。境外因素与境内因素、网上互动与社会互动更加容易相互交织。群众民主意识、自由意识、平等意识、竞争意识、权利意识不断增强。这些情况都说明,新形势下群众工作面临的环境越来越复杂,任务越来越艰巨。群众工作机制需要进一步健全。一些地方,党的群众工作长效机制尚未建立,很多工作只局限在表面上、口头上,带有很强的临时性和随意性，这样不仅降低了群众工作的实效性，致使党的路线和主张难以在群众中落实，而且还不同程度地引发群众对党组织和党员领导干部的不信任和对立情绪。这就迫切需要我们建立、健全群众工作机制，构建纵横结合、全面覆盖的群众工作组织网络，才能把群众工作做细做实，使党群工作在新的平台上推进。

（三）把加强和创新社会管理作为群众工作的着力点

从人民群众最关心最直接最现实的利益问题入手，着力解决和保障民生，才能奠定社会管理深厚的群众基础，才能从根本上做好群众工作，真正找到社会管理的治本之策。一要正确把握新形势下群众工作的特点和规律。继承和发扬群众工作的优良传统，做到深入群众而不是脱离群众，服务群众而不是与群众争利，宣传群众而不是与群众相对立，特别是领导干部要适应群众而不是让群众来适应领导干部。要加强群众观念和群众路线再教育，努力使广大干部增进同群众的感情，增强为群众服务的自觉性。要开展机关干部下基层、“大接访”“大走访”等活动，努力使机关干部学会与群众打交道、交朋友，增强干群相互信任。积极稳妥推进基层民主建设，尊重和维护人民群众的民主权利，依靠群众自身力量做好群众工作。二要积极探索群众工作的新思路、新方式。要建立社情民意调查、收集、分析机制。综合运用法律、政策、经济、行政等手段以及教育、协商、疏导等办法，采用群众喜闻乐见的方式，有的放矢开展群众工作。要掌握、运用各种新技术新手段，尤其要深入研究网上舆情引导的特点和规律，掌握网络技能，通过网络倾听群众呼声，回应群众关切。要发挥制度的长期性、稳定性、根本性、全局性优势，把群众工作中的一些新思路、新做法通过制度固定下来，使群众工作创新的要求切实成为自觉意识和实际行动。三要高度重视和切实加强基层工作。基层组织是加强和创新社会管理、做好群众工作最基本、最直接、最有效的力量。要抓好以党组织为核心的村级组织和社区组织配套建设，确保人力、物力、财力等基层组织建设的基础保障。要努力做到情况掌握在基层、问题解决在基层、矛盾化解在基层、工作推动在基层、感情融洽在基层,促使知民情、解民忧、化民怨、暖民心转变成为基层组织的经常性工作。要进一步突出重视基层的用人导向,通过多种方式使那些适合基层工作、作风好能力强的干部留在基层,让那些在基层工作有经验、有实绩的优秀干部得到更好的培养和使用。要帮助基层干部不断提高新形势下群众工作能力。四要加强和改进干部作风建设。党的事业是人民群众的事业,党的事业能否成功,根本在于能否得到人民群众的支持。因此,做好群众工作是领导干部的重要职责。各级干部要把人民群众立场作为根本的政治立场,最大限度地维护广大人民群众的根本利益。要将以人为本、执政为民的理念始终贯穿于言行之中,提高做好群众工作的本领。要深入基层、深入群众,及时发现新情况和新问题,紧紧依靠群众解决问题。

全面推进中国特色应急管理体系建设*

（2011 年 11 月 26 日）

这次论坛以“社会管理创新与国家安全”为主题，体现了党中央、国务院在新形势下加强和创新社会管理的决策部署，顺应了我国当前社会各界的普遍关切，有着重要的意义。全面推进中国特色应急管理体系建设，是进行社会管理创新、维护国家安全的重要任务，我想主要就这个问题讲一些看法，与大家一起交流。

预防和应对各种公共危机，确保国家安全，是各国政府长期面临的共同课题。当今世界正处在大发展大变革大调整时期，各种传统的、非传统的安全威胁相互交织，经济、政治、文化、社会、自然等方面的公共危机和突发事件增加，人类社会进入公共安全问题多发的高风险时代。面对复杂多变的公共安全形势，各国都把建立健全符合本国实际的应急管理体系，作为化解各类危机、确保国家安全的重要举措。当代中国仍处于可以大有作为的重要战略期，推进发展改革的有利条件很多，同时，又处于各种矛盾凸显期，面临的安全风险和社会矛盾前所未有，应对各种危机和挑战的艰巨性、复杂性世所罕见。加快推进中国特色应急管理体系建设，全面提升防范和应对各种危机及突发事件的能力，尤为重要和紧迫。

党中央、国务院高度重视各种危机的应对和突发事件管理，特别是

---

* 本文系作者在第十届中国国家安全论坛上的主旨演讲；发表于《行政改革内参》2011 年第 6 期。

2003年初发生非典严重疫情以后，更加注重加强应急管理体系建设，在应急管理法制、体制、机制、能力建设等方面做了大量工作，不断总结实践经验，深入探索应急管理规律，使我国应对各种危机和突发事件的综合能力得到了显著提升。

一是应急管理理念不断明确。坚持以人为本、生命至上，把保障公民的生命财产安全放在第一位；坚持预防为主、预防与应急并重、常态与非常态结合，把加强应急管理作为全面履行政府职责、提高行政能力的重要方面。全国上下防范和应对各种危机的观念明显增强。

二是应急管理预案体系大体形成。从2005年国务院颁布《国家突发公共事件总体应急预案》以来，全国已制定各级各类应急管理预案200多万件，大体形成了“横向到边、纵向到底”的覆盖各类突发事件的应急预案体系。

三是应急管理体制基本确立。建立了统一领导、综合协调、分类管理、分级负责、属地为主、全社会共同参与的应急管理体制。各级党委、政府在预防和应对各种危机和突发事件中的领导责任及相关部门的工作职责不断明确。

四是应急管理机制逐步完善。加强了各类风险评估排查、监测预警预防、信息报告发布、应急处置救援、灾后恢复重建，以及舆论引导、军地协作等各个环节的工作，应急管理预防、处置等协同机制不断完善。

五是应急管理法制建设得到加强。国家颁布实施了突发事件应对法，组织制定了一系列配套法规，各部门、各地方制定有关应急管理的法规和规章200多部，为应急管理工作全面开展提供了法律依据和保障。

六是应急管理保障能力明显增强。各级政府加大了财政投入，加强了应急物资储备、应急科技研发、应急技术装备等各方面建设。全国上下形成了以公安、武警、军队为骨干，行业专业队伍为基本力量，企事业单位专兼职队伍和应急志愿者为辅助力量的应急管理队伍体系。

七是应急管理科普宣教工作不断深入。加快了国家应急管理人员培训基地建设，加大了应急管理知识和技能的宣传普及力度，全社会的安全防范意识和应急管理能力不断提高，初步形成了全社会共同参与防范处置各种危机和突发事件的良好局面。

总之，经过多年的努力，具有中国特色的应急管理体系初步形成，并在应对近年来发生的各种重特大突发事件中发挥了重要作用，取得了显著成效，同时也积累了许多宝贵经验。

在充分肯定成绩的同时，我们也要清醒地看到，由于我国特殊的国情和发展阶段，目前的应急管理体系与复杂和多变的公共安全形势还不完全适应，主要是：应急管理体制机制不完善，组织管理“条块”分割、权责脱节的现象比较严重；跨部门、跨区域的综合应急监测预警体系和信息共享制度还没有建立起来；应急队伍建设规模、标准、专业化水平有待提升；应急保障能力比较弱、技术含量偏低，应急设施和救援装备难以满足实际需要，特别是巨灾防范应对能力亟待进一步提高；对全民的公共安全教育薄弱，应急管理人才不足等等。中国特色应急管理体系建设任重而道远。

全面推进中国特色应急管理体系建设，事关广大人民的福祉，事关和谐社会建设，事关国家的长治久安，是加强和创新社会管理的重点工作。同时，这也是一项复杂而又艰巨的系统工程；既是紧迫任务，也是长期任务；既要立足当前，又要着眼长远；既要坚持从我国基本国情和现实情况出发，又要大胆学习借鉴国外的成功做法和先进经验；既要勇于从理论上探索，又要敢于在实践中创新。当前和今后一段时期的主要任务应当是：以提高全社会应急管理综合能力为主线，以强化基层应急管理工作基础为重点，以健全突发事件预测预警预防体系、综合协调联动机制和社会矛盾化解机制为主要内容，大力推进改革创新，完善体制机制，加强能力建设，加快形成统一指挥、结构合理、功能完善、反应灵敏、协调有序、运转高效、特色鲜明的应急管理体系，使全社会预防各类风险和公共危机的意识明显增强，应对各种突发事件的能力和水平不断提高，为实现经济社会科学发展、维护国家安全提供更加有力的保障。具体地说，要继续全面推进

“六个体系建设”。

（一）全面推进中国特色应急管理规划和预案体系建设。科学的应急管理规划和预案，是推动应急管理事业科学发展和确保应急管理工作有效开展的前提和基础。要着眼于促进科学发展和维护国家安全，抓紧制定全国应急管理体系建设中长期规划，地方各级政府也应制定这样的中长期规划。应急体系建设规划要与经济社会发展规划、城乡建设规划、社会建设规划等相衔接，重点加强应急能力建设，优化各类资源配置，制定支持政策措施，以有效发挥作用。要完善预案体系，规范预案编制、修订的程序，加强对预案编制的科学论证和实施检查，克服有些应对突发事件预案上下一般粗、相互之间照搬照抄、定位不准、衔接不紧、操作性不强等问题。要加快对国家各类专项预案及配套标准、规范的完善工作，特别要加强应急预案的评估、人员培训和实际演练，不断增强应急预案的针对性、可行性和实效性，避免有些应急预案不合乎实际或者形同虚设，公共安全事件发生后就手忙脚乱，随意决策和造成损失。

（二）全面推进中国特色应急管理法律法规体系建设。完善的法律法规体系是应急管理法治化的基础，也是应急管理工作得以有序有效开展的制度保证。要加快应急管理法律法规体系建设，健全公共安全领域的法律法规，根据各种不同危机和突发事件预防处置的需要，及时做好相关配套法律法规的制定、修订和完善工作，特别要通过立法进一步明确中央与地方在突发事件预防处置中的权责关系，以及各级政府和领导干部在应对和处置突发事件中的责任，为有序、有效、有力应对各种突发事件提供全面、系统、具体的法制保障。要严格执法，特别要认真抓好《突发事件应对法》等各项法律法规的实施，严格依法预防和处置各种公共危机和突发事件，依法规范各种应急管理行为，切实维护好广大人民群众的权益，使各种公共危机和突发事件的防范处置纳入法治化、规范化、制度化的轨道。

（三）全面推进中国特色应急管理监测预警体系建设。健全的监测预警体系是有效预防和应对各种危机和突发事件的关键环节。要坚决克服那种重事后处置，轻事前预测、预警和预防的倾向，将防范安全风险的关口前移，按照预防为主、预防和应急并重、常态与非常态结合的原则，全面开展各种公共危机、突发事件和社会管理的风险评估，建立健全各种风险分级分类管理制度，加强对风险隐患及危险源的普查、监测和预警工作，落实风险排查、监测预警预防职责和综合防范处置措施，实现对各种危机、风险、隐患管理的科学化、规范化和常态化。大力推进"天—空—地—现场"一体化突发事件监测预警体系和群测群防体系建设，完善公共危机和突发事件信息报告和预警制度，提高报告和预警的及时性、规范性和科学性。加快推进国家和各级应急平台体系建设，合理布局各级各类突发事件监测系统，切实提高监测预警和风险识别、评估及防范能力。

（四）全面推进中国特色应急管理处置救援体系建设。完善应急管理处置救援体系，是有效应对各种危机和突发事件的重要任务。要进一步理顺行政应急管理体制，明确定位、规范职能，推进各地区、各部门以及高危行业大中型企业完善应急管理体制和工作机制建设，着力加强地方、部门、军队之间信息共享、协调联动机制建设。加强公共安全和突发事件应急管理指挥决策系统建设，进一步形成以国家和省级指挥平台为骨干，市、县级信息网络为支撑，具备指挥调度、现场监控、异地会商、全面保障等功能的综合应急指挥系统。切实加强各级各类综合应急救援体系建设，整合各方面资源和力量，积极构建覆盖国内外的安全保障体系，提升应急处置救援水平。特别要以社区、乡村、学校、企业等基层单位为重点，加大人、财、物投入，增强第一时间应对处置各类危机和突发事件的反应和救援能力，显著提高城乡基层的应急救援水平。

（五）全面推进中国特色应急管理保障体系建设。健全高效的应急保障体系是有效应对各种危机和突发事件的重要保证。要进一步加强应急物资储备和管理体系建设，优化应急物资储备布局，加强跨部门、跨地区、跨行业的应急物资协同保障管理。加强应急救援队伍体系建设，理顺体制，改善装备，强化培训，提高能力，进一步完善以公安、武警、军队为骨干和突击力量，以防汛抗旱、抗震救灾、海上搜救、矿山救护等专业队伍为基本力量，以企事业单位专兼职队伍和社会志愿者为辅助力量，各负其责、优势互补的应急队伍体系。要学习借鉴国外的做法，大力加强志愿者队伍建设，有效整合青年、社区、环保、红十字、医疗等各级各类志愿者资源和力量，建立健全相对统一的志愿者队伍协调机构，完善相关法律法规和激励支持政策，推动志愿者队伍建设的系统化、规范化、专业化和常态化及作用的发挥。以提高基层应急保障能力为重点，加大应急管理资金投入力度，建立政府、企业、社会各方面相结合的应急管理保障资金投入机制。加快建立国家巨灾保险体系，建立应急管理公益性基金。支持和鼓励应急管理企业和产业的发展，建立公共安全科技支撑体系，不断提高应对各种危机和处置突发事件的科技保障水平。

（六）全面推进中国特色应急管理文化体系建设。应急管理文化是应急管理工作的重要支撑。要大力推进中国特色应急管理文化建设，在全社会加大公共安全教育力度，加强应急管理科普宣传工作，深入开展各类应急预案、预防、避险、自救、互救、减灾等知识和技能教育，提高全社会的公共安全危机防范意识和能力。高度重视公共安全危机和突发事件的信息发布、舆情分析和舆论引导工作，建立健全媒体沟通协调机制、快速反应机制和舆情收集分析引导机制。全面加强应急管理教育工作，高度重视在各级各类学校进行公共安全教育，大力进行应急管理教育培训。积极开展应急管理国际交流合作，研究借鉴世界各国在应急管理体系建设方面的有益经验，积极宣传我国在应对各种危机和突发事件方面的政策措施和成功做法，在扩大国际交流合作中提高我国应急管理工作的科学化水平。

蓬勃发展的中国特色社会主义事业呼唤着中国特色应急管理体系建设的全面推进，广大人民群众期待着全面加快中国特色应急管理体系建设。经国家有关部门批准、由国家行政学院主管的中国行政体制改革研究会成立以来,坚持把全面推进中国特色应急管理体系建设作为研究会的重要任务和职责,开展了一系列的活动。这里我还想告诉大家,一年前成立的国家行政学院应急管理培训中心,作为国家级应急管理人员培训基地,正在按照中央提出的整合各方面资源,广泛借鉴国外成功经验,努力把基地建设成为全国应急管理教育培训中心、政策研究和咨询中心及国际交流合作中心的要求加快建设。国家行政学院应急管理培训中心围绕全面推进中国特色应急管理体系建设,先后开展了一系列的国内外培训、重大课题研究和国际交流合作活动。我们愿以这次论坛的举办为契机,进一步加强与各方面的交流合作,共同为全面推进中国特色应急管理体系建设、加强和创新社会管理、维护国家安全,作出不懈努力和应有贡献。

完善和发展中国特色社会管理体系*

（2011 年 12 月 16 日）

社会管理是人类社会十分重要的管理活动。要形成和保持良好的社会秩序，就必须有一定形式的社会管理。而不同国家和不同发展阶段有着不同的社会管理。在现代社会中，社会管理地位日益重要。当今世界经历着快速、广泛、深刻、巨大的变革，国际形势风云变幻，各种矛盾错综复杂，不稳定不确定因素增加，对各国经济、政治、社会发展都会有直接或间接的影响。面对新形势新情况，世界各国都必须加强和创新社会管理。

中国政府始终高度重视社会管理。新中国成立以来，为形成和发展适应中国国情的社会管理制度进行了长期的探索和实践，取得了重大成就，积累了宝贵经验。特别是改革开放以来，根据国内外形势发展变化，不断就加强和改进社会管理制定方针政策，做出工作部署，推动社会管理改革创新，不断解决社会管理领域出现的新情况新问题，保证了改革开放和社会主义现代建设事业的顺利进行。

当代中国正在进行一场人类历史上规模空前的社会大变革，社会主义现代化建设各项事业突飞猛进，同时也面临许多前所未有的新情况新问题新挑战，社会管理的任务更为繁重和艰巨。随着中国工业化、信息化、城镇化、市场化、国际化进程的加快，一些发达国家在不同发展阶段渐

---

* 本文系作者在 2011 年中欧社会管理论坛上的主旨演讲，发表于 2011 年 12 月 16 日《学习时报》。

次出现的诸多社会矛盾和社会问题在中国较短时期内同时显现出来；随着改革开放和社会主义市场经济的深入发展，在封闭半封闭环境和计划经济条件下形成的社会结构发生全方位的深刻变化，社会流动性、开放性大为增强；随着社会经济快速发展、民主法治进程加快，人们思想意识、价值取向、道德观念多元多样多变，各种思想文化交流交融交锋趋于激烈；随着互联网等新兴媒体迅猛发展，网络虚拟社会对现实社会的影响越来越大；随着中国人口总量继续增多，流动人口、老龄人口和特殊人群不断扩大，社会管理的难度增加；随着国际经济、政治格局的深刻调整，各种传统安全和非传统安全威胁相互交织，也会对中国产生这样或那样的影响。所有这些表明，中国社会管理已经并将长期面临新的课题、新的挑战和新的要求，原有的社会管理理念思路、体制机制、法律政策、方法手段等许多方面难以适应国内外形势发展变化，必须切实加强和创新社会管理。能否加强和创新社会管理，提高社会管理科学化水平，事关国家长治久安，事关人民根本利益，事关中国特色社会主义事业兴衰成败。近些年来，中国政府顺应时代的变化，将加强和创新社会管理放在社会主义现代化建设更加重要的战略位置，这是具有历史和世界眼光的重大决策。

在我国，加强和创新社会管理，最重要的，就是不断完善和发展中国特色社会管理体系，使社会管理与发展社会主义市场经济、民主政治、先进文化以及与建设和谐社会的要求相适应。加强和创新社会管理的基本思路和目标任务是，紧紧围绕全面建设小康社会的总目标，牢牢把握最大限度激发社会活力、最大限度增加和谐因素、最大限度减少不和谐因素的总要求，完善党委领导、政府负责、社会协同、公众参与的社会管理格局，加强社会管理法律、制度、体制、机制、能力建设，完善社会管理服务，为社会主义现代化建设事业发展营造良好的社会环境。

加强和创新社会管理，完善和发展中国特色社会管理体系，是社会管理领域的一场深刻变革。必须综合考虑中国基本国情和现实情况，坚持以下四条基本原则：一是坚持正确方向和思路。30 多年来，中国进行的各项改革事业都是对社会主义制度的完善和发展,加强和创新社会管理也必须始终沿着中国特色社会主义方向前进。二是坚持继承和创新结合。总体上看,中国社会管理与基本国情和社会主义制度是相适应的。我们要全面认识和科学分析当前面临的社会矛盾和问题,从中国由传统社会向现代化社会深刻变革的大背景出发,重视弘扬中国优秀的历史文化传统,充分发挥长期形成的社会制度优势,结合现实情况,与时俱进,开拓创新,既善于继承好的传统做法,又敢于突破不合时宜的陈规旧制。三是坚持尊重实践和创造。多年来特别是近些年来,中国许多地方在加强和创新社会管理方面进行了大量卓有成效的探索与实践。我们要认真学习总结和推广各种成功的做法和经验,推动社会管理理论创新和实践创新。四是坚持树立世界眼光。“他山之石,可以攻玉”。要积极研究借鉴世界不同国家、地区进行社会管理的有益做法,或为我所用,或启迪思路,努力使社会管理体现时代性、把握规律性、富于创造性。这“四个坚持”,既是我们近些年来加强和创新社会管理的基本经验,也是我们进一步构建中国特色社会管理体系的重要准则。

完善和发展中国特色社会管理体系,包括多方面的内容,是一个系统工程、长期任务,既要重点突破,又要整体推进。

(一)进一步完善社会管理工作格局体系

党委领导、政府负责、社会协同、公众参与的社会管理工作格局,是建设中国特色社会管理体系的基本框架。党委领导是根本,政府负责是关键,社会协同是依托,公众参与是基础,四位一体,有机联系,不可分割。在发挥党委在社会管理中总揽全局、协调各方的领导核心作用的同时,要强化政府社会管理和公共服务职能,发挥政府在社会管理中的主导作用。按照转变职能、理顺关系、优化结构、提高效能的要求,健全政府职责体系,办好主要由政府承担的社会管理和公共服务事务。要发挥社会各方面的协同作用,组织社会力量参与社会管理。发挥人民团体和群众组织在社会管理和公共服务中的桥梁纽带作用，加强企事业单位在社会管理服务中的责任，培育与引导其他各类社会组织（如行业组织、中介机构、志愿者组织）参与社会管理与服务，发挥居（村）民委员会在以城乡社区为重点的基层社会管理与服务中的重要作用。要发挥群众参与社会管理服务的基础作用，扩大基层民主，扩大公民有序政治参与，动员和组织群众依法理性有序参与社会管理和公共服务，积极探索群众参与社会管理服务的有效途径。

（二）进一步完善社会管理制度体系

社会管理制度是中国特色社会管理体系的基础和支柱。要按照有利于保障人民群众根本利益、有利于激发社会活力、有利于促进社会公平正义、有利于维护社会和谐稳定的要求，统筹规划事关社会管理全局和长远的制度建设，及时把社会管理的成功经验上升为制度和法律，并随着实践发展不断修订完善，推进社会管理制度化、规范化、法治化。要大力推进社会管理基础性制度建设，探索建立社会保护体系，建立健全保障就业权、健康权、教育权、居住权等公民基本社会权利的基本制度。要加快人口管理制度改革，建立覆盖全国人口的国家人口基础信息库。在加快完善居民身份证制度的基础上，融合人口和计划生育、人力资源和社会保障、住房和城乡建设、民政、教育、交通、工商、税务、统计等部门和金融系统相关信息资源，建立一套能够覆盖全部实有人口的动态管理体系。要积极稳妥地推进户籍管理制度改革，放宽中小城市、小城镇特别是县城和中心城镇落户条件，建立城乡统一的户口登记管理制度，积极探索流动人口管理服务有效办法，创新特殊人群管理服务体系，以适应城市化的发展进程和社会管理面临的新形势。

（三）进一步完善维护群众权益机制体系

健全政府主导的维护群众权益机制，是完善中国特色社会管理体系的出发点和重点任务。要正确把握最广大人民根本利益、现阶段群众共同利益、不同群体特殊利益的关系,建立科学有效的利益协调机制,统筹协调各方面利益。探索构筑群众利益协调机制、群众权益保障机制、劳动关系协调机制、社会矛盾调处机制、社会稳定风险评估机制。要健全群众权益保障机制,建立信息公开制度和诉求表达机制。信息公开是听取群众意见,实现群众参与公共决策的基础。诉求表达是协调利益关系、调处社会矛盾的前提。没有诉求表达就难以实现准确有效的利益协调和矛盾化解。同时,要建立发展成果共享机制和侵害群众权益的纠错机制。着力解决农村土地征用、城镇房屋征收拆迁、企业改制、涉农利益、教育医疗、社会保障、环境保护、安全生产、食品药品安全、城市管理、涉法涉诉等方面群众反映强烈的问题,坚决纠正损害群众利益的行为。要健全劳动关系协调机制,依法实行劳动合同制度和集体合同制度,完善企业职工工资集体协商机制、正常增长机制、支付保障机制。要健全社会矛盾纠纷排查预警、调解处置机制。还要健全社会稳定风险评估机制,凡是与人民群众利益密切相关、影响面广、容易引发社会不稳定的重大决策事项,都要进行社会稳定的风险评估。

(四)进一步完善公共服务体系

扩大公共服务,是完善中国特色社会管理体系的重要方面。要加快推进公共服务体系建设,逐步完善基本公共服务体系,积极促进城乡基本公共服务均等化。特别要进一步加强农村和中西部地区基层基本公共服务体系建设。进一步优化政府投资结构,加大向公共服务体系建设倾斜的力度,积极引导和鼓励社会、企业参与发展民生和各项社会事业,切实保障民生工程和社会政策的实现。要把流动人口管理和服务纳入流入地经济社会发展规划,逐步实现基本公共服务由户籍人口向常住人口扩展。

（五）进一步完善社会规范体系

社会规范体系是中国特色社会管理体系的基石。要在社会生活的各个领域加快建立和完善个人行为的规范体系，通过自律、互律、他律，把人们行为尽可能地纳入共同行为准则的轨道。在加强社会法律体系建设的同时，推进行业规范、社会组织章程、村规民约、社会公约建设，充分发挥社会规范在调整成员关系、约束成员行为、保障成员权益等方面的作用。要健全社会诚信制度，大力推进政务诚信、商务诚信、社会诚信和司法公信建设。完善社会诚信行为规范，建立符合中国国情的公民个人和企事业单位信用管理制度，探索建立统一的信用记录平台。理顺社会信用管理体制机制，加强社会信用管理，完善信用服务市场体系。强化对守信者的鼓励和对失信者的惩戒。通过完善制度、加强教育，努力营造诚实、自律、守信、互信的社会信用环境。

（六）进一步完善公共安全体系

公共安全体系建设是完善中国特色社会管理体系的重要任务。要坚持预防和应急并重、常态和非常态结合的原则，建立健全突发事件应急体系，加强全民风险防范能力和应急处置能力建设。完善相关机制，提高对自然灾害、事故灾难、公共卫生事件、社会安全事件等突发公共事件的风险管理水平。要健全食品药品安全监管机制，制定和完善食品药品安全标准，完善食品药品质量追溯制度，加强食品药品安全风险监测评估预警和监管执法。要完善安全生产监督制度机制，加强安全生产法律法规、政策标准、技术服务、应急处置和救援、社会监督、宣传教育培训体系建设，加强安全管理和监管。要完善社会治安防控体系，健全点线面结合、网上网下结合、人防物防技防结合的立体化治安防控体系，严密防范和依法打击各种违法犯罪活动。

（七）进一步完善虚拟社会管理体系

随着信息网络的发展，加强和改进虚拟社会管理已经成为完善社会管理新的迫切任务。信息网络技术的飞速发展和广泛应用，带来了社会生产方式、生活方式的深刻变革，丰富和发展了人们的物质文化生活，成为社会活动和各种思想文化交流的重要平台，同时也对社会管理提出了新课题新要求。要按照积极利用、科学发展、依法管理、确保安全的方针，坚持建设与管理并重、发展与管理同步，加快形成法律规范、行政监管、行业自律、技术保障、公众监督、社会教育相结合的信息网络管理体系，着力提高对虚拟社会的管理水平。健全网上舆论引导机制，广泛开展文明网站创建，推动文明办网、文明上网，培育文明理性的网络环境。鼓励网民通过网络平台参与社会管理。要加强对虚拟社会特点的研究，全面把握网上、网下两个社会之间的联动关系，建立网上网下综合管理体系。健全网络安全评估机制，维护公共利益和国家信息安全。

完善和发展中国特色社会管理体系，需要从多方面提供保障和支持，尤其应当做好以下六个方面工作：

一是，树立科学发展理念。加强和创新社会管理、完善和发展中国特色社会管理体系，是深入贯彻落实科学发展观、构建和谐社会的必然要求和重要举措。唯有牢固树立科学发展观，才能有效推进中国特色社会管理体系建设。要进一步牢固树立以人为本、服务为先的理念。坚持人民主体地位，把群众满意作为加强和创新社会管理的出发点和落脚点。要寓管理于服务之中，在管理服务中加强群众工作，着力解决好群众最关心最直接最现实的利益问题。要坚持统筹协调、源头治理。按照统筹经济社会发展的要求，把科学发展作为解决社会管理领域存在问题的基础，建立健全源头治理、动态协调、应急处置相互衔接、相互支撑的机制，从源头上、根本上、基础上解决问题，减少矛盾。坚持走共同富裕道路，合理调整收入分配关系，尽快缩小城乡、区域、行业、社会成员之间收入差距，让广大人民群众共享改革发展成果。

二是，全面深化体制改革。中国社会管理体系建设涉及各方面的体制改革创新，既要统筹推进经济体制改革、政治体制改革、文化体制改革，又要深入推进社会体制改革，创造有利于加强和创新社会管理的体制制度环境。要从全局和长远出发，加强改革的顶层设计，系统规划，整体推进。积极稳妥地推进行政体制改革、司法体制改革，加快转变政府职能，整合政府社会管理资源，完善运行机制，提高政府社会管理和公共服务效率。要切实解决好政府社会管理缺位、越位和错位等突出问题，为城乡居民基层自治和公民参与社会管理创造宽松的环境和有利的条件。

三是，增加社会建设投入。加强社会建设，更加注重保障和改善民生，是解决社会突出矛盾的根本之策，也是加强社会管理的有效措施。要大力发展公共教育、医疗卫生、体育等各项社会事业；坚持实施扩大就业的发展战略，促进以创业带动就业；加快建立覆盖城乡居民的社会保障体系，健全社会救助体系，提高社会保险和社会救助水平；加快住房保障体系建设，大力发展公共租赁住房，缓解部分群众的居住困难。要加大投资力度，加快公共设施和公共服务项目建设，特别要重视现代科学技术在社会管理中的应用，加强社会管理信息化建设和社会信用体系工程建设。切实把更多财力、物力和人力用于城乡基层和欠发达地方，做到社会管理服务人员有保障、经费有保障、装备有保障、场地有保障。

四是，推进社会管理法治化。完善中国特色社会管理体系，必须认真贯彻依法治国方略，依法治理社会。要加强社会管理领域立法、执法工作，使各项社会管理工作有法可依、有法必依。特别要研究和制定社会组织发展规范、舆论引导和媒体管理、劳动关系协调、合理诉求表达和权益维护等方面法律法规。要加强社会主义法治教育，坚持依法行政、公正司法，真正依法协调社会关系、规范社会行为、查处违法犯罪活动，维护群众合法权益，维护社会和谐稳定。要在全社会树立依法办事、守法光荣的风尚，引导群众理性合法地表达利益诉求。

五是，提高社会管理科学化水平。完善中国特色社会管理体系，必须不断提高领导社会建设和社会管理的本领。要建立科学高效的领导机制和工作机制，加强社会管理和公共服务部门建设，增加社会工作专门人员。各级领导干部要学习社会管理理论和知识，学会科学分析社会形势和社会问题，提高社会管理能力。要大力培养造就宏大的社会工作人才队伍，提高社会工作人员职业素质和专业水平，推进社会工作职业化、专业化和科学化。各级各类教育机构要适应加强和创新社会管理的要求，增设社会管理相关课程，加强社会管理相关学科、教材、师资队伍建设，培养社会管理专门人才。要建立健全科学的社会管理工作考核评价指标体系，完善领导责任制、部门责任制、目标责任制和奖惩机制，把加强和创新社会管理的责任逐级落实到位。

六是，深化社会管理理论创新和政策研究。完善和发展中国特色社会管理体系，是建设和发展中国特色社会主义事业的重要组成部分，是一个关系国家发展全局和长远的重大课题，必须加强社会管理理论研究和政策研究。社会管理的理念、内容、形式会随着经济社会发展变化而不断调整，需要对社会管理领域进行全面研究、深入研究、跟踪研究。要加强对社会管理实践创新和现实问题的调查研究，及时对社会管理创新的实践经验进行科学总结和理论升华，服务理论创新，提出决策咨询；同时，要广泛研究国外社会管理的一切有益理念和做法，为加强和创新社会管理，完善和发展中国特色社会管理体系提供借鉴。

改革社会体制　推进科学发展*

（2012年5月27日）

在当代中国，发展是党执政兴国的第一要务，而发展必须是科学发展。科学发展的一个基本要求，就是更加注重社会建设，促进经济社会全面协调可持续发展，这是全面建设小康社会的重大任务。

加强社会建设包括更加注重改善和保障民生，也包括更加注重社会管理。社会管理是作为领导和主导力量的党委和政府以及其他社会主体，运用法律、法规、制度、政策、道德、价值等社会规范体系，直接或间接地对社会不同领域和各个环节进行服务、协调、组织、监管、控制的过程和活动；其基本任务是：协调社会关系，规范社会行为，解决社会问题，化解社会矛盾，促进社会公正，应对社会风险，维护社会稳定，激发社会活力，增强社会凝聚力，为构建和谐社会、促进科学发展营造既充满活力又富有凝聚力和井然有序的社会环境。

从我国现实的情况看，加强社会建设和社会管理，需要加快社会体制改革，创新社会管理。一般说来，社会体制是一种社会治理的方式和制度安排，也是一种社会行为的规范，决定着人的社会关系、行为准则和社会运行。我们现在讲的社会体制改革，有着特定的内涵和范围，就是构建适应中国特色社会主义发展要求的，与社会主义经济体制、政治体制、文化

---

* 本文系作者在第二届中国社会管理论坛上的主旨演讲；刊载于《社会体制改革与科学发展》一书，北京师范大学出版社，2012年12月出版。

体制相一致的社会体制。我国现行的社会体制总体上是符合社会主义发展方向的，近些年来也进行了许多改革探索，但仍存在着不少缺陷和问题，主要是：社会管理的理念、组织、形式、手段、方法不适应社会经济迅猛发展，特别是社会结构、利益结构多层次、多元化和互联网新兴媒体异军突起出现的新情况、新挑战、新要求；政府、社会、企业、中介机构的社会管理职能不清、关系不顺；社会管理的体系、制度、机制不健全，难以有效发挥应有作用。解决这些问题必须进行社会体制改革。唯有如此，才能全面推进社会建设和加强社会管理，提高现代社会管理的科学化水平，实现全面建设小康社会的目标，加快中国社会主义现代化进程。

党中央高度重视社会体制改革问题。2006 年，党的十六届六中全会提出，要“坚持社会主义市场经济的改革方向，适应社会发展要求，推进经济体制、政治体制、文化体制、社会体制改革和创新。”在我们党的历史文献中，首次提出社会体制改革这个重大命题。2007 年，党的十七大强调，“更加注重社会建设”，“推进社会体制改革”。2010 年，党的十七届五中全会进一步提出：“必须以更大决心和勇气全面推进各领域改革，大力推进经济体制改革，积极稳妥推进政治体制改革，加快推进文化体制、社会体制改革，使上层建筑更加适应经济基础发展变化，为科学发展提供有力保障。”近年来，党中央把加快社会体制改革、加强和创新社会管理放在更加突出的战略位置，作出了一系列重要决策和部署，这是我们党对人类社会发展规律、社会主义建设规律、共产党执政规律认识的新升华，也是顺应人民群众在全面建设小康社会的新形势下对党和政府的新期待。

深化社会体制改革是一个庞大复杂的社会系统工程。必须坚持从中国国情出发，以科学理论为指导，解放思想、与时俱进，整体设计、统筹规划，因地制宜、分类施策，积极探索具有中国特色、地方特点、时代特征的社会管理体制新模式。

从理论和现实情况看，深化社会体制改革需要正确认识和处理以下一些重要关系：

一是政府和社会的关系，即政府行政管理与多元社会治理的关系。长期以来，我国政府职能和社会自治不分，政府职能缺位、错位、越位现象突出，该由政府发挥社会管理主导作用的方面，政府职能不到位，而有些该由社会多元主体自行调节和治理的方面，政府却管了不少不该管也管不好的社会事务。应实行政社分开、权责统一，明确划分政府社会管理和由社会多元治理的范围和权限，正确发挥政府在社会管理中的主导作用，并创新政府社会管理方式，规范和监督公共权力的运用；同时，要充分发挥社区、企事业、基层单位、社会组织等多元社会主体在社会治理中的重要作用。

二是条条和块块关系，即中央（部门、行业）与地方的关系。条块分割、各自为战，特别是基层各类社会服务管理资源分散，形成不少服务“盲点”、管理“真空”，这是我国当前社会体制中的一大弊端。我们是社会主义国家，幅员辽阔，人口众多，社会治理的基本制度框架，必须由中央统一决策，需要中央有关部门（行业）加以指导，以建立全国统一的、科学的社会体制；同时，又必须由地方因地制宜采取符合当地实际情况的社会管理制度，以建立灵活的、有效的社会体制。应充分发挥中央和地方两个积极性，在中央统一领导下发挥各级地方的积极性。中央主要负责制定社会管理的基本规范、大政方针，各级地方负责各自范围的社会管理事务和提供公共服务。同时，正确处理社会管理中宏观调控与微观组织的关系，坚持基层在先、重在基层，通过社区、基层统筹条与块的各类服务管理资源，把中央和地方各级社会管理措施落实到社区、基层单位。

三是民生和民主的关系，即改善人民生活与发展民主政治的关系。保障民生和发扬民主都是人民群众切身权益之所在，也都是做好社会管理工作的根本要求。要坚持以人为本，把保障民生和发扬民主紧密结合起来，坚持把改善和保障民生放在首位，积极解决人民群众最关心最直接最现实的利益问题。同时，要充分尊重人民群众的主体地位。人民当家作主是社会主义民主政治的本质,也是中国特色社会主义社会体制的核心。要健全民主制度,丰富民主形式,拓宽民主渠道。让群众参与民生问题的讨论,既是发扬民主、集中民智、汇聚民力的过程,也是保证解决民生问题的政策措施得到群众理解和支持的途径。

四是德治和法治的关系,即思想道德教育与法治建设保障的关系。"礼法融合"一直是我国历史上社会管理的重要经验,现代社会管理更需要把德治与法治结合起来。既要重视发挥思想道德的教化作用,更要注重法治的保障作用;既要注重行为管理,更要注重人文关怀和心理疏导。要坚定不移地推进依法治国和以德治国相结合,健全法制,把社会行为纳入法治化轨道;同时,弘扬中华民族传统美德,推行社会主义先进文化和社会主义核心价值观,提升全民族现代文明程度。

五是社会体制和其他体制的关系,即深化社会体制改革与推进其他体制改革的关系。社会体制是整个中国特色社会主义制度的重要组成部分,社会体制改革是整个体制改革的重要内容,必须与其他方面体制改革相协调。要统筹经济体制、政治体制、文化体制、社会体制各方面改革创新。既要加快社会体制改革,争取在重点领域和关键环节不断取得新突破,又要从更高层次和更宽领域协调推进经济体制、政治体制、文化体制和社会体制改革。要把握好各方面体制改革相互联系、相互促进的规律,审时度势,科学决策,全面推进。

从根本上说,深化社会体制改革就是要构建完善的中国特色社会主义社会管理体系和社会运行机制,包括形成科学合理的社会管理权力结构和机制、社会管理组织结构和机制、社会管理功能结构和机制、社会管理动力结构和机制、社会管理保障结构和机制。进一步说,就是社会管理要实现从过去以政府为单一主体、以单位管理为主要载体、以行政管理为主要手段、以管控为主要目的的传统模式,向在党的领导下,政府行政管理与社会自我管理、基层居民自治管理良性互动方面发展,社区管理与单位管理有机结合,经济、法律、行政、教育手段综合运用,服务与管理相融合,有序与活力相统一的多元主体共同治理、全体人民共建共享的新模式转变。

当前和今后一个时期,深化社会体制改革应当把解决面临的突出问题同实现长远目标结合起来,按照最大限度激发社会活力、最大限度增加和谐因素、最大限度减少不和谐因素的总体要求,着眼于维护社会秩序、激发社会活力、推进科学发展、建设和谐社会,着力抓好以下几个方面。

(一)强化政府社会管理职能。社会管理是政府的重要职能。创新社会管理体制,必须发挥政府的主导作用。要加快政府职能转变,更加注重履行社会管理职能。政府社会管理主要是制定法规政策,规范制度标准,增加公共财政投入,加强社会行为监管。尽可能把一些社会公共服务和具体事务,以适当方式转交给社区、社会组织和中介机构。这样,既可以使政府更好履行应尽职能,又可以降低服务成本,提高服务效率。要推进公共服务供给多元化、多样化,探索政府行政管理与企事业单位、各类社会组织和城乡基层群众自治在社会运行中有效衔接与良性互动的体制。政府购买公共服务、公共服务外包,是现代社会管理的一种重要形式,应积极推行。大力构建政府提供社会管理和公共服务的综合性平台,整合各类社会服务管理资源。要加快行政体制改革,建立职能相对集中、权责密切结合、组织协调有力的综合性社会管理机构,以利于提高政府社会管理的效能和水平。

(二)扩大公民参与和社会协同功能。这是深化社会体制改革的重要方向。公民参与是中国特色社会主义社会体制的基础。城乡基层群众自治制度是我国一项基本政治制度。深化社会体制改革,必须顺应经济社会发展要求和人民群众政治参与的新期盼,保障人民群众充分享有宪法规定的各项民主权利。要健全基层民主制度,保障人民依法直接行使民主权利、管理基层公共事务和公益事业,实行自我管理、自我服务、自我教育、自我监督。要推进城乡社区自治,有序扩大基层群众自治范围,规范政府组织与基层群众自治的关系,增强基层社会自治功能。要积极探索农村再组织化的形式和途径,形成既有活力又有秩序的组织体系。同时,充分发挥企事业单位和各类社会组织应有的作用,支持企事业单位和社会组织参与社会服务与管理、承接政府转移的社会管理事务。加快事业单位改革和社会组织体制改革,完善治理结构,健全现代社会组织制度。要推动城市社区和农村社会管理服务由条块分割的单位体制向属地化、社会化的体制转变,健全覆盖全社会的社会治理和公共服务体系。要积极推进城乡社会管理体制改革,减少基层行政管理环节,提升基层组织的社会管理和服务能力,充分发挥基层社会治理的功能作用。

(三)拓展群众权益保障机制。保障群众权益是加强和创新社会管理的根本着眼点,也是深化社会体制改革的关键。要进一步加强和完善党和政府主导的维护群众权益机制,切实维护和保障群众利益。适应我国社会结构和利益格局的发展变化,形成科学有效的利益协调机制、诉求表达机制、矛盾调处机制、权益保障机制。特别是要适应新形势下群众诉求多样性、多变性的特点和规律,创新方式方法,拓宽诉求表达渠道,搭建多种形式的沟通平台,健全公共政策社会公示制度、公众听证制度。健全社会矛盾调处机制和多元调解体系,充分发挥人民调解、行政调解、司法调解联动的大调解工作体系的作用。强化从源头解决社会矛盾纠纷,把预防社会稳定风险的关口前移。

(四)健全各类人群服务管理体制。坚持以人为本,突出人文关怀,在服务中实施管理,在管理中体现服务,努力实现各类人群服务管理全覆盖。加强“两新组织”人员和“社会人”的服务管理,是市场经济条件下社会管理中难度很大的问题,必须转变传统思维模式,积极探索新的管理体制和机制。要不断提高各类人群服务管理信息化、精细化、科学化水平。建立覆盖城乡的全员人口统筹管理的信息系统,推进国家人口基础信息库建设,加强流动人口动态监测工作。全面推行居住证制度,行政区域内流动人口实行“一证(卡)通”,积极稳妥推进户籍管理制度改革,建立城乡统一的户口登记管理制度,实现基本公共服务覆盖户籍人口和常住人口。采取积极、稳妥的措施，使农民工有序、和谐地融入城市和城镇。加强和创新特殊人群的教育、引导、服务和管理工作，根据不同类型人群特点分类施策。

（五）加快社会规范建设。规范社会主体行为，建设现代社会文明，是社会体制改革创新的基础性工作。至关重要的，一是法制，二是诚信。要建立健全社会管理的法制保障体系，加强社会管理领域立法，加快形成完善的社会管理法律法规体系。充分发挥社会法制规范在调整关系、约束行为、保障权益、创新社会管理等方面的作用。强化公正执法和严肃执法。要建立健全社会诚信制度，制定社会诚信规范，加强社会公德建设。大力推进政务诚信、商务诚信、社会诚信和司法公信建设。建设覆盖全国的征信系统，推动信用信息在全国范围的互联互通，规范和完善信用服务市场体系，健全激励惩戒机制，充分发挥信用信息对失信行为的监督和约束作用。

（六）构建虚拟社会管理制度。虚拟社会的服务与管理越来越重要，也是新形势下社会管理的重点和难点。要坚持积极利用、科学发展、依法管理、确保安全的方针，加强和改进互联网的利用与管理，坚持建设与规范并重、发展与管理同步，把互联网建设好、利用好、管理好。要加快完善网络管理的法律法规和政策，明确相关主体的权利义务，形成法律规范、行政监管、行业自律、技术保障、公众监督、社会教育相结合的互联网服务管理体系，提高依法、规范、科学、系统、动态管理水平。加快信息化基础设施建设，构建全国统一的社会管理数据中心、服务中心，尽快推行网络实名制，规范网络传播秩序。健全网上网下结合的综合服务和管理体系，统筹实施虚拟社会和现实社会管理，建立网上动态管理机制，着力完善网上影响社会稳定和国家安全问题的监测、研判、预警、处置机制和有害信息监管、查处机制。

（七）加强公共安全体系。围绕提高预知、预警、预防和应急处置能力，加强和完善主动防控和应急处置相结合、传统方式和现代手段相结合的公共安全体系。健全食品药品监管体制机制，形成政府、企业、行业组织、消费者和媒体共同参与的监管格局。完善安全生产监管体制机制，健全安全生产综合监管、行业监管、属地监管责任体系。健全立体化社会治安防控体系，全面提高社会治安综合治理水平。完善应急管理体系，加强危机管理和抗风险能力建设，提升对自然灾害、事故灾难、公共卫生事件、社会安全事件等突发公共事件的风险管理水平。

（八）完善社会管理工作格局。深化社会体制改革，加强和创新社会管理，必须充分发挥党的领导核心作用。要完善党委领导、政府负责、社会协同、公众参与的工作格局和体制。坚持把加强社会建设和社会管理作为党委和政府的重大任务。健全社会管理的政策体系，加强社会工作的统筹协调和督促检查。充分发挥社会协同和公众参与的作用。要建立和完善社会管理科学有效的评价、考核体系和机制，促进提升社会管理的科学化水平。要加强社会工作人才队伍建设，完善社会工作人才培养、评价、使用、激励制度，充分发挥他们在深化社会体制改革、创新社会管理中的聪明才智。

经济体制改革是一场深刻的革命，社会体制改革更是一场深刻的革命，任务艰巨繁重。深化社会体制改革的许多重要问题摆在我们面前，而任何一个重要问题都没有简单的答案。我们要坚持以中国特色社会主义理论体系为指导，勤于思考，勇于探索，敢于实践，善于总结，努力为深化社会体制改革、促进科学发展、发展中国特色社会主义伟大事业作出积极的贡献。

加快构建中国特色社会主义社会体制*

（2013 年 5 月 25 日）

中国共产党第十八次全国代表大会作出全面建成小康社会和全面深化改革开放的战略决策，并提出“在改善民生和创新管理中加强社会建设”和“加快推进社会体制改革”的重大任务。本届论坛以“贯彻十八大精神，加快社会体制改革”为主题，集中研讨社会体制改革的理论和实践问题，这对于推动社会体制改革、加强社会建设、促进社会现代化，很有意义。

这里，我主要围绕这次论坛的主题，讲一些个人的看法，与大家一起研讨交流。

社会体制，一般是指社会管理和服务模式、社会资源配置机制，以及各社会主体权利责任义务和行为的规范或制度安排，包括社会主体定位、社会治理方式、公共服务体系、社会组织制度和社会管理机制等。我们这里研讨的社会体制，是指中国特色社会主义制度体系中与经济体制、政治体制、文化体制、生态体制相并列的具体制度，是社会现代化建设的重要组成部分。

党中央高度重视社会体制改革问题，十八大把加快推进社会体制改革放在更加突出位置，作出了重大决策和部署，第一次把社会管理体制、

---

* 本文系作者在第三届中国社会治理论坛上的主旨演讲；发表于 2013 年 7 月 8 日《人民日报》。

基本公共服务体系、现代社会组织体制和社会管理机制等一系列既有联系、又有区别的范畴，概括为中国特色社会主义社会体制的基本任务和重点方面。这些是对近些年来我国社会体制改革理论探索和实践创新成果的新升华、新发展。加快社会体制改革，势在必行，意义重大。

第一，加快推进社会体制改革，是加强社会建设、全面建成小康社会的内在要求。我们党对社会主义现代化建设规律的认识不断深化，其中把社会建设作为中国特色社会主义“五位一体”总体布局的重要组成部分，作为全面建成小康社会的重要任务。社会建设包括保障和改善民生，发展社会事业，完善公共服务体系，加强社会管理，创新社会体制，促进社会公平正义。社会体制是社会建设中有机联系的重要内容。总体上看，一个较长时期以来，社会建设是我国现代化建设中的一个短板和瓶颈，而社会建设中与改善民生和社会管理相关的就业、教育、医疗卫生、收入分配、住房、社会治安等方面许多问题，在很大程度上又与社会体制不合理、不健全直接相关。不加快社会体制改革，社会建设中的许多问题就难以从根本上加以解决。因此，要实现全面建成小康社会的目标，必须大力加强包括社会体制在内的社会建设。

第二，加快推进社会体制改革，也是全面深化改革、完善中国特色社会主义制度的重要内容。中国特色社会主义制度，是包括建立在中国特色社会主义根本政治制度、基本政治制度、基本经济制度基础上的经济体制、政治体制、文化体制、社会体制、生态体制等各项具体制度。这些具体制度随着我国经济社会发展而不断完善、发展。十八大报告强调，必须以更大的政治勇气和智慧，不失时机深化重要领域改革，“构建系统完备、科学规范、运行有效的制度体系，使各方面制度更加成熟更加定型”，并明确提出了建立确保社会既充满活力又和谐有序的社会体制目标。显然，加快推进社会体制改革，是全面深化体制改革的重要组成部分，是构建成熟的中国特色社会主义制度的一项重大任务。

第三，加快推进社会体制改革，还是加强和创新社会管理、提高社会管理科学化水平的必由之路。目前,我国仍处于大有可为的重要战略机遇期,也是各种社会矛盾的凸显期,社会领域中面临着不少亟待解决的问题。特别是社会体制不适应社社会结构、利益结构多层次、多元化发展的新情况、新要求;政府、社会组织、企业、公民的社会职责不清,政府在社会管理中既有包揽社会事务过多的问题,也有职能不到位的问题;现代社会组织发育缓慢,体制不顺,活力不足,缺乏规范;社会事业体制改革滞后,基本公共服务体系不健全;社会治理体系、规制、机制不合理,放活、管控、协同的体制性功能难以有效发挥作用。解决这些问题,必须推进社会体制改革创新,围绕解决突出的社会问题,创新社会管理理念,创新社会管理主体,创新社会管理内容,创新社会管理方式。只有加快社会体制改革,才能从根本上加强和创新社会管理,不断提高社会管理科学化水平,也才能有效协调社会关系、规范社会行为、化解社会矛盾、解决社会问题、实现社会公正、应对社会风险、激发社会活力、维护社会稳定,从而为改革发展创造良好的社会环境。

加快推进社会体制改革的总体目标,从根本上说,就是构建起中国特色社会主义社会体制。这是一项宏大的涉及多方面改革的历史任务。十八大提出:“要围绕构建中国特色社会主义社会管理体系,加快形成党委领导、政府负责、社会协同、公众参与、法治保障的社会管理体制,加快形成政府主导、覆盖城乡、可持续的基本公共服务体系,加快形成政社分开、权责明确、依法自治的现代社会组织体制,加快形成源头治理、动态管理、应急处置相结合的社会管理机制。”可以说,这“四个加快”就是深化社会体制改革的基本任务和基本要求。它们之间既密切联系,又各有侧重。社会管理体制侧重于明确各类社会主体作用,保持社会关系协调、富有活力、有序运行;基本公共服务体系侧重于满足公众基本需求,保障和改善民生;现代社会组织体制侧重于创新社会治理方式,由大政府向“大社会”转变;社会管理机制侧重于社会全过程重要环节的调节、治理。这些方面,构成新型社会体制的基本框架和主要支柱。

（一）加快形成党委领导、政府负责、社会协同、公众参与、法治保障的社会管理体制。这是加快社会体制改革的根本任务。十八大对社会管理体制作出新概括，将 2004 年党的十六届四中全会首次提出的建立“党委领导、政府负责、社会协同、公众参与”的社会管理格局，提升为“社会管理体制”，并把“法治保障”纳入到社会管理体制中来。这样，不仅深化了对社会管理体制框架的认识，而且丰富了社会管理体制的内涵，彰显了法治在社会管理中的重要作用，进一步明确规定了社会管理体制不同主体作用和如何创新社会管理的问题。党委领导是核心，政府负责是关键，社会协同是依托，公众参与是基础，法治保障是基石。五位一体，有机联系，密不可分。党委领导，就是要发挥各级党委在社会管理中总揽全局、协调各方的领导核心作用。主要是把握方向，制定政策，整合力量，营造环境，发挥基层党组织服务社会、凝聚人心、促进和谐的作用。政府负责，就是要发挥政府担当主要责任的作用，各级政府必须切实履行社会管理和公共服务的职能，明确部门责任，健全职责体系，培育社会组织，创新公共政策体系，把社会管理工作落到实处。社会协同，就是要发挥各类社会团体、社会组织、社会单位的协助配合作用。最充分、最广泛地调动社会上一切积极因素和积极力量共同治理社会，特别是要支持和促进社会组织体系发展，健全基层服务和社会管理网络，推动社会管理专业化、组织化、社会化。公众参与，就是要发挥人民群众参与社会管理的基础作用。社会管理是对人的管理和服务，社会成员既是管理和服务的对象，也是管理和服务的主体。必须充分相信群众、依靠群众，动员和组织广大群众参与社会管理与服务，形成社会治理人人参与、和谐社会人人共享的生动局面。法治保障，就是要发挥法治在社会管理中的保障作用。现代社会是法治社会，实行法治原则才能切实体现公平正义，也才能真正建设民主政治。社会管理必须全面落实依法治国基本方略，提高领导干部运用法治思维和法治方式治理社会的能力，突出加强社会领域立法、执法和监察工作，切实保障法律法规的有效实施，把各项社会管理纳入科学化、规范化、法制化的轨道。

（二）加快形成政府主导、覆盖城乡、可持续的基本公共服务体系。这是加快社会体制改革的重要方面。十八大提出的加快健全基本公共服务体系，明确回答了由谁提供、向谁提供和如何提供基本公共服务等问题。政府主导，就是要明确政府在提供基本公共服务中的主导作用。各级政府应切实加强公共服务的职责，积极提供满足公众和社会需要的优质公共服务。要建立中央统一领导、地方为主、统一与分级相结合的基本公共服务体制，完善公共财政体系，增加公共财政投入。同时，积极探索政府与企事业单位、各类社会组织和城乡社区自治组织在社会管理中有效衔接与良性互动的体制。要着力创新政府提供公共服务方式，加大购买基本公共服务的力度，凡适合社会组织承担的公共服务，都可以通过委托、承包、采购等方式交给社会组织承担，充分发挥社会力量的积极性和创造性，推进公共服务供给多元化、多样化。覆盖城乡，就是要实现基本公共服务对象覆盖全体人民。必须统筹城市与农村、发达地区与贫困地区、户籍人口与流动人口，实现城乡均衡、区域均衡和群体均衡，着力编织覆盖全社会、保障基本民生的安全网，特别要“补短板”“兜底线”，不留空白，使人人共享基本公共服务，促进社会公平正义。这就要求加快完善城乡一体化体制机制，破除城乡二元结构；加快社会事业单位体制改革，使基本公共服务覆盖各类人群。可持续，就是要立足我国仍处于社会主义初级阶段的最大实际，坚持量力而行、尽力而为，着眼长远、循序渐进。要合理确定服务标准，实行适合中国国情的基本公共服务供给方式，在发展中逐步扩大范围、提高水平、缩小差距。

（三）加快形成政社分开、权责明确、依法自治的现代社会组织体制。这是加快社会体制改革的中心环节。党的十八大充分肯定社会组织在社会建设中的重要作用，并为加快形成现代社会组织体制指明了方向。提出建立现代社会组织体制，是基于我国从计划经济体制向市场经济体制转变、从传统社会向现代社会转变、顺应世界现代化趋势而作出的一种现代社会制度安排。深化社会体制改革的核心问题,是处理好政府和社会的关系,处理好"政府管理"与"社会自治"的关系,要切实尊重市场经济条件下社会运行规律,更好发挥政府作用。必须实行政社分开,使政府行政职能和社会组织自我管理相分离,即行政权力与社会自治权利分开;同时,政府要向社会组织转移职能,放权让利,并充分发挥社会组织的作用。要加快政府职能转变和行政体制改革,既要切实改变政府包揽社会事务的做法,也要切实改变社会组织行政化和成为"二政府"的现象,推进政府向社会组织转移权力和职能,支持社会组织发挥参与社会管理和服务,实现政府与社会优势互补、良性互动。必须实行权责明确,通过法律明确规定社会组织的权利和责任,权、责、利相统一、相对等。服务公众利益和社会利益是现代组织的基本功能和制度安排。要在赋予社会组织社会管理和服务职能的同时,对其承担的责任提出明确要求,促进社会组织健康有序发展,切实发挥其在社会管理和社会服务中的协同作用。必须实行依法自治,以法律为自治准绳。根据我国现代化进程的要求,并借鉴国外的有益做法,着力研究社会组织体制的特色、社会组织定位功能,加快培育和规范发展各类社会组织、社会企业,尤其要加快培育公益类、服务类、慈善类社会组织,充分发挥各类社会自治组织的自治功能。构建和谐社会,基层是关键。当务之急是要完善城乡社区发展的体制、机制,从各地实际出发,健全符合中国国情的新型城乡社区组织。要给社会组织以更充分的信任和更广阔的发展空间。同时,要引导社会组织完善内部治理结构和规章制度,在法律法规范围内进行自我管理、自我服务、自我发展和自我完善。党的十八届二中全会和十二届全国人大一次会议通过的《国务院机构改革和职能转变方案》中,对推进政社分开、发展社会组织、扩大社会组织权力、发挥社会组织作用提出了重要改革措施,这些是加快形成现代社会组织体制的重要决策,是完善中国特色社会主义行政体制和社会体制的重要步骤,有着标志性意义。

(四)加快形成源头治理、动态管理、应急处置相结合的社会管理机制。这是加快社会体制改革的基本要求。党的十八大根据社会管理规律,提出全过程实施管理、各个环节相互关联和相互支撑的社会管理机制。这是健全社会体制、提高社会管理科学化水平的科学思维和制度安排。源头治理是治本之策,要将社会管理的关口前移,树立民生为先、服务为先理念,切实保障和改善民生,坚持科学、民主、依法决策,从源头上预防和减少社会矛盾。这就需要牢固树立以人为本的发展思想,尊重人民主体地位,加强社会预期管理。动态管理是化解之策,要建立健全诉求表达、矛盾调解、利益协调、权益保障机制,使社会矛盾得到及时发现和化解,保持社会有序平稳运行。应急处置是保全之策,要加强应急能力建设,围绕提高预知、预警、预防和应急处置能力,建立主动防控和应急处置相结合、传统方式和现代手段相结合的公共安全体系,及时有效应对和妥善处置突发事件,最大限度减少对群众生命财产的危害,或者对社会秩序的冲击。

深化社会体制改革,加快建立中国特色社会主义社会体制是一项艰巨、复杂的系统工程,在推进改革中需要把握好以下几个方面。

(一)坚持社会体制改革正确方向。改革朝着什么方向推进,事关中国现代化事业的成败。社会体制是中国特色社会主义总布局中社会建设的重要组成部分。加快推进社会体制改革,必须始终坚持中国特色社会主义的根本方向,坚持与社会主义市场经济改革相配合、相适应。社会体制改革同经济体制等其他方面体制改革一样,都是社会主义制度的自我完善和发展,而不是社会主义制度改弦易张。我们要以世界眼光和宽广胸怀积极借鉴世界各国在社会治理文明中的一切有益做法,但是,绝不能照抄照搬别国经验、别国模式,要自觉抵制各种错误思想和主张的影响,确保社会体制改革沿着中国特色社会主义道路前进。

(二)坚持问题意识和制度导向。马克思有一句名言,他指出:“问题就是公开的、无畏的、左右一切个人的时代声音。问题就是时代的口号。”每个时代总有属于它自己的问题,深化社会体制改革就是一个解决当今中国社会问题的过程。我们国家发展的阶段性特征，决定了我们在加强和创新社会管理过程中面临着许多与别的时代、别的国家所不同的社会问题。特别是社会管理体制问题、社会建设中与群众利益密切相关的问题比较突出。这些就是时代的口号、时代的声音。必须树立强烈的问题意识，提出有针对性解决问题的办法，而不能只是从概念出发，更不能从概念到概念。同时，必须标本兼治，强化制度导向。要着眼于建立和完善相关制度机制，推进改革措施，注重加强制度建设。因为只有制度才具有根本性、长期性和稳定性。绝不能光治标不治本。

（三）坚持继承和创新有机统一。我国社会治理文明源远流长、博大精深。新中国成立以来特别是改革开放以来，不断推进社会管理改革创新取得重要进展。在新的形势下，加快社会体制改革必须坚持从中国基本国情出发，围绕构建中国特色社会主义社会管理体系和提高社会管理的实际效果，高度重视弘扬和继承我国传统的社会治理优秀文明成果，包括重视道德教化和重视家庭的作用；同时，高度重视发扬和继承我们党在推动社会建设中形成的鲜明的政治优势、制度优势、组织优势以及群众工作优势，这是中国特色社会主义社会体制的基本内核和可靠支柱。同时，我们必须与时俱进，革故鼎新，勇于用时代发展要求审视社会建设现状，推进社会管理理念创新、实践创新、体制创新、制度机制创新，加强社会预期管理理论和方法研究，用新思路、新办法解决新问题，努力使社会建设和社会管理体现时代性、把握规律性、富有创新性。

（四）坚持在各方面体制改革协同配合中推进。加快社会体制改革是全面深化改革、完善中国特色社会社会主义制度体系的有机部分，必须与其他方面体制改革相协调、相配合，要在全面推进经济体制、政治体制、文化体制、生态体制改革创新中统筹谋划，协同推进。要坚持以经济体制改革、社会体制改革为重点，加大改革力度，从而带动和促进其他方面改革。要把握好各方面体制改革相互联系、相互促进的规律，审时度势，科学决策，全面协调地推进。

（五）坚持加强宏观指导和鼓励基层创造相结合。构建现代社会体制、建设社会现代化，是一个重大的、崭新的课题，需要积极稳妥推进。要坚持30多年来行之有效的“摸着石头过河”的领导改革方法。重视加强社会体制改革的顶层设计和宏观指导，从国家发展全局和战略高度，并从整体上和系统地研究社会体制改革的目标、任务、路线图和时间表，更加注重改革的系统性、整体性、协同性，不断把改革引向深入。同时，要继续充分尊重基层和群众的首创精神。近年来，各地在社会体制改革方面进行了积极的探索和实践，积累了不少值得重视的经验，要善于总结社会体制改革中丰富的实践创造，及时推广新鲜经验。同时，要继续鼓励大胆试验、勇于创新、敢于突破。

当前，我国正站在全面建成小康社会和全面深化改革开放新的起点上。深化社会体制改革的任务艰巨、繁重，许多重要课题需要我们去研究、去探索。从某种意义上说，社会体制改革比其他体制改革的复杂性和困难程度更大，这是一场更为广泛、更为深刻的社会变革，需要以更大的勇气、智慧和能力攻坚克难。我们要以党的十八大精神为指导，不断解放思想，弘扬改革精神，凝聚改革共识，深入开展社会体制改革理论研究，积极投入社会体制创新实践，为加快建成中国特色社会主义社会体制、推进社会现代化、实现中华民族伟大复兴的“中国梦”作出应有的贡献。

积极推进社会治理体制创新*

（2014 年 5 月 18 日）

创新社会治理体制，是党的十八届三中全会提出的新思想、新要求、新部署。将“社会管理”改为“社会治理”，由“管理”到“治理”，只有一字之差，但涵义更深刻、内容更丰富、要求更明确。社会管理往往强调的是政府自上而下的管控，而社会治理至少有三个“更加突出”：即更加突出党委和政府主导下的多元社会主体共同参与、良性互动；更加突出民主、法治，重视运用协商民主、法治思维和民主、法治方式；更加突出源头治理、综合施策、标本兼治、健全机制。这标志着由传统的社会体制向适应时代发展要求的现代社会体制转变，也就是要通过深化体制改革和管理创新逐步实现国家社会治理的现代化。这是我们党对人类社会发展规律、对中国特色社会主义建设规律认识的新飞跃，是社会建设理论和实践的与时俱进和创新发展。

一、充分认识创新社会治理体制的重大意义

（一）创新社会治理体制是推进国家治理现代化的内在要求。党

---

* 本文系作者在第四届中国社会治理论坛上的主旨演讲；刊载于《行政管理改革》杂志 2014 年第 8 期。

的十八届三中全会的一个重大历史贡献，是站在时代发展和国家现代化全局的高度，提出了全面深化改革的总目标，就是完善和发展中国特色社会主义制度，推进国家治理体系和治理能力现代化。这是我们党治国理政思想的新概括、新发展。实现这个总目标，实质上就是要推动中国特色社会主义制度更加成熟、更加定型，为党和国家事业发展、为人民幸福安康、为社会和谐稳定、为国家长治久安提供一整套更完备、更科学、更规范、更管用的制度体系。这项改革工程极为宏大，包括经济、政治、文化、社会、生态文明等领域全面的、系统的改革和改进，是各领域改革和改进的联动，在国家治理体系和治理能力现代化上形成总体效应、取得总体效果。而创新社会治理体制，实现社会治理体系和治理能力现代化，是实现全面深化改革总目标的重要途径和重要内容。同时，由于我国社会治理体系和能力建设远远滞后于其他领域治理体系和能力建设，这就要求我们必须加快社会领域体制改革。因此，只有加快推进社会治理体制创新，实现社会治理现代化，才能真正实现国家治理体系和治理能力的现代化。

（二）创新社会治理体制是国家现代化客观进程的必然选择。当前，我国社会主义现代化建设进入到一个新的发展阶段，工业化、信息化、城市化、市场化、国际化加速推进。这“五化并举”给当今中国社会带来巨大变化，社会活力大为增强，经济结构、社会结构、利益结构不断调整，社会流动性、开放性、活跃性、复杂性前所未有。特别是网络社会蔚然兴起，“网络发声”“网络问政”方兴未艾。从全局看，我国社会领域改革面临三大课题：一是计划经济体制遗留下的一些老问题，亟待继续解决；二是改革开放以来出现的一些新矛盾不断积累和激化，必须抓紧消化；三是网络社会和现代化事业快速发展，将给社会治理和建设提出更多的新课题，也需要积极应对、预为之谋。在这种特殊的历史条件下，社会领域种种复杂的情况交织在一起，必须实行更加有效的社会治理。从国际经验看，在追求现代化的过程中，社会转型最为艰难，相对应的社会体制、社会结构、社会形态的演变往往曲折、复杂，充满矛盾和变数。因此，加快社会治理体制创新，推进社会治理现代化，不仅是适应中国现代化发展形势的需要，而且是对今后现代化总体进程中所面临的种种严峻矛盾和挑战的主动应对。

（三）创新社会治理体制是提高社会治理科学化水平的迫切需要。总体上看，随着改革开放的不断推进，我国社会治理体系和治理能力不断提升，在社会大变动中保持了社会大局的稳定和发展。但当前社会治理还没有完全摆脱计划经济时期的社会管理模式，存在不少问题和弊端：例如，重经济建设、轻社会建设，重政府作用、轻多元主体参与，重管理控制、轻协商服务，重事后处理、轻源头预防，重人治、轻法治，重行政约束、轻道德自律，重解决具体问题、轻制度机制建设。尽管从上到下花了不少精力、增加了不少投入，维护社会稳定成本不断增加，但并没有达到应有的成效。原因主要是，在错综复杂的社会问题和局面下，传统的社会管理模式、手段和制度越来越难以应对，更难以从根本上予以解决层出不穷的新问题。只有创新社会治理体制、完善社会治理体系、增强社会治理能力，提升社会治理科学化、现代化水平，才能更加有力、有效解决各种社会矛盾和问题。

综上所述，创新社会治理体制既是实现全面深化改革总目标、顺应时代发展潮流和现代化客观进程而作出的重大战略决策部署，也是解决我国社会领域突出问题的必然选择和迫切需要。因此，积极推进社会治理体制创新，势在必行，意义重大。

二、创新社会治理体制的基本要求

总的看来，我国现行社会体制与基本国情和社会主义制度是大体相适应的，这是一个基本判断，也是创新社会治理体制的基本出发点。也就是说，推进社会治理体制创新，绝不是对现行社会基本制度的改弦易辙，而是在党的领导下对中国特色社会主义制度的自我完善和发展,使基本制度优势得到更好的发挥。其基本要求是,着眼于维护最广大人民的根本利益,最大限度调动社会各方面积极性,最大限度增强社会发展活力,最大限度增加社会和谐因素,不断提高社会治理科学化、现代化水平,更好保障和改善民生、促进社会公平正义,加快形成科学有效的社会治理体制,确保整个社会既充满活力又和谐有序,为实现全面建成小康社会和国家现代化提供良好的社会环境。为此,需要着重推进以下几个方面创新:

(一)创新社会治理理念。理念是行动的先导。正确的社会治理理念是实施有效治理的前提和基础。一旦治理理念出现偏差,不但会严重误导治理行为,而且有可能会引发治理危机。这里最为重要的,是坚持以人为本,牢固树立社会治理一切为了人民、为了人民一切的理念,做到为民、亲民、爱民、利民。要始终把实现好、维护好、发展好最广大人民根本利益作为社会治理的出发点和落脚点。随着改革发展和人民生活水平的提高,人民群众的物质文化生活需求日趋多样化、高端化、个性化,公平意识、民主意识、权利意识、法治意识不断增强,对促进社会公平正义、实现安居乐业的要求越来越高。当前,各种人民内部矛盾和社会矛盾中大量问题是由利益问题引发的。这就要求我们一方面要积极满足人民群众日益增长的、不同层次的社会需求,发展社会生产,优化经济结构,注重保障和改善民生;另一方面,要切实处理好“维稳”和“维权”的关系。从人民内部和一般意义上说,维权是维稳的基础,维稳的实质是维权。当前,我国一些地方在社会治理中普遍存在一些观念误区,就是只讲“维稳”,不讲“维权”,简单地采取关、卡、压的办法,以致使有些社会矛盾长期得不到解决,甚至不断激化。因此,对涉及维权和维稳问题,首先要把群众合理合法的利益诉求解决好。单纯维稳,不解决利益问题,那是本末倒置,最终也难以真正稳定下来。在新的历史条件下,创新社会治理必须完善对维护人民权利和切身利益具有重大作用的制度,切实体现公众社会需求导向,更加尊重人的尊严,更好保障人民权益,让人民群众共享改革发展成果。这是创新社会治理体制的前提和基础。

（二）创新社会治理主体。社会治理主体是实施治理行为的能动力量。不同社会主体之间的相互关系及其地位角色构成了治理的基本格局。在新的社会治理格局中，社会治理主体多元化，党委领导是根本，政府主导是关键，社会协同是依托，公众参与是基础。各个主体，有机联系，不可分割。多元社会主体合作共治，是社会治理走向现代化的重要标志。目前，我国社会治理中，重政府包揽、轻多方参与的现象还较为普遍，社会治理工作往往成了政府的“独角戏”。创新社会治理体制，就要进一步优化社会治理主体格局，从单纯重视党委政府作用向党委政府与社会多元主体共同治理转变，既发挥党委、政府的领导和主导作用，又要鼓励和支持社会各方面参与，包括各类社会组织、企事业、基层单位和公民个人参与社会治理，充分发挥多元主体各自应有的功能和作用，形成社会治理整体合力。

（三）创新社会治理方式。治理方式反映了治理行为运行的特点和规律。改进社会治理方式，不仅是创新社会治理体制的重要方面，而且是转变我国社会发展方式的必然要求。从总体上看，我国现行的社会治理方式仍带有较为明显的计划经济体制的痕迹和色彩，主要表现在：注重自上而下单向管制；注重以行政命令为主的单一手段，刚性较强、柔性不足，显得比较僵化、生硬。这就常常会导致社会体制机制运行的不畅、滞钝，并产生和引发大量的社会矛盾和冲突。社会治理要讲究辩证法，管得太死，一潭死水不行；管得太松，波涛汹涌也不行。既要管理又不能管得太死，要做到刚柔相济、宽严适度，使社会活跃起来而又有序运行。关键是改进社会治理方式。一要坚持系统治理，实现政府治理与社会自我调节、居民自治良性互动，充分发挥党委总揽全局、协调各方的领导核心作用。二要坚持依法治理，运用法治思维和法治方式化解社会矛盾，实现治理方式从单纯行政管控向注重法治保障转变，充分彰显法治维护社会公正的作用。三要坚持综合治理，实现社会治理手段从单一向行政、法律、经济、教育等多种手段综合并用转变,特别要注重诚信建设,规范社会行为。四要坚持民主治理,要按照发展社会主义民主政治的要求,更加注重健全民主制度,丰富民主形式,拓宽民主渠道,从各层次各领域扩大公民有序政治参与和社会参与,推进协商民主广泛多层次发展,深入开展立法协商、行政协商、民主协商、参政协商、社会协商,更多地运用群众路线的方式、民主的方式、协商的方式、疏导的方式,化解社会矛盾、解决社会问题。五要坚持源头治理,预防为先,动态治理,实现治理环节前移,标本兼治,重在治本,以网格化管理、社会化服务为方向,健全基层综合服务管理平台,及时反映和协调人民群众各方面各层次利益诉求。

(四)创新社会治理体系。构筑全面、系统、有效的供给、服务和保障体系,是创新社会治理体制的重要方面。一要扩大公共服务体系。既要推进教育、文化、卫生、体育等社会事业发展与体制创新,也包括推进就业、住房、社会保障、收入分配等民生事业发展与改革。特别要完善基本公共服务体系,如果没有基本公共服务均等化,没有牢靠的社会保障底线,人们就很难有安全感和幸福感。因此,要加快基本公共服务均等化进程。二要健全公共安全体系。食品药品安全、生产安全、防灾减灾救灾、社会治安防控、网络安全是公共安全治理的重要内容。要抓紧完善统一权威的食品药品安全监管机构,建立最严格的覆盖食品生产、流通全过程的监管制度,健全食品原产地可追溯制度和质量标识制度,保障食品药品安全。建立隐患排查治理体系和安全预防控制体系。健全防灾减灾救灾体制。创新立体化社会治安防控体系,依法严密防范和惩治各类违法犯罪活动。特别是要主动适应社会信息化的大趋势,针对互联网的开放性、自主性、迅捷性的特点,创新社会治理工作的理念、思路、机制和方法,健全网上网下管理体系,维护公共利益和国家网络信息安全。三要完善应急管理体系,关键在于进一步完善"一案三制"。四要加强国家安全体系。既要加强传统安全体系建设,更要加快非传统安全体系建设,完善国家安全体制和国家安全战略,确保国家安全。这是健全社会治理体系的重要任务。以上这些社会治理体系建设都不是孤立进行的,而是在社会治理的实践过程中构成一个相互联系、相互影响的有机整体。这就要求我们的社会治理改革创新要注重系统性、协同性和整体性。

(五)创新社会治理制度。推进社会治理现代化,最根本的在于制度的改革和创新。社会治理制度的核心是法治。近些年来,我国社会治理领域的制度建设取得重要进展,但仍存在不少问题。一些地方政府重"运动式"应对、轻"制度化"建设,社会治理制度化水平不够高;相关制度的缺失、滞后和不规范是许多社会矛盾产生的重要根源;社会转型过程中新、旧制度接续之间出现一些断裂、真空地带。要有效破解这些问题,就需要我们大力推进社会治理制度改革创新:一要加强社会建设和社会治理领域的基础制度供给和制度设计,加快建立和完善与社会主义市场经济体制相适应的新型社会治理制度体系。二要实现从传统的重视命令式、运动式、动员式的社会治理制度实现向法治型、互动式、规范化的社会治理制度的转变,显著提高社会治理的制度化、规范化和程序化水平。

(六)创新社会治理机制。当前,我国社会治理机制的主要问题是:群众权益表达渠道不够畅通、公众参与公共政策制定程度较低;矛盾纠纷的各种调解机制彼此互动衔接不够。为此,应注重社会治理体制机制创新。一要健全重大决策社会风险评估机制。凡是推出涉及人民群众切身利益的重大决策,都要把社会风险评估作为前置程序、刚性门槛,使重大决策的过程成为党委、政府倾听民意、改善民生、化解民忧的过程,最大限度地预防和化解社会矛盾的发生。为此,要建立一套科学、完整的指标体系;要成立独立、专业、具有公信力的第三方评估机构。二要建立通畅有序的诉求表达、心理干预、矛盾调处、权益保障机制。充分发挥人大、政协和人民团体、行业协会以及大众传媒等社会利益表达功能,完善公共决策社会公示制度、公众听证制度、专家咨询论证制度;建立健全个人心理医疗服务体系,开展个人心理调节疏导工作。三要建立调处化解矛盾纠纷综合机制。进一步完善人民调解、行政调解、司法调解联动工作体系。四要改革信访工作机制,实行网上受理信访制度,健全及时就地解决群众合理诉求机制;把涉法涉诉信访纳入法治轨道解决,建立涉法涉诉信访依法终结制度。

(七)创新社会治理能力。推进社会治理现代化,既需要创新社会治理体系,也需要提升社会治理能力。要全面提高各个社会治理主体的治理能力,包括党委政府创新社会治理的能力、各类社会组织参与社会治理的能力,社会自我调节的能力和社区、居民自治的能力。要以提高党的执政能力、政府行政能力为重点,尽快把各级干部、各方面管理者的思想政治素质、科学文化素质和工作本领都提高起来,尽快把国家机关、企事业单位、人民团体、社会组织等工作能力都提高起来,尽快把基层单位和居民自治本领都提高起来,这样整个国家社会治理体系才能更加有效运转。为此,要围绕提高全社会的治理能力,加强和创新干部教育培训的形式和内容,加快建设一支宏大的社会工作人才队伍和志愿者队伍;注重运用云计算、物联网、互联网、"大数据"等信息化手段开展基础信息采集工作和分析处理,在学习借鉴国外先进信息技术的同时,加强社会治理信息技术自主研发的能力和水平,加快制定社会治理领域信息技术系统和平台的行业标准。要加快制定和完善社会治理规则体系,加大社区居民自治知识的宣传教育力度,搭建和营造良好的社会治理框架和环境氛围。

三、着力把握创新社会治理体制五个关键环节

创新社会治理体制,是在党的领导下提高运用中国特色社会主义制度有效治理社会的深刻社会变革,需要从多方面着力,特别应当把握好政府善治、合作共治、基层自治、社会法治、全民德治五个关键环节。

(一)政府善治:创新政府治理方式,发挥政府的主导作用。党的十八届三中全会提出,社会治理要"发挥政府主导作用"。应当说,将之

前的“政府负责”改为“政府主导”，是对建立现代化政府、实现政府善治的更加明确要求。政府作为公共权力的行使者、公共事务的管理者，必须切实履行社会治理的基本职能。在高度复杂、充满风险和不确定性的现代社会，政府在社会治理中的重要作用只能加强、不能削弱。这一点不容怀疑和动摇。但政府治理必须创新，要做到科学治理、依法治理、良好治理、有效治理。政府在社会治理中的主导作用主要体现在：制定相关社会治理规制、政策和标准体系，制定与实施社会建设总体规划和专项规划，提供社会治理基础设施和公共产品服务，依法行政和依法监管，维护社会良好秩序、保障公共安全等。目前，我国政府治理存在的突出问题是：“全能型政府”“管制型政府”在地方中还大量存在，政府社会治理缺位现象还较为普遍；公共权力运行不够规范，依社会法监管意识和能力薄弱。为此，要全面正确履行政府职能，加快转变政府职能，建设“有限政府”“创新政府”“服务政府”，更加重视社会建设和社会治理，推动政府职能向创造良好发展环境、提供优质公共服务、维护社会公平正义转变；改进政府提供公共服务方式，推广政府购买服务，凡属事务性管理服务，原则上都可以通过合同、委托等方式向社会购买。还要建设效能型政府，增强政府公信力、执行力和服务力，建设人民满意政府。

（二）合作共治：激发社会组织活力，发挥社会组织的桥梁作用。社会组织是现代社会治理不可或缺的重要主体，是解放和激发社会发展活力的重要能量。现代社会治理仅仅依靠政府作用显然越来越不可能，而需要更加重视充分调动和发挥社会组织的桥梁作用，实现政府与社会组织的合作共治。社会组织的桥梁作用主要体现在：“社会组织”充当政府与民众之间的“中间纽带”和“跨界合作平台”，既能有效聚合、沟通和表达民众的利益诉求，又能将政府的治理意图、政策举措及时吸纳和传递到民众中去，并且能提供便捷、高效的公共服务。目前，我国社会组织管理体制存在不少严重弊端：政社不分依然普遍存在，一些社会组织行政化，实际上是“二政府”；双重管理体制使大量社会组织成为“法外组织”，也把合法社会组织管得过死，社会组织的合法权益得不到保障；有些社会组织自律自治能力不足，自身素质和管理水平比较低，还不能够有效承接政府转移的社会事项；社会组织相关法律制度供给不足，严重滞后于社会组织发展的需要；国家、政府与社会组织之间的良性互动关系和机制还亟待完善。解决这些问题，一要加快实施政社分开，推进社会组织明确权责、依法自治、发挥作用。规范发展现代社会组织体系，既包括各类社团、民非、基金会等社会组织，也包括工会、共青团、妇联等人民团体，还包括数量庞大的各类草根社会组织，以及社会公益类事业单位。二要加快形成现代社会组织体制，改革社会组织管理制度，降低社会组织登记门槛，使之做到权责明确、依法自治。积极推进社会组织的“去行政化”和“去垄断化”改革，加快实现行业协会商会与行政机关真正脱钩；完善“枢纽型社会组织”服务管理体系。三要营造良性社会生态，发展合作关系，在国家与社会、政府与社会、社会组织与社会组织、社会组织与公众之间建立一种广泛的、平等的合作关系，构建开放型现代社会组织生态系统。四要建立健全政府购买公共服务制度和机制，适合由社会组织提供的公共服务和解决的事项，都可以交由社会组织承担。五要加快社会组织立法进程，优化社会组织发展制度环境。特别要抓紧研究制定指导、规范各类社会组织发展的基本法律——《社会组织法》，保障合法权益，实行依法监管。同时，要强化各类企事业单位的社会治理责任，使它们发挥在社区建设、安全生产、处理劳资关系、发展公益事业、促进社会和谐稳定方面的重要作用。

（三）基层自治：重视基层社会自治，发挥群众参与的基础作用。群众参与社会治理是坚持人民主体地位的基本要求。从某种意义上讲，社会治理首先需要社会的自我组织和自我管理，这是维持社会和谐稳定和社会安全秩序的自动调节机制。良好的社会自治，能够有效降低社会治理的成本，极大激发基层社会的活力。要积极探索社会治理新途径、新形式，形成社会治理人人参与、成果人人共享的生动局面。目前，我国基层社会自治建设存在不少问题，主要是：群众参与意识不够强，积极性普遍不高；一些地方的公共参与平台和渠道还有限；社区组织不发达，不少地方社区功能定位存在偏差，行政化色彩浓厚；有些地方城乡社区建设体制机制不顺，建设资金短缺。必须切实解决好这些问题。一要健全基层群众自治机制，增强基层社会自治功能，扩大群众参与范围和途径，丰富自治内容和形式，努力实现民事民议、民事民办、民事民管，实现政府治理与基层群众自治的有效衔接和良性互动。二要加强和改进城乡社区建设，注重发挥社区作用，规范和提升居民自治和村民自治水平，夯实基层民主制度建设，使之更好地适应和服务于社会治理创新的发展趋势和要求。三要大力推动社会组织参与社会治理，建立政府与社会组织之间的平等合作关系，提高社会组织自治与服务社会的能力。四要建立健全公民参与社会治理的制度保障，搭建多样化、多层次的参与机制，并从组织、人力、财力、设施等方面创造条件保障基层自治。

（四）社会法治：推行法治社会建设，发挥法治的保障作用。法治是社会治理的基本准则和手段，全面推行法治，是实现社会治理现代化的最重要标志。要全面推进法治中国建设，坚持依法治国、依法执政与依法行政共同推进，法治国家、法治政府与法治社会一体建设，立法、执法、司法、遵法、守法普遍提升。特别是各级党政组织和各级干部要牢固树立法治社会和依法治理理念，善于用法治精神思考社会治理、用法治思维谋划社会治理、用法治方式破解社会治理难题，把社会治理的思想和行为全部纳入法治化轨道。目前，我国社会法治建设虽取得积极进展，但还存在不少问题，主要表现在：社会领域立法进程滞后，立法数量不足、位阶低、系统性不够；有些重要立法尚未制定；执法不严、司法不公问题比较突出；全社会的法律意识和法治观念仍很薄弱。应当更加重视充分发挥法治在社会治理中的保障作用：一要加快社会领域立法进程，尤其要加大规范社会组织、城乡社区、社会保障等方面的立法力度，建议抓紧制定《社会稳定法》。二要深化执法、司法体制改革，促进社会公平正义，包括深化执法、司法公开,提高执法司法透明度,严格、规范、公正、文明执法,加快建设公正、高效、权威的司法制度,切实维护人民权益。三要大力增强全社会法治观念和法治意识,深入开展法治社会宣传教育,使广大干部和群众做到“学法、知法、遵法、用法、守法”,在全社会树立法律至上的基本信念和行为准则,显著提高全社会的法治水平。

(五)全民德治:加强思想道德建设,发挥核心价值观的引领作用。实现社会治理现代化,既要靠法治,又要靠德治,做到法治与德治相结合、二者并用。人类社会发展的历史表明,对一个民族、一个国家来说,最深厚、最持久的力量是全社会一致认同的核心价值体系和核心价值观。坚持中国特色社会主义制度,创新社会治理体制,必须坚持充分反映中国特色、民族特性、时代特征的核心价值体系。我们党明确提出的“三个倡导”,12个词、24个字,即倡导富强、民主、文明、和谐,自由、平等、公正、法治,爱国、敬业、诚信、友善,是社会主义核心价值观的基本内容,实际上提出了我们要建成什么样的国家、建设什么样的社会、培养什么样的公民的重大问题。这个核心价值观把涉及国家、社会、公民的价值要求融为一体,既体现了社会主义本质要求,继承和弘扬了中华优秀传统文化,也吸收了世界文明有益成果,体现了时代精神。培育和弘扬社会主义核心价值观,必须立足中华优秀传统文化。牢固的核心价值观,都有其固有的根本。抛弃传统、丢掉根本,就等于割断了自己的精神命脉。博大精深的中华优秀传统文化是我们在世界文化激荡中站稳脚跟的根基。随着我国经济体制的深刻变革、社会结构的深刻变动、利益格局的深刻调整、思想观念的深刻变化,尤其是在世界格局多元化、经济全球化、社会信息化的背景下,各种思想文化交流交融交锋更加频繁,这就使得我们加强和创新社会治理必须凸显社会主义核心价值体系和核心价值观,以引领社会前进的方向和凝聚奋斗的力量。要充分发挥社会主义核心价值观引领社会治理现代化的灵魂作用。为此,一要积极开展社会主义核心价值观宣传教育,壮大主流思想舆论阵地,增强人们的认同感和归属感,激发广泛的社会共鸣。二要加强社会思潮动态分析，强化正面引导，凝聚社会共识。坚持正确舆论导向，勇于弘扬主旋律，主动引导社会思潮，不断巩固壮大积极向上的思想舆论。三要树立“全民德治”观念，以社会主义核心价值观引领公民道德建设，加强公民道德教育，使之成为公民行动的准则。

创新社会治理体制、推进国家社会治理现代化，是一项极为复杂、艰巨、长期的系统工程。实现这个超大规模的战略工程，需要我们牢牢把握完善和发展中国特色社会主义制度这个根本要求，始终坚持社会治理创新的正确方向；需要不断解放思想、与时俱进、求真务实，坚决破除各种不合时宜的旧观念、旧思想的束缚；需要坚持顶层设计和基层探索相结合，既要从战略上谋划社会治理现代化，又要及时总结推广地方社会治理创新的新鲜经验；需要坚持立足中国基本国情，高度重视继承我国传统的社会治理优秀文明成果，同时又要顺应世界发展潮流，善于学习借鉴人类治理社会文明的一切优秀成果；需要坚持统筹推进全面改革，加强社会治理体制改革与其他各方面改革的配合性、系统性、协调性，以利于全面深化改革的顺利推进。我们要在以习近平同志为总书记的党中央坚强领导下，以党的十八大和十八届三中全会精神为指导，弘扬改革创新精神，凝聚改革共识，深入开展社会治理创新理论研究，积极投入社会治理创新实践，为推进社会治理现代化，实现“两个一百年”奋斗目标和中华民族伟大复兴的“中国梦”作出应有的贡献。

全面推进法治社会建设*

（2015 年 5 月 17 日）

我围绕本次论坛的主题，就全面推进法治社会建设问题，讲一些个人看法，与大家一起研讨交流。

一、法治社会建设的内涵和重要特征

法治是人类社会发展的文明成果之一。法治社会是现代社会的基本标志，建设法治社会是社会现代化的必然要求。什么是法治社会呢？长期以来，对这个问题无论在理论界还是实际工作部门，都没有形成一个共识。目前，主要有三种看法：第一种是广义的法治社会，指立法机关科学立法，行政机关依法行政，司法机关公正司法，执政党依法执政，公民和社会组织、团体在宪法和法律范围内活动。第二种是中义的法治社会，认为法治国家与法治社会既相对独立又密切联系，两者之间属于"一体之两面"的关系。第三种是狭义的法治社会，更多强调的是公民、社会组织和社会团体等社会主体行为的法治化。以上三种看法都有合理之处，也很有启发意义，但都需要深入研究。

* 本文系作者在第五届中国社会治理论坛上的主旨演讲；发表于《社会治理》2015 年第 2 期。

党的十八届四中全会提出，建设法治中国，必须坚持依法治国、依法执政、依法行政共同推进，坚持法治国家、法治政府、法治社会一体建设。这里，明确提出了建设法治社会的任务和要求。我认为，在法治中国建设中，“法治社会”有其特定范畴和基本内涵。所谓“法治社会”，是指法律在全社会得到普遍认同和遵从，国家立法所确立的制度、理念和行为方式能够得到有效贯彻实施，全体公民和所有社会主体都能厉行法治的一种社会运行状态，可以在法治轨道上统筹社会力量、平衡社会利益、调节社会关系、规范社会行为，依靠法治解决各种社会矛盾和问题。从根本上讲，全面推进法治社会建设的目标，就是建设中国特色社会主义的法治社会。进一步说，中国特色社会主义法治社会建设具有六个重要特征：即人民性、普遍性、系统性、全面性、平等性、公正性。

人民性，就是法治社会建设坚持人民主体地位。这是由当代中国的社会性质、执政党的宗旨和宪法的属性所决定。我国是社会主义国家，人民是国家和社会的主人，这就决定着我国的法治是全体人民的法治。法治建设是为了人民、保护人民、依靠人民、造福人民，以保障人民根本权益为出发点和落脚点，保证人民依法享有广泛的权利和自由、承担应尽的义务，人民群众通过多种形式、多样渠道广泛参与社会法治建设，维护社会公平正义，促进共同富裕。我国社会主义制度保证了人民当家作主的主体地位，也保证了人民在全面推进依法治国、建设法治社会中的主体地位，这是中国特色社会主义法治区别于资本主义法治的根本所在。

普遍性，就是法治社会建设要使法律成为全社会的基本准则，整个社会按照法律规范运行。任何组织、机构、单位和个人都必须在宪法和法律的范围内活动，都要以宪法和法律为行为准则，依照宪法和法律维护权利或权力、履行义务或职责。

系统性，就是法治社会建设是贯穿于立法、执法、司法、守法各个环节。通过科学立法，发挥立法的引领和推动作用；通过严格执法，确保法律有效实施；通过公正司法，提高司法公信力；通过全民守法，增强全社会法治观念和意识。这四者之间紧密相连、相辅相成,共同构成法治社会建设的主体架构。

全面性,就是法治社会建设既包括经济、政治、文化、社会、生态建设和党的建设在内的全方位、立体型地厉行法治,也包括心灵、价值、行为、秩序、制度全面体现法治精神、法治规范和法治要求。法治社会建设意味着法治观念、法治精神、法治信仰不断深入人心、浸润人心、内化于心,进而实现人的心灵的治理;法治社会建设也意味着法律规范成为人们一切行动的基本准则;法治社会建设还意味着构建完善的社会规范和法律制度体系,使之成为各类市场主体、社会主体维护社会秩序的根本保障。

平等性,就是法治社会建设坚持法律面前人人平等。平等是社会主义法治的基本属性。任何组织和个人、任何市场主体和社会主体,都必须尊重和维护宪法法律权威,都必须依照宪法法律行使权力或权利、履行职责或义务,都不得有超越宪法法律的特权,任何在社会中处于弱势的公民都不得受到歧视。

公正性,就是法治社会建设以促进公平正义为根本依归。公正是法治的生命线。维护公平正义,是中国特色社会主义的内在要求。我国法治社会建设,从根本上讲,就是为了建设一个公平正义的美好社会。全面依法治国、推进法治社会建设,必须紧紧围绕保障和促进社会公平正义来进行,切实做到良法善治。

总起来看,健全的、成熟的法治社会,将是一个政治清明、民主法制、社会公正、充满活力、平安有序、和谐友善的社会。在这样一个社会中,全社会对法律充满敬畏和信仰,宪法和法律得到有效实施和普遍遵从,社会生活法治化、规范化,全社会依照法律规范既生机勃勃又井然有序运行,人民群众的合法权益获得切实尊重和保障,社会充满公平正义,形成法治社会人人有责、法治社会人人共享的生动局面。

全面推进法治社会建设如同全面推进依法治国一样,这是一个重大的历史任务，是国家治理和社会治理领域一场广泛而深刻的革命，需要付出长期艰苦努力，需要全体社会成员和社会组织共同积极奋斗、扎实奋斗、不懈奋斗。

二、全面推进法治社会建设的重要性和紧迫性

（一）全面推进法治社会建设是全面推进依法治国的内在要求。党的十八届四中全会的一个重大历史贡献，是站在党治国理政和国家现代化全局的高度，提出了全面推进依法治国的总目标，这就是建设中国特色社会主义法治体系，建设社会主义法治国家。法治社会建设在全面推进依法治国中具有重要地位和作用。法治国家、法治政府、法治社会是一个有机统一的整体，三者相互依存、相辅相成。在法治中国“三位一体”建设格局中，法治社会是法治国家、法治政府建设的重要基础和基本前提，法治国家、法治政府是法治社会建设的重要保障。只有实现全社会对法治的普遍信仰，才能为全面推进依法治国提供坚实的思想基础。只有不断打造整个社会尊法、信法、守法、用法的法治环境，才能为全面推进依法治国提供广泛的社会基础。只有公平正义得到切实维护，公民权利得到有效保障，广大群众才会发自内心地崇尚和拥护法治，才能为全面推进依法治国打牢群众基础。如果不加强法治社会建设，也难以建成法治国家和法治政府。因此，全面推进依法治国，必须大力推进法治社会建设，为建设法治国家和法治政府提供坚实基础和支撑。

（二）全面推进法治社会建设是推进国家治理现代化的必然选择。法律是治国之重器，法治是国家治理体系和治理能力的重要依托。法治化与国家治理现代化具有同步性，国家治理现代化的过程本身就是法治化的过程。加强和创新社会治理，必须依靠法治来统筹社会力量、平衡社会利益、调节社会关系、规范社会行为，提高社会治理法治化水平，推进社

会治理现代化。正如习近平总书记指出:“人类社会发展事实证明,依法治理是最可靠、最稳定的治理。要善于运用法治思维和法治方式进行治理,要强化法治意识。”因此,只有加快推进社会治理体制创新,全面推进法治社会建设,才能全面实现国家治理体系和治理能力的现代化。

(三)全面推进法治社会建设是全面建成小康社会的迫切需要。“十三五”时期,我国要实现全面建成小康社会的目标,这是我们党对人民作出的庄严承诺。包括要构建系统完备、科学规范、运行有效的制度体系,使各方面制度更加成熟、更加定型。这其中一个很重要的方面,就是依法治国基本方略全面落实,全面推进国家和社会生活法治化、制度化。当前,全面建成小康社会的任务繁重,时间紧迫。特别是社会治理面临许多新情况,知识型经济、网络化社会、数字化生活的趋势越来越明显,以互联网为代表的信息技术给社会治理带来一系列新问题和新挑战。各类社会矛盾纠纷频发多发,有的群众往往不愿通过法律程序解决,成为当前社会治理面临的突出难题。在这种错综复杂的情势下,只有更加重视加强法治社会建设,完善社会治理法治,充分发挥法治对小康社会建设和全面深化改革的引领、规范和保障作用,才能将全面建成小康社会的目标任务真正落到实处、取得预期成效。

(四)全面推进法治社会建设是全面维护人民群众权益和实现国家长治久安的根本保障。健全的法治既是人民群众遵守的行为规范,又是保障人民各项权益的有力武器,也是社会稳定的“压舱石”。通过全面建设法治社会,增强全体人民的法治观念和法治意识,推动全面形成法治环境和法治制度安排,将会更好地保障全体人民享有的广泛的权利,也会使人民群众享受幸福安康生活,各项权益得到切实尊重和保障,更好参与民主政治和社会治理,这对于进一步解放和增强社会活力、促进社会公平正义、维护社会和谐稳定、建设平安社会、平安中国,实现国家长治久安具有根本性意义。从这个意义上讲,推进法治社会建设,归根到底,就是为了实现好、发展好、维护好人民群众的根本利益,让人民群众真正共享改革发展成果,让每个人都能有人生出彩之机会,进而才能如期圆满实现“中国梦”。

三、全面推进法治社会建设的主要任务

改革开放以来,经过30多年的努力,在建设法治中国的进程中,我国全社会法治观念明显增强,法治社会建设取得重要进展。同时,也必须看到,我国法治社会建设同中国特色社会主义事业发展要求相比,同人民群众期待相比,同推进国家治理体系和治理能力现代化目标相比,仍任重道远。因此,必须加快法治社会建设,特别需要抓好以下主要任务:

(一)显著提高全社会法治观念和法治信仰。这是全面推进法治社会建设的基础。法律的权威性就是法律效力的至上性和法律权威的最高性。这个要求对于全面推进依法治国和全面推进社会法治建设有着极大的重要性和现实针对性。法律的权威源自人民的内心拥护和真诚信仰。信仰法治的实质,是要真正树立宪法和法律权威,使法律成为国家、社会最高层次的治理规则。只有崇尚法治、信仰法治,才能真正坚守法治。党的十八届四中全会通过的《决定》明确要求:要增强全社会厉行法治的积极性和主动性,使全体人民都成为社会主义法治的忠实崇尚者、自觉遵守者、坚定捍卫者。当前,我国社会法治观念和法治信仰状况存在一些问题,主要表现在:一方面,一些领导干部头脑中的“人治思维”仍较为顽固,以言代法、以权压法、徇私枉法的现象在一些部门、地方和领域还较为普遍,造成法治被人治所弱化,并对法治造成严重损害;另一方面,不少公民“信权不信法”“信访不信法”“信关系不信法”的观念和认识还根深蒂固。因此,只有显著提高全社会的法治观念和法治意识,使尊法、信法、守法、用法、护法成为全体人民的共同追求和自觉行动,才能为法治社会建设奠定坚实的思想根基。为此,要着力抓好以下四个方面:一要深入开

展法治宣传教育。要坚持把学习宣传宪法放在首位,采取多种有效途径和形式,大力加强以宪法为核心的中国特色社会主义法律体系和国家基本法律的宣传普及,不断增强全民法治观念。二要大力弘扬社会主义法治精神。要树立宪法和法律权威,强化法律监督,及时纠正法律实施中的违法行为,维护国家法制统一,维护法律正确实施。三要扎实推进社会主义法治文化建设。要在全社会形成崇尚法律、遵守法律、维护法律权威的社会风尚,让人民群众切实感受到法治的力量,真正树立法治信仰。法律必须被全体社会成员所信仰,否则形同虚设。四要抓住领导干部这个"关键少数"和青少年这个"重要多数"。法治社会建设的基础在教育,要强化法治教育。领导干部是全面依法治国、依法治社会的决定性因素,各级干部都要带头尊法学法守法用法;做尊法学法的模范,带头崇尚法律、了解法律、掌握法律;做守法的模范,带头遵纪守法、捍卫法治;做用法的模范,带头厉行法治,依法办事。要强化对干部遵守法律、依法办事方面的考核,引导广大干部自觉树立法治观念,增强法治思维,提升法治素养。法治观念、法治思维方式和法治信仰形成的关键在学校。要把法治教育纳入国民教育体系,坚持从青少年抓起,全国中小学都要设立法治知识课程,将法治意识、法治信仰、法治思维、法治精神从一开始就根植于每个孩子的头脑深处,让法治素养伴随、滋润他们的成长。同时,要把社会法治教育纳入精神文明创建内容,大力营造守法光荣、违法可耻的社会风尚。

(二)全面加快社会领域立法进程和提高立法质量。这是全面推进法治社会建设的依据。良法乃善治之基。现在,我们国家和社会生活各方面总体上实现了有法可依,但法治社会的制度体系建设仍处于滞后的状态,主要问题有:社会领域立法数量总体不足、位阶偏低、系统性不够,有些社会领域基本法尚处于空白;一些社会领域立法理念偏颇,存在较强的"管制"色彩,"维权""赋权"功能不足;有些社会领域立法质量不够高,缺乏可操作性。因此,必须坚持立法先行,充分发挥社会立法在法治社会建设中的引领、推动和保障作用。特别需要抓好以下几个方面:一要加快公民权利保障方面的立法。增强全社会尊重和保障人权意识,健全公民权利救济渠道和方式。加快完善体现权利公平、机会公平、规则公平的法律制度,保障公民人身权、财产权、基本政治权利等各项权利不受侵犯,保障公民经济、文化、社会等各方面权利得到落实。二要加快社会组织、城乡社区、社会工作等方面的立法。建立健全社会组织参与社会事务、维护公共利益、救助困难群众、帮教特殊人群、预防违法犯罪的机制和制度化渠道。加快修订《社会团体登记管理条例》《民办非企业单位登记管理暂行条例》《基金会管理条例》《城市居民委员会组织法》等,规范和引导各类社会组织健康发展。制定《社区矫正法》《反家庭暴力法》《社会工作法》等。同时,完善和发展基层民主制度,依法推进基层民主和行业自律,实行自我管理、自我服务、自我教育、自我监督,切实发挥其在社会治理中的积极作用。三要加快公共服务、社会事业和社会保障等方面的立法。依法加强和规范公共服务,完善教育、就业、收入分配、社会保障、医疗卫生、食品安全、扶贫、慈善、社会救助和妇女儿童、老年人、残疾人合法权益保护等方面的法律法规。四要加快公共安全和应急管理等方面的立法。推进国家安全和公共安全法治建设,加快制订《国家安全法》《反恐怖活动法》《网络安全法》等,尤其要加大依法管理网络力度。五要着力提高社会领域立法质量。要坚持问题导向,提高立法的针对性、及时性、系统性、可操作性。认真贯彻新修订的《立法法》,切实做到科学立法、民主立法,使每一项立法都符合宪法精神,反映人民意愿,维护公民合法权益,得到人民拥护。

(三)切实推进多层次多领域依法治理。这是全面加强法治社会建设的关键。依法治理是法治社会的重要特征。随着我国当代社会呈现出社会层次立体化、社会主体多元化、社会利益差别化、社会矛盾复杂化的新情况,深入推进多层次多领域依法治理,是创新社会治理、实现社会善治的必由之路。从总体上来看,我国多层次多领域的社会治理格局尚未完全形成,主要表现在:重政府包揽、轻多方参与的现象较为普遍;社会组织的治理能力普遍还较为薄弱,还难以成为一种独立自主的主体性力量;各类治理主体之间平等合作、民主协商的体制机制仍不够畅通。为此,一要深化基层组织和部门、行业依法治理。要深入贯彻基层群众自治法律法规,使广大基层群众在自我管理、自我服务中增强法治意识和权利义务观念,提高依法管理社会事务的意识和能力;要大力推动各级政府部门和各行业普遍开展依法治理,实现依法治理对部门行业的全面覆盖,促进各级政府部门依法行政、严格执法,社会各行业依法办事、诚信尽责。二要发挥社会规范在社会治理中的积极作用。法治是法律之治、规则之治。依法治理是依据完备的法律法规和制度规范体系所进行的社会治理。在多层次、多样化的社会治理规则体系中,法律法规居于主导性、基础性地位;同时,也要引导公民按照宪法法律制定完善市民公约、乡规民约、行业规章、团体章程等多种形式的社会规范,充分发挥其效力所及的组织和成员个人应有的规范、引领和约束作用。重视引导和支持城乡社区基层组织、行业和社会团体通过规约章程自我约束、自我管理,规范成员行为,依法维护成员合法利益。三要深入开展多层次多形式法治创建活动。坚持把法律规定和法治原则、法治精神体现在、落实到各类社会主体的活动之中,最大限度实现依法治理的社会参与;要探索建立科学完备的法治创建指标体系;要加强社会诚信建设,健全公民和组织守法信用记录,完善守法诚信褒奖机制和违法失信行动惩戒机制。四要发挥人民团体和社会组织在法治社会建设中的积极作用。要发挥各类人民团体的组织特点和优势,依法维护团体成员和人民群众合法权益;要建立健全社会组织发挥作用的机制和制度化渠道,创新社会组织培养扶持机制,建立健全政府购买服务机制;引导社会组织发挥专业优势,开展志愿服务,构建制度化服务平台,发挥多方面作用。要有效发挥行业自律和专业服务功能,规范和促进行业健康有序发展;要切实加强对社会组织的监督管理。五要依法深入推进社会治安综合治理。要始终坚持打防结合、预防为主、专群结合、依靠群众的工作方针;依法严厉打击严重刑事犯罪;完善立体化社会治安防控体系;加强互联网管理,全面推进网络实名登记制度,依法打击整治网络违法犯罪,全力维护网络社会安全。总之,在新的形势下,推进多层次多领域依法治理,提高社会治理法治化水平,要更加突出党委和政府主导下的社会各方面参与,更加突出法治思维和法治方式,更加突出源头治理、综合施策,把社会治理纳入法治轨道,使法治成为社会治理的常态。

(四)加快建设完备的公共法律服务体系和服务保障。这是全面加强法治社会建设的要素。公共法律服务是基本公共服务的重要组成部分。完备的公共法律服务体系是法治社会的必备要素。当前,我国公共法律服务体系建设中存在的主要问题有:法律服务提供能力与群众日益增长的法律服务需求还有一定差距,法律服务整体水平与我国社会主义民主法治建设进程还不相适应;法律总量不足、结构不协调,法律服务网络覆盖不全,发展不平衡的矛盾日益显现;相关法律法规不健全、法律服务意识不强、法律服务资源配置保障不足,特别是对社会弱势群体的法律服务严重不足等。为此,要重视抓好以下五个方面:一要加强公共法律服务立法。尽快制定公共法律服务方面的法律法规,对公共法律服务方面的问题进行具体规定,并使之统一化、系统化,拓宽法律援助的范围,健全司法救助体系,加强对老年人法律服务和法律援助工作,加大对弱势群体进行法律救助的力度等。二要拓展公共法律服务内容。健全公共法律服务网络,加快建立健全符合国情、覆盖城乡、惠及全民的公共法律服务体系。重点针对民生服务领域,整合律师、公证、基层法律服务、司法鉴定等法律服务资源,将公共法律服务纳入政府公共服务体系,不断满足人民群众的基本法律需求。三要提高公共法律服务质量。公共法律服务同整个法律服务业一样,应当树立质量至上的理念,加大公共法律服务的规范化、标准化和便利化建设,加强质量监管,努力提高公共法律服务的诚信度和公信力。四要强化公共法律服务保障。健全完善政府财政支持保障的常态机制,将法律服务经费列入政府的财政预算当中,建立严格的政府财政拨款制度,设立法律服务专项资金;同时,要大力拓展资金的来源渠道,有效整合社会资源,吸收社会融资,使之为公共法律服务体系建设提供有力保障。五要发展壮大公共法律服务队伍。要充分激活和利用社会法律资源,完善公职律师制度,形成社会律师、公职律师优势互补的格局。要培育和扶持更多的公益性法律服务民间组织,积极开展公益性法治宣传与法律服务,满足人民群众对法律服务的多层次需求。

(五)建立健全依法维权和化解纠纷机制。这是全面加强法治社会建设的核心。随着我国经济社会发展和民主法治进步,人民群众的权利意识日益增强,利益诉求也日益多元化,由此带来的各种社会矛盾和纠纷也频发多发,成为影响社会和谐稳定的突出问题。当前,我国在依法维权和纠纷化解方面存在的主要问题有:一方面,一些公民和社会群体在表达和维护自身权益方面,理性化和法治化程度还较为欠缺,往往通过“闹”等群体性事件甚至更为极端化的方式主张权益;另一方面,一些地方政府和官员不能正确认识和对待群众的合理合法的利益诉求,要么视而不见,要么回避躲避,要么粗暴压制,以至造成民众利益诉求不但得不到及时解决,反而埋下不少严重隐患。解决这些问题,需要抓好以下四个方面:一要正确认识和对待人民群众的利益诉求。应当看到,大量社会矛盾和问题是由利益问题引发的。从人民内部矛盾和社会一般意义上说,维权是维稳的基础,维稳的实质是维权。对涉及维权的维稳问题,首先要把群众合理合法的利益诉求解决好。二要强化法律在维护群众权益、化解社会矛盾中的权威地位。要推动形成运用法律手段、通过法律渠道、依照法律程序维护权益、化解纠纷的社会氛围,引导和支持人民群众依法理性表达诉求,依法维护好、解决好群众最关心最直接最现实的利益问题。三要健全社会矛盾纠纷预防化解机制。法治社会不是没有矛盾纠纷的社会,而是矛盾纠纷出现后能够得到及时有效解决的社会。这就需要建立健全社会矛盾纠纷预防机制,大力开展重大工程项目建设和重大决策社会稳定风险评估,有效预防和化解社会矛盾;要坚持及时就地化解矛盾,最大限度地把矛盾解决在基层、解决在萌芽状态,防止矛盾激化升级。四要充分发挥不同纠纷解决制度的优势，建立完善各种纠纷解决制度有机衔接、相互协调机制。人民调解、司法调解、行政调解、行政裁决、行政复议、仲裁、诉讼等纠纷解决制度，各具特色，各有优势。要建立完善多元化纠纷解决机制，实现各种纠纷解决制度有机衔接、相互协调，形成社会矛盾纠纷化解网络和工作合力；要进一步完善调诉对接、裁审协调、复议诉讼衔接的机制，确保不同纠纷解决制度既能在各自领域和环节中有效发挥作用，又能够顺畅衔接、相互配合、相互支撑，强化纠纷解决效果。

四、全面推进法治社会建设需要把握的基本要求

全面推进法治社会建设，是运用中国特色社会主义制度治理社会的深刻社会变革。实现建设法治社会的目标，需要从多方面努力，特别应当把握好以下几个基本要求。

（一）始终坚持正确的政治方向。坚持和发展中国特色社会主义是当代中国发展进步的根本方向。全面推进法治社会建设，必须始终旗帜鲜明地坚持中国特色社会主义的方向，坚持立足中国国情，坚持和拓展中国特色社会主义法治道路、法治理论和法治制度。中国特色社会主义制度是中国特色社会主义法治体系的根本制度基础，是全面推进依法治国的根本制度保障。中国特色社会主义法治理论是中国特色社会主义法治体系的理论指导和学理支撑，是全面推进依法治国的行动指南。这些规定确保了中国特色社会主义法治体系的制度属性和前进方向。中国特色社会主义道路、理论体系、制度是全面推进依法治国的根本遵循，也是全面加强法治社会建设的根本原则。必须坚持从我国基本国情出发，同改革开放和现代化建设不断推进相适应，围绕社会主义法治建设重大理论和实践问题，推进法治理论创新和实践创新，发展具有中国特色、体现社会发展规律的社会主义法治理论和社会法治体系。十分重要的是，要善

于汲取中华传统法律文化的精华。中华文明上下五千年,我国古代法制蕴含着十分丰富的智慧和资源,中华法系在世界几大法系中独树一帜,有许多优秀的法律思想和制度可以传承,民间还有大量的好习惯、好传统等非正式法律,要重视挖掘、择善而用。同时,要放眼世界,认真研究借鉴国外社会法治文明建设有益经验和成果,但决不能照搬外国法治理念和法治模式。

(二)始终坚持人民主体地位。人民群众是依法治国、建设法治社会的主体和力量源泉。人民群众在法治社会中的主体地位是由我国宪法确定的。坚持人民主体地位是全面推进依法治国、加强法治社会建设的题中应有之义。要保证人民在党的领导下,依照法律规定,通过各种途径和形式管理国家事务,管理经济和文化事业,管理社会事务。要把体现人民利益、反映人民愿望、维护人民权益、增进人民福祉落实到依法治国和法治社会建设全过程和各方面。

(三)始终坚持法治和德治相结合。法律是成文的道德,道德是内心的法律,法律和道德都具有规范社会行为、维护社会秩序的作用。必须坚持一手抓法治、一手抓德治。以道德滋养法治精神、强化道德对法治文化的支撑作用,实现法律和道德相辅相成、法治和德治相得益彰。“礼法融合”一直是我国历史上社会治理的重要经验,现代社会治理更需要把法治与德治结合起来。既要重视发挥法律的规范作用,又要重视道德的教化作用,以法治体现道德理念、强化法律对道德建设的促进作用。要大力弘扬社会主义核心价值观,弘扬中华传统美德,培育社会公德、职业道德、家庭美德、个人品德,提高全民族思想道德水平,为建设法治社会创造良好的人文环境。

(四)始终坚持中国共产党的领导。这是全面推进依法治国、全面推进法治社会建设最根本的保证。党的领导是中国特色社会主义最本质的特征,把党的领导贯彻到依法治国全过程和各方面,是我国社会主义法治建设的一条基本经验。党和法治的关系是法治建设的核心问题。习近平总书记指出:“党和法的关系是一个根本问题,处理得好,则法治兴、党兴、国家兴;处理得不好,则法治衰、党衰、国家衰。”坚持党的领导,是健全社会主义法治国家、法治社会的根本要求。党的领导和社会主义法治是一致的,只有坚持党的领导,才能保持法治社会建设的正确政治方向,人民当家作主才能充分实现,法治和德治才能有机融合,国家和社会生活制度化、法治化也才能持续有序推进。同时,要不断改善党的领导,不断提高党领导依法治国、领导法治社会建设的能力和水平。这样,才能更好加强党的领导,确保社会主义法治中国的实现。

创新社会治理,建设法治社会,是一项复杂、艰巨、长期的系统工程。“十三五”时期是如期实现我国全面建成小康社会目标的历史时期,也是全面推进依法治国、全面推进法治社会建设的关键时期,必须增强紧迫感、使命感。我们要在以习近平同志为总书记的党中央坚强领导下,弘扬法治精神,增强法治观念,树立法治思维,崇尚法治信仰,深入开展法治社会建设理论研究,积极探索法治社会建设规律,勇于投入法治社会建设实践,为全面推进依法治国、推进社会治理现代化,实现“两个百年”奋斗目标和中华民族伟大复兴的中国梦,作出应有的贡献!

提高社会治理水平　决胜全面小康社会*

——全面建成小康社会之时中国社会的景象特征及实现目标任务与路径选择

（2016 年 7 月 17 日）

今天，“第六届中国社会治理论坛”在这里隆重举行。本届论坛以“创新社会治理，决胜全面小康”为主题，集中研讨社会治理与全面建成小康社会的理论和实践问题，这对于深入贯彻党的十八大和十八大以来中央全会以及国家“十三五”规划纲要精神，落实习近平总书记提出的“四个全面”战略布局，实现全面建成小康社会历史重任，具有重要的意义。到 2020 年全面建成小康社会，是我们党向人民、向历史作出的庄严承诺，是实现中华民族伟大复兴中国梦的关键一步，也是“十三五”时期我国各族人民的光荣使命。加强和创新社会治理，全面推进社会建设，是实现全面建成小康社会目标的重要任务和内在要求，决胜全面小康社会必须加强和创新社会治理，提高社会治理水平，加快社会建设，推进社会治理科学化、精细化、现代化。

---

* 本文系作者在第六届中国社会治理论坛上的主旨演讲；刊登在《社会治理》杂志 2016 年第 5 期。

一、决胜全面小康社会对社会治理提出的目标要求

“小康”是一个中国特色的概念，是指中华民族自古以来追求的理想社会状态。古代哲人在《礼记·礼运》中对这种社会状态作了形象描述。“小康”概念之用诸现代，是中国改革开放总设计师邓小平对传统中国小康思想作出的全新阐释，使用“小康”、“小康社会”来描述“中国式的现代化”。改革开放以来，我们党把建设和建成小康社会作为中国现代化发展战略和阶段性目标，几次党的代表大会都提出并不断完善、充实小康社会的丰富内涵和目标要求。作为我国古代人们不懈追求、当代人民美好愿景的“小康社会”，即将在我国全面建成。那么，全面建成小康社会的目标实现之时，我国的社会治理及其社会状态应是什么样的情景呢？对此有一个清晰的认识，有助于进一步明确决胜全面小康期间社会治理的目标任务。而要看清这样的情景，需要综合考虑几个方面因素，包括古代先人对小康社会的美好憧憬，当代人民群众在新的历史条件下的新期待，我们党和国家已经多次设计的宏伟蓝图和作出的庄严承诺，以及经济社会发展的现实情况包括存在的矛盾和问题。我们根据这些因素综合研判，总体看来，全面建成小康社会之时的中国社会治理及其社会状态，将会呈现以下七个方面“更加显著”的景象特征。

——“和谐社会”建设成效更加显著。就是进一步实现国家大治，政通人和；社会全面进步，民主更加完善、公平正义更多体现，全体社会成员各尽所能、各得其所，共建共享发展成果；区域城乡发展差距和居民收入财富差距缩小，消除绝对贫困现象；各项社会事业全面发展，社会保障制度实现全覆盖，更好实现古代先人们追求的“使老有所终，壮有所用，幼有所长，鳏寡孤独废疾者皆有所养”，进一步实现我们党多次重申的使广大人民群众“学有所教、业有所就、劳有所得、病有所医、老有所养、住

有所居”;社会普遍崇德尚礼,笃亲兴仁,修身律己,尊长爱幼;更好实现政治清明、社会和谐、家庭和睦、人际和顺、心态和善、人与自然和谐相处;社会主义和谐社会建设迈出重大步伐。

——“平安社会”建设成效更加显著。就是人民群众安全感明显增强,普遍过上更为平安祥和的生活;人民安居乐业,社会安宁稳定;正气普遍得到伸张,邪恶坚决受到惩治,“盗窃乱贼”现象大为减少;立体化公共安全体系健全,维护公共安全能力提升,公共安全工作系统性、整体性、协同性显著增强,食品安全、交通安全、居住安全、环境安全等公共安全状况不断改善,整个社会秩序明显好转。

——“信用社会”建设成效更加显著。就是全社会诚信意识和信用水平普遍提高,自觉讲信修睦,诚实重诺,欺骗诡异现象减少;覆盖全社会征信系统基本建成,社会信用法律和标准体系逐步建立,信用基础设施和服务市场比较完善,信用监管体制不断健全,守信激励和失信惩戒机制全面发挥作用;政务诚信、商务诚信、社会诚信和司法公信建设取得显著进展;社会信用环境明显改善,信用文化和诚信社会蔚然兴起。

——“法治社会”建设成效更加显著。就是社会全面强化法治,社会生活进一步纳入法治化、规范化的轨道,社会活力不断迸发又依规有序运行;全社会法治观念和法治信仰普遍增强,宪法和法律得到更好实施和遵从;社会依法治理能力不断加强,社会公共法律服务体系和服务保障逐步完备,全社会进一步形成尊法、学法、信法、守法、用法和守法光荣、违法可耻的社会风尚。

——“健康社会”建设成效更加显著。就是全民健康水平进一步提升,国民整体素质普遍增强,人均预期寿命提高;覆盖城乡居民的基本医疗卫生制度逐步健全,比较完善的公共卫生和医疗服务体系普遍建立,人人享有基本医疗卫生服务,城乡卫生环境普遍改善,脏乱差现象明显减少;全民健身型社会基本建成。体魄健康的主要指标达到中等发达国家水平;社会道德建设全面推进,全社会成员心理素质和精神健康全面增强，社会风气明显净化，整个社会全面健康向前发展。

——“幸福社会”建设成效更加显著。就是发展更好造福人民，增进社会温馨，幸福指数全面提升；人民生活更加殷实，生活质量明显提高，家庭财产普遍增加，民主权利广泛享有，各项合法权益得到切实保障，精神生活丰富充实；人的尊严普遍受到尊重、不断全面发展；可以有更多获得感、成就感，生命价值得以更好实现；幸福环境全面营造，生活、劳动、生态环境不断改善，家庭美满安康，幸福诸要素生成机制不断扩大；“幸福快乐”变为人民群众的普遍追求，幸福体验感、满意度普遍增强。

——“社会治理现代化”建设成效更加显著。就是社会治理体系和社会治理能力现代化取得更大进展；社会体制改革不断深化，社会治理体系趋于完善，政府社会管理能力明显提高，多元社会主体参与治理格局进一步形成，中国特色社会治理基础制度更加完备、更加成熟、更加定型。

总之，到 2020 年全面建成小康社会之时，我国社会结构、社会形态将呈现更大的进步，社会治理科学化、精细化、现代化将有明显提升，社会建设和社会文明将达到更高的水平，并进一步探索出一条符合我国国情、体现时代要求、顺应人民期待的中国特色社会治理之路。实现这样的目标要求，我们这个历史悠久的文明古国和发展中社会主义大国将以更加辉煌的成就和更加崭新的面貌展现在世界人们面前，不仅成为政治文明更大进步、综合国力显著增强的国家，而且成为社会治理全面提升，社会文明更大发展、更加充满活力而又安定团结的国家，成为更加具有吸引力影响力亲和力、为人类社会文明进步作出更大贡献的国家。

当然，实现以上社会进步的美好愿景，不仅要靠加强和创新社会治理，努力实现社会善治，还需要统筹推进经济建设、政治建设、文化建设、社会建设、生态文明建设“五位一体”的总体布局和协调推进“四个全面”的战略布局，全方位加快推进社会主义现代化事业。

这里需要指出，决胜全面小康社会，中国的社会治理和社会发展进步无疑会是巨大的。同时要看到，加强和创新社会治理必须充分考虑中国现阶段基本国情和社会经济发展水平,可以预见,全面小康社会建成之时,我国仍处于并将长期处于社会主义初级阶段的基本国情不会改变,人民日益增长的物质文化需要同落后的社会生产之间的矛盾这一社会的主要矛盾不会改变,我国还是发展中国家的国际地位不会改变,特别是当前国内仍然处于经济社会转型期、矛盾凸显期,国外环境错综复杂、不稳定不确定因素增加,我们面临的社会风险和挑战前所未有。这就决定了推进社会治理和社会建设,既要积极进取,又不能急于求成,不能脱离现阶段基本国情和当前的实际情况,去追求过高的目标要求。全面实现中国社会主义现代化,还有很长的路要走,还需要全体中国人民作长期艰苦奋斗。

二、决胜全面小康社会的社会治理主要任务

加强和创新社会治理,提高社会治理水平,实现全面建成小康社会的社会治理目标,必须完成多方面的任务,按照国家"十三五"规划的部署要求,特别需要着力抓好五大体系建设,即着力构建民生保障体系,着力完善社会治理体系,着力强化社会信用体系,着力健全公共安全体系,着力加强国家安全体系,要在这些方面取得实质性进展和明显成效,以更好服务、推进和保障全面小康社会发展目标的实现。

(一)着力构建民生保障体系。更好保障和改善民生,是决胜全面小康社会的首要任务,也是加强和创新社会治理、提高社会治理水平的根本大计。创新社会治理必须从源头上预防和减少社会矛盾。古人云:"仓廪实而知礼节,衣食足而知荣辱";"天下顺治在民富,天下和静在民乐。"这也告诉我们,更好实现天下大治,建设和谐社会、平安社会、诚信社会和健康社会,从根本上说,是要提高保障和改善民生水平,并要以增进人民福祉、促进社会公平正义为出发点和落脚点,推动发展成果更多更

公平惠及全体人民。因此,应切实做好保障和改善民生工作。一要随着经济持续发展,逐步增加居民收入,确保到 2020 年城乡居民人均收入比 2010 年翻一番,特别要更多增加低收入人群的收入,使全国人民生活水平和质量普遍提高。二要守住底线、突出重点,着重解决好教育、就业、收入分配、社会保障、医疗卫生、住房、食品安全等直接关系人民群众根本利益和现实利益的问题,让人民有更好的教育、更稳定的工作、更满意的收入、更可靠的社会保障、更高水平的医疗服务、更舒适的居住条件、更优越的环境。三要大力增加公共服务供给,尤其要着力促进基本公共服务均等化。目前,公共产品短缺,公共服务薄弱,供给模式落后,已成为民生的突出问题。要坚持普惠性、保基本、均等化、可持续的方向,提高公共产品和公共服务的供给能力,并根据民生的需求变化,特别是针对老弱病残群体和贫困人口的公共服务需求,调整公共政策,实行差别化社会政策,深化公共服务体制改革,创新公共服务方式,丰富公共产品,改善供给结构,提高供给质量,努力满足广大人民群众多样化、多层次公共服务需求。四要完善社会保障体系,构筑全民最低生活水平的安全网。坚持全民覆盖、保障适度、权责清晰、运行高效,稳步提高社会保障等层次和水平。完善社会保障体系,实施全民参保计划,基本实现法定人员全覆盖。健全社会救助体系和公益慈善体系,积极推进城乡社会救助体系建设。特别要更加关注、关爱鳏寡孤独和老弱病残人员,健全以扶老、助残、爱幼、济困为重点的社会福利制度。这既是促进社会和谐稳定、建设平安社会的必然要求,也是提高我国社会文明程度的重要标志。一些发达国家对社会弱势群体和贫困人口的关照做法值得研究借鉴。我最近在英国见到社会各方面对残疾人和老人在公共服务方面的人文关怀相当完备周到,所有路口建筑物的出口和入口,都有无障碍通道,公共汽车门口都装置可以与路面平行直接对接的活动踏板;所有公共停车场、厕所都有残疾人停车区位、洗手间,并在明显位置;对残疾人、老年人、贫困人口都有各种各样的福利补贴。之所以这样做,就是使他们能够最大限度地融入主流社会,享受正常人的正常生活，从而全面促进社会和谐稳定和社会文明建设。重视解决好农村中的留守儿童、留守妇女、留守老年人生活问题，是我国推进工业化、现代化建设中特殊的社会治理任务，要加快农村民生保障和改善工作，提供更好的公共服务，使农村"三留守"人员生活得踏实、安全、无忧，这是各级政府的重大责任。

（二）着力完善社会治理体系。完善社会治理体系是决胜全面小康社会的重要任务，也是加强和创新社会治理、提高社会治理水平的关键。要进一步加强社会治理基础制度建设，构建全民共建共享的社会治理格局，关键是要按照完善党委领导、政府主导、社会协同、公众参与、法治保障的社会治理体制的要求，积极创新社会体制机制，特别要更加注重多方参与，在党委的统一领导下，更好发挥政府主导作用，更充分调动企事业单位、社会组织、人民群众参与社会治理的积极性和主动性，实现政府治理和社会调节、居民自治良性互动，促进社会公共事务全面发展。一要提高政府社会治理能力和水平。各级政府应更加重视履行社会治理的职能职责，把改进和加强社会治理放到更加突出的地位，尽快改变目前政府社会治理功能不健全、职权范围不到位和协调机制不完善的状况。同时，要更新政府社会治理理念，创新政府社会治理方式，提升政府社会治理能力，尤其要强化政府法治意识和服务意识，善于更多地运用经济手段、技术手段和法治手段实施科学治理、精细治理、效能治理，寓管理于服务，以服务促管理。要加强源头治理、动态治理、应急处置和标本兼治。健全政府社会治理基本制度、推进社会治理标准化、规范化、程序化。二要增强社区服务和管理能力。社会治理的重心在城乡社区，社区服务和管理能力增强了，社会治理的基础就坚实了。要加快城乡社区综合设施建设，充实服务和管理体系，提高社区工作者的素质和能力。同时，要完善城乡社区治理体制，依法厘清基层政府和社区组织权责边界，充分发挥社区功能作用，更好为群众提供周到、方便、精准有效的服务和管理。三要重视发挥社会组织作用。据有关材料研究表明，经济发展程度与社会组织发展水平呈高度的相关性,发达国家的社会组织相当发达,它反映了现代社会治理结构对社会组织和社会部门的认知。总起来看,目前我国社会组织发育不足,发展无序现象比较严重,近来民政部清理了不少山寨社会组织;同时,社会组织管理体制不合理、治理结构不规范,严重制约着社会组织功能作用的有效发挥。应当在加强监管和规范的基础上,支持社会组织特别是非营利性公益社会组织的发展,大力培育发展社区社会组织。要深化社会组织管理体制改革,健全社会组织管理制度,正确处理政府、市场、社会三者关系,加快形成政社分开、权责明确、依法自治的现代社会组织体制和科学管理制度,激发社会组织内在活力和发展动力,促进社会组织真正成为提供服务、反映诉求、规范行为、促进和谐的重要力量。全面实施政社分开,如期实现行业协会商会与行政机关脱钩,健全法人治理结构;推进社会组织明确职责、依法自治、发挥作用。要在国家、政府、社会、社会组织、公众之间建立一种广泛平等的合作关系,构建开放型现代社会组织生态系统。积极引导、支持、推动社会组织参与社会治理,管理社会事务、提高公共服务、化解社会矛盾、维护社会秩序,为实现社会治理的目标任务发挥积极作用。要完善扶持社会组织发展的政策措施,支持社会组织提供公共服务,完善财政税收支持政策等。发达国家的社会企业比较发达,我们也要规范发展社会企业,发挥它们服务社会的功能和作用。四要健全基层社会自治调节系统。基层社会组织的自我组织和自我管理,是维持社会和谐稳定和社会正常秩序的自动调节机制。要坚持扩大基层民主、自治权力,打造社会治理人人有责、人人尽责的命运共同体。要规范和提升居民自治和村民自治水平,夯实基层民主自治制度建设,使之更好地适应社会治理创新的发展趋势和要求。积极探索基层社会治理新途径、新形式,形成社会治理人人参与、人人共享的生动局面。要丰富基层自治内容和形式,努力实现民事民议、民事民办、民事民管,实现政府治理与基层群众自治的有效衔接和良性互动。五要完善公众参与机制。鼓励和支持社会各方面参与,包括各类社会组织、企事业单位和公民个人参与社会治理,充分发挥多元主体各自应有的功能和作用,使多元主体良性互动,形成社会治理整体合力。完善公众参与治理的制度化渠道,依法保障公民知情权、参与权、决策权和监督权。六要统筹各方面利益关系,妥善处理社会矛盾。适应我国社会结构和利益格局的发展变化,形成科学有效的权益保障和矛盾化解机制。健全利益表达、协调机制,引导群众依法行使权利、表达诉求、解决纠纷。完善行政复议、仲裁、诉讼等法定诉求表达机制,发挥人大代表、政协委员、人民团体、社会组织等的诉求表达功能。全面推行阳光信访,落实及时就地化解责任,完善涉法涉诉信访依法终结制度,切实维护群众利益和社会稳定。

(三)着力强化社会信用体系。强化社会信用体系,是实现全面建成小康社会的基础性任务,也是加强和创新社会治理、提高社会治理水平的重大举措。在许多发达国家,健全的社会信息体系发挥着重要作用,人们之所以不愿失信,不敢失信,是因为读书、就业、创业、信贷、保险、税务、租车、出入境等都会受到影响,从而使人们必须守信的倒逼机制,有力维护了社会秩序和市场秩序。我们要学习借鉴经验,就必须加快建立健全一套符合我国国情,与国际惯例接轨,适应现代社会经济发展的社会信用体系。在决胜全面小康时期,特别要全面加快推进政务诚信、商务诚信、社会诚信和司法公信等重点领域建设,提高全社会诚信水平,大力建设诚信社会。一要健全信用信息管理制度。全面实施自然人、法人和各类组织统一社会信用代码制度;制定全国统一的信用信息采集和管理标准;依法推进信用信息在采集、共享、使用、公开等环节的分类管理,确保信用信息主体的权益。健全用户信用信息保护制度,加强对用户个人隐私、商业秘密的保护。二要强化社会信用信息共建共享机制。当前,我国信用数据库不足,更为关键的是信息孤岛现象严重。要加快部门、行业和地方信用信息整合,建立企业信用信息归集机制,完善全国信用信息共享平台,建设国家企业信用信息公示系统。依法推进全社会信用信息资源开放共享。建立健全覆盖全社会的以社会成员和组织信用信息的记录、整合和应用为重点的征集系统，面向全社会服务的征集机构体系及信用服务市场体系。三要实施和健全守信激励和失信惩戒机制。目前，我国的社会信用体系发育程度比较低，信用秩序比较混乱，在重点领域的信用缺失现象还时有发生。要健全多部门、跨地区、跨行业联动响应和联合惩戒机制，建立各行业失信黑名单制度和市场退出机制，强化对守法诚信者的鼓励和对失信者的惩戒。这有利于让信用成为市场资源配置的重要考量因素，形成守信受益失信受限的局面，特别要构建"一处失信、处处受限""一时失信、长期受限"的信用惩戒大格局，让失信者寸步难行，付出巨大代价。四要培育规范信用服务市场。建立公共信用服务机构和社会信用服务机构互为补充、信用信息基础服务和增值服务相辅相成的多层次信用服务组织体系。支持征信、信用评级机构规范发展，提高服务质量和国际竞争力，健全征信和信用服务市场监管体系。近些年，党中央、国务院连续出台一系列相关政策和措施，包括党的十八届三中、四中、五中全会都明确要求，加强社会诚信体系建设；习近平总书记近日又主持中央全面深化改革领导小组会议制定有关文件，国务院发布了《社会信用体系建设规划纲要》和《关于社会诚信建设的指导意见》。这些都表明党和国家已把加快社会信用建设放到重要地位，加大了工作力度。只要认真贯彻落实这些决策部署，就一定会大大加快诚信社会、和谐社会、平安社会、健康社会建设步伐。

（四）着力健全公共安全体系。健全公共安全体系、提高维护公共安全能力，是全面决胜全面小康社会的紧迫任务，也是加强和创新社会治理、提高社会治理水平的重要方面。要牢固树立安全发展观，坚持人民利益至上，健全公共安全体系，为人民安居乐业、社会安定有序、国家长治久安编织全方位、立体化的公共安全网，打造公共安全人人有责、人人尽责的命运共同体，建设平安中国、平安社会，增强人民群众安全感。一要全面提高安全生产水平。安全生产一头连着千家万户，一头连着经济社会发展，是人民安居乐的重要保障。要建立"责任全覆盖、管理全方位、监管全过程”的安全生产综合治理体系，构建安全生产长效机制。坚持健全生产、运输、存储、销售、使用等全过程、无缝隙监管体系，把先进的理念、制度转化为程序上的硬约束，实现对各类安全生产风险自动识别、预警，预防和减少安全生产尤其是重特大事故的发生。二要提升防灾减灾救灾能力。坚持以防为主、防抗救相结合的方针，坚持常态减灾和非常态救灾相统一，全面提高全社会抵御各种自然灾害的综合防范能力，健全防灾、减灾和救灾体制，完善灾害监测预警和防治应急体系。三要创新社会治安防控体系。完善社会治安综合治理体制机制，加强建设社会治安防控体系，建设基础综合服务管理平台；构建群防群治、联防联治的社会治安防护网；健全网上网下综合防控管理体系，维护公共利益和国家网络信息安全。四要完善应急安全管理体系。加强应急管理知识技能等方面的系统培训，提高社会各方面包括志愿者参与应急管理的能力，着力构建与公共安全风险相匹配、覆盖应急管理全过程和全社会共同参与的突发事件应急体系，提高对各类自然灾害和社会风险联动处置能力，确保应急治理体系有效运行。在人类社会各类风险高度集聚的今天，预警是维护公共安全的首要环节。要积极探索“人力+科技”、“传统+现代”的风险预警模式，提高对风险动态监测、实时预警能力，及时有效防范、化解管控各类风险。这方面要积极学习借鉴发达国家的有益做法和经验。

（五）着力加强国家安全体系。加强国家安全体系，是决胜全面小康社会的内在要求，也是确保国家安全的战略举措，必须作为加强和创新社会治理的重大任务。最重要的，是要深入贯彻总体国家安全观，实施国家安全战略，不断提高国家安全能力，保障国家稳定安全。一要健全国家安全体系，实施国家全方位安全战略。制定和实施国家安全战略，既要重视国家外部安全，又要重视国家内部安全；既要重视国土安全，又要重视国民安全；既要重视传统安全，又要重视非传统安全；既重视发展问题，又重视安全问题；既重视国家自身安全，又重视国际共同安全。也就是要做到全面、全方位加强安全治理。二要健全国家安全保障体制机制。坚持集中统一、高效权威的国家安全工作领导体制，发挥好国家安全委员会作为党中央领导下国家安全事务决策、协调"神经中枢"功能，研究制定、指导实施国家安全战略和有关重大方针政策，统筹协调国家安全重大事项和重要工作。制定实施政治、国土、经济、社会、资源、网络等重点领域国家安全政策，明确中长期重点领域安全目标和政策措施。对重要领域、重大改革、重大工程、重大项目、重大政策等都要进行安全风险评估，切实预防和化解国家安全风险。建立健全跨部门跨地区联合工作机制，依法严密防范和打击敌对势力渗透颠覆破坏活动。

实现决胜全面小康的社会治理目标，还需要完成其他多方面的重要任务，包括大力推进社会治理精细化、标准化、现代化建设，加强新型城镇化、信息化进程中流动人口增加、新业态发展、新媒体兴起条件下的社会治理创新等等。这些都迫切需要深入研究，提出对策。我们还应系统研究决胜全面小康的社会治理各项目标、任务的具体标准体系、指标体系、考核体系、评价体系，并积极推动对决胜全面小康的社会治理进展状况的评估，以更加有力有效地推进中国特色社会治理和社会文明建设。

三、实现决胜全面小康社会治理目标任务的关键路径

实现决胜全面小康社会治理的目标任务，需要抓住关键，选好路径，特别应当把握以下几个环节。

第一，坚持贯彻新的发展理念。党的十八届五中全会和国家"十三五"规划纲要都要求：实现全面建成小康社会，必须牢固树立和贯彻落实创新发展、协调发展、绿色发展、开放发展、共享发展的五大新发展理念。这集中体现了"十三五"期间决胜全面小康乃至更长时期我国的发展思路、发展方向、发展着力点，也是加强和创新社会治理的根本方向和要求。社会治理贯彻落实五大新发展理念，既要服务、推动、保障科学发展，促进

实现更高质量的发展，又要体现全面提升社会治理自身能力和水平，努力实现社会善治、良治。

贯彻创新发展理念，就要注重用创新引领和推进社会治理，着力提升社会治理创新的能力和水平。要不断推进社会治理理念创新、体制创新、制度创新、方式创新和科技运用创新，运用创新思维、创新路径、创新方法、创新手段，全面推进社会治理科学化、精细化、现代化。按照以人为本和建设现代化社会的理念与要求，综合运用多种手段、多样形式引导、服务、组织、协调社会活动，彻底改变那种认为社会治理就是单纯用行政力量管控民众的传统理念和粗放做法。贯彻协调发展理念，就要注重解决突出问题和薄弱环节，加强和补齐短板，着力全面提升加强社会治理和社会发展的能力和水平。多年来，发展不协调特别是社会发展滞后、基层社会治理落后和公共安全问题突出。社会治理应更好服务于促进社会与经济协调发展、区域城乡协调发展、精神文明与物质文明协调发展，更好加强城乡基层社会治理和公共安全建设，着力增强社会治理的基础建设和提升治理整体效能。贯彻绿色发展理念，就要注重推进人与自然和谐相处，着力提升社会治理对加强环境治理和保护的能力和水平。一些地方由于环境污染和破坏造成的社会矛盾有加剧之势，影响社会安定和群众身心健康，应切实以解决损害群众健康的突出环境问题为重点，依法加强生态环境和城乡环境的保护与治理，助力实现“既要金山银山，又要绿水青山”的发展方式和发展目标，使生态环境在群众生活中的幸福指数不断提升。贯彻开放发展理念，就要注重把握全球治理与各国社会治理发展趋势，加强同外国开展社会治理研究合作交流，更好促进我国社会治理创新和社会文明进步；同时，运用求同存异、和而不同、和谐相处的智慧，彰显出“和谐、和睦、和平”的中国风范，助推“人类命运共同体”的形成。贯彻共享发展理念，就要注重解决人民群众最关心最直接最现实的利益问题，着力提升社会治理全民共建共享的能力和水平。加强和创新社会治理必须以人民为中心，一切发展为了人民，一切发展依靠人民，发展成果由全体人民共享。国内外许多事实都表明，贫富差距过大，是最大的社会不安定、不稳定因素。目前，社会关注的一个突出问题是分配不公。如果财富分配悬殊，两极分化严重，势必会导致社会动荡，就不可能建设平安社会，更谈不上建设和谐社会。必须调整生产关系，完善收入分配制度，规范收入分配秩序，在经济发展的基础上，更加注重社会公平，着力提高低收入者收入水平，逐步扩大中等收入者比重，有效调节过高收入。我们看到，党和国家已经高度重视这个问题，特别是近年来出台了一系列坚决和有力的政策措施，包括突出加强农村和欠发达地区发展，特别是集中力量打好脱贫攻坚战，积极缩小居民收入差距和区域城乡发展差距。应进一步加大这方面的工作力度和制度安排，以更好促进社会公平正义，推进共同富裕目标。

第二，坚持深化改革攻坚。改革开放是决定当代中国命运的关键一招，也是实现我国"两个百年"奋斗目标的关键一招。决胜全面小康，实现社会治理目标任务，必须继续全面深化和推进改革。要依靠深化改革，提供强大推动力，扫除社会治理和社会发展中体制机制障碍；要依靠深化改革，激发全社会创造活力，调动社会各方面参与社会治理积极性，加快社会发展；要依靠深化改革，加强各方共治合力，统筹使用相关资源、力量、手段，及时有效解决问题；要依靠深化改革，增添万众创新力，推动社会治理体制创新、制度创新、管理创新，促进社会治理体系高效运行。总之，只有全面深化改革和推进社会领域改革，才能显著提高社会治理水平，推动社会全面发展进步。在社会治理领域深化和推进改革更为复杂，难度也更大。例如，事业单位改革关乎社会治理改革全局，涉及利益关系调整，是有社会风险的改革。党中央、国务院在五年前就对这方面改革作出了全面部署，尽管这些年改革取得了不少成果，但总体看来，进展并不顺利，遇到的困难超乎预料，面临一系列亟待深入研究解决的新情况新问题。在深化和推进改革中，必须注重体制机制创新，致力于使中国特色社会治理制度更加成熟定型；必须注重增进人民福祉、促进深化公平正义，让人民群众有更多的获得感;必须注重问题导向,直面矛盾,敢于啃硬骨头,敢于涉险滩,敢于向顽瘴痼疾开刀。要更好深化和推进改革,必须提倡和支持新的历史条件下的思想解放,在全社会形成想改革、敢改革、善改革的良好氛围。这样,才能真正打好社会治理领域改革的攻坚战。

第三,坚持法治德治并举。法律是治国之重器,也是治理社会之法宝。实现决胜全面小康社会的治理目标任务,必须注重依法治理,充分发挥法治引领、推动和保障作用,注重运用法治思维构建社会治理规则体系、标准体系,善于运用法治方式解决社会矛盾和问题。坚持法治国家、法治政府、法治社会一体建设。要进一步加强社会领域立法工作,着力提高立法质量。虽然我国近些年社会领域法律法规建设取得较大进展,但仍不适应改革和发展新形势新任务的需要,应该深入开展调查研究,加快社会领域特别是社会治理方面的立法步伐,尤其要加大维护公共安全、净化社会风气、促进社会公平正义、规范社会组织发展、创新基层社会治理、保护优良民俗传统、优化网络社会治理的立法力度。建议抓紧研究制定《禁止奢侈法》、《社会组织法》、《家庭法》、《民俗保护法》等。同时,要强化严格执法、公正司法、提高法律执行力、司法公信力,大力推动立法、执法、司法、遵法和守法的普遍提升。特别要更好地促进保障人权、保护产权、规范公权。深化和完善执法、司法体制改革,包括推进执法、司法公开,提高执法司法透明度,推进严格、规范、公正、文明执法,加快建设公正、高效、权威的司法制度,切实维护和保障人民权益。要深入开展法治和法治文化的宣传教育,不断增强全社会法治观念和法治意识,在全社会树立法律至上的基本信念和行为准则,显著提高全社会法治水平。

全面建成小康社会,提升社会治理水平,既要靠法治,也要靠德治。推进社会治理现代化需要法律和道德共同发挥作用。高度文明的社会,必然是社会成员道德高尚的社会,和谐、公正、爱国、敬业、诚信、友善,都是一种道德境界、道德风范。中国特色社会治理建设,应该占领社会道德文明建设制高点。要一手抓法治,一手抓德治。大力加强社会主义精神文明建设，坚持培育和弘扬社会主义核心价值观，弘扬以爱国主义为核心的民族精神和以改革创新为核心的时代精神，形成全民族奋发向上的精神力量和团结和谐的精神纽带。特别要尊重和传承中华文明，善于从中华民族独特的世世代代形成和积累的优秀传统文明，包括思想、价值、审美、社情、民俗中汲取营养和智慧，延续文化基因，萃取思想精华和道德精髓。要深入挖掘和阐发中华优秀传统文明中讲仁爱、重民本、守诚信、崇正义、尚和合、求大同的时代价值，以及注重家庭、注重家教、注重家风的社会价值，弘扬我国传统文化中有利于社会和谐、有利于社会文明进步的道德精神。要更加重视继承和弘扬规范、激励、制约社会行为的"礼"文化。孔子说过，"不学礼，无以立"；荀子认为，"礼"是"道德之极"、"治辨之极"、"人道之极"，"人无礼不生，事无礼不成，国家无礼不宁"。"礼"文化的要义，就是特别强调道德建设。"礼"的核心思想，是"绝恶于未萌，起教于微眇。"在新的历史条件下，我们应继承"礼"文化的核心内核，丰富时代内涵，发扬光大"礼"文化，进一步彰显当代中国社会治理的鲜明特色。当然，要处理好继承与创造性发展的关系，重点做好创造性转化和创新性发展。我们应把加强法治建设和加强道德建设更好地结合起来，使法治和德治相得益彰，共同促进中国特色现代社会治理和现代社会文明的提升。

第四，坚持运用现代科技手段。当今世界，以互联网为代表的信息技术日新月异，引领了社会生产新变革，创造了人类生活新空间，拓展了社会活动新领域，提供了治国理政的新手段，极大地提高了人类认识世界、改造世界的能力。在这种新的历史背景和社会发展情势下，加强和创新社会治理，提高社会治理水平，必须创造性运用现代科技最新成果，特别是运用信息技术，提升社会治理智能化水平。无论是社会治理的宏观指导、决策部署、方案设计，还是微观活动、服务和管理，都要注重运用云计算、物联网、互联网、大数据等信息技术，对社会治理的构成要素、目标任务、重要措施和效能评估进行数字化、精细化、科学化的预测、研究。要深入开展基层信息采集、分析、处理工作，努力从多源、分散、碎片化的数据中发现趋势、找出规律，以及时采取有针对性的对策和措施。在善于学习借鉴国外先进信息技术的同时，积极提升社会治理信息技术自主开发能力和水平，高度重视维护我国社会信息安全。要加快制定社会治理领域信息技术系统和平台的行业标准，完善社会治理规则体系，坚持科学、理性、精细，推动社会治理与信息化特别是大数据技术高度融合，按照精、准、细、严的要求，把社会治理概念转化为标准、原则转化为程序，使各项工作都有章可循。近些年来，我国许多地方社会治理中运用网络技术、大数据技术，取得了明显社会效果，也积累了不少经验，需要认真总结和推广。

第五，坚持加强和改善党的领导。共产党的领导是中国特色社会主义最本质的特征，也是中国特色社会主义制度的最大优势。加强和创新社会治理，必须始终坚持党的领导。这就要求，在社会治理领域各个方面，包括社会治理体系建设、体制改革、管理制度创新等，都要全面贯彻党中央的决策部署和大政方针，以确保中国特色社会治理发展的社会主义方向。这就要求，在构建社会治理主体多元化、治理形式多样化的格局中，都要坚持党的统一领导，充分发挥各级党委总揽全局、协调各方的核心作用，以形成社会治理的合力。这就要求，各级党组织要更加重视社会建设和社会治理，从各方面支持加强和创新社会治理，包括选派高素质干部充实社会治理领域，协调相关资源支持社会治理建设。坚持党的领导，还必须改善党的领导，不断顺应时代发展大势和人民群众新期待，不断提高党领导社会建设和社会治理的能力和水平，包括营造创新、向上、友善、包容、宽松的社会环境，为加强和创新社会治理提供空间。党的十八大以来，以习近平同志为总书记的党中央全面推进从严治党，扶正祛邪，正风肃纪，反腐惩恶，党的建设开创了新局面，党风呈现新气象，带动了政风、民风和社会风气的好转。要坚持用制度治党、管权、治吏，严明纪律和规矩，从源头上预防和治理“四风”，进一步解决形式主义、官僚主义、享乐主义和奢靡之风，进一步加强反腐败体制机制创新和制度保障，进一步治理党内作风和深层次问题，用党风的根本好转，更好推动政风、民风和整个社会风气进一步好转，为提高社会治理水平，逐步实现社会治理科学化、精细化、现代化，提供坚强的政治保证和组织保证。

责任编辑:刘彦青
封面设计:王欢欢

图书在版编目(CIP)数据

改革论集/魏礼群 著. —北京:人民出版社,2016.9
ISBN 978 - 7 - 01 - 016633 - 9

Ⅰ. ①改… Ⅱ. ①魏… Ⅲ. ①体制改革-中国-文集 Ⅳ. ①D61-53

中国版本图书馆 CIP 数据核字(2016)第 199156 号

改 革 论 集

GAIGE LUNJI

魏礼群 著

人民出版社 出版发行
(100706 北京市东城区隆福寺街 99 号)

北京中科印刷有限公司印刷 新华书店经销

2016 年 9 月第 1 版 2016 年 9 月北京第 1 次印刷
开本:710 毫米×1000 毫米 1/16 印张:35.5
字数:473 千字

ISBN 978 - 7 - 01 - 016633 - 9 定价:69.00 元

邮购地址 100706 北京市东城区隆福寺街 99 号
人民东方图书销售中心 电话 (010)65250042 65289539

版权所有 · 侵权必究
凡购买本社图书,如有印制质量问题,我社负责调换。
服务电话:(010)65250042